t r a n s
p o s i t i o n s

Reiner Schürmann

Le principe d'anarchie

Heidegger et la question de l'agir

diaphanes

© DIAPHANES
Zurich-Berlin-Paris 2013/2022
Tous droits réservés

ISBN 978-2-88928-092-6

www.diaphanes.fr

À Louis Comtois

Introduction

L'argument que je voudrais développer dans les pages qui suivent se résume aisément. Il s'agit de poser, une fois de plus, la question du rapport entre théorie et pratique, mais telle qu'elle résulte de la « déconstruction » de l'histoire de la métaphysique – à partir d'un point de vue, par conséquent, qui interdit précisément de poser cette question en termes de « théorie » et de « pratique ».

Je voudrais montrer ce qui advient du vieux problème de l'unité entre penser et agir, une fois que « penser » ne signifie plus : s'assurer un fondement rationnel sur lequel poser l'ensemble du savoir et du pouvoir, et que « agir » ne signifie plus : conformer ses entreprises quotidiennes, publiques et privées, au fondement ainsi établi. La déconstruction, c'est la pulvérisation d'un tel socle spéculatif où la vie trouverait son assise, sa légitimation, sa paix. Déconstruire la métaphysique revient à démanteler ce que Kant appelait les « doctrines » de philosophie première, et à interrompre – littéralement « détraquer » – les dérivations entre philosophie première et philosophie pratique. C'est en raison d'une telle dérivation que l'ontologie a pu être appelée philosophie première : discipline fondatrice et justificatrice par rapport à l'Organon ou au Système des disciplines spécialisées. L'argument, le voici : dans les réponses qu'ils ont traditionnellement apportées à la question « spéciale » « Que dois-je faire ? », les philosophes se sont appuyés, d'une façon ou d'une autre, sur quelque Premier nouménal dont la fonction fondatrice fût assurée par une doctrine « générale », qu'elle soit appelée ontologie ou autrement. De cette doctrine, les théories de l'agir ont reçu leurs schémas de pensée et une bonne partie de leurs réponses. Or, la déconstruction de la métaphysique *situe historiquement* ce qui était ainsi tenu pour fondement nouménal, pour incorruptible. Elle clôt, par-là, l'ère des dérivations entre métaphysique générale et métaphysiques spéciales, entre philosophie première et philosophie pratique. Il s'ensuit d'abord que la déconstruction laisse le discours sur l'action comme suspendu dans le vide. Elle le prive de ces schémas qui appartiennent en droit aux spéculations sur la substance, sensible ou divine, sur le sujet, sur l'esprit, ou sur l'« être ». Il s'ensuit encore que l'agir lui-même, et non pas seulement sa théorie, perd son fondement ou son *arché*.

§ 1. *Déconstruire l'agir*

« C'est pour moi une question décisive aujourd'hui : comment un système politique – et lequel – peut, d'une façon générale, être coordonné à l'ère technique. À cette question je ne sais pas de réponse. Je ne suis pas convaincu que ce soit la démocratie [1]. »

C'est la nature de ce « je ne sais pas », de l'ignorance admise dans ces lignes – affichée ?, sincère ?, ou peut-être *nécessaire* ? – qui intéresse ici. Je traite cet aveu d'ignorance non pas comme un signifiant qui renverrait à quelque état de conscience ou quelque événement dans la vie de Martin Heidegger ; qui serait le symptôme, donc, d'un signifié psychologique, politique, ou moral. Que l'aveu d'ignorance soit prétendu ou sincère, qu'il renvoie à des nostalgies politiques ou pas, n'est pas mon propos. L'important est que cet aveu n'est peut-être pas accidentel. Il a peut-être affaire directement à la seule question qui n'a cessé de préoccuper Heidegger. On peut, en tout cas, le placer en synopsis avec d'autres « confessions » d'ignorance : « Plus grande est l'œuvre d'un penseur – ce qui ne se mesure aucunement à l'étendue et au nombre de ses écrits – et d'autant plus riche est l'impensé que cette œuvre renferme, c'est-à-dire ce qui émerge, pour la première fois et grâce à elle, comme n'ayant pas encore été pensé [2]. » « Si depuis Platon, le réel se montre dans la lumière d'idées, ce n'est pas le fait de Platon. Le penseur a seulement répondu à ce qui s'adressait à lui [3]. » « La plurivocité de l'essence de la réalité au début de la métaphysique moderne est le signe d'une authentique transition » époquale [4]. « Ce

---

1   Sp 206 / RQ 42. – Pour les sigles utilisés dans les références aux œuvres de Heidegger, voir ci-dessous p. 433 sq. Qu'il soit dit ici, une fois pour toutes, que même si je renvoie pour chaque citation aux traductions françaises publiées, je ne suis ces dernières qu'exceptionnellement.
2   SvG 123 sq. / PR 166.
3   VA 25 / EC 24.
4   N II 428 / N ii 343.

que Kant, au-delà de ses formules expresses, a mis en lumière dans son instauration du fondement, [...] cela, Kant lui-même n'a pas pu le dire. Aussi ce qui, d'une façon générale dans toute connaissance philosophique, est appelé à devenir décisif, n'est pas ce qu'elle affirme dans les propositions explicites, mais bien plutôt ce que, à travers les choses dites, elle expose devant le regard comme restant encore non-dit [5]. » Après les œuvres de Platon, de Descartes et de Kant, *Être et Temps* lui-même est traversé d'un impensé ou d'un non-dit qui n'est pas dû au hasard : « Notre propre effort, si toutefois une telle comparaison est permise, ne finit-il pas lui aussi par se dérober d'une façon cachée, devant quelque chose – et ce n'est certes pas par hasard – que nous ne voyons plus [6] ? »

Une ignorance bien précise semble donc prédominer aux moments de transition entre époques, aux moments « décisifs ». Reste à savoir sur quoi porte cette ignorance, et quelle en est la nécessité. Et si l'aveu d'ignorance *faisait texte* avec cet ensemble d'écrits qui circulent, agissent, font fuir ou donnent à penser – c'est-à-dire qui fonctionnent – sous le nom de « Heidegger » ? Si cette ignorance était si nécessaire à son discours que, sans une telle confession, celui-ci ne serait plus tout à fait un texte, un tissu réglé par des lois internes ? Peut-on dire que la texture heideggérienne se structure selon des règles qui seraient peu nombreuses et dont l'une aurait directement affaire à cette ignorance ? S'il en est ainsi, « lire Heidegger » signifiera : inscrire l'autre individu, qu'on appelle l'interprète, dans ce tissu et avancer purement dans les textes. Pareille approche est modeste. Elle se prive, en effet, de la possibilité même de vérifier ou d'infirmer ce qu'on lit. Elle est modeste comme l'est « la pensée », qui ne peut se prévaloir du prestige de la connaissance. Mais pareille approche de Heidegger est violente aussi, car s'il est possible d'exhiber quelques règles de fonctionnement dans son corpus, on conduira ce qui y est dit peut-être quelque part où l'homme Martin Heidegger n'aurait pas tellement aimé être conduit.

« Heidegger » tiendra donc lieu ici d'une certaine régularité discursive. Ce ne sera pas le nom propre qui renvoie à un homme de

---

5   KPM 195 / Kpm 255. À propos de Kant cf. GA *25* 216 sq.
6   KPM 237 sq. / Kpm 300.

Messkirch, décédé en 1976. Il nous arrivera de dire « chez Heidegger », mais en toute rigueur il faut dire « dans Heidegger ». On sait que « l'être » était son obsession, son premier et son dernier mot. Presque, en tout cas – car il est vrai qu'à la fin même lui ne pouvait plus l'entendre et parlait plutôt de « présence », de « monde », ou d'« événement ». Quoi de plus tentant alors, de plus méritoire peut-être, dira-t-on, que de développer, après Heidegger, ce que son obsession de cette seule question l'a empêché d'accomplir, et de « dériver » une « philosophie pratique » à partir de sa « philosophie de l'être » ? On peut regretter qu'il n'ait pas lui-même franchi ce pas, mais enfin, la philosophie première est là, et il suffirait d'un peu d'ingéniosité pour en tirer une « Politique » ou une « Éthique », à moins que ce ne soit une « Seconde Critique ». Adonné au problème altier de l'« être », Heidegger aurait eu un sens moins aigu des questions plus concrètes, plus terre à terre, ou du moins plus traditionnelles en philosophie, si bien qu'il ne serait pas étonnant que, dans sa vie, il ait trébuché sur l'un de ces détails concrets, autrement plus périlleux que le puits de Thalès. Son obsession serait fâcheuse, surtout mesurée à ses prédécesseurs depuis Socrate qui n'ont cessé de répéter que « la vertu est savoir », que la raison pratique reçoit son architecture de la raison pure et que la *theoria,* qui est ce qu'il y a de plus noble à notre portée, prescrit les voies à la *praxis.* En un mot, l'obsession de Heidegger lui aurait simplement fait oublier que *agere sequitur esse,* que l'agir suit l'être. Il avait tourné et retourné la question de l'être – à nous de la traduire en termes de l'agir.

Je voudrais montrer au contraire que Heidegger ne dissocie nullement « l'être et l'agir », qu'il n'oublie pas ce dernier au profit du premier, que parler de la présence comme il le fait, c'est déjà parler de l'agir. Il ne désarticule pas l'ancienne unité entre théorie et pratique, il fait bien pire : il pose la question de la présence de telle manière que la question de l'agir y trouve déjà sa réponse ; de telle manière que l'agir ne peut plus faire question ; que demander « Que dois-je faire ? », c'est parler dans le vide du lieu déserté par les représentations successives d'un *fundamentum inconcussum* ; de telle manière, enfin, que les constellations épochales de la présence se révèlent avoir prescrit, depuis toujours, les termes dans lesquels la question de l'agir peut et doit être posée (termes ousiologiques, théologiques, transcendantaux, linguistiques), le fondement à partir duquel on peut et doit y répondre (substance, Dieu, cogito, communauté discursive) et les types de réponses qu'on peut et doit y apporter (hiérarchie des vertus, hiérarchie des lois – divines, naturelles, et humaines –, hiérarchie des impératifs, et hiérarchie des intérêts discursifs : intérêt cognitif ou intérêt émancipatoire). La *déconstruction* (*Abbau*) heideggérienne des constellations historiques de la présence montre qu'au moins en ce qui concerne le souci de *dériver* une philosophie pratique d'une philosophie première, on peut parler de l'unité fermée de l'époque métaphysique. « La métaphysique » est alors le titre pour cet ensemble d'efforts en vue d'un référent pour l'agir. Et au regard de la déconstruction, cet ensemble apparaît comme un champ clos. L'hypothèse de la clôture du champ métaphysique est le point de départ de tout ce qui va suivre. Cette hypothèse joue doublement, encore que l'opposition entre système et histoire demande à être révisée : clôture *systématique* pour autant que les normes de l'agir « procèdent » formellement des philosophies premières correspondantes, et clôture *historique* puisque le discours déconstructeur ne peut survenir qu'à la limite de l'ère sur laquelle il s'exerce. L'hypothèse de la clôture détermine la déconstruction à chaque pas de sa démarche. Elle confère à l'entreprise heideggérienne son ambiguïté : encore murée dans la problématique de la présence, mais déjà ailleurs que dans le fief où la présence fonctionne comme présence constante, comme identité de soi à soi, comme fondement inébranlable.

L'hypothèse de la clôture confère aussi à cette démarche sa radicalité : l'agir dépourvu *d'arché* n'est pensable qu'au moment où la problématique de l'« être » – héritée du champ clos de la métaphysique mais soumise, sur le seuil de celui-ci, à une transmutation – émerge des ontologies et les congédie. Si, à l'époque de la post-modernité (pour faire bref : depuis Nietzsche), la question de la présence ne semble plus pouvoir s'articuler en philosophie première, et si la stratégie du concept de « présence », chez Heidegger, anéantit (quoi qu'en dise Jacques Derrida) la recherche d'une possession pleine de soi par soi, c'est dans la constellation époquale du vingtième siècle que s'épuisera l'antique procession et légitimation de la *praxis* à partir de la *theoria*. Alors, en son essence, l'agir s'avérera an-archique.

L'« anarchie » n'est que le complément des deux prémisses qui viennent d'être produites, à savoir : 1. Les doctrines traditionnelles de la praxis réfèrent celle-ci à une « science » indépassable dont procèdent les schémas applicables à un raisonnement rigoureux sur l'agir ; 2. à l'âge de la clôture de la métaphysique, cette procession ou légitimation à partir d'une science première s'avère avoir été *époquale* – régionale, si l'on veut, datée, en tout cas « finie » dans les trois sens du mot : limitée, parachevée, terminée. Corrélativement voici ce que « anarchie » désigne ici :

1. Le schéma par excellence que la philosophie pratique a traditionnellement emprunté à la philosophie première, c'est la référence à une *arché,* qu'elle s'articule selon la relation attributive, *pros hen,* ou participative, *aph' henos.* Les théories sur l'agir non seulement se réfèrent en général à ce qui fait figure, à chaque époque, de savoir ultime, mais elles en décalquent encore, comme d'un patron, le schéma attributif-participatif. Ces théories ont ainsi leur origine dans la philosophie première, et elles lui empruntent le dessein même de chercher une origine à l'agir, une instance première dont dépendrait le multiple. Dans les doctrines sur la *praxis,* le schéma attributif-participatif se traduit en ordination des actes à un point de mire qui ne cesse de se déplacer historiquement : cité parfaite, royaume céleste, volonté du plus grand nombre, liberté nouménale et législatrice, « consensus pragmatique transcendantal » (Apel), etc., mais sans qu'aucun de ces décalques défasse le patron attributif, participatif et ainsi normatif, lui-même. Toujours l'*arché* fonctionne à l'égard de l'agir comme la substance fonctionne à l'égard de ses accidents, leur imprimant sens et *telos.*

2. À l'époque de la clôture, le schéma de référence à une *arché* se révèle être le produit d'un certain type de penser, d'un ensemble de règles philosophiques qui ont eu leur genèse, leur période de gloire, et qui connaissent peut-être aujourd'hui un déclin. Ce qu'on lit alors dans Heidegger, c'est que la fonction principielle a été assurée par de nombreux « premiers » au cours des siècles ; que la régularité de cette fonction se laisse formellement réduire au *pros hen* aristotélicien (dont l'*aph' henos* n'est que le pendant symétrique) ; et qu'avec la clôture de l'ère métaphysique, les « principes époquaux » qui, à chaque âge de notre histoire, ordonnèrent les pensées et les actions, *dépérissent.* L'anarchie, en ce sens, ne devient opératoire comme concept qu'au moment où la grande nappe des constellations qui fixent la présence en présence constante se referme sur elle-même. Pour la culture occidentale, les choses multiples ont été gelées – diversement, bien sûr,

selon les époques – autour d'une vérité première ou d'un *principium* rationnel. Comme par ailleurs le schéma attributif a été exporté en philosophie pratique, ces principes rationnels dessinent la structure où se coule le *princeps,* l'autorité à laquelle on rapporte ce qui est faisable à une époque. Les philosophies premières fournissent au pouvoir ses structures formelles. Plus précisément, « la métaphysique » désigne donc ce dispositif où l'agir requiert un principe auquel on puisse rapporter les mots, les choses et les actions. L'agir apparaît sans principe à l'âge du tournant, quand la présence comme identité ultime vire à la présence comme différence irréductible (ou réductible catégoriellement seulement). Si tels sont les contours du programme de déconstruction, on commence à entrevoir la nécessité d'un aveu d'ignorance : la question même d'un « *système* politique coordonné à l'ère technique » relève des constructions principielles.

L'expression la plus adéquate pour couvrir l'ensemble de ces prémisses serait : « Le principe d'anarchie. » Le mot anarchie prêterait, certes, à malentendu. Le paradoxe que contient cette expression n'en est pas moins instructif, éblouissant. Le nerf de la métaphysique – quelles que soient les déterminations ultérieures dont on précisera ce concept – n'est-il pas la règle de toujours chercher un Premier à partir duquel le monde devienne intelligible et maîtrisable, la règle du *scire per causas,* de l'établissement des « principes », donc ? L'« anarchie », en revanche, désigne le dépérissement d'une telle règle, le relâchement de son emprise. Ce paradoxe est éblouissant parce qu'en deux mots il pointe en-deçà et au-delà de la clôture métaphysique, exhibant ainsi le tracé de cette clôture elle-même. Le paradoxe qu'énonce l'expression « principe d'anarchie » situe l'entreprise heideggérienne, il indique le lieu où elle est sise : implantée encore dans la problématique du *ti to on* (« Qu'est-ce que l'être ? »), mais arrachant celle-ci déjà au schéma du *pros hen* qui lui fut congénital. Retenant la présence, mais la désencadrant du schéma attributif. Principe encore, mais principe d'anarchie. Il faut penser cette contradiction. La référence principielle y est travaillée, dans son histoire et dans son essence, par une force de dislocation, de plurification. Le *logos* référentiel y devient « parole en archipel », « poème pulvérisé » (René Char). La déconstruction est un discours de transition ; aussi, en mettant les deux mots, « principe » et « anarchie », bout à bout, entend-on *s'apprêter* à cette transition époquale.

Inutile d'ajouter qu'il ne sera pas question de l'« anarchie » ici au sens de Proudhon, Bakhounine et leurs disciples. Ce que cherchaient ces maîtres, c'est *à déplacer* l'origine, à substituer au pouvoir d'autorité, *princeps,* le pouvoir rationnel, *principium.* Opération « métaphysique » entre toutes. Remplacement d'un point de mire par un autre. L'anarchie dont il sera question est le nom pour une histoire qui a affecté le fondement de l'agir, histoire où cèdent les assises et où l'on s'aperçoit que le principe de cohésion, qu'il soit autoritaire ou rationnel, n'est plus qu'un espace blanc sans pouvoir législateur sur la vie. L'anarchie dit le destin qui fait dépérir les principes auxquels les Occidentaux ont rapporté, depuis Platon, leurs faits et gestes pour les y ancrer, les soustraire au changement et au doute.

C'est la production rationnelle de cet ancrage – la tâche la plus grave traditionnellement assignée aux philosophes – qui devient impossible avec Heidegger.

Le dépérissement des fondations, tel qu'il affecte l'agir, n'est guère un thème explicite dans Heidegger. Il y est reconnu plutôt de façon oblique. Heidegger en dit plus, cependant, que les déclarations souvent répétées, selon lesquelles « la pensée change le monde », ne le laissent soupçonner. Depuis *Être et Temps* jusqu'au dernier de ses écrits, en effet, il inverse curieusement le rapport entre ce qu'il faut encore continuer d'appeler « penser » et « agir ». Il n'a cessé d'articuler de différentes manières cette inversion du statut transcendantal propre à l'ancienne distinction. Cette inversion apparaîtra comme le facteur qui *commence* à rendre périmée la distinction. *De l'agir privé d'*arché, *Heidegger fait la condition de la pensée qui déconstruit l'*arché. Que cela s'exprime en termes de « temporalité authentique », de « sérénité » d'« habitat » dans le langage, ou de « laisser advenir à la présence », toujours une pratique déterminée, et qui détermine tout l'agir, apparaît comme l'*a priori* de la « pensée de l'être ». C'est là plus qu'une simple inversion du rapport entre être et agir. C'en est la subversion, le renversement (*vertere*) à partir de la base (*sub-*). Heidegger s'inscrit en vérité ici dans une tradition toute autre que celle issue d'Aristote. Plotin et Maître Eckhart enseignent que la pratique, plutôt que de découler comme une conséquence d'une opération par laquelle l'esprit saisit l'être, fonctionne comme la condition pour que l'esprit soit présent à lui-même. Heidegger transmute cependant ces sources, puisque l'*a priori* pratique se trouve dissocié chez lui de la présence comme possession idéale de soi par soi.

C'est qu'à l'âge où expirent les « principes », la présence ne peut plus dénoter quelque noumène. La déconstruction de l'agir peut se mesurer à l'aune de Kant, champion de la prééminence spécifique propre à la raison pratique : pas de philosophie pratique sans *a priori* nouménal. À cette découverte Heidegger souscrirait. Mais comme la présence, ou « l'être », pour lui n'est pas un noumène, toute l'entreprise d'échafauder une philosophie pratique doit tomber. C'est Kant retourné contre lui-même. La présence n'est pas un noumène, mais elle n'est pas non plus le contraire d'un noumène, phénomène empirique ou donné positif. Entre le Scylla d'une compréhension idéale, principielle, ontologique, nouménale de la présence, et le Charybde de sa compréhension positive, Heidegger suit le tracé du catégoriel, subvertissant Kant aussi. La présence est une, mais simplement comme unité des traits formels qui relient les époques.

De là l'impossibilité d'une philosophie pratique tirée de la « pensée de l'être ». De là l'importance, aussi, d'une table des catégories de la présence, qui établit cette impossibilité. Une telle table devrait mettre fin à toute lecture de Heidegger qui le récupérerait pour quelque manifestation de l'absolu. Rien de tel dans la déconstruction. Si l'identité dans la différence est d'ordre purement catégoriel, la phénoménologie heideggérienne a rompu avec les constructions d'une identité de soi à soi. De même, si la manifestation n'est qu'un autre nom pour la présence – et non pas son apparaître, non pas la manifestation *de* la présence –, la possibilité d'une épiphanie d'un en-soi dans l'histoire s'évanouit (en même temps que celle d'une régulation explicable par des modèles déductifs ou nomologiques). On peut enchaîner : si le *logos* désigne la constellation des étants tels qu'ils sont proches les uns des autres à un moment de césure, et non pas la « raison » par-delà toute coupure, il paraît difficile d'insérer Heidegger dans le logo-centrisme onto-théo-téléologique. Enfin, si « la présence » est le nom pour la constellation synchronique dans laquelle circulent les étants présents, et seulement cela, il est tout à fait impossible de faire entrer cette pensée dans quelque philosophie de l'altérité, qu'il s'agisse de l'Autre divin ou de l'« autrui » humain. La solution catégorielle qu'on apportera au vieux problème de l'identité et de la différence, ou de l'un et du multiple, affectera directement le propos sur l'agir : il n'y

Introduction

a d'unité de l'agir que celle qui caractérise une époque. Car, comme nous tenterons de le montrer, « en principe » les hommes font tous la même chose…

L'aveu d'ignorance concernant le système politique le mieux adapté au monde technique apparaît maintenant plus cohérent, mieux inscrit, en tout cas, dans l'ensemble de la texture qu'est le discours déconstructeur. Si la question des systèmes politiques ne peut surgir qu'au sein des organisations époquales et principielles, et si, d'autre part, la modalité époquale-principielle de la présence prend fin à l'âge de la clôture, alors c'est mal poser la question politique que de peser les avantages et les inconvénients des différents systèmes. Cela peut se montrer de plusieurs manières.

D'abord, et c'est le facteur le mieux connu, par l'opposition entre penser et connaître. Dans Heidegger, aucune dialectique ne lie la pensée à la connaissance, aucune synthèse ne permet de passer de l'une à l'autre : « Les sciences ne pensent pas.» Cette opposition, héritée de Kant (mais malgré l'usage consistant que Heidegger en fait, il ne reconnaît jamais cette dette), établit comme deux territoires, deux continents, entre lesquels il n'y a ni analogie, ni ressemblance même. « Il n'y a pas de pont qui conduise des sciences vers la pensée [7]. » On « pense l'être » et ses époques, mais on « connaît les étants » et leurs aspects. Ignorance généralisée donc, qui frappe la pensée en toutes ses démarches. Si Heidegger l'invoque si ostensiblement, c'est qu'elle est peut-être le lieu-tenant d'une nécessité plus proche encore de l'affaire même de la pensée.

L'affaire de la pensée, c'est, à la lisière qui cerne une longue histoire, de « répéter » la présence elle-même, de « regagner les expériences de l'être qui sont à l'origine de la métaphysique, grâce à une déconstruction des représentations devenues courantes et vides [8] ». Si cette longue histoire touche effectivement à sa fin (et l'affirmation insistante de Heidegger à cet égard, ainsi que d'autres après lui [9],

---

7   Les deux citations sont de VA 133 sq. / EC 157.
8   Wm 245 / Q I 240. Pour *Abbau*, voir encore GA *24* 31 et VS 133 / Q IV 333.
9   « Peut-être la méditation patiente et l'enquête rigoureuse […] sont-elles l'errance d'une pensée fidèle et attentive au monde irréductiblement à venir qui s'annonce au présent, par-delà la clôture du savoir », Jacques Derrida, *De la grammatologie*, Paris, 1967, p. 14.

peut laisser perplexe), alors, sous la crise, la structure de ce champ se dérègle ; ses principes de cohésion perdent leur efficacité ; le *nomos* de notre *oikos,* l'économie qui nous enserre, produit de moins en moins de certitudes. Moment d'ignorance, donc, que celui où est franchi un seuil époqual.

Enfin, la nécessaire ignorance concernant les systèmes politiques et leurs mérites respectifs, résulte de la constellation de la présence dont on nous décrit l'aurore : cessation *des* principes, détrônement *du* principe même de ces principes, et commencement d'une économie de passage, anarchique. L'époque de transition amènerait donc à la présence les mots, les choses et les actions de telle manière que leur interaction publique soit irréductible à toute systématicité. Ce sera par une déduction historique des catégories de « l'autre commencement » qu'il faudra établir la possibilité de penser l'agir privé d'un *pros hen* unificateur – c'est-à-dire de penser, dans la praxis multiple, une identité qui soit faite seulement de « traits directeurs ». Comme ces traits s'appliquent à la « théorie » tout autant qu'à la « pratique », cette distinction perd sa pertinence.

Cela dit et compris, il faut tout de même ajouter : l'aveu d'ignorance est, bien sûr, une feinte. Et plus qu'une feinte stratégique – à moins qu'on n'entende ce mot, « stratégie », non pas en rapport aux actions humaines et à l'art de les coordonner, mais en rapport aux économies de la présence. Alors on voit qu'il y a de fortes raisons à cette feinte. Comment éviter, en effet, qu'après avoir ébauché le dépérissement des principes, des questions ne surgissent du type que voici : Quelle est votre théorie de l'État ? Et de la propriété ? Et de la loi en général ? Qu'adviendra-t-il de la défense ? Et de nos autoroutes ? Heidegger s'esquive. Après l'un des développements les plus directs sur ce qu'on pourrait appeler l'anarchie ontologique – exprimée, en l'occurrence, par le concept de « vie sans pourquoi », emprunté à Maître Eckhart (via Angelus Silesius) –, Heidegger conclut : « Au fond le plus caché de son être l'homme n'est véritablement que quand, à sa manière, il est comme la rose – sans pourquoi. » Le « sans pourquoi » pointe au-delà de la clôture, on ne peut donc pas le poursuivre. L'arrêt brusque du développement – « Nous ne pouvons poursuivre ici cette

Introduction

pensée plus loin [10] » – ainsi que la feinte d'ignorance sont inévitables quand on s'essaie à une « autre pensée ». Il suffit d'appuyer un peu pour le voir : une vie « sans pourquoi », cela veut bien dire une vie sans but, sans *telos*. Et il est dit qu'« au fond le plus secret de son être », donc totalement, l'homme devrait être privé de *telos*. Être, « à sa manière, comme la rose », ce serait abolir la téléologie pratique. Il est clair que les objections rebondissent : mais sans *telos*, l'agir n'est plus l'agir. En effet, d'où la nécessité de la feinte.

Déconstruire l'agir, c'est l'arracher à la domination par l'idée de finalité, à la téléocratie où il a été tenu depuis Aristote. Déconstruction n'est donc pas destruction. À la fin de l'introduction à *Être et Temps,* Heidegger annonçait une « *destruction* phénoménologique de l'histoire de l'ontologie [11] ». Il suggérait par là une entreprise de re-lecture des philosophes. La matière de la destruction, ce sont les systèmes philosophiques transmis, des livres. Heidegger cherchait à retrouver, grâce à cette méthode, l'expérience de pensée qui avait donné le départ à chaque ontologie. La matière de la *déconstruction,* en revanche, ce sont les constellations de la présence au cours des âges. Si la clôture doit être comprise telle qu'on l'a esquissée, si elle est cette perturbation des règles où se réarrange l'ensemble de la constellation qu'on appelle la culture, la déconstruction est nécessairement englobante, indivisible. L'*Abbau* ne peut donc se contenir à l'intérieur d'une « région », d'une science déterminée, ou d'une discipline. L'agir ne se laisse pas déconstruire isolément. C'est pourquoi il faut d'abord se faire le phénoménologue des principes époquaux [12].

Le point de départ de toute cette entreprise n'a rien d'innovateur. C'est l'étonnement bien traditionnel devant les époques et leurs glissements : Comment rendre compte du fait qu'au sein d'un enclos époqual (ces enclos qu'on appelle « *polis* », « Empire romain »,

---

10 SvG 73 / PR 108.

11 SZ 39 / ET 58 (souligné par moi).

12 C'est en référence à ces principes époquaux que je voudrais lire les lignes de Novalis citées par Heidegger : « Le principe suprême contiendrait-il, dans la tâche qu'il nous impose, le paradoxe suprême ? Serait-il une position qui ne nous laisse jamais aucun repos, qui toujours attire et repousse, se rendant, aussitôt comprise, toujours à nouveau inintelligible ? Une position qui sans cesse aiguillonne notre activité – sans jamais l'épuiser, sans jamais devenir habituelle ? » (cité SvG 30 / PR 63).

« Moyen Âge », etc., ou, selon une découpe à peine plus fine, « dix-septième », « dix-huitième », « dix-neuvième » siècles), certaines pratiques soient possibles et même nécessaires, qui ne le sont pas à d'autres ? Comment se fait-il qu'une Révolution ait été impossible au Moyen Âge, ainsi qu'une Internationale à la Révolution française, et une Révolution culturelle au moment de la Première Internationale ? Ou, selon une perspective moins étrangère à la question des « principes » qu'il ne paraît : Comment se fait-il qu'un Duns Scot, pourtant surnommé *Doctor subtilis*, n'ait pu écrire, ni une critique de la raison pure, ni une généalogie de la morale ? Comment se fait-il, autrement dit, qu'un domaine du possible et du nécessaire s'institue, dure un temps, et cède sous l'effet d'une mutation ? « Comment se fait-il ? » : question descriptive, à ne pas confondre avec la question étiologique : « Comment s'explique… ? » Les solutions causales apportées à ces phénomènes de mutation, qu'elles soient « spéculatives », « économistes », ou ce qu'on voudra, nous laissent insatisfaits en raison du présupposé causal lui-même qu'elles ne peuvent questionner – qu'elles ne peuvent *situer,* car ce présupposé n'est qu'une incidence époquale du schéma *pros hen.*

Situer les principes époquaux dans l'histoire des modalités de la présence, c'est dresser la généalogie de ces principes. Cela comporte une double tâche : d'une part, une telle généalogie tracera la suite des ancêtres du dernier parmi ces principes, la technologie ; elle établira ainsi la filiation qui conduit de « l'aurore grecque » à la « nuit du monde » où s'abîment – selon Hölderlin – les temps modernes. D'autre part, la généalogie des principes montrera comment est née cette lignée elle-même ; comment, avec un certain virage radical – le tournant socratique – les constellations de la présence ont *commencé* à être dominées par des principes ; comment, enfin, avec un autre virage non moins radical, qui s'annonce dans le tournant technologique, ces constellations peuvent *cesser* d'être dominées par des principes. Mais cette pensée d'un dépérissement possible des principes ne s'est articulée, dans Heidegger, que progressivement. Il a été flagrant, dès le départ, que la question : « Quand écrirez-vous une éthique [13] ? » résultait d'un malentendu. Mais ce n'est que dans ses derniers écrits

---

13 Wm 183 / Q III 136.

que la question de l'agir trouve son contexte adéquat : la généalogie d'une lignée finie de principes époquaux.

Quand on songe aux souffrances que les hommes se sont infligées et s'infligent au nom des principes époquaux, on voit que la philosophie – « le penser » – n'est pas une entreprise futile : la phénoménologie déconstructrice des époques « change le monde [14] » parce qu'elle révèle le dépérissement de ces principes.

§ 2. Théorie des textes

> « Après *Être et Temps*, la pensée remplace la locution de "sens de l'être" par celle de "vérité de l'être". Et pour éviter tout contresens sur vérité, pour éviter qu'elle soit comprise comme justesse, "vérité de l'être" est commentée par "localité de l'être". Cela suppose bien sûr une compréhension de l'être-lieu du lieu. D'où l'expression de *Topologie de l'être* [15]. »

Ces lignes indiquent comment il convient de lire Heidegger.

Dans ses derniers écrits seulement, Heidegger soulève la question de la présence en fonction des « lieux » de celle-ci. Ces lieux, ce sont les économies historiques. Elles constituent, à chaque moment, un champ de présence. D'époque en époque, la présence s'articule diversement, se met en œuvre (*poiein*) diversement. Le caractère « poiétique » de la présence est ce que Heidegger appelle *Dichtung*, « poésie ». « La poésie qui pense est en vérité la topologie de l'être. » Inutile de préciser que cela n'a rien à voir avec l'art de composer des vers, ni même avec le langage humain. « Le caractère poiétique de la pensée [16] » n'est que l'écho, la réverbération, du caractère poiétique de la présence. Celle-ci se cristallise (*dichten,* c'est « rendre dense ») en des ordres successifs. Inversement, ces cristallisations époquales déterminent les mots à prononcer et à écrire, si bien qu'il faudra voir en elles le langage primordial. Reste que, d'un bout à l'autre de ses textes, l'affaire

---

14 VA 229 / EC 278 ; cf. « La pensée essentielle est un agir » (Wm 106 / Q I 82).
15 VS 73 / Q IV 268 sq.
16 Les deux citations sont de EdD 23 / Q III 37, texte écrit en 1947, le premier où Heidegger parle de « la topologie de l'être ».

propre de la pensée de Heidegger demeure la même : comprendre « l'être » phénoménologiquement comme présence et à partir des modalités multiples qu'ont les étants d'ainsi se « rendre denses », de faire texte ou poème. Quand l'idée directrice de la phénoménologie heideggérienne est « le sens de l'être », cette multiplicité est celle des *régions* : « être-là », « être subsistant », « être disponible ». Quand son idée directrice est « la vérité de l'être », la multiplicité est celle des *époques* : grecque, latine, moderne, technique. Quand, enfin, l'idée directrice est « la topologie de l'être », la multiplicité n'est plus affaire de régions ou d'époques, mais se situe du côté de la *venue* même à la présence : événement d'instauration multiple qui rend possibles, à la manière d'une condition transcendantale, les « lieux » spatiaux, temporels, linguistiques, culturels.

Avec cette dernière forme de multiplicité seulement apparaît la pointe de la problématique qui n'a cessé de mouvoir le parcours heideggérien : saisir la présence comme grosse d'une force de plurification, de dissolution. Au regard généalogique, les constellations historiques d'étants présents paraissent comme des ordres, placés sous un Premier ordonnateur. Mais dès que le regard recule vers leur *venue* à la présence, la lignée où ces constellations furent commandées par les instances directrices époquales s'avère être née d'un certain recel. Oubli de l'événement de la venue, incapacité de soutenir le multiple. La généalogie qui relève au contraire la multiplicité des mises en présence, découvre au départ de cette lignée l'impuissance d'en « comprendre » la poiétique (« *to stand* », diraient les Anglais, et ainsi « *to understand* »). La recherche des principes naît d'un manque de taille [17]. Les derniers textes de Heidegger pourront ainsi être lus comme l'effort pour élaborer les traits essentiels d'une économie de la présence qui soit irréductible à une *arché*, les traits d'une économie plurielle.

S'il en est ainsi, il est clair que la « destruction phénoménologique de l'histoire de l'ontologie », annoncée dans *Être et Temps*, n'est pleinement intelligible – et réalisable – qu'à partir des derniers écrits de Heidegger. Alors seulement devient patent de quelle manière le

---

17 La compréhension, *Verständnis*, serait à entendre « au sens originaire de *Vorstehen* : être debout devant, être de niveau avec, être de taille à soutenir ce devant quoi on se trouve » (VS 72 / Q IV 268, cf. SZ 143 / ET 179).

temps peut être le « sens » de l'être : non pas comme signification pour l'homme, et donc « comme une performance humaine [18] » (malentendu qui menaçait la déconstruction lors de la première période), mais comme la directionnalité des mises en présence ; ni non plus comme le « sens unique » du déroulement des époques à travers les âges (malentendu qui menaçait à la période de « l'histoire de l'être »), mais comme la venue multiple par laquelle les étants présents sortent de l'absence. L'intelligence correcte des premiers écrits ne s'obtient qu'à la condition de lire Heidegger à rebours.

Le dilemme herméneutique de savoir s'il faut lire Heidegger du début vers la fin ou plutôt de la fin vers le début, apparaît en toute clarté à propos de la *praxis.* On a beaucoup écrit sur les implications politiques de *Être et Temps,* et on a pu y voir énoncé en germe ce qui devait devenir, six ans plus tard, l'appel à suivre le führer. L'allocution prononcée par Heidegger à l'inauguration de son rectorat universitaire, avec sa triple mobilisation au service du travail, service des armes, et service du savoir [19], montrerait seulement l'aboutissement d'une orientation prise par Heidegger dès l'analytique existentiale. Le terme clef qui indiquerait cette continuité de pensée serait celui de résolution, *Entschlossenheit.* Les mêmes thèmes réapparaîtraient dans l'éloge du grand homme d'État (comparé à d'autres « créateurs », tels les poètes, les artistes, les penseurs), plus loin dans les années trente. Les premiers écrits de Heidegger constitueraient ainsi le cadre que ses discours n'auraient eu qu'à remplir par le ralliement à un chef, capable de marcher seul et d'user de violence. Ainsi les thèmes de la *Rektoratsrede* et des autres discours de cette époque, centrés sur « la communauté de combat entre professeurs et étudiants », ne seraient ni accidentels, ni isolés dans Heidegger [20]. Plus tard, tel un enfant

---

18 VS 73 / Q IV 268.

19 Cf. les extraits de cette allocution dans Guido Schneeberger, *Nachlese zu Heidegger,* Berne, 1962, p. 92.

20 Que la structure de la « résolution », dans SZ, implique un besoin d'autorité me paraît hautement discutable. Les auteurs qui soutiennent cette thèse finissent par faire de l'*Entschlossenheit* un acte de la volonté. Je reviendrai plus loin au problème de la volonté (voir ci-dessous, § 41). Mais pour se convaincre de la faiblesse de ce point de départ, il suffit de voir Henri Birault, par exemple, soutenir avec une force d'argument au moins égale que l'*Entschlossenheit* préfigure la notion ultérieure de *Gelassenheit, Heidegger et l'Expérience de la pensée,* Paris,

brûlé, Heidegger aurait choisi des sujets moins compromettants pour ses publications, notamment la poésie de Hölderlin ; aussi comprendrait-on qu'il se soit déclaré à plusieurs reprises incapable de voir aucune implication pratique de sa pensée. Ainsi, lu du début vers la fin, le jugement de Karl Jaspers semble avoir du poids : non seulement Heidegger n'a jamais renoncé à ses nostalgies d'antan, mais « la constitution fondamentale de cette façon de philosopher doit conduire, dans la *praxis*, à la domination totale [21] ».

Lu à rebours, des dernières publications aux premières, Heidegger apparaît sous un jour passablement différent. Il s'agit ici, encore une fois, purement de ses textes. Du point de vue de la topologie, la *praxis* – tout comme la *theoria*, d'ailleurs – n'est que la réponse que les acteurs dans l'histoire donnent, et ne peuvent pas ne pas donner, aux constellations de la présence qui les enserre. S'il y a un aspect « normatif » à cette phénoménologie des constellations époquales, il consiste en la double possibilité d'un dépérissement des principes et d'une plurification de l'agir. Sous des titres divers – « quadriparti » ou « quadrature » n'en est qu'un parmi plusieurs – Heidegger tente alors de penser explicitement la présence comme plurielle. L'agir qui répond à la présence ainsi comprise sera à l'opposé du « principe du führer » ; ce sera un agir irréconciliablement étranger à toute réduction à l'uniforme, un agir hostile au standard.

Le dilemme herméneutique est ici remarquable : à lire Heidegger du début vers la fin, c'est-à-dire de l'analytique existentiale à la topologie, on peut à la rigueur construire une « idéalisation de l'unité au détriment de la pluralité [22] ». Mais à le lire de la fin vers le début, de la topologie à l'analytique existentiale, l'évidence contraire s'impose. La présence, privée de principes métaphysiques, apparaît

---

1978, p. 519. Au moins cette dernière lecture peut-elle se prévaloir d'une affirmation explicite dans Wm 94 / Q I 190. Le même concept dans SZ peut difficilement contenir l'appel au service et l'appel au laisser-être.

21 Karl Jaspers, *Notizen zu Martin Heidegger*, Munich, 1978, p. 183 ; cf. du même, *Philosophische Autobiographie*, nouvelle éd., Munich, 1977, p. 92–111. Ces deux publications prolongent un débat ouvert jadis par Georg Lukacs et Theodor Adorno et résumé par Beda Allemann, « Martin Heidegger und die Politik », dans *Heidegger*, Otto Pöggeler (éd.), Cologne, 1969, p. 246–260.

22 Karsten Harries, « Heidegger as a Political Thinker », *The Review of Metaphysics*, XXIX / 4, 1976, p. 669.

Introduction

plus nietzschéenne, « chaotico-pratique [23] ». Au lieu d'un concept unitaire de fondement, on a alors le « quadriparti » ; au lieu de l'éloge de la « volonté dure [24] », le détachement ; au lieu de l'intégration de l'université dans le service civil [25], la contestation de la technologie et de la cybernétique ; au lieu d'une identification pure et simple entre le führer et le droit [26], l'anarchie.

Le traitement, par Heidegger, de l'opposition traditionnelle entre théorie et pratique, montre au mieux la nécessité de lire ses textes à rebours. Dans *Être et Temps,* ce rapport reste encore confus. On a pu soutenir que la pratique y prime la théorie, qu'au contraire la théorie y prime la pratique, et encore que leur distinction y est abolie. Dans les ouvrages ultérieurs, l'usage des termes « théorie » et « pratique » disparaît – et doit disparaître – à mesure que « la vérité de l'être » est comprise dans son essence historiale. Si la théorie aussi bien que la pratique apparaissent comme des réponses à des constellations de « dévoilement », leur distinction est assumée dans la notion plus large de « la pensée ». « La pensée agit en tant qu'elle pense [27]. » La genèse de la connaissance théorique à partir de la prévoyance qui accompagne toute manipulation des choses disponibles [28], nous en apprend

———

23 Birault, *Heidegger et l'expérience de la pensée, op. cit.,* p. 74.

24 « La dureté de la volonté » et « la clarté du cœur » sont les thèmes de l'éloge funèbre prononcé par Heidegger en 1933 pour Leo Schlageter, Schneeberger, *Nachlese, op. cit.,* p. 48.

25 *Ibid.,* p. 63 sq.

26 *Ibid.,* p. 136.

27 Wm 145 / Q III 74.

28 Cf. SZ sect. 69. Les affirmations dans cette importante section contredisent carrément celles faites à propos de « la connaissance du monde », section 13 : dans ce dernier texte, la connaissance théorique résulte d'une cessation de la « préoccupation » (*Besorgen*) : « Pour que soit possible la connaissance en tant que détermination théorique d'un étant subsistant pur, il faut une déficience préalable de la préoccupation ayant affaire au monde » (SZ 61 / ET 84). Mais cette même conception de la genèse du *theorien* à partir d'une cessation de la manipulation est critiquée dans l'autre texte : « Il serait tentant de caractériser le basculement de la manipulation, utilisation, etc., "pratiques" et prévoyantes en recherche "théorique" de la façon suivante : le regard pur sur l'étant naît de ce que la préoccupation s'abstient de toute manipulation. Ce qui est décisif dans la "genèse" de l'attitude théorique résiderait alors dans la disparition de la praxis [...]. Toutefois, la cessation d'une manipulation spécifique dans le commerce prévoyant ne laisse pas la prévoyance simplement comme un résidu » (SZ 357).

d'autant moins sur la pensée que la technique est dissociée des projets d'existence et qu'elle est vue comme l'aboutissement naturel de la *theoria* grecque. « La caractérisation de la pensée comme *theoria* et la détermination du connaître comme attitude "théorique", se produisent déjà à l'intérieur de l'interprétation "technique" de la pensée [29]. »

Le caractère rudimentaire des notions de théorie et pratique, dans les premiers écrits de Heidegger – et, par conséquent, la nécessité de les compléter par les écrits postérieurs – résulte justement de ce que la conception de la technique reste encore tout à fait insuffisante dans *Être et Temps*. Dans le seul passage où Heidegger y parle de la technique [30], celle-ci est limitée au maniement d'instruments dans la recherche : installation d'un cadran de mesure en physique, préparation d'une substance sur lamelle pour le microscope, en chimie, etc. La technique désigne l'ensemble des procédés employés pour mener à bien la recherche scientifique, mais elle ne désigne point encore la technologie transformatrice de la nature. Il est vrai que certains traits qui feront partie de cette dernière notion ne sont pas entièrement absents de *Être et Temps* : ils y entrent par un biais qui n'a rien à voir avec la réflexion sur l'agir. Le projet de quantification résulte d'une totalisation inauthentique de l'existence. Dans un tel projet existentiel, les distinctions entre les étants disponibles (*zuhanden*), les étants subsistants (*vorhanden*), et les étants coexistants (*mitdaseiend*) sont nivelées [31]. Ce n'est que rétrospectivement qu'on peut soutenir que

---

29 Wm 146 / Q III 76, cf. VA 55s / EC 61 sq.

30 SZ 358.

31 Le projet inauthentique d'existence est caractérisé par une double réduction : les étants coexistants – c'est-à-dire autrui – deviennent « objets » de préoccupation (*Besorgen*) au lieu d'assistance (*Fürsorge*) (cf. SZ 122 / ET 153 sq.) ; d'autre part, la préoccupation est réduite au « projet mathématique » en tant qu'a priori existentiel (SZ 362). Par cette double réduction, les trois types d'étants mentionnés deviennent indifférenciés, indifférents. Le monde est alors l'accumulation sans fin du même, l'addition de « produits détachés » de leur contexte (*entweltlicht*, SZ 177 / ET 217). La totalisation authentique, au contraire, « laisse autrui être » et « brise toute obstination dans l'existence momentanément atteinte » (SZ 298 et 264). Il est clair que la totalisation inauthentique préfigure ici la « pensée calculante », et la totalisation authentique le délaissement (*Gelassenheit*) nécessaire à la « pensée méditante » (Gel 15 et 25 / Q III 166 et 177). Le concept ultérieur de technologie ne s'enracine pas, par conséquent, dans les analyses de la technique, dans SZ,

les descriptions du « projet mathématique » comme *a priori* existentiel contiennent en germe les descriptions ultérieures de la technologie comme *Gestell,* arraisonnement, et de l'emprise totale qu'elle exerce sur le monde moderne. Et rétrospectivement on peut – et doit – s'étonner que ces descriptions de la technologie semblent remonter à une priorité de l'inauthentique sur l'authentique, dans *Être et Temps,* plutôt qu'aux remarques éparses consacrées aux techniques de recherche scientifique [32].

Cette preuve qu'il est nécessaire de lire Heidegger à rebours peut s'étayer une nouvelle fois quand on considère les déclarations les

---

mais dans celles du projet inauthentique de totalisation existentielle. La technique y apparaît encore inoffensive, tandis que les traits qui – dissociés évidemment de tout projet existentiel – s'appliqueront plus tard à la technologie mondiale, tels que la quantification, la standardisation, l'« unidimensionnalité », etc., caractérisent dans SZ l'inauthenticité.

32 Il y a dans SZ deux lignes de raisonnement sur le « soi originaire » ou primordial qui, ici encore, se contredisent d'une façon flagrante. D'une part, « le phénomène originaire » (SZ 129 / ET 162) est le « on », *das Man.* L'authenticité ne peut alors résulter que d'une modification existentielle de ce « on » primordial. Mais dans d'autres textes, la situation est exactement inverse : « l'inauthenticité a pour fondement l'authenticité possible » (SZ 259). Ici, c'est le soi authentique qui est originaire, primordial. On peut même relever deux affirmations littéralement contradictoires à ce propos : « Le soi authentique […]. ne peut être qu'une modification existentielle du "on", qui a été défini comme un existential essentiel » (SZ 130 / ET 163). À comparer avec : « Le "on" est une modification existentielle du soi authentique » (SZ 317). Le premier type d'argument est celui qui prédomine dans SZ (cf. encore SZ 179, 267, 268 / ET 220). Sur l'ensemble de ces difficultés voir l'article de Joan Stambaugh, « Authenticity and Inauthenticity in "Being and Time" », *Research in Phenomenology* VII, 1977, p. 153–161. Pour nous, ce qui importe c'est qu'à l'époque de SZ, la question de savoir où s'enracine la possibilité d'une domination technologique de la nature reste non seulement irrésolue, elle n'est même pas posée clairement : la praxis technologique résulte-t-elle des techniques de la recherche scientifique, du projet mathématique comme a priori d'une totalisation existentielle inauthentique, du « on » comme structure existentiale primordiale, ou encore d'un certain tournant historique, la « décontextualisation » (*Entweltlichung*) opérée par Descartes (cf. SZ sections 6, 19 à 21, 43) ? Sur ces quatre réponses, quelle que soit celle qu'on choisit, aucune d'elles ne permet de dire, comme le fait Heidegger plus tard, que « les sciences naturelles modernes s'enracinent dans le développement de l'essence de la technique moderne, et non pas l'inverse » (MHG 72). Nouvelle preuve que les concepts les plus décisifs, encore fluctuants dans SZ, se montrent dans leurs délinéaments précis seulement quand ils sont lus à la lumière des écrits postérieurs.

plus compromettantes de Heidegger en faveur du nazisme. Comme on le sait, dans un cours prononcé en 1935, Heidegger louait « la vérité interne et la grandeur » du national-socialisme, qui résideraient dans « la rencontre entre la technique déterminée planétairement et l'homme moderne [33]. » Cette affirmation s'inscrit en effet en droite ligne dans la pensée de *Être et Temps* – mais seulement en ce qu'elle laisse entendre de la technique. Comment ne pas voir que, si un mouvement politique est censé pouvoir faire face à la technique planétaire, celle-ci est encore jugée susceptible d'être endiguée, modifiée ? Que la technique est toujours vue, par conséquent, comme un projet inauthentique qu'un projet authentique pourrait en quelque sorte venir redresser ? Ce qui est nouveau dans cette affirmation par rapport à *Être et Temps*, c'est que ce projet inauthentique est maintenant identifié avec « la Russie et l'Amérique, qui reviennent métaphysiquement au même quant à leur appartenance au monde et à leur rapport à l'esprit [34] ». Ce n'est que vers la fin des années trente que Heidegger découvre la compréhension de la technologie qui restera la sienne : force d'arraisonnement totalitaire et monolithique, à laquelle il ne cessera d'opposer une pensée pluriforme de la présence elle-même pluriforme. Alors « l'impérialisme planétaire de l'homme organisé techniquement » englobera « l'américanisme » aussi bien que « l'homme qui se veut comme peuple, se cultive comme race et se donne finalement les pleins pouvoirs pour devenir le maître de l'orbe terrestre [35] ». Cette position une fois acquise, les ouvrages précédents apparaissent dans leur véritable statut, celui de jalons. « *Wege, nicht Werke* [36] ».

Voici comment, dans une telle théorie des textes, l'élément anarchique, anti-téléocratique, se peut retracer jusque dans *Être et Temps*.

---

33 EiM 152 / IM 202.
34 EiM 34 / IM 56. La description de ce qui se passe en Amérique et en Russie rappelle les termes mêmes du passage sur la totalisation inauthentique dans SZ : « En Amérique et en Russie, tout cela s'est accentué jusqu'à atteindre l'ainsi-de-suite sans bornes de ce qui est toujours identique et indifférent, cela au point que ce quantitatif s'est transformé en une qualité spécifique […]. » (EiM 35 / IM 57).
35 Hw 102 sq. / Chm 99 sq.
36 « Des chemins, non pas des œuvres. » Cette épigraphe est tout ce que Heidegger a pu formuler, peu de jours avant sa mort, comme préface à l'édition complète GA.

L'authenticité y est décrite comme résolution anticipatrice. L'existence devient libre pour sa propre finitude par l'anticipation résolue de sa mort. « L'anticipation s'avère être la possibilité de comprendre l'extrême potentiel d'être qui nous est le plus propre, c'est-à-dire la possibilité d'existence authentique [37]. » Mais si le potentiel d'être qui nous est le plus propre se révèle par l'anticipation de notre mort – et Heidegger a toujours maintenu que c'est un changement d'attitude à l'égard de notre mort qui produirait une nouvelle expérience de la présence –, alors c'est ma négativité totale qui totalisera mon existence. Curieux potentiel d'être qui me projette vers ma négation. Autant dire que ce qui m'est « le plus originaire [38] » me projette vers nulle part, vers rien. En effet, que s'approprie mon existence en devenant authentique ? Ma possibilité de ne pas être du tout. Rien, donc, n'est approprié. Puisqu'il retient comme caractère décisif de l'authenticité le « potentiel » et le « possible », Heidegger, de toute évidence, élimine la structure téléologique de l'existence authentique. Au-dessus d'*arché* et *telos* il y a l'an-archie et l'a-téléocratie, parce que, « au-dessus de la réalité, il y a la possibilité [39] ». Comme horizon d'anticipation, la mort, il est vrai, est assurément une concrétisation de la structure téléologique qui caractérise le « souci » en général. Mais parler de la mort comme de sa possibilité la plus propre, possibilité que, toujours de nouveau, il s'agit de faire sienne, c'est déjà introduire un élément de non-finalité dans l'authenticité, absent des descriptions du souci. La temporalité authentique – non pas linéaire, mais extatique – abolit les représentations d'un *terminus a quo* et d'un *terminus ad quem* dans la compréhension de l'existence. Le potentiel extatique est donc anticipateur de la mort tout en étant dépourvu de relations, *unbezüglich.* La mort est « la possibilité la plus propre, dépourvue de relations, indépassable [40] ». Ainsi, Heidegger pense l'authentique comme plénitude extatique du potentiel, ontologiquement exempt de tout rapport aux étants, y compris la mort figurée comme un étant. Les étants portent tous un « pourquoi » : subsistants, ils servent à la

---

37   SZ 263.
38   « La possibilité comme existential est la détermination ontologique et positive la plus originaire, ultime, de l'être-là » (SZ 143 sq. / ET 179).
39   SZ 38 / ET 56 sq.
40   SZ 250.

connaissance, et disponibles, ils servent à l'usage. Connaître et user sont les deux manières dont le réel annonce sa structure téléologique. « Mais au-dessus de la réalité, il y a la possibilité. » Pourquoi au-dessus ? Parce que le possible n'est jamais ni subsistant ni disponible. La possibilité, et partant le potentiel, ne tombent ainsi jamais dans les coordonnées d'*arché* et de *telos,* c'est-à-dire, en fin de compte, dans les coordonnées de la causalité. Si la compréhension du temps par laquelle Heidegger renverse toute la métaphysique depuis Aristote, est si extraordinairement innovatrice, c'est parce qu'elle sape ces représentations. Le temps extatique s'oppose au temps linéaire – « nombre du devenir » aristotélicien ou « extension de l'âme » augustinienne – comme le possible s'oppose à l'acte et à la puissance, la pensée à la connaissance, et le principe d'anarchie au principe de causalité.

De ce qui précède voici les conséquences qu'on peut tirer pour une théorie des textes de Heidegger :

1. S'il faut distinguer des moments, des articulations, dans ces textes, il convient de renoncer une fois pour toutes à l'opposition entre « Heidegger I » et « Heidegger II [41] » et de retenir plutôt trois moments : celui où la question de la présence est levée comme celle du « sens de l'être », celui où elle est levée comme « vérité de l'être » – plus précisément comme histoire de cette vérité en tant qu'*alétheia* –, et celui où elle est levée par la « topologie de l'être ».

2. Situé sur la ligne de clôture métaphysique, Heidegger n'est pas – ne peut pas être – un penseur systématique. Néanmoins, ce qu'il dit de Nietzsche s'applique d'abord à lui-même, à savoir qu'il faut apprendre à lire Nietzsche avec la même rigueur qu'Aristote. On voit bien ce que nous fait gagner et ce que nous fait perdre une lecture rigoureuse de ses textes. Elle nous fait gagner une stratégie précise et soutenue de la pensée, dirigée contre la vieille référence principielle, contre l'illusion d'un Premier légitime, règle de la pensée et autorité pour la conduite. Elle nous fait perdre le Heidegger que s'arrachent les consommateurs de tranquillisants poétiques ou religieux. La

---

41 Cette opposition fut introduite jadis par William Richardson, *Heidegger. Through Phenomenology To Thought,* La Haye, 1963, p. 22 ; voir les réserves exprimées par Heidegger dans sa lettre-préface (Vw XXIII / Q IV 188).

lecture rigoureuse de ses textes requiert cependant un point de départ et une méthode.

3. Le point de départ, c'est l'hypothèse de « la fin de l'histoire de l'être », la fin de cette histoire de la présence où « l'être consiste dans le destin [42] ». De Platon jusqu'à l'âge technologique, la civilisation occidentale a été placée sous la police des « marques » (*Prägungen*) métaphysiques, sous la police de ce que j'appelle les principes époquaux. Mais si l'histoire des époques touche à sa fin, on ne peut plus soutenir tout uniment que « l'histoire de l'être, seule, est l'être lui-même [43] » – *Seinsgeschichte* entendue comme la geste métaphysique –, car une autre figure de la présence prend alors la relève des dévoilements époquaux [44]. Les « marques » ou principes appartiennent aux époques et dépérissent avec elles. L'autre figure de la

---

42 SD 44 / Q IV 74.

43 N II 486 / N ii 395. Cette formule extrême doit donc être nuancée de la façon suivante : à l'âge technologique, c'est l'histoire des époques qui touche à sa fin, mais non pas, évidemment, l'histoire de la présence.

44 Il est regrettable que l'ouvrage de Henri Birault cité ci-dessus ait été composé pour la plus grande partie avant la publication de SD (cela résulte entre autres des remarques sur SvG et US, p. 394, et sur *Zeit und Sein*, p. 452). Cela rend caducs dès leur parution bien des passages dans la seconde partie (p. 354–621). Birault, en effet, use des expressions « différence ontico-ontologique », « *Es gibt* », « dévoilement », « *epoché* », « proximité », « correspondance » *sans jamais même suggérer que, d'après la conférence « Temps et Être », ces mots cessent désormais d'être applicables à la constellation de la présence amorcée avec la technologie* et qu'il faut leur substituer les expressions « monde et chose », « faveur », « événement », « éclaircie », « quadriparti », « pensée » (voir ci-dessous les § 34–39 : « Les catégories de transition »). Ne lisant pas Heidegger rétrospectivement, Birault ignore l'hypothèse de la clôture. Cela entraîne des conséquences telles qu'une confusion entre les deux sens du « voilement », dans Heidegger : le voilement comme *léthé*, partie intégrante de l'*alétheia*, n'est pas distingué clairement du voilement comme *epoché*. Or, avec la clôture métaphysique, ce deuxième mode de voilement touche à sa fin ; c'est là tout l'intérêt, et peut-être le seul contenu, de cette hypothèse. Parler, par exemple, de « l'*epoché* comme trait et retrait de l'être » (titre pour la page 547, cf. la table des matières), c'est mettre sur le compte de l'*epoché* ce qui appartient à l'*alétheia*. Si « pour la pensée qui entre dans l'*Ereignis*, l'histoire de l'être est terminée » (SD 44 / Q IV 74), alors on ne peut précisément pas dire que « l'époque de l'être n'est pas différente de [...] la non-vérité, du mystère ou du secret de l'être : une part d'ombre au cœur de la lumière » (p. 548). Cette confusion entre retrait époqual et retrait essentiel de l'être est fréquente dans la littérature.

présence ou de l'être, Heidegger l'appelle *Ereignis,* événement d'appropriation. Or : « L'*Ereignis* n'est pas une nouvelle marque de l'être appartenant à l'histoire de l'être [45]. » Voilà le point de départ.

4. Quant à la méthode, elle consiste à lire Heidegger à rebours. La notion néo-kantienne de « sens », dans *Être et Temps* (premier moment), ne peut être comprise correctement comme directionnalité qu'à partir de la conception historiale-destinale de la « vérité » (deuxième moment), qui en annule la portée néo-kantienne, subjectiviste ; de même, la « vérité » peut être pleinement comprise comme dévoilement époqual seulement à partir de la notion, postérieure encore, de *topos,* lieu (troisième moment). La topologie conduit les époques à leur fin. Autrement dit, la raison pour laquelle la présence ne peut pas encore être pensée « comme temps [46] » à partir de la *temporalité extatique,* n'apparaît qu'avec la *temporalité destinale* de l'histoire de la présence ; et cette temporalité destinale apparaît en sa différence d'avec le temps époqual seulement avec la *temporalité événementielle* de la topologie.

5. À la lumière de l'histoire de la présence, la pratique des hommes apparaît comme réponse aux constellations époquales de la vérité. Cette découverte, faite après *Être et Temps* et qui inaugure la *Kehre,* le tournant dans la pensée de Heidegger, se montre elle-même incomplète. Elle est à examiner à partir du troisième moment : si les époques touchent à leur fin, la présence se trouve privée de principe, ou d'*arché* et *telos.* De même, la praxis humaine peut et doit alors être pensée comme « sans pourquoi ». Rétrospectivement, la praxis privée de but n'est nullement absente de *Être et Temps,* puisque le mot même de « potentiel », *Möglichkeit,* s'il indique un pouvoir (*Macht,* de *mögen* – ces mots ayant le même radical que « mécanique » et « magie » : toujours un faire, *machen),* indique un plein pouvoir, simple surabondance sans but intrinsèque ni extrinsèque. À lire Heidegger de la fin vers le début, donc, les implications pratiques de sa pensée sautent aux yeux : le jeu d'une mouvance sans stabilisation dans la pratique, allant sans doute jusqu'à une fluctuation incessante dans les institutions, est une fin en soi. Le tournant hors

---

45 SD 44 / Q IV 74.
46 N I 28 / N i 26.

de la métaphysique révèle ainsi l'essence de la praxis : l'échange dépourvu de principe.

Ces cinq règles de lecture permettent de répondre sommairement à quelques premières objections.

La théorie proposée des textes fait le partage des vraies et des fausses questions à propos de la déconstruction. Objection possible : *À force de tant insister sur les économies de la présence – époquales d'abord, événementielles ensuite – vous laissez échapper tout ce que Heidegger dit sur le langage. Or, s'il y a aujourd'hui une question qui fait l'unanimité au moins en tant que question, c'est bien celle du langage. Vous ôtez ainsi à Heidegger le moyen d'entrer dans les débats les plus vifs de notre temps.* – Il n'en est rien. Dans sa forme ultime, topologique, la déconstruction situe le langage tel qu'on peut le tenir à une époque : « Le rapport de l'homme au langage pourrait se métamorphoser de façon analogue à la métamorphose du rapport à l'être [47]. » De là une certaine identité entre langage et être. La topologie permettrait aussi de situer, soit dit en passant, l'idéal de scientificité qui prédomine dans ces préoccupations contemporaines touchant le langage.

Autre objection possible : *Il est entendu que ce rapport à l'être, et ses métamorphoses, ne suit aucune nécessité rationnelle, aucune progression vers des formes de plus en plus conscientes, libres, logiques, universelles, de la vie en commun. Soit. Mais vous versez dans l'autre extrême. L'insistance sur les économies revient à un simple positivisme des périodes historiques. D'où l'attentisme heideggérien : « Nous ne devons rien faire, seulement attendre [48]. » Attendre une ère de présence plus favorable à la pensée ? Comme on attend un jour de soleil pour aller à la plage ? Si ce n'est pas là du positivisme historiste !* – Le texte cité traite en effet – de manière oblique – de la possibilité d'un virage vers du neuf dans l'histoire, vers ce qui, « jusqu'ici, n'a jamais encore été éprouvé ». Heidegger demande : comment y accéder ? « Nous devons penser à ce lieu d'où seul peut s'accomplir un tel passage. » La transition d'une économie historique à une autre peut donc s'accomplir seulement si la pensée se place *en un autre lieu*, un

---

47 SD 55 / Q IV 89.
48 Gel 371 / Q III 188.

Introduction

lieu autre que la succession des économies données. Un lieu autre que le donné : le lieu de ce qui donne le donné. « Pas en arrière » par lequel Heidegger s'approprie et transforme la tradition transcendantale. Disons que ce lieu est celui où s'accomplissent ensemble, indissociablement, « l'essence de la pensée » et la présence entendue comme événement. Lieu qui se peut déterminer seulement par les traits catégoriels de la présence. Appropriation et transformation anti-subjectiviste du principe synthétique suprême kantien [49], oui, mais positivisme époqual, non.

Serait encore une fausse question celle qui viserait à reléguer la déconstruction au rang d'une discipline auxiliaire ou provisoire de la phénoménologie : *Vous faites grand cas de la déconstruction, mais la topologie du dernier Heidegger ne la rend-elle pas simplement périmée ?* Fausse question, si du moins les *topoi* de l'être sont à construire « sans égard pour une fondation de l'être à partir de l'étant [50] » : c'est-à-dire, sont à construire en déconstruisant précisément de telles fondations. Au moment de *Être et Temps*, pas de projection sans facticité, et pas de construction d'une ontologie fondamentale sans déconstruction des ontologies fondatrices. La déconstruction fait alors corps avec la construction, comme la « structure essentielle » qui est à *projeter* appartient à la gangue de *facticité*. À cette gangue, la réduction phénoménologique arrache la structure de l'être. Réduction, construction, et déconstruction sont alors les trois pièces de la phénoménologie herméneutique [51]. Au moment de *Temps et Être*, pas

---

49 « Les conditions de la possibilité de l'expérience en général sont en même temps les conditions de la possibilité des objets et de l'expérience », Emmanuel Kant, *Critique de la raison pure*, A 158, B 197.
50 SD 2 / Q IV 13, cf. SD 25 / Q IV 48.
51 Selon GA 24 29–31, la construction – « la pièce centrale de la méthode phénoménologique » – est le « projet libre » qui amène l'être même sous le regard. Cette construction ou projection permet d'établir les structures de l'être (ce que, plus loin et dans un autre contexte, j'appellerai les catégories de la présence). La déconstruction est l'acte complémentaire de la projection des structures, l'acte par lequel on dégage celles-ci de leur enveloppe de facticité. La réduction, enfin, est la reconduite du regard qui, de la saisie naïve, naturelle, des étants, passe à la question de leur être. Heidegger appelle les mises en œuvre de cet ensemble « *durchkonstruieren* » (de toute évidence un autre kantisme dans ces œuvres du début, cf. la « *durchgängige Bestimmung* », détermination exhaustive, par exemple dans *Critique de la raison pure*, A 571, B 599). La construction exhaustive

de « compréhension de l'être-lieu du lieu » sans une certaine « prise de distance ». Par elle, l'analyse rétrocède d'abord de l'étant localisé ou manifeste (du donné, ou encore du présent, *das Anwesende*) vers son lieu ou son être-manifeste (l'être-donné ou le mode de présence, *Anwesenheit*) ; puis elle rétrocède encore de celui-ci à l'être-lieu, à la manifestation elle-même (la donation, *Es gibt,* ou la venue à la présence, *Anwesen).* Ce double pas en arrière [52] est l'une des façons dont Heidegger, dans les derniers écrits, désarticule les vieilles recherches philosophiques d'un fondement stable, digne de foi, pour le connaître et pour l'agir. La manifestation n'est fondatrice de rien, elle est donc gagnée au prix de déconstruire « l'être-manifeste ». De l'étant situé, au site, puis à la situation ou à l'inscription, la rétrocession transcendantale est déconstructrice essentiellement.

Autre fausse question : *L'hypothèse de la clôture, n'est-elle pas pure utopie ? En effet, si la vérité de l'être, l'*alétheia, *n'a jusqu'ici « jamais encore été éprouvée », « l'abandon de la pensée reçue » ressemble fortement au troc imaginaire par lequel on échangerait un présent falot contre des lendemains éclatants. « Le pas en arrière qui mène d'*une pensée à l'autre pensée [53] », *semble même répondre parfaitement à l'idée ambiguë d'utopie : d'une part, la pensée à venir serait le lieu excellent (*eu-topos) *où brille la vérité, puisque cesserait le voilement historique, l'*epoché, *de la présence ; mais d'autre part, cette pensée à venir accentuerait la* léthé, *le voilement ou l'absence essentiels au cœur de la présence ; elle serait donc aussi le non-lieu (*ou-topos) *de la vérité, brillance à jamais hors de portée. À la perspective d'un avenir géré par la technologie « démoniaque [54] », Heidegger n'oppose-t-il pas l'*autre pensée *comme le salut ? Le démoniaque, c'est l'emprise technologique se consolidant, faisant de l'avenir l'âge de l'horreur ; c'est la victoire de la connaissance sur la pensée, d'une connaissance tournant, de ce fait, en rond dans l'accumulation délirante d'informations ; c'est l'administration totale, l'idéal de l'ordre pour l'ordre, sans contenu spécifique, produisant la réification ultime de la politique. À*

« rend visible l'agencement des fondements ». Il l'appelle encore « la "dissolution" qui allège et dégage les germes de l'ontologie » (KPM 39 sq. / Kpm 101 sq.).

52 Cf. SD 32 / Q IV 59. Pour le double pas en arrière, cf. ci-dessous les § 18 et 19.

53 VA 180 / EC 217 (souligné par moi). Cf. SD 80 / Q IV 139.

54 EiM 35 / IM 57 et MHG 73.

*cette perspective d'avenir, Heidegger opposerait l'*exeat *de la clôture, comme à l'Angleterre de Henri VIII Thomas More opposait la bienheureuse île de Nullepart.* – Ici, la réponse est la même que plus tôt, à propos des anarchistes : l'utopisme, qu'il soit entendu comme théorie de la cité parfaite ou comme philosophie de l'histoire atteignant son point culminant futur dans une harmonie universelle, est aussi « métaphysique » que l'anarchisme théorique. Toujours on évalue, toujours on pèse les avantages et les inconvénients d'une théorie ou d'une autre. Rien de cela dans Heidegger. La vraie question n'est donc pas de savoir si la technologie se laisse contrecarrer, maîtriser, dépasser, sublimer ; si la nature, mise à la raison depuis deux millénaires et mise en demeure de nous livrer les énergies depuis deux siècles, se laisse restaurer, si l'homme peut se réconcilier avec elle. Là-dessus, la déconstruction n'a en effet rien à dire. En serait-il autrement que le double « pas en arrière » soigneusement élaboré par Heidegger se trouverait – pour le pire ou pour le meilleur – ramené à la vieille « transmission » entre théorie et pratique [55] : on se dégagerait de la pratique vers un Sirius théorique afin de mieux s'assurer des critères éthiques et politiques. On retournerait au *pros hen* de l'*Éthique à Nicomaque* – où les acteurs sont théoriquement rapportés à l'idéal de l'homme prudent – et de la *Politique,* où les citoyens sont théoriquement mesurés à l'idéal de la cité parfaite. Autant de rapports principiels qui parasitent, comme on le verra, la *Physique.* L'utopie, c'est l'incidence la plus imagée et imaginaire de la relation substantialiste à l'un. Aussi, un Sirius n'est-il pas assez. Il faut rétrocéder doublement, de la pratique à la théorie de la pratique, et de la théorie à la pensée.

Voici ce que je considère comme les vraies questions inscrites dans les textes heideggériens. Elles concernent les principes époquaux et leur dépérissement ; les revers entre époques (*Wenden*) et la clôture *(Kehre),* ainsi que la façon dont ces virages affectent l'agir ; « l'origine » de l'agir ; l'unité catégorielle des économies de la présence comme lieu de l'un et du multiple dans l'histoire ; l'*a priori* pratique requis pour la pensée de la présence ; et enfin, quelques conséquen-

---

55 « La distinction, d'origine métaphysique, entre théorie et pratique, ainsi que la représentation d'une transmission entre les deux, obstrue l'accès à l'intelligence de ce que j'appelle "penser" » (Sp 214 / RQ 59 sq.).

ces concrètes de la déconstruction pour l'agir. Comment ces notions encore rudimentaires font question, et comment elles permettent de soutenir que l'époque de la clôture est aussi celle où s'épuise l'ancienne dérivation de l'agir à partir de l'être, je vais tenter de le montrer en autant de Parties.

Pour ce faire, j'aurai recours à une panoplie de termes qui ne se trouvent pas tous dans Heidegger, ou même qu'il récuse expressément. Il me semble indispensable de réhabiliter certains mots bannis de son vocabulaire parce que trop lourdement surdéterminés.

Tels sont : « terme » (banni, afin de maintenir la pensée en chemin, dans une certaine indétermination en-deçà de tout « terminus »), « catégorie » (trop solidaire d'une « logique de choses »), « transcendantal » (congénère du subjectivisme critique) et bien d'autres lieux traditionnels. Ces mots-là, il convient de les transmuter, de les déconstruire justement, de leur faire dire en même temps plus et moins qu'ils ne veulent ou ne doivent dire au sein de la clôture. D'autre part, parmi les notions clefs énumérées ci-dessus, il y en a qui ne se trouvent pas dans Heidegger. Elles seront élucidées en cours de route. Si des tournures comme « principes époquaux », « économies de la présence » ne sont pas formulées telles quelles par Heidegger, ces concepts n'en sont pas moins rigoureusement opératoires dans ses textes. La nécessité d'une attitude quelque peu latitudinaire à l'égard des mots utilisés par lui, résulte encore de l'hypothèse de la clôture. Celle-ci impose à la déconstruction un vocabulaire et une lecture qui restent philosophiques, mais dont la pointe perce déjà la couche de stratification où ils n'ont cessé d'assurer à l'esprit un principe premier. Cette fonction-là, architectonique, les termes hérités ne l'accomplissent plus. Repris dans la déconstruction, ils sont tous comme placés entre guillemets.

I

Des principes
et de leur généalogie

1
Comprendre l'histoire par ses revers

« Le tournant advient-il dans le péril, cela ne peut se produire qu'immédiatement [1]. »

À la fin d'une époque, son principe dépérit. Le principe d'une époque est ce qui lui donne cohésion, une cohérence qui pour un temps va sans dire et sans question. À la fin d'une époque, au contraire, dire et questionner cette cohérence deviennent possibles : en dépérissant, le principe vient au langage. Tant que domine son économie, tant que son ordre dispose des voies que suivent la vie et la pensée, on parle autrement que quand il s'efface devant l'établissement d'un nouvel ordre. Le principe d'une époque est à la fois affaire de connaissance et d'action : c'est le *principium*, le fondement qui rend raison, mais aussi le *princeps*, l'autorité qui rend justice. La raison justificative d'une époque a son temps. Elle s'établit, règne, puis périclite. Son établissement, le régime qu'elle impose, puis son péril la montrent essentiellement provisoire. Les raisons justificatives ont leur généalogie et leur nécrologie. Elles sont époquales. Elles s'érigent sans plan directeur, les unes après les autres, et elles s'abaissent sans préavis. Ainsi le principe d'une époque commande celle-ci, mais il a lui-même un commencement. Il se lève, c'est-à-dire il a son *arché*, dans ce qu'on appelle les crises de l'histoire. L'origine, pensée à partir des époques, apparaît plurielle : *arché*, en tant qu'elle est leur commencement et commandement ; *princeps-principium* en tant qu'autorité et fondement ; la levée elle-même, enfin, *Ursprung*, par laquelle un étant entre en présence au sein d'un ordre époqual donné.

---

1   TK42 / Q IV 149.

Serait-il possible de dresser la généalogie des principes époquaux ? Et une telle généalogie permettrait-elle d'opposer les revers dans l'histoire (*Wenden*) à un certain virage des temps, à un tournant (*die Kehre*) singulier, où expirerait la suite même de ces principes ?

Quand l'habitat devenu passagèrement le nôtre se délabre et tombe, des questions jusque-là non posées, non posables, surgissent : si telle est sa fin, quelle a pu être son origine ? Mais l'origine du cercle qui délimite ce qui nous est le plus familier, aux revers de l'histoire se montre elle-même complexe : *arché*, *principium* et *Ursprung*. Et les transitions époquales sont elles-mêmes de deux types : passages d'une époque à l'autre, et sortie immédiate, dans le péril, hors de l'histoire époquale.

§ 3. La ville en forme de puma

« Les *principia* sont ce qui occupe la première place, ce qui se tient au rang le plus avancé. Les *principia* se rapportent à une mise en ordre et en rangs [...]. Nous les observons sans méditer [2]. »

La forteresse, cerclée de trois murailles concentriques, surplombe la ville. Les remparts qui en forment l'enceinte suivent un dessin en zigzags. Ils sont construits de pierres polygonales, quelques-unes jusqu'à neuf mètres de haut et lourdes de trois cents tonnes de granit. D'un côté de la forteresse s'étend une esplanade où se déroulèrent les revues de troupes. De l'autre, le terrain s'abaisse à pic jusqu'aux toitures de la capitale. La descente se fait par des sentiers escarpés. L'oxygène est raréfié, on respire difficilement. À cette altitude poussent surtout l'herbe des steppes et quelques arbustes. Sur d'autres versants subsistent des cultures en terrasses. La ville est encaissée entre deux rangées de montagnes qui s'élèvent à six mille mètres. Jadis les maisons étaient en terre cuite couvertes de paille, puis en pierres taillées régulièrement. Les bâtiments s'étendent sans ordre véritable autour d'une vaste place en forme de deux trapézoïdes se touchant par leurs bases les plus petites. Cette place, dit-on, fut

---

2   SvG 40 et 42 / PR 74 et 76.

remplie d'animaux en or et en argent massifs, grandeur nature. On dit aussi qu'une centaine de lamas y furent sacrifiés chaque mois. On dit enfin que cette place était beaucoup trop spacieuse pour les besoins commerciaux des autochtones, que cette cité manquait de marchés ordinaires et même d'habitats autres que sacerdotaux, mais qu'en revanche elle abondait en logements de pèlerins. Vues des pentes alentour la forteresse et la ville dessinent nettement un animal : les grandes artères de Cuzco et le fleuve Tullumayo forment le corps, et la forteresse Sacsayhuaman, la tête d'un puma.

Cuzco porte son principe inscrit en lui. Celui-ci, par l'absence de quartiers commerçants, par l'hypertrophie des constructions administratives et cultuelles, saute aux yeux : la centralisation de l'empire inca sous la domination de la classe symbolisée par ce félin. « Cuzco » veut dire nombril, et « inca » est le nom de la classe régnante. Quand ce nom est écrit avec une majuscule il désigne le chef de cette classe. Le puma en est l'insigne. Il symbolise le principe en tant qu'autorité, *princeps*. De la place centrale partaient des routes dallées qui suivaient les lignes de crête et sur lesquelles les coureurs transmettaient les appels, les directives, les décrets, les verdicts jusqu'à ce qui est aujourd'hui l'Argentine au sud, et Quito au nord. Le principe du système inca était tel qu'il permettait la soumission de tribus hétéroclites au pouvoir central. À travers tout l'empire, l'urbanisme témoigne encore de cette autocratie : dans les provinces conquises, des places semblables à celle de Cuzco servaient à la juridiction, aux célébrations, et à l'appel aux armes et aux paiements de prestations. Les villes semblent avoir été conçues moins comme des agglomérations d'habitations que comme des relais de pouvoir pour l'autorité centrale, et les hommes étaient considérés surtout comme de la main-d'œuvre amovible au gré de l'organisation rationnelle de l'économie.

Mais quel est le principe d'intelligibilité, le *principium*, de cet empire le plus centralisé qui fût ? La population, les animaux, les travaux, le sol même, étaient lotis en unités décimales. Le cacique d'une dizaine de chefs de familles surveillait les travaux agricoles et distribuait la nourriture ; d'autres charges incombaient aux chefs de cinquante, de cent, de cinq cents, de mille et de dix mille familles. Les âges étaient regroupés par unités de dix. Les fonctionnaires, reconnaissables à des perforations d'oreille variables selon leur rang, constituaient des cellules de dix. Il en était de même pour les corps de métier, les parcelles de terrain, les sexes même. D'après la chronique de Huaman Poma, qui se faisait passer pour le petit-fils de l'Inca Tupac Yupanqui, il existait dix groupes d'hommes et dix groupes de femmes. Qu'on me permette de citer *in extenso* pour le plaisir :

« 1. AUCA CAMAYOC : les guerriers, ou, plus exactement, les mobilisables. Toute la population mâle de vingt-cinq à cinquante ans.

2. PURIC MACHO : de cinquante à quatre-vingts ans. Domestiques des seigneurs, occupés à de légers travaux.

3. ROCTO MACHO : de quatre-vingts à cent ans, et plus. "Vieux durs d'oreille, juste capables de manger et de dormir, de tresser des cordes, d'élever des lapins et des canards." Pourtant ils sont craints et honorés à cause de leur langue pointue.

4. UNOC RUNA : les malades, les sourds, muets, aveugles, bossus, nains, unijambistes, etc. Ils rendent les services qu'ils peuvent et "servent de passe-temps".

5. SAYA PANAC : de dix-huit à vingt ans environ. Portent les messages et gardent les troupeaux. Pratiquent la pauvreté et l'abstinence et n'ont pas droit aux femmes.

6. MACTA CONA : de douze à dix-huit ans. Gardent les troupeaux, chassent les oiseaux avec un filet et offrent les plumes au curaca.

7. TOCILACOC NAMRACONA : de neuf à douze ans. Protègent les petits oiseaux, les semences et les récoltes.

8. PUCLLACOC NAMRACONA : "ceux qui jouent", de cinq à neuf ans. Distraction favorite : la toupie. Mais il convient qu'ils soient "instruits et châtiés pour le bon ordre du royaume".

9. LLULLO VAMRACONA : des premiers pas à cinq ans. La loi accorde aux parents deux ans pour s'occuper de leur enfant, s'amuser avec lui et "éviter qu'il tombe ou qu'il se brûle".

10. UAUA QUIRO-PICAC : les nourrissons dans les berceaux.

Quant aux femmes, leur classement s'harmonise avec le précédent :

1. AUCA CAMAYOC PA VARMI : la femme du guerrier. Entretemps elle tisse des vêtements.

2. PAVACONA : elles tissent des vêtements et font la cuisine. La chasteté est de rigueur pour les veuves d'un certain âge.

3. PUNOC PAYA : aident à élever les enfants si elles en ont la force.

4. UNCOC CUMO : les infirmes. Elles se marient avec d'autres infirmes, les naines avec les nains, les aveugles avec les aveugles, etc.

5. CIPASCONA : les jeunes filles à marier. Destinées au temple du Soleil, au roi, aux chefs et aux guerriers, selon une répartition décidée par les fonctionnaires de l'Empire : "Jamais personne ne prenait une femme de sa propre volonté." Toute infraction à la règle était punie de mort. L'âge limite du mariage était fixé à trente ans.

6. COROTASQUE : "les petites tondues". La jupe courte, nu-pieds, elles apprenaient à cuisiner, à filer et à tisser. Elles préparaient la *chicha*, ou boisson fermentée. Il leur est interdit de "connaître une femme ou un homme sous peine de mort". On les épile.

7. PAUAU PALLAC : "les fillettes qui cueillent les fleurs". Elles aident aussi papa et maman.

8. PUCLLACOC UARMI NAMRA : "les fillettes qui jouent en marchant". S'occupent des petits frères. Vont chercher de l'eau pour la cuisine.

9. LLUCAS UARMI UANA : "celles qui font leurs premiers pas".

10. CHILLO UAUA UARMI QUIRAUPICAC : nous disons "bébé" [3]. »

Ce qui frappe dans ces deux listes, c'est l'aisance avec laquelle l'esprit de sérieux s'allie à l'arbitraire. La découverte du chiffre dix, imposé envers et contre tout, faisait la joie et la force de l'empire. Cette architectonique du système inca permit l'assujettissement des peuplades, l'allocation égale des denrées alimentaires, les travaux tels que le transport de monolithes sur plus de deux mille kilomètres de distance. Elle se lit encore aujourd'hui dans les codes vestimentaires péruviens, surtout les chapeaux : le couvre-chef indiquait le clan de provenance, si bien que l'appartenance sociale de chacun restait visible aux yeux de tous.

L'*arché*, comme commencement de ce système, était le projet grandiose formé par le premier Inca, Pachacuti (ou, selon la légende, la naissance de Manco Capac et de sa sœur et femme Mama Ocllo des eaux du lac Titicaca) ; l'*arché* comme commandement était l'autocratie. Le principe de cette civilisation est manifeste aussi : en tant

---

3 Bertrand Flornoy, *L'Aventure inca*, Paris, 1963, p. 154–156.

que premier dans l'ordre de l'autorité, c'était l'appareil politique avec, à sa tête, exerçant le contrôle vertical, le cacique suprême ; en tant que premier dans l'ordre de l'intelligibilité ou de la rationalité, c'était le système décimal. Chaque détail de la vie était soumis aux lois arithmétiques en vue de la pacification, l'expansion, la croissance agricole, la défense, les travaux. L'empire inca a pu être panandin parce qu'il était un système, une pyramide à base décagonale. Ainsi l'origine de ce système, entendue comme *arché* et comme principe, permet de comprendre cette société et ses exploits.

En même temps, il faut bien avouer que nous n'y comprenons rien. Et cela n'est pas seulement dû à l'absence d'une écriture inca. L'*arché* et le principe ne disent pas tout de l'origine, pas toute l'origine. Ils ne permettent pas de comprendre comment les choses étaient présentes à l'expérience quotidienne. L'origine comme *arché* aussi bien que comme principe dissimule la présence. Comment les choses furent présentes avant l'arrivée des conquistadores, voilà qui nous échappe à jamais. Tout n'est pas dit de l'essor de la civilisation inca quand on a décrit ses conquêtes, son usage superbe du système décimal, son dédain pour le particulier et l'individuel. Un autre type d'essor reste à comprendre, l'essor comme surgissement de la présence, l'origine comme *Ursprung.*

Dans l'ordre de l'autorité comme dans celui de l'intelligibilité, les principes se tiennent au premier rang dans le champ ouvert à une époque. Ces principes, qui tracent les voies qu'emprunteront le parcours des exploitations et le discours des explications, une époque donnée les observe sans questions. Quand des questions se lèvent à leur sujet, les réseaux d'échanges qu'ils ont ouverts se brouillent et l'ordre qu'ils ont fondé décline. Un principe connaît son essor, la durée de son règne, sa ruine. En général, il met plus longtemps à mourir qu'il ne règne.

L'essor de la présence, lui, requiert un autre type de pensée que celle qui trace les revers des principes historiques. Les principes, nous les observons sans méditer. Le surgissement de la présence, l'origine comme *Ursprung,* demandera peut-être un renversement dans la pensée. Peut-être le tournant dans l'histoire où l'origine se manifeste comme présence, requiert-il un tournant dans la façon de penser. Et peut-être cette nouvelle *Denkungsart,* la phénoménologie de la présence, permettra-t-elle d'interroger l'origine multiple des principes époquaux, tout comme Nietzsche interrogeait « l'origine de nos préjuges moraux ». La difficulté de la généalogie des principes vient de son envergure. Elle doit déchiffrer bien plus que « l'écriture hiéroglyphique du passé moral des hommes [4] ». Les généalogies de la morale, de l'esprit scientifique, de l'idéal démocratique, etc., n'en seront en tout état de cause que des cas particuliers.

§ 4. *Essor et déclin des principes*

« Dans l'histoire de la pensée occidentale, qui commence au sixième siècle avant Jésus-Christ, il a fallu deux mille trois cents ans jusqu'à ce que la représentation familière "Rien n'est sans raison" soit proprement posée comme principe et reconnue comme loi [...]. Jusqu'à l'heure actuelle nous n'avons guère médité cet état de fait que cette petite phrase ait eu besoin d'un temps d'incubation aussi extraordinairement long [5]. »

Un principe n'est-il pas quelque chose qui inspire la crainte révérencielle [6], qui est reconnu prévaloir au-delà des contingences historiques ? N'est-il pas « précieux », *axios,* un axiome donc, parce qu'intouchable par le fortuit ? Je parlerai, au contraire, de l'établissement d'un principe, et cela au double sens de son instauration au commencement d'une époque et de son règne durant cette époque. Le commencement et le commandement font l'*arché* des principes : j'essaierai de tracer leur archéologie. Je vois une époque déterminée par un code chaque fois unique – non pas une convention, mais comme on parle du code de la route, c'est-à-dire d'une loi à application régionale, époquale. L'accès d'un code au rang de principe ouvre un champ d'intelligibilité. Il établit un premier, une référence. Ce code règle « l'établissement » d'un ordre époqual au sens de sa mise en place, et il en règle « l'établissement » au sens d'institution d'utilité publique, de régime. Ainsi la petite phrase « Rien n'est sans

---

4 Friedrich Nietzsche. « Die Genealogie der Moral », Vorrede 2 et 7, *in Werke in drei Bänden,* Karl Schlechta (éd.), Munich, 1955, t. II, p. 763 et 769.
5 SvG 192 / PR 248.
6 Heidegger dit « *Scheu* », cf. ci-dessous, p. 221, n. 324.

raison » accède à un tel rang au début des temps modernes, après une longue période d'incubation [7]. Son accession et son règne consécutif donnent à comprendre l'*arché* de la modernité, sa genèse à partir d'un type d'origine. Les temps modernes sont cette période où le principe de raison est réputé prévaloir dans la pensée aussi bien que dans l'agir : penser, c'est rendre raison, et agir, arraisonner la nature. Je comprends une époque – l'ouverture d'un champ de présence passé – par une telle accession et estimation.

L'établissement d'un principe est son institution au commencement de l'époque pour laquelle il servira d'ultime recours et que par là il dominera. Mais si les établissements qui nous sont légués se laissent dire et questionner surtout quand ils plient, alors nous connaissons l'histoire d'abord par ses revers [8]. Les revers de l'histoire produisent son intelligibilité. Ce qu'une époque estime suprême, le code qui fait tenir ensemble les activités et les discours dans lesquels elle se reconnaît, se manifeste dans les crises où il se renverse. Il devient pensable quand se détend son emprise. Les revers de l'histoire sont « critiques » au plein sens du mot : ils « séparent » une époque de l'autre. Ils sont donc les crises du principe qui, pour un temps, établit une civilisation donnée dans le champ fini où elle peut vaquer à ses besognes. La clef de ces champs sera la phénoménologie des revers de l'histoire.

Mais en même temps il s'agira d'aller au-delà de l'origine comme *arché* et comme principe, il s'agira de prendre la clef des champs comme on reprend sa liberté… Si les revers de l'histoire se laissent en effet cerner le mieux par le retrait d'un principe qui jusque-là codait des choses, en quelle direction ce retrait pointe-t-il ? L'établissement où une collectivité se loge pour un temps a son ordre, mais qu'en est-il de la suite elle-même de ces établissements ? Les seuils entre époques ont-ils une *arché* dont ils soient l'articulation rationnelle ? Sont-ils les jointures où s'articule une raison plus raisonnable encore que celle qui peut se lire phénoménologiquement dans l'éclaircie finie d'une culture donnée ? Ou dans les transitions, l'origine vers laquelle pointe le retrait d'un principe laisserait-elle peut-être voir quelque

---

7 SvG 15, 96 sq., 192 / PR 46, 135 sq., 248 sq.
8 Les « revers *(Wandel)* dans l'être », entendus comme « revers de son destin » (TK 38 / Q IV 143 sq.).

chose de sa propre façon d'être ? Et ces transitions s'avéreront-elles privées d'ordre, littéralement anarchiques [9] ?

Ce que nous cherchons à comprendre, c'est la césure qui marque la fin de l'époque de la métaphysique. Il se peut qu'en ces décennies qui sont les nôtres, le principe qui a géré une longue époque se retourne ; qu'en tant que principe il devienne ainsi pensable parce que moins proche ; et qu'en cette césure se manifeste une absence vite oubliée quand les lois et l'ordre vont sans dire sous la domination insoupçonnée, non soumise au soupçon, d'un principe. Il se peut que sur le seuil d'une ère à l'autre apparaisse l'anarchisme, l'absence d'une raison ultime dans la suite des nombreux principes qui ont eu cours. Il se peut qu'en l'auto-révélation de cette absence, l'action humaine, la pratique politique notamment, devienne pensable comme elle ne l'est pas quand la vie et la pensée obéissent à l'ordre qui leur est fait entre deux revers.

Comment un principe peut-il apparaître transitoire ? Voilà la première question à poser. Elle concerne le type d'analyse qui mène au concept d'anarchie. « Analyse » sera à prendre littéralement : comme dissolution ou dislocation, dé-construction des édifices d'intelligibilité à nous légués. Il s'agira de dire aussi comment cette analyse, cette clef des champs historiques, est phénoménologique. Puis les trois acceptions de l'origine – *arché, principium, Ursprung* – seront à démêler. Au regard généalogique apparaîtra une suite concrète de principes : la suite où l'ère de la représentation cède à celle de la conscience, puis du nihilisme, puis de la technique, pour ne parler que des temps modernes. Enfin se posera la question de cette suite de principes elle-même : a-t-elle un début et une fin ? Peut-elle être lue prospectivement à partir d'un certain virage antique qui porte une

---

9   Bien des tournures dans les textes de Heidegger concernant l'histoire de l'être évoquent le vocabulaire de Hegel : « eschatologie de l'être » (Hw 301 sq. / Chm 267) ; « identité et simplicité du destin de l'être » (SvG 153 / PR 200) ; « l'essence de l'être s'abîme dans sa vérité encore voilée » (Hw 301 / Chm 267), etc. Mais malgré ces ressemblances, dont certaines s'expliquent par un désir de dialogue, la phénoménologie heideggérienne ne permet pas de parler d'une rationalité dans les revers de l'histoire. Pour Heidegger, l'essence de la métaphysique n'est pas elle-même métaphysique. À propos du dialogue, *Aussprache*, avec Hegel, cf., par exemple, GA 55 42.

date, et rétrospectivement à partir d'un autre virage des temps qui porte, lui aussi, une date ?

2
Comprendre la pratique par « le tournant »

> « L'essence de l'arraisonnement (*Gestell*) est le péril [...]. L'essence de ce péril recèle la possibilité d'un tournant, dans lequel l'oubli de l'essence de l'être prend une tournure telle que la vérité de l'essence de l'être, lors de ce tournant, s'instaure proprement dans l'étant [...]. Le péril, c'est l'époque de l'être qui se déploie comme arraisonnement [10]. »

La première pièce d'une généalogie des principes est donnée, répétons-le, avec le concept de revers (*Wenden*) entre époques. La seconde pièce est le concept de tournant (*die Kehre*). Le texte cité ci-dessus montre clairement le présupposé de la déconstruction : avec « le tournant », c'est la lignée même des époques qui prend fin. C'est cette fin de l'histoire époquale qui est la pièce maîtresse de ce que Heidegger a à dire sur la pratique.

§ 5. *Philosophie pratique et hypothèse de la clôture*

> « Une manière essentielle dont la vérité s'institue dans l'étant qu'elle a ouvert elle-même, c'est la vérité se mettant elle-même en œuvre. Une autre manière dont la vérité déploie sa présence, c'est le geste qui fonde une cité [11]. »

---

10 TK 40–42 / Q IV 146–148.

11 Hw 50 / Chm 48. Plusieurs commentateurs se sont basés sur ces lignes pour « extraire » une philosophie politique de Heidegger. Mais le parallélisme entre la « mise en œuvre » artistique et le « geste fondateur » politique ne permet même pas de baliser le terrain sur lequel, après Heidegger, une pensée politique peut prendre racine. Ce terrain est déblayé à l'aide de la généalogie des principes. Pour cette tâche déjà, il faut oser une certaine indépendance par rapport à la lettre même de Heidegger. Si une philosophie politique peut se développer à partir de la déconstruction des fondements, qui est mon seul propos, elle devra renoncer au

L'expression « philosophie pratique » peut désigner deux choses : la discipline spéciale traitant de la pratique humaine, ou la nature pratique de la philosophie en général. Le paradigme du premier de ces deux sens est le corps de traités aristotéliciens intitulés *Éthique, Politique* et *Économiques,* qui empruntent à des disciplines plus «théoriques », *Métaphysique, Organon* et *Physique,* l'essentiel de leurs schémas rationnels. Ils examinent les actions des hommes suivant des rapports structuraux, notamment le rapport *pros hen.* Quand la philosophie pratique est ainsi une « discipline » – quand, en général, les sciences se laissent représenter par un arbre dont le tronc est l'ontologie et dont les ramifications, les matières pratiques –, la distinction entre discours descriptif et discours normatif ne fait pas problème. La dérivation à partir d'un patron idéal ne permet même pas de démêler le normatif du descriptif.

Il en va autrement quand on parle de philosophie pratique pour dire que le contenu même de la philosophie est pratique. Des auteurs aussi divers que Plotin, Maître Eckhart, Marx, et Kierkegaard s'accorderaient sur cette coïncidence du « théorique » et du « pratique ». Or, si Heidegger comprend la vérité de l'être comme s'instaurant époqualement dans les étants – tous les étants –, il rend impossible la dérivation du pratique à partir de l'idéal. Le texte ci-dessus témoigne de cette essence englobante de l'*alétheia :* que la vérité advienne dans une œuvre d'art, ou qu'elle se déploie par une action politique, ce ne sont là que des manières dont « la vérité s'institue » pour un temps ou dans une région. Inutile alors de vouloir délimiter une philosophie pratique par rapport à une philosophie théorique : la philosophie qui décrit les « institutions » époquales de la vérité de l'être est tout entière, et indissociablement, théorique et pratique. La théorie ne consiste plus à recueillir des idéalités déterminatrices, et la pratique n'est plus ce qui se laisse déterminer par celles-ci. Il ne s'agit certes pas de nier que penser et agir soient deux activités phénoménalement distinctes. Mais il s'agit bien de les voir comme *normalisées* par la manière dont

---

schéma métaphysique par excellence, qui est la référence à quelque terme idéal et normatif. Pour cela, il ne suffit pas de déconstruire les principia. Il faut encore ne pas concevoir les *archai,* les moments inauguraux ou fondateurs des époques, à la manière d'un référent. De là l'importance d'une compréhension non principielle et non archaïque de l'*Ursprung.*

la présence s'arrange pour un temps. Ainsi la présence, qui s'articule aujourd'hui sous le principe appelé « arraisonnement », normalise-t-elle la pensée, la création artistique, les termes dans lesquels se posent et se résolvent les problèmes politiques, et tout l'ensemble des régions d'expériences possibles. Les modulations alétheiologiques au cours de l'histoire marquent le théorique et le pratique de leur sceau époqual, et ce n'est plus le théorique qui marque le pratique.

L'hypothèse qui guide toute cette généalogie des marques époquales ou des principes est contenue dans « le tournant ». Dans le virage des temps qui s'amorce aujourd'hui, « l'oubli de l'essence de l'être prend une tournure telle que la vérité de l'essence de l'être, lors de ce tournant, s'instaure proprement dans l'étant » (exergue à ce chapitre). Voilà nettement énoncée l'hypothèse de la clôture. Avec le tournant technologique, la présence se laissera éventuellement penser en elle-même, pour elle-même. C'est la fin de la lignée d'étants idéaux érigés en principes. Le tournant n'est qu'une possibilité, une hypothèse, et la pensée de la présence, une éventualité. Néanmoins, le tournant permet de parler de « la métaphysique » comme d'un champ clos. Par voie de conséquence, il permet de parler de la pratique comme soumise à une transmutation. La pratique peut s'affranchir des principes pour lesquels la présence était restée précisément « oubliée ».

Qu'est alors, plus strictement, le « péril technologique » dont parlait l'exergue ci-dessus ? Ce n'est d'abord ni le danger d'asphyxie que l'industrie crée pour la vie, ni celui d'abêtissement que la planification totale crée pour l'esprit. « Le péril, c'est l'époque », l'*epoché*, la rétention ou l'oubli de la présence, son occultation par les principes. Cette occultation, et partant le péril, est ancienne. Elle est au plus opaque à l'âge technologique.

Si la philosophie pratique désigne une discipline basée sur une théorie, sur une doctrine, même sur une critique première, alors l'hypothèse de la clôture entraîne et signifie l'impossibilité d'une telle réflexion fondatrice sur la pratique. Et si, avec le tournant technologique l'occultation de la présence peut prendre fin, alors l'essence de la pratique humaine ne consistera plus, ne pourra plus consister, à réaliser, appliquer, dériver des normes pour l'agir.

Le tournant contemporain a notamment une fonction heuristique : à partir de lui, les époques historiques apparaissent rétrospectivement comme constituées chacune par un principe prépondérant, c'est-à-dire « pesant plus lourd » pour un temps sur la vie et l'intelligence des hommes. Comme premier dans l'ordre de l'autorité (le puma) et premier dans l'ordre de l'intelligibilité (le système décimal), le principe fraie une « clairière [12] » où, pour une communauté donnée, s'effectue la constellation finie des choses, des actions et des paroles, à laquelle elle est reconnaissable. Un tel principe, opératoire à l'intérieur de tout champ historique donné, peut s'observer dans n'importe quel domaine : l'urbanisme inca, les tatouages, les chapeaux, les aide-mémoire en cordelettes appelés *quipu* – tout parle, à sa façon, du principe qui donne cohérence à cette culture.

Mais tous les faits de culture n'ont pas une égale valeur révélatrice. Pour Heidegger, les traces les plus révélatrices des champs historiques passés sont préservées dans les œuvres philosophiques. Cette préférence ne va pas de soi. Même elle est controversable si l'on entend les champs historiques comme constituant un ordre de choses présentes, un ordre manifeste [13]. Peut-être les œuvres philosophiques sont-elles comme les tatouages : exécutées pour embellir, lourdes de sens pour les membres du clan, signifiant une vérité à laquelle on se

---

12 Il faut distinguer quatre acceptions du mot *Lichtung*, éclaircie ou clairière, chez Heidegger. Ce mot allemand est d'ailleurs une traduction d'emprunt au français (cf. SD 71 sq. / Q IV 127). Toutes les quatre sont liées à la compréhension de la vérité comme *alétheia*, comme découverture. « Clairière » signifie d'abord l'ouverture constituée par l'être-au-monde au sens où l'être que nous sommes est le « là » dans lequel les étants peuvent se montrer (SZ 133 / ET 166 sq., cf. Hw 49 / Chm 48). Un premier glissement de sens s'opère quand le lieu de la vérité n'est plus pensé d'abord en référence au *Dasein* : maintenant le logos « cède » l'éclaircie dans laquelle se lève la présence ; la différence entre celle-ci et le présent est la découverture ou *alétheia* (VA 247 / EC 299). Pensée comme événement, l'éclaircie est alors le propre de la nature, physis, plutôt que de l'homme (Höl 55–58 / AH 74–77). La troisième acception se rapporte à l'histoire de l'être. Ici Heidegger parle de « l'histoire des éclaircies de l'être » (ID 47 / Q I 286) ou des « clairières époquales de l'être » (SvG 143 / PR 188). La quatrième acception, enfin, est anhistorique : « la clairière est l'ouvert pour tout ce qui est présent ou absent » (SD 72 / Q IV 127 sq.). Cette ouverture est pensée comme la condition atemporelle de l'histoire : elle « accorde l'être et la pensée » (SD 75 / Q IV 132). En ce dernier sens, *Lichtung* a perdu toute nuance de métaphore de lumière et signifie plutôt une levée. L'acception qui a priorité ici est la troisième. Pour la quatrième, voir ci-dessous, § 37.

13 L'ordre manifeste n'est pas la présence, entendue comme événement, mais la modalité dont est « posée » la totalité des étants présents.

voue, mais usant de figures décidément formalisées, donc médiatisées, par l'esprit abstractif. Peut-être même l'ordre d'un champ historique est-il moins lisible encore dans les œuvres philosophiques qui en émanent que sur les visages tatoués. En ce cas, où un tel ordre se lit-il le plus manifestement ? Ce doit être au confluent de conduites multiples ; là où les choses, les actions et les paroles se joignent pour devenir accessibles à tous ; à l'intersection des parcours de la pensée et de la pratique ; là où la collectivité est témoin des faits et gestes en même temps que leur protagoniste : dans ce qui est à la fois commun et notoire, c'est-à-dire public. Or, l'*obvers* d'un champ, où le principe est de celui-ci *obvie*, c'est le politique [14].

Ce qui donne cohérence et cohésion à une époque se manifeste, lisible, dans le politique. On parle du « domaine » politique : ce *dominium* marque l'étendue où domine le principe époqual. Chacune des « diverses positions fondamentales de l'humanité occidentale au milieu des étants [15] » amène sa propre économie qui d'abord s'impose aux étants pour ensuite, durant la période qui est la sienne, en disposer. L'imposition et la disposition disent l'*arché* de ces positions fondamentales. Dit autrement, le geste fondateur d'une cité inaugure le champ des possibilités dont elle vivra, et le commande. En tant qu'il le commande, un tel geste – l'édification de l'empire inca par Pachacuti – décrète le code qui restera en vigueur à travers ce champ. C'est cette visibilité de l'origine comme *arché* et comme *principium* et *princeps* dans le domaine politique, qui importe ici. Agir en public, c'est joindre des paroles et des choses dans l'action. Le champ originaire [16] d'une époque devient obvie dans une prise de la parole au milieu des hommes en vue d'un état de choses.

------

14 Dire que le politique est le domaine où le principe d'une époque se manifeste le plus visiblement ne signifie ni que tous les autres phénomènes ne s'expliquent que politiquement, ni que la phénoménologie, quand elle devient déconstruction de la métaphysique, cesse d'être régionale. Le politique est seulement cette région *(Gegend)* de phénomènes dont le trait essentiel est de joindre publiquement le pratique et le théorique. Les « régions » sont abandonnées avec la découverte de l'*Ereignis*.

15 N II 421 / N ii 337.

16 La distinction entre « originel » et « originaire » recoupe celle entre *arché* et *Ursprung*. Elle ne pourra être décrite pleinement qu'à la fin de la troisième partie.

La prise de la parole, à elle seule, ne peut manifester pleinement le code qui règle une époque. Celui-ci a partie liée avec le pouvoir. La parole seule, sans référence à un état de choses et sans appel à l'action, constitue un domaine autre que le politique : prise isolément, elle constitue la région du texte [17]. De même, si l'agir reste privé de la parole et de la référence à d'autres acteurs, un autre domaine s'ouvre : non pas l'action, mais l'activité parmi les ustensiles [18]. Ni la présence d'autres acteurs ni la parole ne sont requises pour le maniement d'outils. Si d'autres acteurs s'y joignent, l'activité devient travail, et si la parole rend public le travail, il devient politique. L'échange entre humains, enfin, peut, lui aussi, se trouver à l'état nu. Une haine véritable se nourrit sans parole et sans action sur les choses. Elle appartient à un autre domaine encore, celui des modalités de l'« être-avec ». Mais quand se produit l'interaction de ces trois régions, et c'est sans doute le cas général, le principe d'une époque devient manifeste. Le politique est la corrélation au grand jour de la parole, de l'agir et d'un état de choses. Cette corrélation produit l'ordre dans lequel se traduit concrètement le code auquel obéit une époque.

Les revers de l'histoire sont ses crises, mais aussi ses dessous. Leur statut de dévoilement est paradoxal : quand ils surviennent et sont présents, ils restent dissimulés ; mais quand l'agir, les choses et les mots sont entrés dans leur nouvelle économie, alors les revers, bien que passés, se montrent. C'est la chouette de Minerve qui les rapporte, *ex post facto*. Si le politique apparaît comme le domaine où se manifeste l'ordre fixe d'une époque [19], les dessous de l'histoire

---

17 Pour Heidegger, la problématique du texte se réduit le plus souvent à celle des textes poétiques. Comme il l'écrivit à l'historien de la littérature, Emil Staiger, la raison en est que toute parole est « ce dévoilement qui révèle un présent », mais le poème, en l'occurrence un poème de Mörike, « amène au langage cette façon d'essentialiser » qui est celle du langage en général (Emil Staiger, *Die Kunst der Interpretation*, Munich, 1971, p. 35 et 40). Sur l'expression « amener au langage » voir Beda Allemann, *Hölderlin und Heidegger*, Fribourg, 1954, p. 108.

18 Une telle activité, décrite dans SZ 66–72 / ET 90–96, ne doit pas être confondue avec le travail décrit dans Wm 218–220 / Q I 205–208. La figure du travailleur représente au contraire le règne de la technique mondiale.

19 Ainsi le « théâtre » est l'ordre fixe du début des temps modernes (Hw 84 / Chm 82), et la technologie comme *Gestell*, arraisonnement, celui de l'âge contemporain (VA 28 / EC 27s).

sont, eux, plutôt mouvants. Ce sont les déplacements non manifestes de cet ordre – de *ces ordres* – car rien ne permet de postuler un ordre primordial, préalable aux champs successifs ou contemporains. Aussi aux temps de transition l'évidence de cette absence déracine l'agir politique. L'*obvers* d'une époque est l'agencement des schèmes politiques, les mêmes tant qu'elle dure. Mais son *revers* est un agencement profond, enfoui [20], dont la mise à jour réclamera une méthode propre. Les retournements décisifs, quand s'établit un nouveau champ de vie et d'intelligibilité, passent d'abord inaperçus, comme pour Heidegger les philosophes décisifs sont les moins conscients de ce qu'il leur est donné de penser [21]. C'est qu'aux seuls entre époques, les ordres se confondent et se brouillent – d'un embrouillage révélateur. À ces transitions, quand l'obvie se trouble, l'origine se montre autrement que comme *arché* et principe. Mais cette façon intermittente qu'a l'origine d'être autre doit lui être arrachée. Pour cela, il ne suffit pas de tracer l'archéologie des formes politiques telles qu'elles ont eu cours en Occident, encore que la destruction phénoménologique des ontologies exige en contrepartie une destruction comparable des régimes et de leurs schèmes typiques. Cette déconstruction des champs politiques a été tracée ailleurs, et admirablement : par Hannah Arendt [22]. Mais la question que nous posons est

---

20 La description, par Michel Foucault, de « l'ordre en son être même », qu'il appelle *epistémé*, peut paraître assez proche de la pensée de l'histoire de l'être chez Heidegger : cet ordre, écrit Foucault, se manifeste dans une région « antérieure aux mots, aux perceptions et aux gestes [...] plus solide, plus archaïque, moins douteuse, toujours plus "vraie" que les théories [...]. » Foucault, *Les mots et les choses*, Paris, 1966, p. 12. Mais en tant qu'*arché* du savoir, l'*epistémé* est seulement l'une des régions où se donne l'être, et l'archéologie des sciences humaines une face de la déconstruction.

21 SvG 123 sq. / PR 166.

22 « L'antiquité grecque classique reconnut la forme la plus élevée de la vie humaine dans la *polis* et la capacité humaine suprême, dans la parole [...]. Rome et la philosophie médiévale définissaient l'homme comme *animal rationale* ; aux phases initiales de l'âge moderne, l'homme était conçu principalement comme *homo faber*, jusqu'à ce que, au dix-neuvième siècle, il soit interprété comme *animal laborans* », Hannah Arendt, *Between Past and Future*, New York, 1968, p. 63. Pour la transition de l'ordre d'avant la polis à celui de la polis, voir *Vita activa*, Stuttgart, 1960, p. 29 ; pour celle de la *polis* grecque à la *civitas* romaine, ibid., p. 27 sq., et tout le chapitre deuxième, ainsi que *Between Past and Future*, *op. cit.*, p. 120–135 ; pour celle de l'empire romain à la communauté médiévale, *ibid.* ; sur l'essor de l'État national

différente : Comment, au moment du tournant possible, l'origine se montre-t-elle ? Car si elle s'y montre « au fond [23] » anarchique, alors son expression patente, le politique, y sera privé de son fondement. Si elle apparaît sans principe, alors le seul principe du politique sera le principe d'anarchie.

Ce qu'il importait de saisir d'abord, c'était – comme nous venons de le faire – l'identité entre l'ordre manifeste d'une époque et le politique. Au regard des revers de l'histoire, le politique se caractérise moins par l'exercice du pouvoir dans une société et l'interaction des groupes qui la composent, que par le code de cette société, devenu patent. Le politique est l'endroit visible du code qui régit un champ. Cette visibilité peut se décrire comme émergence à partir du privé : quand la parole devient persuasion publique au lieu d'être expression privée seulement, quand l'agir devient action au lieu d'activité seulement, et quand les choses deviennent produits au lieu d'artefacts, alors chaque fois se constitue l'ordre politique. Cette triple émergence au regard de tous s'opère diversement selon les époques : dans la *polis* grecque, elle signifie qu'on s'affranchit du labeur domestique et de ses liens basés sur la nécessité, pour rallier les hommes de condition égale, c'est-à-dire libre, et accomplir des hauts-faits afin d'atteindre ainsi à l'excellence ; dans la société romaine, cette émergence dans le public s'opère par la prise du pouvoir plutôt que par la prise de la parole, si bien que les rapports de domination, confinés chez les Grecs à la maisonnée, font maintenant le tissu politique lui-même [24]. Mais grec ou romain, ce tissu toujours est la disposition visible, l'*eidos* ou l'aspect d'une époque [25]. Le politique fait voir le principe époqual.

---

et le passage à l'impérialisme, *The Origins of Totalitarianism*, New York, 1958, p. 123–302 ; sur la transition vers l'État totalitaire, *ibid.*, p. 305–479 ; sur le déclin de l'État républicain, enfin, *Crises of the Republic*, New York, 1969, p. 3–47 et 201–233, également *Macht und Gewalt*, Munich, 1970, *passim*.

23 Selon SvG, ce fond, *Grund*, où l'origine ne se montre, ni *arché* ni principe (en une opposition disparate, non contraire, aux deux), est l'abîme, *Abgrund* ou *Ungrund*. Ces tournures, empruntées à Maître Eckhart, nient l'origine comme « cause et condition » (SvG 71 / PR 107).

24 Arendt, *Vita activa, op. cit.*, p. 27–49.

25 C'est au sens de *eidos* et *idea*, de l'« idée » comme ce qui est immédiatement abordable par la vue, que j'appelle ici l'ordre politique d'une époque l'« aspect »

Or, avec l'hypothèse de la clôture, la référence principielle elle-même – le *pros hen* – dépérit.

§ 6. *La clôture comme dépérissement de la relation* pros hen

« Au fond le plus caché de son être, l'homme *n'est* véritablement que quand, à sa manière, il est comme la rose – sans pourquoi. Nous ne pouvons pas poursuivre ici cette pensée plus loin [26]. »

Dans des remarques comme celle qui est citée ici, il faut relever non seulement la subversion des représentations téléocratiques – par l'affirmation d'une vie « sans pourquoi » –, mais encore la construction d'une situation historiale : *Quand,* en effet, l'homme est-il, à sa manière, comme la rose ? Aucun doute : quand dépérit le pourquoi. Or, la question « Pourquoi ? » est aussi vieille que la métaphysique. Elle est peut-être même la question qui a donné naissance à la métaphysique. Aristote y répond en désignant le fondement qu'est la substance, à quoi on rapporte tous les cas d'être, de devenir et de connaissance. C'est à cela que Heidegger oppose le « sans pourquoi ».

Apparemment le « pas en arrière de la question "pourquoi" [27] » entraîne des conséquences plus vastes que Heidegger ne semble le souhaiter. De là sa tentative d'atténuation : « Nous ne pouvons poursuivre ici cette pensée plus loin. » Plus loin ? Que s'agit-il d'éluder ? Heidegger se dérobe ici à une triple conséquence : la contestation de la téléocratie, le moment historial où cette contestation devient possible, et l'essence politique de celle-ci. Il se dérobe à ces conséquences tout en les affirmant par ailleurs. La contestation de la téléocratie, c'est la découverte que l'histoire époquale, l'histoire faite de principes impératifs, peut toucher à sa fin. Le moment historial de cette découverte, c'est le tournant de la clôture métaphysique. Et l'essence politique de la contestation, telle qu'elle se manifeste dans

---

de ce qui y est présent. La présence, au contraire, devra être pensée autrement que par la métaphore de la perception visuelle, à savoir par celle de l'ouïe, du « pouvoir entendre ».

26 SvG 73 / PR 108 ; cf. ci-dessus p. 19 sq.
27 SvG 206 / PR 264.

ce tournant, c'est que le *pros hen* ne peut plus servir dès lors de modèle pour la vie en commun. Avec la clôture, une certaine façon de comprendre le politique tombe dans l'impossibilité, et une autre devient inévitable. Commençons par ce troisième point.

Décrire les époques par la constellation manifeste des choses, des actions et des mots, c'est approcher le politique d'une façon autre que ne le firent les anciens. Le politique est le site où les choses, les actions et les paroles peuvent convenir. Le mot allemand pour « site », observe Heidegger, signifie primitivement la pointe du fer de lance où tout se réunit [28]. Dans le politique, dirons-nous, la force d'un principe réunit pour un temps et selon un ordre passager tout ce qui est présent.

Il est clair qu'une telle description des époques rétrocède par rapport aux principes qui règnent sur elles. Les principes répondent à la question « Pourquoi ? » Pourquoi, à une époque donnée, les hommes parlent, agissent, souffrent-ils des choses comme ils le font ? Les principes, qui sont archi-présents à un ordre époqual, fournissent la raison à ce qui se passe dans un tel ordre. Mais le « pas en arrière » rétrocède du présent à la présence. Aussi le site répond-il plutôt à la question « Où ? » Où les paroles, les actions et les choses se logent-elles dans l'*alétheia* de la présence ? Je réponds : dans ce type particulier de dévoilement qu'est le politique. La question d'un premier, ou d'une fin, qui commence et commande la praxis ne se pose même plus.

Pour les anciens, c'est-à-dire pour la tradition issue de la philosophie attique, la réflexion sur le politique s'efforçait de traduire un ordre anhistorique, connaissable en lui-même, dans l'organisation publique à laquelle il servait de modèle *a priori* et de critère de légitimation *a posteriori*. Les catégories pour comprendre le corps politique étaient prises dans l'analyse des corps sensibles et transposées du discours spéculatif ou « ontologique » en discours pratique. La *Physique* d'Aristote, le « livre fondamental [29] » de la philosophie occidentale, lui fournit son vocabulaire élémentaire, élaboré dans le contexte du mouvement et de ses causes. De là ce vocabulaire

---

28 Ce mot est *Ort* (US 37 / AP 41).
29 Wm 312 / Q II 183 et SvG 111 / PR 151.

pénètre les autres disciplines. La philosophie spéculative sert de patron – à la fois protecteur et modèle – à la philosophie pratique. Que lui prête-t-elle ? Précisément la référence à un premier. Pour qu'il y ait connaissance du sensible, il doit y avoir un premier à quoi référer le multiple et le rendre vrai, le vérifier ; de même, pour qu'il y ait action, et non seulement des activités, il doit y avoir un premier qui donne sens et direction à l'agir. Aristote compare la constitution d'un principe d'action à une armée en déroute, chassée par la peur, mais dont d'abord un soldat, puis plusieurs s'arrêtent, regardent en arrière où se trouve l'ennemi, et reprennent courage. L'armée entière ne s'arrête pas parce que deux ou trois maîtrisent leur peur, mais soudain elle obéit à nouveau aux commandements, et les activités de chacun redeviennent l'action de tous [30]. Aristote voit le commandement, *arché*, s'imposant aux fuyards comme il voit la substance en tant qu'*arché* imposant son unité aux accidents. L'une et l'autre observations retiennent la relation « à l'un », et cette identité formelle entre la philosophie spéculative et la philosophie pratique se maintient jusqu'à ce qu'on appelle aujourd'hui la théorie politique. La philosophie politique n'est pas la même, certes, quand le premier auquel l'agir est référé est un homme, ou la collectivité, ou le bien commun, ou un devoir. Mais tout cela, ce sont des *archai*. Le commandement politique fait l'action tout comme la causalité fait le mouvement. L'analyse du domaine politique ne peut pas plus se passer du recours à un principe de légitimation que celle du devenir, d'un principe du mouvement, ou celle de la substance sensible, d'un principe d'unité. Comme chacun de ces domaines est conçu selon le schéma du rapport à un premier, les catégories du politique ne sont pas *sui generis,* mais empruntées à l'ousiologie. La déconstruction de l'ontologie, chez Heidegger, coupe court à de telles transpositions.

---

30 Aristote, *Seconds Analytiques*, II, 19 ; 100 a 11 avec les deux commentaires de Hans Georg Gadamer, *Wahrheit und Methode*, Tübingen, 3e éd., 1972, p. 333, et *Kleine Schriften*, t. I, Tübingen, 1967, p. 110. L'*arché* vers laquelle pointe la relation *pros hen* n'est pas toujours la même : dans *l'Éthique*, c'est la béatitude ; dans les deux derniers livres de la *Politique*, c'est l'État parfait. Mais à travers toutes les branches de la philosophie aristotélicienne, le schéma de pensée demeure celui de l'ousiologie.

La déconstruction phénoménologique de cette métaphysique du corps politique [31] déplace la question. La déconstruction ne cherche pas à fonder, mais à situer le politique. Elle tâche de penser le domaine politique comme un site [32]. À partir de là, ce domaine devient pensable comme manifestation d'un principe époqual. La « situation [33] » – la récollection, la récolte – de telles manifestations permet de décrire comment un principe a cours. Les objets de science ont leur site, les outils ont leur site [34], l'œuvre d'art a son site, et aussi la politique. Le site de « la » politique est « le » politique, c'est-à-dire la région phénoménale où les choses, les actions et les paroles émergent, unies, aux yeux de tous. Le politique rend public, littéralement expose, le principe époqual auquel la vie obéit par ailleurs aveuglément. Tant qu'un principe a cours, il affecte les ralliements du grand nombre comme il affecte les rêveries intimes, les faits et gestes des dirigeants, comme la voix de Dieu et la voix du peuple. Le site indicateur d'un ordre époqual est le politique. Nulle part ailleurs ne se montre pour lui-même ce qui compte en premier pour une communauté donnée. Et nulle part ailleurs ne s'observe de quelle façon (système décimal

---

31 Cette métaphore du corps politique illustre bien le rapport analogique entre l'autorité et les sujets. Elle a fourni un semblant de légitimité, basée sur l'imagination plus que sur la réflexion, aux asservissements à l'État ou au « corps mystique », comme aux théories d'un Hobbes (l'État comme « homme artificiel ») ou d'un Hegel (l'État comme « organisme »).

32 « Ce que nous appelons un site […] est ce qui rassemble en lui l'essentiel d'une chose » (SvG 106 / PR 145). L'action politique a son site tout comme le poème (US 52 / AP 55), ou une chose telle qu'un pont (VA 154 / EC 180), ou encore l'homme moderne (Hw 194 / Chm 174), Dieu lui-même (Hw 235 / Chm 210), et chaque étant présent ou absent, enfin (VA 222 / EC 269).

33 Je suis ici une indication de Jean Beaufret : « Faudrait-il donc traduire *Erörterung* par situation ? Il n'y aurait en effet rien de mieux si, du mot situation, il n'avait été usé et abusé », *Dialogue avec Heidegger*, Paris, 1973, t. II, p. 148.

34 La distinction, dans SZ, entre les étants « simplement donnés » (*vorhanden*) et les étants « donnés sous la main » (*zuhanden*) préfigure la topologie dans la mesure où cette distinction désigne des lieux où l'être que nous sommes rencontre des étants dans le monde (SZ 132 / ET 166). Dans les écrits ultérieurs, le site n'est plus pensé à partir de l'être-au-monde, mais en lui-même, comme auto-manifestation, auto-allègement (*Selbstlichtung*, Her 189) de la présence. Ainsi, dans US 38 / AP 42, la situation (*Erörterung*) est le préalable de l'élucidation (*Erläuterung*), et cette dernière amène la clarté (*das Lautere*) qui est la présence dé-couverte.

inca ou hiérarchies terrestre et céleste médiévales) elle ordonne toutes choses en rapport à ce premier, *pros hen.*

Situer, localiser, les principes, c'est les objectiver. C'est montrer comment autour d'eux, tout fonctionne. « Tout fonctionne. C'est cela l'inquiétant, que tout fonctionne et que le fonctionnement pousse de plus en plus en avant, au fonctionnement plus large [35] ». La tâche (et la chance) de la pensée, c'est de s'extraire de ce fonctionnement.

« Le tournant » désigne d'abord ce pas en arrière pris par la pensée. Ce pas conduit des ontologies du corps politique à la topologie du site politique. Mais si le tournant ne signifiait que le recul méthodique par rapport à l'empirique, la contestation serait peu de chose. Elle indiquerait l'espace où un phénomène se déploie [36], la région où il est présent. Elle ne pourrait pour autant révoquer en doute la machinalisation de la présence, le fonctionnement généralisé autour des principes époquaux. Or, cette révocation en doute est précisément ce qu'effectue « le tournant » dans la pensée. Celle-ci se retourne contre la présence comme machine et découvre la présence comme histoire. Le tournant est donc un moment de cassure dans les modalités de la présence. À l'heure du fonctionnement généralisé, apparaît quelle fut la compréhension de l'être qui nous a conduits là. « L'être » a fonctionné comme base inébranlable. La preuve : les principes époquaux. C'est sur eux, comme constamment présents, comme archi-présents, que les hommes ont assis leurs actions, leurs choses et leurs paroles.

Des deux types de présence séparés par la cassure – présence constante et événement – l'une est opératoire au sein de la clôture métaphysique, l'autre hors de cette clôture. La présence constante des principes « repose dans le destin » qui envoie les époques cerclées par la clôture [37]. Franchir cette clôture, c'est « entrer dans l'événement ». « Pour la pensée *dans* l'événement, l'histoire [époquale] de l'être est terminée [38]. » C'est la fin des principes indubitablement

---

35 Sp 206 / RQ 45.

36 « Espace essentiel », *Wesensraum* (Höl 16 / AH 19), ou « espace de jeu », *Spielraum* (Hw 194 / Chm 174).

37 La clôture métaphysique est systématique parce que historique, cf. p. 14.

38 SD 44 / Q IV 74. L'acte de la pensée qui recueille l'événement, dit très justement Henri Birault, « *ouvre* une certaine histoire, il *fait* histoire », *Heiddeger et*

premiers. L'alternative au fonctionnement. La réalisation de la parole de Nietzsche : « J'appartiens à ce genre de machines qui peuvent *exploser* [39]. »

La découverte, avec la *Kehre*, de l'histoire de la présence, ne signifie pas que la phénoménologie heideggérienne cesse d'être transcendantale. Seulement, le « pas en arrière » de l'ontique vers ses conditions ontologiques fondamentales conduit maintenant à des structures qui ne sont plus immuables. Ce pas méthodique rétrocède vers la zone historique d'appartenance où nous sommes impliqués, pliés, dans les phénomènes. Par le pas en arrière vers le site, nous sommes à ce qui s'y accomplit comme on est à son affaire la plus propre. Les ontologies du corps politique font la théorie du pratique, c'est-à-dire qu'elles le considèrent et le rattachent à quelque idéalité. Mais on ne pense correctement que ce à quoi on appartient : les économies de la présence. Celles-ci ne peuvent devenir un objet, et on n'en fait pas la théorie. Le pas en arrière vers la phénoménologie topologique, dit Heidegger, est une « rentrée dans l'appartenance [40] ». Du même coup, sont démontées les résistances que « l'animal rationnel », l'animal métaphysique, oppose à la polymorphie et à la fluidité de la présence. Ce sont ces résistances, ces défenses, qui ont fait tous les principes. Avec leur dissolution, le transcendantalisme heideggérien devient historial. Du moment que la présence a une histoire, Héraclite est réhabilité. Sous l'hypothèse de la clôture, une certaine

---

l'expérience de la pensée, op. cit., p. 378. Mais à parler strictement, cela ne peut pas signifier que cet acte « fait époque », comme le dit encore cet auteur. C'est confondre les revers époquaux et le tournant hors des époques que de dire : « La pensée "historique" de l'être répond et correspond au caractère épochal du destin de l'être », *ibid.* Elle répond et correspond aux constellations de l'être, oui, mais ces constellations ne sont « épochales » (je préfère écrire « époquales ») qu'au sein de la métaphysique.

39 Nietzsche, *Werke, op. cit.,* t. III, p. 1172.

40 ID 24 / Q I 266. Ce texte parle de l'appartenance comme constellation « de l'homme et de l'être ». Elle n'est donc pas pensée à partir d'un site parmi d'autres, mais à partir du domaine (*Bereich*) qui, dans SZ, était appelé « ontologique » (SZ 13 / ET 29). Cependant, cette constellation de l'homme et de l'être, ou l'essence ontologique de l'être que nous sommes, n'est que la condition de possibilité d'appartenance à des régions de phénomènes : objets, outils, œuvres, actions, etc. Ce transcendantalisme est décrit, dans un autre langage il est vrai, dans VA 158 / EC 188.

tranche d'histoire seulement est « destinale », celle qui dépérit avec la rentrée dans l'événement. Mais toujours la présence est « historiale », toujours elle se dispense comme un enfant. « La dispensation de l'être : un enfant qui joue […]. Pourquoi joue-t-il, le grand Enfant qu'Héraclite a vu dans *l'aiôn*, l'Enfant qui joue le jeu du monde ? Il joue parce qu'il joue. Le "parce que" périt dans le jeu. Le jeu est "sans pourquoi" [41] ».

À partir de là, le troisième et dernier point trouve sa solution, à savoir le concept de téléocratie. L'histoire destinale de la présence est celle où les *principia* s'érigent en *teloi :* en fins de l'homme, de son agir, de sa spéculation. Mais si la présence se joue dans l'événement, elle est hostile à la domination par les fins [42]. La subsomption du disponible sous un principe d'ordre a son moment inaugural et son moment terminal. Le moment inaugural est la découverte, par Aristote, que le *pros hen* se laisse appliquer à l'ensemble des phénomènes humains, et donc à toutes les branches de la philosophie. Cette découverte a tout l'air d'une prosopopée socratique : en imposant à toute question philosophique le schéma applicable de droit seulement à la *Physique,* Aristote fait parler Socrate en physicien. Le tournant socratique vers la conscience, vers l'homme, devient doctrine. L'un, vers quoi se tourne l'attention avec Socrate, est l'homme. Avec la *Physique,* le *pros hen* est systématisé. Cette portée totalitaire de la référence à l'un s'épuise au moment terminal de la subsomption. Le moment inaugural et le moment terminal de l'histoire des époques fournissent le cadre de la généalogie des principes. Ceux-ci naissent avec le tournant socratique et dépérissent avec le tournant heideggérien. Toutefois, Heidegger n'est pas seul à avoir éprouvé cet épuisement de l'histoire référentielle. Marx et Nietzsche l'ont senti avant lui.

---

41 SvG 188 / PR 243.
42 Chez Aristote, l'usage du verbe « dominer » (*kratein*) indique le lien naissant entre métaphysique de la raison et maîtrise de la nature : « afin de *dominer,* c'est-à-dire de connaître, la *raison* doit être libre de tout mélange », *De l'âme,* III, 4 ; 429 a 19. À comparer à la fin du *Discours de la méthode* de Descartes.

3
Généalogie des principes et anti-humanisme

« La pensée ne doit-elle pas tenter de risquer un élan, par une résistance ouverte à l' "humanisme [43]"[...] ? »

L'anti-humanisme énoncé dans ces lignes n'est pas exactement inouï au vingtième siècle. Parce que, pour Heidegger, « le début de la métaphysique, dans la pensée de Platon, est en même temps le début de l' "humanisme" [44] », – parce que la fin de la métaphysique pourra donc bien signifier la fin d'un certain humanisme, – parce qu'un certain désintérêt à l'égard du concept d'homme caractérise des développements contemporains tant dans les sciences humaines qu'en philosophie, – parce que « le tournant » ne peut être saisi comme transmutant l'agir que s'il affecte la constellation générale de la présence plutôt qu'une attitude individuelle de pensée, – parce que, enfin, Marx et Nietzsche ont, chacun à sa façon, éprouvé la dispersion de l'origine, – pour toutes ces raisons, on voudra bien ne pas s'étonner d'une mise en parallèle résolument succincte et schématique d'une certaine expérience chez Marx, Nietzsche et Heidegger. Je veux montrer comment, chez tous trois, s'opère un renversement structurellement identique par lequel l'origine, d'humaniste, tourne au pluriel.

Tous trois ne disent assurément pas les mêmes choses. Mais tous trois parlent *à partir* d'un retournement dans les coordonnées de leur site historial : expérience de *rupture*. La question se pose : quelle en est la conséquence pour une généalogie des principes époquaux ? Si l'on pouvait montrer que la quête même d'un référent ultime, fondateur, y devient impossible, leur triple expérience de rupture serait aussi celle de la fin de l'histoire principielle : expérience de *plurification*. Et si l'on pouvait montrer que le référent congédié dans chacun de ces trois cas est l'homme, en tant que posé au centre des étants, alors leur expérience anticiperait une constellation de la

---

43 Wm 176 / Q III 125.
44 Wm 142 / Q II 160.

présence où un tel centre ferait entièrement défaut : expérience de *déshumanisation*.

Mon point de départ est l'observation que « la métaphysique tout entière est régie par la préoccupation de l'être de l'homme et de la position de l'homme au milieu de tout ce qui est [45] ». À partir de quoi on voit déjà selon quels points de vue la généalogie révélera la fin de la lignée métaphysique : à savoir la rupture ou le tournant, la plurification, et la déshumanisation ou l'anti-humanisme.

Pour montrer comment opèrent ces trois concepts au sein de la généalogie, j'aurai recours à un quatrième qui ne sera clarifié que par la suite, à savoir celui d' « économie de présence ». Disons que « économie » renvoie ici à ce que Heidegger appelle la constellation de cacher-montrer, la constellation alétheiologique donc, et « présence », à l'être entendu comme venue au jour et comme essor. Il y a de multiples économies de la présence. Métaphysiques, elles sont gérées par un principe époqual ; post-métaphysiques, elles sont anarchiques. La thèse que je propose ici est que la même transition d'une économie principielle à une économie anarchique de la présence se reflète chez Marx, Nietzsche et Heidegger. L'hypothèse de la clôture se confirmerait-elle ainsi par des témoignages plus amples, elle n'en demeurerait pas moins une hypothèse. À la différence de la connaissance, la pensée ne repose pas sur des preuves. Mais on pourra traiter les retournements éprouvés par Marx et Nietzsche comme des indices. Ils indiqueront un renversement fondamental dans l'échange des actions, des choses et des paroles. Ils suggéreront le passage de l'ère moderne à l'ère post-moderne.

Le concept d'anti-humanisme est d'origine marxiste. Chez Althusser, il dénote le refus polémique par Marx d'une métaphysique de l'homme. Il connote le rejet du programme, dérivé d'une telle métaphysique, qui viserait à restaurer « l'homme intégral » : dans l'optique de Feuerbach, à réconcilier l'individu et l'Homme total par l'appropriation individuelle de la totalité des prédicats humains [46]. Dans le programme de déconstruction, l'affaire même que désigne ce concept est plus large : « le propre de toute métaphysique apparaît

---

45 Wm 141 / Q II 160.
46 Louis Althusser, *Pour Marx*, Paris, 1973, p. 236, et *Positions*, Paris, 1976, p. 132.

en ce qu'elle est "humaniste" [47] ». C'est cette notion très vaste de l'humanisme que critiquent Marx, Nietzsche et Heidegger (ainsi que Althusser et Foucault à leur suite). L'élément commun réside dans leur expérience d'un renversement – ou plutôt, dans leur expérience qu'un renversement s'articule lui-même à travers eux. Je propose de les lire synchroniquement. Je tente d'opérer une coupe dans l'économie contemporaine des mots, des choses et des actions, et de comparer cette économie structurellement à l'époque précédente, moderne. Si, avec le virage hors des temps modernes, l'économie de la présence s'éloigne effectivement de l'homme, on aura une raison ontologique pour dire avec Lévi-Strauss que l'homme a été « l'insupportable enfant gâté qui a trop longtemps occupé la scène philosophique, et empêché tout travail sérieux en réclamant une attention exclusive [48] ».

§ 7. Une triple rupture avec l'humanisme

« – Bientôt je ne saurai plus où je suis ni qui je suis.

— Cela, nous tous ne le savons plus dès lors que nous cessons de nous abuser.

— Pourtant, ne nous reste-t-il pas notre chemin ?

— Sans doute. Mais abandonnant la pensée, nous oublions trop vite ce chemin [49]. »

Marx, Nietzsche, Heidegger : trois moments d'une seule crise (*krinein,* séparer) d'époques.

1. On connaît le concept de coupure épistémologique tel que Althusser le développe à partir des écrits de Marx : « À partir de 1845, Marx rompt radicalement avec toute théorie qui fonde l'histoire et la politique sur l'essence de l'homme [50]. » C'est-à-dire que, à partir de l'*Idéologie allemande,* tout le langage de l'essence humaine, emprunté directement à Feuerbach et indirectement à Hegel – encore

---

47 Wm 153 / Q III 87.
48 Claude Lévi-Strauss, *L'homme nu*, Paris, 1971, p. 614 sq.
49 Gel 37 / Q III 189. *Sur l'ignorance de ce qu'est l'homme*, cf. GA 55 48.
50 Althusser, *Pour Marx, op. cit.*, p. 233.

que servant au jeune Marx pour s'en prendre à Hegel –, disparaît de la pensée de Marx. Selon Althusser, la coupure produit une théorie scientifique de l'histoire et de la politique, basée sur des concepts radicalement nouveaux, tels que « forces productives, rapports de production, superstructure, idéologie, détermination en dernière instance par l'économie », etc. De plus, depuis cette coupure, la théorie ne peut plus se confondre avec la philosophie qui, en tant que philosophie de la conscience, est humaniste de part en part. Enfin, non seulement la philosophie apparaît comme humaniste, mais philosophie et humanisme à la fois se définissent comme idéologie. Ensemble, ils s'opposent à « la découverte scientifique de Marx », comme un champ de recherche (Althusser dit aussi « un continent ») s'oppose à un autre. « On ne peut *connaître* quelque chose des hommes qu'à la condition absolue de réduire en cendres le mythe philosophique de l'homme [51]. » Tout discours sur les hommes gardera un air mythique tant qu'il ne reposera pas sur les concepts nouveaux de lutte des classes, division du travail, possession des moyens de production... Et dans ces concepts, il n'est justement pas question de l'homme. Le discours mythique s'oppose à la science, comme la pensée s'oppose à la connaissance. Après la rupture de 1845, il ne s'agit plus pour Marx de penser l'enracinement (« Être radical, c'est prendre ce dont il s'agit par la racine. Mais la racine, pour l'homme, c'est l'homme même [52] »), mais une certaine dispersion.

L'expérience marxienne du renversement de l'époque humaniste moderne dans celle de l'anti-humanisme post-moderne démarque la *pensée* de la *connaissance*. Cela ne signifie pas que la nouvelle économie des choses, des actions et des mots n'a pas de place pour la pensée pure, mais que celle-ci appartient désormais au champ idéologique. La pensée non scientifique demeurera toujours. Elle est même nécessaire, non seulement pour permettre à la science marxiste de délimiter clairement son propre site de compétence, mais encore pour procurer à cette science ses contenus. Plus loin je montrerai que rien ne nous oblige à amortir le renversement marxien en qualifiant

---

51 *Ibid.*, p. 236.
52 Karl Marx, « Beiträge zur Kritik der Philosophie des Rechts von Hegel » (cité VS 125 / Q IV 325). Heidegger considère que sur cette thèse « repose le marxisme dans sa totalité ».

la coupure d'épistémologique. Mais qu'on en reconnaisse la portée ontologique ou non, la découverte par Marx du point de vue antihumaniste, en 1845, reste un fait. Vus dans cette perspective nouvelle, ses manuscrits antérieurs apparaissent dans leur jour véritable : comme variations sur des thèmes idéalistes et humanistes. Si Marx ne les publia pas, c'est qu'ils précédaient la découverte littéralement « critique » de l'hétérogénéité de la pensée et de la connaissance.

2. Nietzsche décrit une crise semblable : « Je raconte maintenant l'histoire du Zarathoustra. La conception fondamentale de l'œuvre, la pensée de l'éternel retour – cette pensée de la plus haute affirmation ! qui puisse être atteinte –, appartient au mois d'août de l'an 1881 : elle fut jetée sur une feuille, avec la légende : "six mille pieds au-delà de l'homme et du temps". Ce jour-là je fis une promenade à travers les forêts près du lac de Silvaplana ; non loin de Surlei, près d'un roc puissant, s'élevant comme une pyramide, je fis une halte. Alors me vint cette pensée [53]. » Six mille pieds *au-delà de l'homme,* « cela » vint à Nietzsche ; « cela m'envahit », dit-il. La toute première notation de la pensée qu'enseigne Zarathoustra, l'éternel retour, la situe au-dessus de « l'homme », ailleurs que dans l'humain. Et le contenu de cet enseignement sera : « Que tout revient, voilà l'approximation la plus extrême d'un monde du devenir à celui de l'être – sommet de la méditation [54]. » Dans la découverte de l'éternel retour, décrit ici par la convergence du devenir et de l'être, ou du flux et de la forme, culmine la méditation, c'est-à-dire la *pensée.*

Avant de subir l'invasion par quelque chose qui relève de la seule pensée, la philosophie de Nietzsche portait nettement un accent humaniste. Témoins ses premiers écrits sur « la métaphysique de l'artiste ». On y découvre un idéal de génie, de création de valeurs, d'affirmation du moi face à l'ascétisme corrosif. Après la grande découverte de 1881, telle ne peut plus être la plus haute affirmation. De l'auto-affirmation du sujet, il faut monter « six mille pieds au-delà de l'homme ». Seule la pensée de l'éternel retour rend justice au devenir et l'affirme. Le sujet apparaît comme une fiction, une immobilisation du flux.

---

53 « Ecce homo », « Ainsi parlait Zarathoustra », 1 ; *in* Nietzsche, *Werke, op. cit.,* t. II, p. 1128.
54 « Aus dem Nachlass der Achtzigerjahre », *ibid.*, t. III, p. 895 (= « Der Wille zur Macht », n° 617).

« Le "sujet" est la fiction comme si de nombreux états semblables sur nous étaient l'effet d'un seul substrat. » « Mes hypothèses : le sujet comme multiplicité [55]. » On se méprendra sur cette grande découverte de 1881, sur les « preuves » que Nietzsche en a tentées, aussi longtemps qu'on y cherchera autre chose qu'une expérimentation de pensée. Elle ne peut ni ne veut revendiquer le statut de connaissance. C'est une tentative et une tentation, dit-il, plutôt que le résultat d'une démonstration. Une pensée possible d'une possibilité. Mais une pensée *décisive* : « séparant » une époque d'une autre (une pensée *entscheidend* parce qu'elle *scheidet)*. Depuis, il nous reste beaucoup à penser mais peu à connaître. Il n'y a « en tout état de cause que des "multiplicités"; mais l'"unité" n'existe d'aucune façon dans la nature du devenir ». Il y a seulement « des configurations complexes d'une durée de vie relative au sein du devenir [56] », seulement des configurations de formes et de forces pour la pensée, mais non pas de vérité en et pour elle-même. La vérité comme corrélat de la connaissance est elle-même une fiction. « La vérité est cette sorte d'erreur sans laquelle une espèce déterminée d'êtres vivants ne pourrait vivre [57]. »

Dans cette expérience du renversement époqual, la connaissance et la pensée ne se voient plus assigner leurs champs respectifs, comme chez Marx. La connaissance suit les fictions de la pensée. « Il n'y aurait rien à appeler connaissance si d'abord la pensée ne recréait le monde. » Connaître, c'est créer les fictions que nous tenons pour objectives et vraies. Mais dans la perspective acquise en 1881, la vérité aussi n'est qu'une création de pensée, donc non vraie. « Seulement par la pensée il y a de la non-vérité [58]. » Et la première de ces non-vérités, de ces fictions, est l'homme, entendu comme sujet connaissant et agissant, comme soi.

La troisième expérience du renversement époqual de l'économie humaniste dans l'économie anti-humaniste se place un peu avant 1930. Cette année-là, écrit Heidegger, culmine un développement dans lequel « tout se retourne » : « *Hier kehrt sich das Ganze um* [59]. »

---

55 *Ibid.*, t. III, p. 627 et 473 (= WzM n°s 485 et 490).
56 *Ibid.*, t. III, p. 685 (= WzM n° 715).
57 *Ibid.*, t. III, p. 844 (= WzM n° 493).
58 *Ibid.*, t. III, p. 909 (= WzM n° 574).
59 Wm 159 / Q III 97.

Tout au long de ses écrits ultérieurs il se réfère à cette *Kehre* – « le tournant » – comme à la réponse dans la pensée, à la *Kehre* dans l'économie de la présence. Quand la constellation des choses, des actions et des mots se modifie en une ère nouvelle, l'entendement est désemparé. Pour l'économie qui expire dans un tel renversement, ce changement constitue le danger suprême. Mais la pensée, elle, peut alors s'adonner à son seul et unique métier : recueillir les traits économiques de la présence. Pour Heidegger, le type de pensée qu'il éprouva en 1930 mit fin à un type préalable de pensée aussi vieux que la philosophie occidentale. La philosophie dans sa totalité apparaît dès lors comme « une pensée », à laquelle s'oppose maintenant « l'autre pensée ». Strictement parlant, celle-ci n'est plus philosophique. Elle est entièrement responsorielle, une réponse à l'économie naissante. La crise de la modernité se traduit par un « pas en arrière de la pensée qui représente seulement, c'est-à-dire de la pensée explicative, vers la pensée qui répond en se souvenant. Ce pas en arrière qui nous ramène d'*une* pensée vers l'*autre*, n'est pas un simple changement d'attitude [60] ».

Le pas qui « régresse » ainsi des étants présents à l'économie de leur présence, s'avère si radical qu'il met en danger la compréhension que l'homme a de lui-même. « La pensée ne doit-elle pas tenter de risquer un élan, par une résistance ouverte à l'"humanisme", qui pourrait nous amener à nous étonner de l'*humanitas* de l'*homo humanus* et de ce qui la fonde [61] ? » Bien plus, le pas menace la position centrale de l'homme dans l'économie post-moderne : « "Humanisme" signifie dès lors, si nous décidons de garder ce mot : l'essence de l'homme est essentielle pour la vérité de l'être, mais cela de telle manière que désormais ce n'est précisément plus l'homme, pris uniquement comme tel, qui importe [62]. » Le recul met même en péril la civilisation et la culture : « l'autre pensée », celle qui recueille le dépérissement des principes au terme de la généalogie des économies époquales, est urgente, « mais non pas à cause de l'homme, non pas pour que sa création rehausse la civilisation et la culture [63] ».

---

60 VA 180 / EC 216 sq. (souligné par moi).
61 Wm 176 / Q III 125.
62 Wm 176 / Q III 124.
63 Wm 160 / Q III 99.

Si nous vivons en effet l'aube d'une ère où l'homme est chassé de sa position principielle, comment comprendre l'« origine » de cette économie de la présence ?

§ 8. Une triple rupture avec l'origine principielle

« Conformément à l'état d'affaire intrinsèquement pluriforme de l'être et du temps, tous les mots qui disent cet état – comme tournant, oubli, destin – restent également plurivoques. Seule une pensée pluriforme parvient à un dire qui puisse répondre à l'affaire même de cet état d'affaire [64]. »

Une époque – on l'a vu – est dominée par ce qui y est « saisi en premier », par son *primum captum* : son principe. Quand on décrit l'époque moderne par le triomphe de la subjectivité – comme individualité, réflexivité, transcendantalité, moralité –, on veut dire par là que, depuis Descartes au moins, mais plus profondément depuis Platon, la philosophie s'est méthodiquement informée de l'homme « en premier », et du reste, en rapport à lui. L'homme est l'origine théorique dont les objets reçoivent leur statut d'objectivité. La métaphysique est humaniste parce que, d'une façon ou d'une autre, toute connaissance philosophique se base sur l'homme-principe. Mais à la pensée, l'origine ne s'offre pas comme principe. Au sein de la pensée, le mot « origine » recouvre sa signification étymologique : *oriri,* surgir. Pour la pensée et à partir de la clôture, l'origine signifie un surgissement multiple de la présence.

1. L'humanisme du jeune Marx s'inscrit entièrement dans la dialectique de la conscience. Mais à commencer avec l'*Idéologie allemande,* sa compréhension de l'origine se détourne explicitement du réalisme des universaux ainsi que de toute essence, de tout sujet primordial auquel les phénomènes individuels se rapporteraient comme des prédicats. Ici, le texte clef est bien connu, encore que non pas toujours interprété correctement : « Les présuppositions par lesquelles nous commençons ne sont pas des fondements arbitraires, des dogmes ; ce

---

64   Vw XXIII / Q IV 188.

sont des présuppositions réelles dont on ne peut faire abstraction qu'en imagination. *Ce sont les individus réels,* leur activité et les conditions matérielles de leurs vies [...]. [Les individus] commencent à se distinguer des animaux aussitôt qu'ils commencent à produire leurs moyens de subsistance [...]. Ce qu'ils sont coïncide donc avec leur production [65]. » Voilà le nouveau point de vue acquis en 1845, le réalisme de l'individu travaillant. Il s'exprime par l'équation entre réalité et pratique individuelle. Il exige que nous re-situions l'être originaire dans l'activité par laquelle les hommes sustentent leurs vies. Dans ce qu'on a appelé la coupure épistémologique s'accomplit donc un renversement qui ne relève nullement du seul ordre épistémologique. Il s'y passe quelque chose de plus fondamental que la constitution de la « science marxiste ». La compréhension de l'origine subit une transmutation telle que Marx peut en effet revendiquer d'avoir mis fin à toutes les philosophies qui rapportent le phénoménal à quelque en-soi nouménal, à un *principium* métaphysique, à l'homme.

À partir de cette rupture il n'y a plus, à proprement parler, d'origine *une* qui ordonne l'économie post-moderne des choses, des actions et des mots. Il n'y a pas de référent ultime, mais seulement une profusion d'actions originaires au moyen desquelles les individus satisfont leurs besoins élémentaires. L'origine se fragmente, devient monadique, en accord avec la compréhension monadique de la pratique dans l'*Idéologie allemande.* Ce réalisme de la pratique individuelle, qui passe au premier plan en 1845, demeure la problématique majeure à travers toutes les œuvres philosophiques à venir. Plus précisément : elle demeure l'arrière-plan philosophique de tous les écrits ultérieurs contre lequel, seul, ceux-ci deviennent pleinement compréhensibles. Chaque fois que Marx parle d'universaux tels que les classes, il le fait dans le cadre de ce qu'il conviendrait d'appeler des théories régionales, qui dérivent leur intelligibilité de la pratique originaire, la pratique de l'individu travaillant à satisfaire les besoins physiques. Cette pratique originaire est aussi irréductiblement multiple que les pratiques individuelles, et elle échappe à la *connaissance.* Le contenu (par exemple les moyens de production, les formes de la

---

65 K. Marx, « Deutsche Ideologie », *in Frühe Schriften,* H. J. Lieber et P. Furth (éd.), t. II, Darmstadt, 1975, p. 16 sq. (souligné par moi).

propriété, les classes, l'État, les idéologies, les stratégies de parti) des théories régionales produit de la connaissance, tandis que la pratique originaire peut seulement être *pensée*. Il est clair que si Marx réduit la pensée à l'idéologie, cela s'explique par sa polémique contre la philosophie de la conscience. L'idéologie constitue la réfraction la plus éloignée de la pratique originaire. On pourrait représenter la découverte par Marx de l'origine plurielle, ainsi que la façon dont celle-ci se rapporte à la théorie et à l'idéologie, comme une série de réfractions. Dans le milieu de la connaissance, la pratique originaire apparaît comme théorie ; dans celui de l'imagination plus lointaine encore, elle apparaît comme idéologie. Marx limite le rôle de la pensée à ces réfractions idéologiques. Il réduit ainsi la pensée à l'imagination. Structurellement, cependant, l'affaire propre de la pensée serait plutôt la pratique originaire elle-même. Penser, c'est recueillir les pratiques multiples sans en constituer des universaux, qu'ils soient théoriques ou imaginaires. Quoi qu'il en soit, à ce niveau de la pratique originaire, on n'invoque pas, on ne peut pas invoquer la quête humaniste d'identité personnelle, possession de soi par soi, résolution de l'aliénation, etc. L'anti-humanisme de Marx résulte, non de la découverte d'un « continent scientifique » nouveau (Althusser), mais de la pratique originaire et de son allotropie atomiste, monadique.

2. Une fragmentation comparable – assurément non pas la même – de l'origine se produit dans l'expérience nietzschéenne de la pensée. Ici l'homme est délogé de sa position principielle en conséquence, aussi, d'un déplacement plus radical : la transmutation de l'origine comme principe unique en l'origine comme activité polymorphe. Cette transmutation ne fait que répondre et correspondre au renversement d'époques, au revers que Nietzsche a vécu comme nous ayant déjà placés dans une économie différente. L'attentat contre l'origine *une* s'accomplit à l'aide d'une déconstruction historique qui révèle « comment le "monde vrai" finit par devenir fable [66] » (en une page, ce texte fournit le paradigme à toutes les destructions, désédimentations, déconstructions qui ont vu le jour au vingtième siècle). La tentative corrélative de comprendre l'origine comme *multiple* s'articule

---

[66] « Crépuscule des idoles », *in* Nietzsche, *Werke, op. cit.,* t. II, p. 963.

selon l'expression déjà *rencontrée* « configurations complexes d'une durée de vie relative au sein du devenir ». Si entre Marx et Nietzsche existe quelque parenté de pensée, c'est dans cet effort de comprendre l'origine comme multiplicité que je la vois.

La notion nietzschéenne de formes complexes dans le flux du devenir est explicitement atomiste. L'origine comme multiplicité consiste en la formation toujours renouvelée d'agrégats dans ce flux. Les configurations de forces, Nietzsche les appelle des « formations de souveraineté ». Par exemple : « Au lieu de la "sociologie", une doctrine des formations de souveraineté [67]. » C'est ce concept de formation de souveraineté, *Herrschaftsgebilde,* qui permet de penser le devenir et la dissolution du sujet : « La sphère d'un sujet, constamment croissant ou rétrécissant ; le centre du système constamment en déplacement ; dans les cas où il ne peut organiser la masse qu'il s'est appropriée, il se désintègre en deux [68]. » Ainsi, les phénomènes de personnalité divisée, aussi bien que les phénomènes sociaux ou chimiques sont pensés – mais non pas « expliqués », connus – par ces constellations de forces. « L'individu lui-même en tant que lutte des parties (pour la nourriture, l'espace, etc.) : son évolution liée à une victoire, une prépondérance de certaines parties, à une atrophie, à une transformation en organe de certaines autres [69]. »

Dans la pensée de Nietzsche, le concept d'éternel retour est celui qui permet au mieux d'affirmer la fluidité radicale des forces inorganiques, organiques, sociales et culturelles : toutes ces forces luttent sur un pied d'égalité tant que l'une d'elles ne parvient pas à imposer son ordre temporaire aux autres. L'éternel retour, c'est l'affirmation de cet assaut innombrable.

Une économie époquale, faite de formations de souveraineté finies, sera précaire par définition. Elle correspond entièrement à la formule aristotélicienne du contingent : ce qui peut être ou ne pas être. Aussi aucune nécessité autre que le hasard, le jeu, le coup de dés ne s'oppose-t-elle à ses formations en péril. Elles ne dérivent de rien qui soit exempt de changement. Le programme de transmutation, chez Nietzsche, subvertit toute représentation d'un Premier, qu'il

---

67 *Ibid.,* p. 560 (= WzM n° 462).
68 *Ibid.,* p. 537 (= WzM n° 488).
69 *Ibid.,* p. 889 (= WzM n° 647).

s'agisse de l'homme, de Dieu, d'un principe du raisonnement ou de l'action, ou encore d'un idéal tel que la vérité scientifique. Nietzsche réclame à bon droit les épithètes diverses d'Antéchrist, d'Anti-Socrate, d'Immoraliste ou plutôt d'Amoraliste. À proprement parler, cependant, ce sont là des titres de clôture. Ils expriment, non pas quelque doctrine au sujet du Christ, de Socrate ou de la morale, mais l'effondrement de tout principe époqual à la fin de la modernité. Ce sont des titres pour la transmutation de l'origine entendue comme principe, en l'origine entendue comme agrégation et désagrégation des forces. Contrairement aux principes chrétiens, socratiques, moraux, les configurations de forces changent perpétuellement. Elles donnent naissance et elles donnent mort aux économies. L'originaire nietzschéen, ce sont ces économies des formations de souveraineté. Leur renversement époqual se produit de lui-même. Une fois qu'un pli nouveau nous a placés dans une économie nouvelle, la pensée en « vient d'abord à un seul, puis à un grand nombre, et finalement à tout le monde [70] ». Elle « vient », elle n'est pas le produit d'un acte créateur de génie. La pensée revêt l'anonymat même de l'économie qui vient à nous.

Parler de la fin de l'époque humaniste ne signifie donc pas seulement que l'homme a cessé de constituer la référence par rapport à laquelle toutes choses sont connues. Cette fin entraîne une autre conséquence bien plus profonde : l'homme ne maîtrise en aucune façon les économies époquales. Elles se déploient et se replient. Elles s'articulent en nous de manière imprévisible, et une fois qu'elles ont fait leur temps, le mode selon lequel elles rendaient présentes les choses se perd irrémédiablement. La généalogie nietzschéenne des valeurs et la typologie de la volonté ne ressuscitent donc pas les modes passés de présence souveraine. Elles en tracent seulement l'exténuation progressive. Les valeurs et les formes de volonté ont leur origine dans les formations de souveraineté et s'effondrent avec elles. Il en va de même pour la pensée. Quand les actions, les choses et les mots s'arrangent d'eux-mêmes dans une configuration nouvelle, la pensée change. Ce qui *donne lieu* à la pensée lui échappe. Voici ce que Nietzsche découvrit dans cet été décisif de 1881 : l'économie

---

70 *Die Unschuld des Werdens*, Stuttgart, 1965, t. II, n° 1332, p. 473.

anthropocentrique qui a dominé la culture occidentale depuis l'antiquité, a révélé sa nature perspectiviste. Tout principe époqual ne fonctionne dès lors que comme une perspective projetée sur le chaos des forces. Je prends Nietzsche à la lettre : « Telle est *mon* expérience de l'inspiration ; je n'ai aucun doute qu'il faille retourner des milliers d'années en arrière pour trouver quelqu'un à qui il soit permis de me dire : "c'est la mienne aussi" [71]. » Des milliers d'années : en effet, deux mille. Tel est le laps de temps par-delà lequel se peut rejoindre cette autre césure qui institua l'homme comme repère et comme mesure pour la théorie et la praxis occidentales.

3. Comme l'indique le texte cité en exergue à cette section, la plurification heideggérienne de l'origine résulte des rapports multiples entre être et temps. Par là – et même si « aujourd'hui tout le monde pense et poétise à l'ombre et à la lumière de Nietzsche, soit "pour lui", soit "contre lui" [72] » –, la *déconstruction* qu'opère Heidegger se distingue irrécupérablement des *démantèlements* (retrait des manteaux dissimulateurs) effectués par Marx et Nietzsche. Ceux-ci ont pressenti la clôture, mais ils n'ont pas pensé « le tournant ».

L'origine devient multiple, chez Heidegger, seulement avec le passage de la temporalité existentiale ou extatique, à la temporalité historiale ou destinale.

Dans *Être et Temps*, c'est encore le *Dasein* qui est originaire. « Le site ontologique » des phénomènes y est déterminé par leur « enracinement originaire » dans l'existence [73]. Du fait qu'elle est liée méthodiquement au transcendantalisme de l'analytique existentiale, l'ontologie fondamentale ne peut produire un concept pluriforme de l'être.

Au contraire, elle reconduit tout ce qui apparaît, à l'homme pour qui cela apparaît. L'origine est l'homme, compris comme « cet étant pour lequel, en tant qu'être-au-monde, il y va de cet être lui-même [74] ». Et de quelle manière « l'être lui-même » est-il l'enjeu de l'homme ? « Le sens du *Dasein* est la temporalité [75]. » L'être est l'enjeu, comme

---

71 Nietzsche, *Werke, op. cit.*, t. III, p. 1132.
72 Wm 252 / Q I 250.
73 « Ursprüngliche Verwurzelung » (SZ 377, cf. VS 118 / Q IV 317 sq.).
74 SZ 143 / ET 179.
75 SZ 331.

toujours en avant du projet qu'est l'homme, toujours devant lui, à venir et à saisir. Dans cet à-venir s'enracinent les extases. « L'essence de la temporalité est la temporalisation dans l'unité des extases. » Plus précisément, « l'ayant-été naît de l'avenir, et cela de telle manière que cet avenir qui a été (mieux, qui se déploie comme ayant été) démet hors de lui le présent. Ce phénomène unitaire d'un avenir qui se déploie comme ayant-été et comme se rendant présent, nous l'appelons la temporalité [76]. » L'être est l'enjeu de l'homme, temporellement. C'est dans cet enjeu projectif et extatique que les phénomènes prennent leur origine.

« Le tournant » met fin à ce rapport radical, radiculaire, entre temps et être. L'enracinement extatique du temps dans l'homme ne peut plus être originaire du moment que la présence a une histoire.

L'« origine », dès lors, n'est plus simple. Elle désigne, d'une part, l'avènement ou le début d'une économie époquale, et d'autre part, l'entrée mutuelle en présence des choses, des mots et des actions, c'est-à-dire leur surgissement ou leur accession à la présence au sein d'une telle économie. L'origine est désormais époquale *et* événementielle. Époquale ou diachronique, elle inaugure un âge ; événementielle ou synchronique, elle ouvre le jeu fluant de la présence qui nous joue, chaque fois, ici et maintenant. Jeu non plus radical, mais rhizomatique [77].

---

76 SZ 329 et 326.

77 J'emprunte ce terme à Gilles Deleuze et Félix Guattari, *Rhizome*, Paris, 1976, p. 17 sq. Parmi la cohorte d'auteurs qui clament aujourd'hui, notamment en France, la découverte nietzschéenne que l'origine *une* fut une fiction, il en est qui épousent l'origine multiple avec jubilation, et c'est apparemment le cas de Deleuze. Il en est d'autres qui dissimulent mal leur regret de l'Un, et ce pourrait bien être le cas de Derrida. Il suffit de l'entendre exprimer sa dette à l'égard de Lévinas : « Nous rapprochons ce concept de trace de celui qui est au centre des derniers écrits de E. Lévinas », Derrida, *De la grammatologie*, Paris, 1967, p. 102 sq. L'article d'Emmanuel Lévinas auquel il se réfère énonce dans son titre même – « La trace de l'autre » – tout l'écart pris par Derrida. Pour Derrida, la découverte que la trace *ne renvoie pas* à un Autre qui la fraie, est comme un mauvais réveil : « archi-violence, perte du propre, de la proximité absolue, de la présence à soi, perte en vérité de ce qui n'a jamais eu lieu, d'une présence à soi qui n'a jamais été donnée mais rêvée », *ibid.*, p. 164 sq. Pour Heidegger, ni jubilation grisée, ni deuil. Seulement le mémorial sobre du *pollachôs legetai* de l'origine, « une pensée plus dégrisée que la technique scientifique » (SD 79 / Q IV 138).

La pensée se dédouble, elle aussi. D'une part, penser signifie se souvenir, rappeler la naissance d'une époque et la suite d'ancêtres qui en établit la filiation. Quand un monde se met en place, son commencement renouvelle toute chose. Un arrangement nouveau produit un nouveau *nomos* de l'*oikos*, une économie nouvelle. D'autre part, penser signifie recueillir. L'événement à saisir ici n'est pas fondateur d'histoire, ce n'est pas une mise en œuvre qui fait époque. L'événement à recueillir synchroniquement est plutôt l'agencement interne d'un ordre de présence, la façon qu'a chaque chose de se rendre présente. Exemple : le Parthénon. Au sein du réseau des actions, des choses et des mots, le mode de présence de l'Acropole assumait un caractère bien défini – encore que complexe – quand les rhapsodes se préparaient pour les Panathénées, un autre quand le Parthénon servit d'église byzantine, un autre quand les Turcs l'utilisèrent comme poudrière. Aujourd'hui, alors qu'il est devenu une marchandise pour consommation touristique et que l'UNESCO se propose de le protéger contre la pollution à l'aide d'un dôme en plastique, il est présent différemment encore – d'un mode de présence certainement inconcevable pour l'architecte Ichtynos. À chaque moment de cette histoire, la présence de l'édifice revêt des caractéristiques déterminées, imprévisibles, incontrôlables. Et chaque revers entraîne la disparition irrémédiable de sa physionomie époquale.

La généalogie des principes époquaux est anti-humaniste *parce que* enquêteuse d'une origine multiple. Elle l'est, parce que l'hypothèse de la clôture fait regarder vers un *oriri* soumis au temps. « L'état d'affaire intrinsèquement pluriforme de l'être et du temps » interdit de ramener les époques et leur clôture à quelque figure de l'Un. Ainsi se comprend la nouvelle signification du mot *epoché*. La phénoménologie des revers de l'histoire suit les traces des régimes auxquels le décèlement a temporairement donné naissance, mais qui ont plié l'ordre pour se retirer à nouveau dans le cèlement. Le phénomène dont le généalogiste cherche le *logos* est cette venue et ce retrait d'un agencement englobant, mais précaire. Appeler « époque » un tel agencement, c'est dire que cela qui déploie les ouvertures dans lesquelles nous nous établissons n'est pas quelque chose, que cela n'est rien. Une simple advenue, une manière d'être. Dans la déconstruction de l'histoire occidentale, la phénoménologie, si elle demeure transcendantale, est dissociée de toute référence *a priori* à l'existant, mais non pas à l'intra-mondain. Le principe d'une époque est un *a priori* de fait, fini, d'une facticité non humaine. C'est le paradoxe d'un « fait ontologique [78] ». Cela qui lègue les époques historiques et leurs principes, en lui-même est néant, ni un sujet humain ou divin, ni un objet disponible et analysable [79]. La présence se réserve *(epéchein)*. Mais par sa retenue en soi et son retrait, elle garde aussi les choses présentes comme dans une réserve. On sait que Heidegger emprunte le mot *epoché* non pas à Husserl, mais aux stoïciens [80]. Ce mot ne veut donc pas dire ici l'objectivation ou l'exclusion méthodique par un acte thétique de la conscience. Le mot est pris dans le sens plus large d'un acte d'interruption, d'une halte, d'un point d'arrêt. Parler d'une « époque » de la présence veut ainsi dire deux choses : la présence elle-même se réserve dans le présent, et : la présence marque des points d'arrêt, fondateurs des âges. Le premier sens du mot devient inopérant avec « le tournant » ; le second définit les « revers ». Les haltes de la différence entre la présence et le présent sont le fait de la présence elle-même [81]. C'est donc encore elle que le généalogiste cherche à surprendre, quoique indirectement. Aussi, que l'*epoché* soit une notion anti-humaniste chez Heidegger n'empêche pas qu'elle

---

78 L'expression est de Orlando Pugliese, *Vermittlung und Kehre. Grundzüge des Geschichtsdenkens bei Martin Heidegger*, Fribourg, 1965, p. 76

79 La remarque un peu énigmatique selon laquelle « la vision marxiste de l'histoire est supérieure à toute autre historiographie » (Wm 170 / Q III 116) ne peut évidemment en aucune façon être lue comme le signe d'une adoption, par Heidegger, du matérialisme dialectique, de quelque façon qu'on comprenne celui-ci.

80 Hw 311 / Chm 275. *Epéchein* signifie s'abstenir, cesser de chercher : le sage stoïcien se résigne à ne pas posséder la sagesse au milieu du grand nombre de doctrines sur la vérité – et ainsi il obtient la sagesse, l'*ataraxia* ou *apatheia*, tranquillité de l'âme. Voir l'excellent article de P. Couissin, « L'origine et l'évolution de l'*epoché* », *Revue des Études grecques*, 42 (1929), p. 373–397.

81 « L'*epoché* de l'être appartient à l'être lui-même » (Hw 311 / Chm 275), et : « En un événement escarpé (*steil*), à partir de son essence propre du cèlement, l'être s'approprie son époque » (TK 43 / Q IV 149). Aucune des deux significations « ne désigne une tranche de temps dans ce qui arrive, mais le trait fondamental du destiner » (SD 9 / Q IV 24). Heidegger parle d'une « suite des époques dans le destin de l'être » (*ibid.*) pour renvoyer dos à dos les théories du hasard et celles de la nécessité dans l'histoire. Plusieurs textes énumèrent « les marques époquales » de l'être (par exemple ID 64s / Q I 301) : « *physis, logos, heti, idea, energeia*, substantialité, objectivité, subjectivité, volonté, volonté de puissance, volonté de la volonté ». Cf., déjà en 1916, FSch 350 / TCS 229.

entraîne un impératif pour la pensée : la déconstruction libère, pour les restituer à la pensée, la présence dans sa venue et dans ses réserves, auxquelles la pensée correspond en réservant à son tour « toutes affaires et évaluations, toutes connaissances et observations [82] ».

De quelque façon qu'on l'articule – par le matérialisme transcendantal de l'individu travaillant, par la typologie des formations de souveraineté, ou par la phénoménologie de la différence entre présence et présent –, la clôture demande que l'on renonce à faire de l'homme la figure centrale des dépositions généalogiques. Sans anti-humanisme, pas de clôture métaphysique. Et seul l'anti-humanisme autorise à dire que c'est « la destination de l'être » – non pas l'homme ou l'Esprit – qui ouvre et ferme les époques : « À chaque phase de la métaphysique, un bout du chemin devient visible, pour un temps, que la destination de l'être se fraie sur l'étant, en de brusques époques de la vérité [83]. » Une époque n'est pas une ère, mais l'auto-instauration d'une ère. L'agencement qui ordonne tout ce qui est présent, arrête ou ponctue son itinéraire à travers les siècles. Notre histoire comptera donc autant d'origines qu'elle admettra de seuils. Peu importe que ceux-ci soient établis en suivant les révolutions dans les modes de production ou, comme parfois chez Heidegger, selon les transitions entre langues naturelles (âges grec, latin, vernaculaires modernes). Ce qui compte, c'est l'atomisation *diachronique* de l'origine que révèle la généalogie des principes époquaux.

L'atomisation de l'origine n'atteint cependant sa profusion qu'avec l'« événement » *synchronique.* Elle sera décrite plus loin par la différence entre origine originelle et origine originaire.

La pensée, « plus dégrisée que la technique scientifique », a sa nécessité propre, celle qui lui vient des principes et de leur généalogie. Cette nécessité fut reconnue et raillée en même temps par Marx quand il paraphrasa Proudhon en ces mots : « Chaque principe eut son siècle dans lequel il se dévoila. Le principe d'autorité, par exemple, eut le onzième siècle, et le principe d'individualisme, le

---

82 Hw 54 / Chm 52. Ce texte rappelle directement l'avis de Cicéron de « réserver son assentiment », *Academica* II, 59, ainsi que celui de Sextus Empiricus, *Hypotyposes,* I, 232 sq. : « se réserver à l'égard de toutes choses », *epéchein péri pantôn.*

83 Hw 193 / Chm 174. Voir aussi, ci-dessous, le § 37.

dix-huitième. Par conséquent, le siècle appartient au principe, et non pas le principe au siècle [84]. » Si nous détachons ces formulations du contexte de la polémique contre l'idéalisme – c'est-à-dire, si nous ne concevons pas les principes sous la forme d'un en-soi –, nous pouvons recueillir une double vérité généalogique de ces lignes. D'une part, elles suggèrent comment un principe, en tant qu'il gouverne un réseau passager d'échanges, émerge, règne, et périclite. Elles indiquent donc la précarité essentielle des principes. D'autre part, elles suggèrent qu'un ordre époqual des choses ne peut se penser qu'*ex post facto,* rétrospectivement. Et de la raillerie qui sous-tend ce passage, on est peut-être en droit de conclure que pour Marx, cette compréhension-là de l'histoire a eu son temps, qu'avec les prémisses « réelles » de la conception matérialiste de l'histoire, la lignée généalogique des principes s'éteint. Cette extinction, Marx, Nietzsche et Heidegger l'ont éprouvée, chacun à sa façon. Nous verrons que la technologie est le lieu où *aboutit* la généalogie. Le langage des économies époquales, non humaniste, permettra ainsi de tenir un autre discours sur la technologie : d'un point de vue marxien, l'alternative à des étiquettes sommaires telles que « capitalisme avancé », résiderait dans le transcendantalisme de la pratique originaire et de son irréductible diversité ; du point de vue nietzschéen, l'alternative à la dénonciation de la technologie comme extension planétaire du pouvoir sur-humain (une interprétation de Nietzsche qui est de toute manière erronée) consisterait en la phénoménologie de la volonté de puissance et des modulations infinies dans les formations de souveraineté ; et d'un point de vue heideggérien, l'alternative au rejet sommaire (d'ailleurs impossible) du *Gestell,* arraisonnement technologique, résiderait dans la phénoménologie transcendantale des économies de la présence.

Avant d'en venir au sens multiple de l'origine (troisième partie), il importe de montrer comment la découverte des principes époquaux et l'anti-humanisme qui résulte de leur généalogie, déplacent « l'affaire même » de la phénoménologie. Déplacement qui émancipe la pensée de la connaissance. De cette « autre pensée », j'ai tenté de

---

84 K. Marx, « Das Elend der Philosophie », *in Frühe Schriften, op. cit.,* t. II, p. 750.

décrire quelques traits : son incapacité de produire un savoir ; sa dépendance essentielle à l'égard des économies de la présence qui, à leur tour, lui procurent sa « matière » ; son incapacité d'assurer un sol ou fondement où asseoir la spéculation métaphysique ou la recherche scientifique ; son inutilité comme prédicat du sujet « homme » et comme indicateur de sa nature ; et finalement, son essence plurielle. La « plurivocité du dire » n'est que l'écho de « l'agencement de la transmutation, à jamais sans repos, où tout se fait jeu [85] ».

Épilogue non scientifique à l'anti-humanisme.

On nous dira :

— *Anti-humanisme et anarchie, l'alliance n'est que trop claire. Nous avons assez vu au vingtième siècle où elle mène. L'éloge altier de « la pensée » n'y change rien. Sous prétexte d'alléger la technologie, vous finissez par ôter tout frein à la violence. C'est entendu, la généalogie n'est pas un retour à la Grèce antique. Mais c'est une régression bien plus néfaste. Qui veut faire l'ange, fait la bête, et qui veut retourner aux origines de la civilisation, risque fort de la congédier. En fait, vous nous ramenez à un état pré-civilisé.*

— Comment peut-il y avoir régression et apologie de la violence quand le seul critère de transition époquale est la pensée ? Au procès d'Eichmann à Jérusalem, Hannah Arendt comprit que les maux de notre siècle résultaient d'une absence de pensée [86]. Toute la charge de

---

85 Wm 251 / Q I 249. À l'encontre de la « *ursprüngliche Verwurzelung* » dans le *Dasein* (cf. ci-dessus, p. 75, n. 73), Heidegger dit maintenant : « Le concept de "racine" ne permet pas de porter au langage le rapport de l'homme à l'être » (VS 127 / Q IV 327). De là mon emprunt fait à Deleuze et Guattari, ci-dessus, p. 76, n. 77.

86 Hannah Arendt, *The Life of the Mind,* New York, 1977, 2 tomes, décrit le manque de traits remarquables dans la personnalité d'Adolf Eichmann, à l'exception d'une caractéristique : « ce n'était pas de la stupidité, mais l'absence de pensée », t. I, p. 4. Elle place les analyses de ce premier volume, *Thinking,* sous des exergues prises de Heidegger concernant *das Denken.* Cf. Gel 13 / Q III 163 : « L'absence de pensée *(Gedankenlosigkeit)* est un hôte inquiétant qui s'insinue partout dans le monde d'aujourd'hui. » Arendt poursuit : « Ne savons-nous pas tous combien il a toujours été relativement facile de perdre, sinon la faculté, du moins l'habitude de penser ? » *The Life of the Mind, op. cit.,* t. II, p. 80. « La pensée » heideggérienne se tient non seulement aux antipodes de toute apologie du totalitarisme, la perte de l'une et le laps dans l'autre sont deux faces du même phénomène. « Si, dans la pensée, il y a quelque chose qui peut empêcher les hommes de commettre le

Heidegger est que la technologie est périlleuse parce que *gedanken-los*. Charge qui s'accompagne d'une conviction : la pensée change le monde. Après cela, on peut difficilement lui faire tenir l'éloge de la force brachiale.

— *« La pensée », que peut-elle contre l'institutionnalisation de la violence ? Contre la brutalité « sans principes » justement, et indifférente à l'égard de l'homme ?*

— La violence institutionnalisée, nous la connaissons : c'est la catatonie vers laquelle courent la production et l'administration généralisées. Mesurées à celles-ci, bien des violences d'aujourd'hui ne sont que des contre-violences. Si retour il y a, c'est un retour analytique des oppressions aux économies qui les rendent possibles. Apogée des lumières, s'il faut des références historiques. Mais d'aucune façon, apologie de l'obscur. Pleins feux sur les principes, sur fond d'économies époquales, afin de montrer qu'ils donnent la mort, mais la subissent aussi : qu'ils sont *mortels*.

---

mal, ce doit être une propriété inhérente à cette activité elle-même », Arendt, *The Life of the Mind, op. cit.,* t. I, p. 180.

II

L'« affaire même »
de la phénoménologie :
les économies de la présence

« La pensée correspond à une vérité de l'étant déjà accomplie [1]. »

Comprendre Heidegger, c'est comprendre pourquoi la question de l'être, qui est l'affaire propre de sa pensée, doit se dédoubler en la question de deux économies de la présence – économie *époquale* et économie *anarchique* – dès lors que la phénoménologie de l'homme, de la subjectivité, de la conscience, s'avère cantonnée dans la philosophie de l'être subsistant et du temps linéaire.

L'inadéquation de la phénoménologie de la conscience par rapport à la « question de l'être » est dénoncée dès *Être et Temps*. Et cependant, l'anti-humanisme heideggérien ne se constitue pleinement qu'avec « le tournant » consécutif à *Être et Temps*. De là le statut transitoire de cette œuvre. De là aussi la nécessité de retracer brièvement le chemin par lequel l'« affaire même », *die Sache selbst*, de la pensée s'est progressivement concrétisée, métamorphosant la question de l'être en celle des économies de la présence.

Cette métamorphose peut se résumer par le passage conceptuel du *Dasein* à « la pensée ». *Le Dasein,* c'est l'homme pour autant que l'être est son enjeu ; c'est cet étant pour lequel, dans son être, il y va toujours de cet être même. Comment l'être est-il l'enjeu de « la pensée » ? Celle-ci est le simple écho – réponse et correspondance – de la constellation aléthéiologique qui s'est chaque fois « déjà accomplie ». Précession destinale de l'être que l'analytique existentiale n'avait pas les moyens de penser [2]. Les constellations aléthéiologiques par lesquelles l'être précède la pensée, je les appelle les économies de la

---

1   Hw 67 / Chm 63.

2   « Dans *Être et Temps* ne pouvait encore être atteinte une connaissance authentique de l'histoire de l'être, d'où la maladroite non-destinalité (*Ungeschicklichkeit*) et, strictement parlant, la naïveté de la "destruction ontologique" » (VS 133 / Q IV 333).

présence. Et plus les dates des publications heideggériennes avancent, plus ces économies sont clairement décrites comme la manière dont l'ensemble des choses « entre de *lui-même* en présence » (*von sich aus anwesend*). « Nouvelle localité » de la pensée, qui la contraint à « abandonner le primat de l'homme [3] ».

1
Métamorphoses du transcendantalisme phénoménologique

> « Dans ce qui lui est le plus propre, la phénoménologie n'est pas une tendance. Elle est le potentiel de la pensée – changeant selon les temps et par là seulement se préservant – de correspondre à ce qui est à penser et qui s'adresse à elle [4]. »

Dès le départ, la phénoménologie est pour Heidegger autre chose qu'une méthode. Il la retient comme une possibilité, un « potentiel ». Husserl a libéré une puissance de recherche qu'il s'agit de développer et de radicaliser. « Au-dessus de la réalité il y a la possibilité. La compréhension de la phénoménologie réside uniquement dans la saisie de celle-ci en tant que possibilité [5]. » Pour savoir comment l'« affaire même » vers laquelle Husserl a reconduit le regard, a pu finir par être identifiée aux économies de la présence, il faut tracer un partage. Si la phénoménologie est un potentiel de pensée, c'est que, dans les recherches de Husserl, il y a à prendre et à laisser. « L'"apriorisme" est la méthode de toute philosophie scientifique qui se comprend elle-même [6]. » C'est ce recul transcendantal vers un *a priori* qui, dans la phénoménologie, est à retenir. Mais quel *a priori* et quel recul transcendantal ? Et qu'est-ce qui y est à laisser ? Suivant le fil directeur de la temporalité, on verra que l'*a priori* se métamorphose à mesure que se constitue l'affaire propre de la phénoménologie heideggérienne.

---

3   VS 124 sq. / Q IV 324 sq. (souligné par moi).
4   SD 90 / Q IV 173.
5   SZ 38 / ET 56 sq.
6   SZ 50 n. / ET 72 n.

La meilleure approche sera ici de demander quelle est la notion du temps qui, selon Heidegger, prévaut chez Husserl [7] et de l'opposer ensuite à la détermination existentiale (selon laquelle l'affaire de la phénoménologie est le « sens » de l'être), historiale (selon laquelle cette affaire est la « vérité » époquale de l'être) et événementielle (selon laquelle elle est la « topologie » de l'être). Pour une pensée entièrement adonnée aux rapports entre être et temps, il ne peut y avoir d'autre critère pour départager la réalité et la possibilité de la phénoménologie, pour mettre en évidence l'ambivalence du disciple à l'égard du maître, et surtout pour diriger la phénoménologie sur son terrain d'élection, les économies de la présence. Voilà les jalons selon lesquels je veux esquisser la trajectoire qui « quitte la dimension de la conscience » pour conduire à « ce qui est tout autre que l'homme, à savoir l'éclaircie de l'être [8] ».

§ 9. De la subjectivité à l'être-là

« Je tentais de penser l'essence de la phénoménologie plus originairement, afin de la reconduire de cette manière en propre dans son appartenance à la philosophie occidentale [9]. »

L'appartenance de la phénoménologie à la philosophie occidentale résulte d'entrelacs complexes, affectant le choix des énoncés qui entrent dans le discours phénoménologique, la manière et le vocabulaire dont il soulève ses questions, les intérêts qui sous-tendent ses démarches, et même les problèmes qu'il exclut de ses recherches. Au reste, ces entrelacs se nouent dans certaines orientations de départ concernant la manière européenne de philosopher depuis l'antiquité, qui sont peut-être assez simples à identifier. À grands traits : si la phénoménologie se rattache à la philosophie grecque, c'est par la recherche d'un *a priori* qui conditionne et rend possible

---

7 Dans les remarques sur Husserl qui suivent, je me base surtout sur *Cartesianische Meditationen und Pariser Vorträge*, Husserliana, t. I, La Haye, 1950, p. 99–121, et *Erfahrung und Urteil*, Hambourg, 4ᵉ éd. 1972, p. 66 sq.
8 VS 124 / Q IV 324.
9 US 95 / AP 94. Cf. Phän 47.

tout ce qui tombe sous l'expérience, et si elle se rattache à la philosophie moderne, c'est qu'elle cherche ces conditions de possibilité dans le sujet connaissant transcendantal. La question est de savoir si l'apriorisme et le transcendantalisme ne procèdent pas à leur tour d'une source commune, qui déterminerait précisément « l'essence de la phénoménologie ». Cette source d'où procèdent les philosophies anciennes, modernes et contemporaines, pour Heidegger, ne peut être qu'une certaine conception du temps.

1. À le mesurer à la découverte de la temporalité extatique, on n'hésitera pas à s'accorder avec le verdict de Heidegger : « Husserl explore des questions décidément métaphysiques [10]. » Continuité métaphysique du temps, et non pas discontinuité existentiale ; prééminence du présent, et non pas de l'avenir ; rétention et protention, et non pas « ayant-été » et « à-venir » ; courant temporel *(Zeitstrom)*, et non pas le triple « hors de soi » des extases : telles sont quelques-unes des oppositions qu'on est tenté de marquer entre Husserl et Heidegger. À première vue, pourtant, rien de métaphysique dans l'effort husserlien de réduire l'attitude naturelle, quotidienne, à la description des essences d'objets ou d'expériences dans le monde. Recul du connu vers ses possibilités, vers des actes de pensée générateurs et formateurs, recul dans lequel n'entre aucune recherche d'un monde *meta ta physika,* au-delà des choses sensibles. Recul qui, cependant, assure une origine stable au savoir. Qu'en est-il de cette stabilité ? Et pourquoi l'attitude naturelle est-elle qualifiée de pré-philosophique, sinon parce qu'elle est ignorante de sa propre origine, qu'elle manque d'assise solide ? Elle est mise entre parenthèses afin de découvrir comment naissent les objets de l'entendement, comment ils peuvent être en même temps constitués activement et donnés dans l'évidence. Le contentieux entre Heidegger et Husserl se joue dans la compréhension du temps qui permet une telle mise entre parenthèses et qui préside à la réduction du regard naturel, ainsi qu'à l'intuition des essences. Pour analyser la naissance des objets, la pensée husserlienne recule devant l'empirique pour mieux voir les contenus *a priori.* Cette analyse échappe-t-elle à ce que *Être*

---

10   VS 111 / Q IV 311.

et Temps appelle le domaine de l'être subsistant et à la temporalité qui constitue ce domaine : la présence constante ?

La primauté accordée par Husserl à la vue indique déjà qu'il faut répondre par la négative. Les contenus eidétiques se donnent à voir (d'une vue productrice, il est vrai, et non pas simple et directe), c'est-à-dire qu'ils subsistent face au regard, pour le regard. Cela reste vrai même si Husserl décrit souvent le sujet percevant comme se déplaçant par rapport aux objets perçus, les voyant sous différents angles. En fait, une telle primauté de la vue n'a rien de nouveau. Elle est un indice parlant de l'appartenance de sa phénoménologie à la métaphysique occidentale. Depuis Aristote, la vue est restée la métaphore privilégiée pour l'activité de l'esprit ; bien plus, penser, depuis les Grecs classiques, c'est voir. Connaître, c'est avoir vu ; et atteindre à l'évidence, comme ce mot l'indique, c'est « avoir bien vu ». On ne voit bien que ce qui se produit comme donné, et on voit au mieux ce qui se tient immobile. L'écoute, au contraire, est l'organe accordé au temps : l'oreille perçoit les mouvements d'approche et d'éloignement mieux que l'œil. Un son n'est pas encore, puis il s'annonce, il est là, et déjà il s'affaiblit et n'est plus. Pour le regard, il y a seulement le « ou bien – ou bien » du présent et de l'absent. Regarder, c'est chercher à voir ce qui est. C'est un acte qui demande une prise de distance. On ne voit pas les caractères imprimés sur une page si on a l'œil collé sur la feuille [11]. Il en va autrement pour l'écoute : plus un son est proche, mieux je le perçois. De là la connotation entre entendre et appartenir : *hören* signifie *gehören*. Dans les langues grecque, latines et germaniques, pouvoir entendre, c'est aussi pouvoir obéir, *horchen* est *gehorchen*. L'œil est l'organe de la distance et du constamment présent. L'ouïe est l'organe de l'appartenance et de la découverture dans le temps.

Le concept husserlien de conscience pointe à son tour vers la *Vorhandenheit*. Les contenus eidétiques engendrent l'évidence par et pour la vie de la conscience. Vie objectivante, parce qu'elle est elle-même un contexte de fondement objectivement subsistant. La réduction eidétique et à plus forte raison le recul transcendantal

---

11 Cf. Arendt, *The Life of the Mind, op. cit.*, 1.1, p. 110 sq. Francis Bacon observait que « les choses visibles exigent quelque distance entre l'objet et l'œil afin d'être mieux vues », *Sylva Sylvarum*, III, 272.

husserlien ne consistent-ils pas à creuser, une fois de plus, l'ancienne opposition entre *epistémé* et *doxa*, entre science et croyance ? Pour Husserl, ce recul vers l'origine transcendantale du savoir constitue lui-même une connaissance, alors que l'attitude mise entre parenthèses est une simple croyance, la croyance que le monde des choses est tel que nous l'éprouvons quotidiennement. Le théâtre des essences, le sujet, *subsiste* comme il subsiste déjà pour Descartes et comme subsiste le théâtre des idées chez Platon. L'appartenance de Husserl à la philosophie occidentale, c'est dans ce mode de temporalité, la subsistance, qu'il faut la chercher. Que fait voir, en effet, l'*epoché* universelle ? Comment est conçue l'origine en arrière des contenus d'expériences naturelles, origine d'où naissent les espèces et les types dont ces contenus sont des cas ? Ce qui est « vu », c'est d'abord le sujet de la croyance naturelle dans le monde lui-même. Voilà en quoi Husserl reste fidèle à Descartes et à Kant : au terme de la réduction, les objets dans le monde, ainsi que le sujet lui-même, se montrent comme appartenant à l'univers solide du sujet transcendantal. La constitution de l'essence en tant qu'objet particulier, élaborée à partir d'expériences réelles ou imaginaires, établit la subjectivité transcendantale comme terrain d'expériences intentionnelles. Du point de vue du temps, cette subjectivité ne pourrait fonctionner, « vivre », sans une telle permanence, déjà essentielle à l'ancien *hypokeimenon*. Le pas en arrière est ici la constitution d'un champ épistémologique où s'obtient une connaissance rigoureuse de la vie de la subjectivité transcendantale. Dans la vie du *cogito,* comment ne pas reconnaître encore l'ancien « animal raisonnable » ? Qui ne voit l'appartenance à la métaphysique occidentale ? Chez Husserl aussi, « le mode d'être du *zôon* est compris au sens de l'être-subsistant et de la survenance. Le *logos* est [seulement] un attribut plus élevé, dont le mode d'être reste aussi obscur que celui de l'étant ainsi composé [12] ».

Mais Husserl n'est-il pas justement célèbre pour avoir dépassé la conception d'un moi atemporel ? Il distingue dans la subjectivité entre le substrat et la monade. Le moi est le « substrat identique de propriétés durables [13] », substrat de possessions habituelles, de modalités

---

12 SZ 48 / ET 69 sq.
13 Husserl, *Cartesianische Meditationen, op. cit.,* p. 101.

acquises de conscience. Aussi le monde des objets, déterminés de façons variables, s'enrichit-il avec les expériences. Le moi auquel tout objet nouveau doit ainsi se référer est la *monade*. Et en effet, la monade a un passé et un avenir. Le *substrat*, en revanche, sans être un étant, ne change pas. Il est retranché des rapports au monde et à autrui. Ce qui demeure inchangé, c'est ce moi comme pôle identique des expériences qui se donnent. Du point de vue temporel – et c'est lui seul qui importe ici –, le substrat est assimilé au monde des faits. Il est le pôle subjectif, abstrait, du monde, mais il n'est pas l'être-au-monde. Il est constamment présent comme le sont les objets. Limitation fatale des modes temporels à un seul, la présence constante. Elle est fatale pour la compréhension du « monde ». La présence constante condamne l'être-au-monde comme on condamne une fenêtre. Ainsi Heidegger en vient-il à soupçonner que l'auto-donation des objets est un leurre. À partir de l'être-au-monde et de la temporalité extatique, il peut dire que l'auto-donation du moi est une « séduction », une « duperie [14] ». Le point de départ heideggérien coupe court à la possibilité même de fixer le sujet dans la subsistance, et le temps, dans la permanence. Le continuum temporel doit s'effondrer quand, « pour la première fois dans l'histoire de la philosophie, l'être-au-monde apparaît comme le mode primordial de rencontre avec l'étant [15] ».

Les rapports entre phénoménologie de l'être-au-monde et phénoménologie de la conscience sont cependant plus ambigus. Tout le combat de Husserl n'est-il pas dirigé, en effet, contre l'attitude naturelle selon laquelle mes contenus de conscience sont disponibles devant moi, là, sous mes yeux ? Cette notion d'attitude naturelle préfigure justement la *Vorhandenheit* heideggérienne [16]. Comme cette dernière, elle est à dépasser par une démarche transcendantale. Heidegger ne monte-t-il pas, dès lors, sur la brèche ouverte déjà par les travaux de son maître ? Il reconnaît que la phénoménologie husserlienne prépara le

---

14 SZ 115 / ET 146.
15 VS 110 / Q IV 309 sq.
16 Voir l'excellent article de Gérard Granel, « Remarques sur le rapport de "Sein und Zeit" et de la phénoménologie husserlienne », *in Durchblicke*, V. Klostermann (éd.), Francfort, 1970, surtout p. 358–368.

« sol [17] » à la question de l'être. C'est donc que l'équation entre substrat, présence constante et être subsistant n'est pas si simple. Aussi, il est un « donné » dans la phénoménologie de la conscience dont les caractéristiques permettent de voir la filiation qui va de la subjectivité à l'être-là, mais aussi la rupture irrémédiable qui les sépare.

« Husserl touche, effleure la question de l'être dans le sixième chapitre de la sixième *Recherche logique*, avec la notion d'intuition catégoriale [18]. » Une intuition est le corollaire de la donation, comme recevoir est le corollaire de donner. Dans une intuition catégoriale, qu'est-ce qui se donne ? Une catégorie, par exemple celle de substance. Mais comment une catégorie peut-elle être *angeschaut,* vue ? « Je vois devant moi ce livre. Mais où est dans ce livre la substance ? Je ne la vois nullement de la même manière que je vois le livre. Et néanmoins, ce livre est bel et bien une substance que je dois "voir" en quelque façon, sans quoi je ne pourrais rien voir du tout [19]. » À la différence de Kant, Husserl traite les catégories comme reçues intuitivement. Au sens étroit, « l'être n'est rien qui puisse être perçu », dit Husserl. « Mais il est bien connu qu'on parle de la perception, et notamment de la vision, encore dans un sens beaucoup plus élargi » : dans le sens de *Einsehen* [20]. Intuition *analogue* à l'intuition du sens externe ou interne. En voyant « substance », « être », en même temps que le livre, je vois toujours plus que tel livre. La catégorie principale, l'« être », est ainsi *vue* dans toute perception. Elle est excédentaire par rapport à la perception. Substance et être ne sont « rien *dans* l'objet, ne font pas partie de lui, ne constituent pas un moment inhérent [...]. Mais l'être n'est pas non plus quelque chose d'attaché à l'objet [21] [...]. » De là le dédoublement de l'intuition en deux actes simultanés, sensible et catégorial. En le traitant d'objet d'intuition, Husserl « effleure » la question de l'être. Une précompréhension de l'être comme catégorie accompagne tout acte de perception sensible.

---

17 SZ 38 / ET 56 et VS 116 / Q IV 315.
18 VS 111 / Q IV 311, cf. SD 47 et 86 / Q IV 79 et 168.
19 VS 113 / Q IV 313.
20 Edmund Husserl, *Logische Untersuchungen*, t. II, 2e partie, Halle a.d. Saale, 1921, p. 138.
21 *Ibid.*, p. 137.

Cette doctrine d'un statut intuitif de l'être reste cependant loin en deçà d'une ontologie phénoménologique. Elle ne permet pas de déterminer le mode d'être de la conscience par rapport au monde naturel qui lui fait face. Insuffisance cruciale : la temporalité du sujet percevant n'est pas distinguée de celle des objets perçus. Le temps existential n'est pas distingué de la présence constante. De l'intuition catégoriale de substance, rien ne permet de passer à la détermination de la subsistance comme manière d'être – une manière d'être parmi d'autres. Quand l'être est cherché dans la perception, la mondanité et la *Vorhandenheit* restent nécessairement impensées ; l'analyse avance entièrement à l'intérieur de l'une et de l'autre. Et quand le monde est pensé comme monde de la vie, il reçoit encore son statut d'être de la conscience, de l'homme-fondement.

Husserl a ainsi permis à Heidegger de penser l'être non plus à partir du jugement, mais comme manifesté intuitivement, et en ce sens comme *a priori*. « Avec ces analyses de l'intuition catégoriale, Husserl a libéré l'être de la fixation dans le jugement [22]. » Husserl a élaboré la phénoménalité de l'être dans la catégorie. Mais il n'a pas mis en question l'identification entre être et conscience, ni, par conséquent, celle entre temps et présence constante. Par son repli méthodique sur le *cogito*, la phénoménologie de la subjectivité transcendantale accomplit un pas en arrière qui mène du monde immédiatement et naturellement donné vers le monde donné pour et par la conscience. Tout ce qui « est », et d'abord l'objet d'intentionnalité, est dans la conscience, présent à elle. Être, c'est être représenté.

L'« affaire même » de la phénoménologie husserlienne s'avère être la représentation. Une fois acquis ce point d'appartenance à la philosophie occidentale, l'intelligence limitative du temps dans cette *Sache selbst* saute aux yeux. Ce que l'objet a de temporel, c'est qu'il se maintient devant le sujet. « Représenter signifie ici : faire venir l'étant subsistant devant soi, comme ob-stant (*Entgegenstehendes*), le rapporter à soi, qui se le représente, et le replier dans ce rapport à soi en tant que région d'où échoit toute mesure [23]. » Repli dans lequel le sujet se constitue garant et gardien de l'objet et de sa permanence.

---

22 VS 115 / Q IV 315.

23 Hw 84 / Chm 82. Cette remarque ne concerne pas Husserl en particulier, mais tout l'âge moderne.

Pour montrer l'appartenance de Husserl à la conception métaphysique, linéaire, du temps, on voit que Heidegger a recours, non pas aux notions de flux et de courant (*Zeitstrom*), mais à celles d'être subsistant et de représentation. Le cadre de la philosophie de la subjectivité, qu'il adopte sans le critiquer, interdit à Husserl de mettre en question la compréhension de la présence comme présence objective.

2. Heidegger se détourne de cette phénoménologie de la conscience transcendantale en deux mouvements : d'abord par le passage à la phénoménologie existentiale en tant qu'ontologie fondamentale [24], puis par le passage à la phénoménologie de l'*alétheia* historiale et destinale. La première métamorphose du transcendantalisme phénoménologique conduit au remplacement du « sujet » par le *Dasein*, la seconde à celui du *Dasein* par un mot encore moins subjectiviste, humaniste, existentiel : « la pensée ».

La phénoménologie du *Dasein* ou de l'« être-là » peut paraître une concrétisation de la phénoménologie de la conscience intentionnelle [25]. La subjectivité transcendantale serait alors la condition de possibilité de l'analyse existentiale. Mais comme l'indique la référence à la question de l'être contenue dans le mot même de *Dasein*, le rapport des fondements est bien plutôt l'inverse : l'analyse existentiale ne « remplit » pas *a posteriori* le concept plus formel du moi transcendantal, il en désigne au contraire la couche *a priori* qui rend possible une philosophie du moi, de la conscience et du sujet. La phénoménologie d'*Être et Temps* accomplit un nouveau pas en arrière par rapport au transcendantalisme de la conscience. Par son essence ontologique, l'« être-là » est une origine plus originaire que la conscience. Ainsi se comprend la mutation du transcendantalisme de Husserl à Heidegger : la condition de notre savoir et de notre expérience n'est plus recherchée purement dans l'homme, mais dans son rapport à l'être des étants en leur totalité [26]. L'origine n'est

---

24 Une autre façon de décrire ce glissement serait d'opposer la phénoménologie « herméneutique » de Heidegger à la phénoménologie « scientifique » de Husserl (cf. SZ 397–404). Cf. aussi Gadamer, *Wahrheit und Methode, op. cit.*, p. 229–250.

25 C'est ainsi que Husserl lui-même semble avoir compris SZ quand, sur la page de titre de son exemplaire, il écrivit ces mots : « Cela n'est-il pas de l'anthropologie ? »

26 Ce n'est que dans les ouvrages postérieurs à SZ que la terminologie de Heidegger distingue clairement entre l'être comme « étance » (*Seiendheit*) des étants (par exemple Wm 329–331 / Q II 209–211), et l'être indépendamment des étants (par

plus cherchée dans les structures formelles de la conscience grâce auxquelles s'obtiennent des représentations indubitables, mais dans les structures ontologiques par lesquelles l'être que nous sommes est dit appartenir à l'être en tant que tel.

Cette transmutation ne serait pas encore radicale si elle consistait simplement en un renvoi à l'instance *ontique* que nous sommes [27], en déclarant que les sciences et les ontologies sont des activités qui procèdent de l'homme concret. Vue de cette manière, l'origine telle que l'investit la phénoménologie serait géminée, *cogito* et *Dasein* : origine soit épistémologique soit existentiale. Cette façon de comprendre la diversité du projet phénoménologique omettrait cependant l'essentiel : l'hétérogénéité de « l'affaire même » que l'une et l'autre approches s'efforcent de voir. L'origine apparaît comme subjectivité aussi longtemps que cette affaire est la représentation. Elle apparaît comme être-là quand cette affaire est l'être des étants [28]. C'est le pas en arrière des essences objectives à l'être des étants qui établit l'antériorité du transcendantalisme existential sur le transcendantalisme de la subjectivité, si bien que le point de départ pris par Husserl apparaît désormais comme un « leurre ».

Ce même recul contraint la phénoménologie à renoncer au dualisme entre sujet et objet ; à se faire interprétation au lieu de réflexion ; à suivre l'arrivée et le retrait des choses dans l'horizon mondain, au lieu de rester rivée aux étants constamment présents ; à entamer le primat de la vue sur l'ouïe [29] ; à déconstruire, enfin, les théories de la

---

exemple SD 2 / Q IV 13). Ces deux sens restent encore unis dans la détermination de l'être comme « le *transcendens* par excellence » (SZ 38 / ET 56).

27 Heidegger montre une triple prééminence du *Dasein* : ontique, pour autant que « il y a en son être de cet être même » ; ontologique, puisque « dans son être, il a une relation d'être à cet être » ; et comme « condition ontique-ontologique de possibilité de toutes ontologies » (SZ 12 sq. / ET 27 sq.). Cette triple prééminence implique que le *sujet* n'est primordial ni dans le vécu « existentiel », ni comme condition existentiale, ni comme point de départ dans les systématisations philosophiques passées. Il ne faut donc pas lire isolément des phrases comme : « L'ontologie a un fondement ontique » (GA *24* 26).

28 SD 67–69 / Q IV 121–123.

29 La phénoménologie de SZ reste une phénoménologie de la vue, puisqu'elle « laisse l'étant venir à la rencontre, en lui-même découvert et devenu abordable » (SZ 147 / ET 183). Mais ce n'est pas une phénoménologie de l'évidence. Aussi, dans la suite du texte, Heidegger tente-t-il de séparer « intuition », « pensée » et

constitution d'un universel de conscience dans la mesure où celles-ci parlent de l'origine comme *arché* des contenus de l'entendement, mais non pas comme *Ursprung*, surgissement du « là » de l'être.

Le dépassement du transcendantalisme subjectif ne met pas purement et simplement fin à la méthode transcendantale. Interroger le « là » que nous sommes, et non plus le moi – dégager de l'être-là les structures de son accomplissement dans le monde au lieu des structures *a priori* du savoir objectif –, c'est toujours chercher l'origine des phénomènes : non plus, certes, à partir de la perception, mais à partir de l'appartenance au monde, dans notre être. L'origine au sens épistémologique réclame une analytique de l'entendement ; l'origine au sens existential, une analytique de l'être-au-monde. Le passage de l'une à l'autre fait découvrir « le sens primitif » du transcendantal, si bien que même la critique kantienne se laisse maintenant exposer en sa « tendance propre, peut-être encore cachée à Kant [30] ». Cette tendance radicale du transcendantalisme devient manifeste quand l'*a priori* est reconnu non plus dans les actes par lesquels l'entendement se donne des totalités, mais dans la possibilité de totalisation propre à notre être. Néanmoins, il s'agit toujours de revenir à nous-mêmes afin d'inventorier des conditions de possibilité : du savoir et des expériences dans un cas, des modalités de l'être-au-monde dans l'autre. Le transcendantalisme de la période d'*Être et Temps* prend ainsi un double recul à l'égard de l'expérience immédiate : non seulement du perçu aux structures de la perception, mais encore vers « cela qui rend possibles la perception, la position, ainsi que les puissances cognitives […] comme autant d'attitudes de cet être auquel elles appartiennent [31] ». Le transcendantalisme subjectif, de Kant à Husserl, passe des objets de l'expérience à nos modes *a priori* de les connaître ; celui de Heidegger passe de ces modes *a priori* à leur enracinement dans l'être que nous sommes [32].

« idéation phénoménologique » comme autant de modes de la compréhension. Toutefois, la vue reste encore le modèle du *Verstehen*, dont l'écoute, à son tour, n'est qu'un autre mode.

30 GA *24* 23. Dans ce texte, Heidegger appelle « la science de l'être » aussi « la science transcendantale ».

31 GA *24* 69.

32 Heidegger poursuit l'image de l'arbre chez Descartes, « dont les racines sont la Métaphysique, le tronc est la Physique, etc.», et il demande : « Quel est le sol

Dans un passage célèbre [33], Heidegger distingue trois sens du titre « phénoménologie » : formel, commun, et – ce qualificatif qui peut surprendre se trouve dans un autre texte – scientifique [34]. Dans *Être et Temps*, ce troisième sens est appelé proprement « phénoménologique ». Ces trois sens résultent des trois manières dont une chose peut être dite apparaître [35]. La phénoménologie « formelle » est le discours sur une chose qui se montre telle qu'elle est en elle-même, qui apparaît comme telle au regard en entrant dans l'horizon du « là ». La phénoménologie « commune » considère la chose telle qu'elle semble être, telle qu'elle paraît être. Mais un étant ne peut paraître quelque chose que parce que, d'abord, il apparaît toujours et essentiellement. Ce deuxième sens du *phainesthai* est donc dépendant du premier. Au troisième sens, apparaître se dit de quelque chose dont l'auto-manifestation est seulement concomitante des phénomènes au sens formel ou commun, qui ne se montre pas à première vue et pour elle-même, mais qui est « le sens et le fondement de ce qui se montre [36] ». Un tel apparaître doit être arraché aux phénomènes, et c'est là le labeur du phénoménologue. En ce sens la phénoménologie est « la science de l'être des étants [37] ». Cette phénoménologie est scientifique parce que radicalement transcendantale : elle se distancie des étants de telle manière que ce qui se montre à elle soit l'autre des étants, qui se cache en eux tout autant qu'il s'y révèle – l'« autre » non nouménal, mais le « sens de l'être » dont la compréhension a la modalité d'être même du *Dasein* humain. Cette compréhension *a priori* du sens de l'être rend possible tout comportement à l'égard de quelque étant.

---

dans lequel plongent les racines de l'arbre de la philosophie ? » Ce sol est le *Dasein* (Wra 195 / Q I 23).

33   SZ 34 sq. / ET 52 sq.

34   GA *24* 3. Dans SZ la phénoménologie est qualifiée de « scientifique » (SZ 37 / ET 55), mais au sens strict, les sciences sont le projet par lequel les étants sont thématisés comme des objets en général (SZ 361–363).

35   SZ 31 / ET 48 sq. Les deux premiers sens ne caractérisent donc pas directement, comme on pourrait le croire, des projets phénoménologiques d'autres auteurs, Husserl et Scheler, bien qu'on puisse lire dans ce passage aussi une telle polémique.

36   SZ 35 / ET 53.

37   SZ 37 / ET 55.

L'« affaire même » de la phénoménologie : les économies de la présence

Ce transcendantalisme a abandonné la problématique de la constitution d'essences universelles. Il a abandonné aussi, sous la découverte d'un temps autre, la problématique néo-kantienne du « sens ». L'expression *Sinn des Seins*, dans *Être et Temps*, peut se comprendre de plusieurs manières. À la première page, Heidegger cite un texte de Platon sur le *thaumazein*, l'étonnement générateur de philosophie, et demande : « Ressentons-nous aujourd'hui l'embarras de ne pas comprendre l'expression "être" [38] ? » « Sens » veut dire d'abord une sensibilité à la question de l'être, comme on dit de quelqu'un qu'il a le sens du sacré. Cette sensibilité, à l'être, *Être et Temps* doit la ranimer en nous. Premier moment du sens. Au second moment, le sens désigne ce qui peut être compris. En cette deuxième acception, le sens de l'être, c'est l'être pour autant qu'il est compréhensible. Or, quelque chose n'est compréhensible qu'à l'intérieur du domaine de projection existentiale qu'est le *Dasein*. Le sens de l'être, sous cet angle, est donc l'être pour autant qu'il entre dans l'ouverture constituée par le *Dasein*. On voit la limite de cette acception-ci du mot *Sinn* : « L'inconvénient de ce point de départ, c'est qu'il permet trop facilement de comprendre le "projet" comme une performance humaine [39]. » Autrement dit, ce langage du sens évoque trop spontanément le transcendantalisme subjectiviste. Une fois écarté ce malentendu, apparaît la troisième acception : le « sens », c'est la direction. Ainsi parle-t-on du sens d'une rivière, ou d'une rue à sens unique. « S'engager dans la direction d'un chemin [...] se dit dans notre langue *sinnan, sinnen* [40]. » Seulement, dans le contexte d'*Être et Temps,* cette directionnalité de l'être n'a rien de rectiligne. « Penser l'être en tant que temps [41] », c'est faire en plein jour ce que le *Dasein* ne cesse jamais de faire, à savoir d'ex-sister, d'être extatiquement. Le « sens », en cette troisième acception, désigne donc la triple directionnalité des extases temporelles. La métamorphose du sens, par laquelle il

---

38 SZ 1 / ET 13.

39 VS 73 / Q IV 268.

40 VA 68 / EC 76.

41 N I 28 / N i 26 ; cf. Wm 205 / Q I 36 sq. : « "Être", dans *Être et Temps*, n'est pas autre chose que "temps", pour autant que le temps est donné comme le prénom de la préservation de l'être dans sa vérité. » Gadamer, *Wahrheit und Methode, op. cit.*, p. 243, dit plus crûment : « La thèse de Heidegger était : l'être lui-même est temps. »

est dégagé des actes de la conscience et engagé dans la temporalité, montre au mieux le chemin parcouru de la subjectivité à l'être-là.

§ 10. Du Menschentum à « *la pensée* »

« Une fois abandonné le primat de la conscience en faveur d'un nouveau domaine, celui du *Dasein*, il n'y a pour l'homme qu'une seule possibilité de s'accorder avec ce nouveau domaine : celle d'y entrer [...]. Ce serait toujours et encore se représenter la pensée sur le modèle de la production que de la croire capable de changer le lieu de l'homme. Alors ? – Alors, toutes précautions gardées, disons que la pensée commence par préparer les conditions de cette entrée [42]. »

La première métamorphose du transcendantalisme phénoménologique, celle qui va de la subjectivité à l'être-là, ne quitte pas le terrain de l'homme. Aussi n'est-ce que rétrospectivement qu'apparaît l'axe de cette poussée de Heidegger au-delà de Husserl. La conscience productrice de contenus eidétiques va être abandonnée en faveur, finalement, d'un domaine où l'homme se voit *assigné* son lieu, où il n'est plus le maître. Ce qui lui reste alors, c'est de suivre la venue à la présence telle qu'elle s'accomplit autour de lui et de tourner sa pensée résolument vers cette économie topologique. L'axe qui conduit Heidegger du *Dasein* au dernier rejeton de celui-ci, « la pensée », se dessine en deux mouvements : du *Dasein* au *Menschentum* – la collectivité située par une époque de la vérité – et de là à la pensée en tant qu'acte de pure obéissance à la présence entendue comme événement.

Dans *Être et Temps*, être présent veut encore dire être présent à l'homme. L'être que nous sommes, voilà la présence. La mutation requise pour commencer à penser la présence indépendamment de cette référence, peut s'exprimer dans le vocabulaire du sens. À l'âge contemporain, dit par exemple Heidegger, « règne un sens dans tous les processus techniques, qui enjoint aux hommes ce qu'ils peuvent faire et ne pas faire ; un sens que l'homme n'a pas d'abord inventé

---

42 VS 128 / Q IV 328.

ni fabriqué[43] ». Que veut dire « sens » ici ? Assurément quelque chose de temporel, puisque ses injonctions se font entendre dans les « processus techniques » plutôt que dans les processus pré-industriels. Cette temporalité du sens n'est cependant plus extatique et sise dans l'homme ; elle est destinale et sise dans les époques de l'histoire. Le sens désigne maintenant la direction que suivent les « brusques époques de la vérité[44] ».

Le passage de la conscience à l'être-là s'accompagnait déjà d'une nouvelle entente de la vérité. Dans *Être et Temps,* la vérité n'est plus construite à partir d'actes intentionnels comme unité structurelle *ego-cogito-cogitatum* mais comme « résolution[45] ». À la question des conditions de possibilité de notre être dans le monde, le transcendantalisme d'*Être et Temps* répond en dégageant des structures révélantes dans le *Dasein,* qui est alors la « localité » de la vérité[46]. L'origine du « monde » est ainsi comprise comme le *là* des possibilités de dévoilement. Entre la phénoménologie de la conscience intentionnelle et la phénoménologie de l'être-là, il y a au moins cette continuité remarquable – mais remarquable rétrospectivement seulement – que les possibilités de dévoilement sont toujours *nôtres.* Savoir et être-au-monde sont, l'un et l'autre, du domaine de notre propre potentiel. La vérité naît des structures effectives et fondatrices de la conscience ou de la projection humaines, respectivement. Ce n'est pas à dire que selon *Être et Temps* nous créons le vrai par nos projets. L'être-là est toujours lui-même « jeté », précédé de sa facticité, situé au sein de possibilités historiques limitées. Cependant, les projets sont bien nôtres. L'une et l'autre phénoménologies considèrent l'être humain comme constitutif de l'origine de la vérité. Selon *Être et Temps,* comme déjà selon Husserl, la vérité est accomplie par nous.

Après la découverte de l'histoire destinale de la vérité, l'accomplissement est au passif : toujours nous répondons et correspondons à une vérité « déjà accomplie[47] ». Ce n'est plus l'homme qui « fraie »

---

43 Gel 25 / Q III 179.

44 Hw 193 / Chm 174.

45 « Avec la résolution *(Entschlossenheit)* est atteinte la vérité la plus originaire, parce qu'authentique, de l'être-là. » (SZ 297).

46 Wm 202 / Q I 33.

47 Voir ci-dessus, p. 83, n. 1.

une clairière, qui « projette » la lumière sur les étants, qui « résout » le monde en le révélant. Recrudescence d'anti-humanisme, qui exige ici un vocabulaire plus historial. Chaque collectivité, chaque *Menschentum* [48], trouve son lieu de vérité à lui assigné. Son destin est de répondre aux constellations de présence instituées par l'époque. Un *Menschentum*, c'est un type d'hommes époqual.

Le déplacement du sens vers la directionnalité inhérente à l'histoire de l'*alétheia* préserve dans la philosophie transcendantale la recherche des conditions de possibilité de la manifestation, ainsi que la quête d'un *a priori*. Mais ces conditions et cet *a priori* sont désormais situés ailleurs que dans l'homme. Tant que les choses présentes sont dites vraies parce qu'elles entrent dans un projet de dévoilement, l'origine de la vérité reste circonscrite par l'ouverture instituée par l'être-là. Or, de cette circonscription, la phénoménologie alétheiologique passe à une prescription : ses égards seront désormais pour ce que les constellations historiques de la vérité prescrivent par « de brusques époques ». Les contours de la vérité s'en trouvent transcrits : l'horizon n'est plus un tracé humain, mais le tracé époqual qui précède chaque projet d'ouverture comme sa condition historique de possibilité. Si, après de tels déplacements de l'*a priori*, on tient encore à parler de pensée transcendantale, ce ne pourra être que d'un transcendantalisme post-subjectiviste, post-moderne.

Comprendre le « sens » comme directionnalité historiale et destinale, cela ne revient-il pas du moins à restaurer une conception linéaire du temps ? Le temps – horizon de la compréhension de l'être – n'est-il pas à nouveau la droite filiation des âges ? Il n'en est rien. L'*a priori* époqual est discontinu comme le furent les extases dans *Être et Temps*. Discontinuité anti-humaniste dont témoigne l'expression « brusques époques de la vérité ». Dans le contexte de l'analytique existentiale, le destin (*Geschick*) désignait « l'accomplissement de l'être-là dans l'être-avec autrui [49] ». Après la *Kehre*, en revanche, le destin n'est plus ancré phénoménalement dans « l'être-avec ». Une collectivité *reçoit* le destin, elle ne l'accomplit pas. « Destiner » signifie « préparer, ordonner, mettre toute chose à sa place ». Le « destin de l'être », c'est

---

48 Hw 62 / Chm 59, N II 421 / N ii 338, et ailleurs.
49 SZ 386 et 384.

une telle mise en place *par de brusques réarrangements dans l'ordre des choses*. Intermittences du destin qui brisent le temps linéaire. « Dans le destin de l'être, l'histoire de l'être n'est pas pensée à partir d'un devenir, caractérisé par un déroulement et une progression [50]. » Cette histoire se « déplie » plutôt [51]. Les âges apparaissent comme les volets d'un dépliant. Ils sont aussi peu continus que les surfaces d'un plissement géologique.

Si l'on se souvient maintenant de la distinction entre les revers époquaux et « le tournant » hors des époques, on voit qu'au-delà du seuil contemporain il ne pourra plus être question de brusques *époques* de la vérité. Et néanmoins, il s'agira de retenir la découverte essentielle faite avec la notion d'histoire époquale, à savoir que la vérité est l'ordre historique, dans lequel les choses, les actions et les paroles se rendent mutuellement présentes. Il faut donc comprendre l'*alétheia* à partir des économies de la présence. « Économie » est ici un terme générique, dont les constellations époquales (et leurs revers) et anarchiques (après le tournant) sont des espèces. L'événement de venue économique à la présence qui, avec le tournant, devient l'affaire même de la phénoménologie, exige un vocabulaire plus neutre encore que celui d'une humanité époquale. Le corrélat des époques est le *Menschentum* ; celui de l'événement, « la pensée ».

Les économies alétheiologiques fournissent la condition – « transcendantale » dans un sens qui n'est ni métaphysique [52] ni critique – des deux concepts métaphysique (« adéquation ») et critique (« certitude ») de la vérité. Comme constellation de ce qui se voile et se dévoile dans une économie de la présence, la vérité n'est ni « faite » par vérification, ni « projetée » : elle se dispense à *la pensée* qui y

---

50 SvG 108s / PR 149s.

51 Heidegger décrit les époques de l'histoire de l'être comme des « plis » que le destin occidental « déplie » (par exemple Wm 241 sq. / Q I 235 sq.). Dans le contexte de la différence ontologique, la pensée phénoménologique déplie le « double pli » du présent et de la présence (par exemple KR 10 / AE 22 et VA 78 et 240 sq. / EC 89 et 289 sq.).

52 Le sens métaphysique du transcendantal ne réfère pas ici à la doctrine médiévale des « transcendantaux », qualités universelles et générales propres aux choses créées, mais au *proteron* aristotélicien : l'être comme substance est antérieur à tout étant particulier. Il est l'*a priori,* non pas *pros hémâs,* mais *tê physei* (N II 213–217 / N ii 170–173).

correspond en s'abandonnant à de telles constellations. L'unité de ce double « laisser », dispensation économique et correspondance pensante, est le délaissement [53]. Les métamorphoses du transcendantalisme qui mènent de la métaphysique à *Être et Temps* et au-delà – ou du sujet à l'être-là et à la pensée – se lisent au mieux quand on les examine pour les attitudes qui, à chaque étape, ont donné le ton : faire, projeter, et laisser.

Je l'ai dit : la *Physique* d'Aristote est le livre fondamental de la philosophie occidentale, celui dont les thèmes et les méthodes ont donné le ton jusqu'à ce que soit découverte la temporalité extatique. Le rôle paradigmatique du problème du devenir et de ses causes, soulevé dans ce traité, a imprimé à la philosophie postérieure son attitude directrice. C'est le *poiein*, le faire humain. Cette attitude prédomine jusque dans la conscience « productrice » d'essences selon Husserl. L'analyse aristotélicienne de la substance sensible et des changements qui l'affectent a fourni à l'ontologie le vocabulaire de base parce que, au préalable, la compréhension de l'être s'est orientée suivant une expérience bien particulière : l'étonnement, chez les Grecs classiques, devant les choses produites par l'homme, devant sa capacité d'amener à l'être, de fabriquer outils ou œuvres d'art [54]. Cette compréhension poiétique de l'être se traduit naturellement par la fixation de l'origine en *arché* de la fabrication, puis du changement, et en « principe » des doctrines pour comprendre le faire et le devenir. De tels recours à l'origine comme *arché* et comme principe produisent la connaissance. « Où il n'y a pas de terme premier, il n'y a pas d'explication du tout [55].

---

53   Est-il utile d'ajouter que cette « correspondance » n'a rien à voir avec l'*omoiosis* ou l'*adaequatio* traditionnelles, la conformité entre une proposition et un état de choses ? Cf. ci-dessous, le § 39.

54   VA 166 / EC 198. L'ambiguïté du concept de *physis* chez Aristote – « être » comme venue à la présence et « être » comme l'ensemble des étants non faits par l'homme – montre cette attitude poiétique à sa naissance (Wm 358 et 369 sq. / Q III 254 et 273 sq.).

55   Aristote, *Métaphysique*, II, 2 ; 994 a 19 sq. Les *archai*, quoique plus éloignées pour notre façon de connaître *(pros hémâs)*, sont plus connaissables en elles-mêmes *(physei)*, Aristote, *Physique*, I, 5 ; 189 a 5 sq. Connaître le devenir dans ses *archai* ou un raisonnement dans ses principes, c'est produire la science. « Nous disons que nous connaissons une chose seulement quand nous pensons tenir sa

L'« affaire même » de la phénoménologie : les économies de la présence

À comparer à la notion économique de l'origine chez Heidegger : l'origine qui laisse être présent tout ce qui est présent, ne fait rien *connaître,* elle donne seulement à *penser* l'émergence des étants dans une constellation de dévoilement donnée. L'attitude qu'elle requiert de la pensée n'est ni poiétique ni projective, c'est le délaissement [56]. À la question : « Qu'appelle-t-on penser ? », le délaissement est la première et la dernière réponse. La première, car la pensée ne s'apprend que si nous nous « laissons » – nous abandonnons et nous accordons – à la dispensation économique qui nous assigne notre lieu. La dernière, car penser, c'est recueillir la présence qui, en elle-même, n'est rien d'autre que délaissement : la présence laisse être présent tout ce qui est présent. Le « laisser » est ainsi l'essence identique du penser et de l'être [57]. Penser, c'est penser la présence. Apprendre à penser, c'est apprendre le délaissement. Ce dernier, loin de signifier un laisser-aller ou laisser-faire [58], est la structure essentielle, et du penser et de la présence.

---

cause première », *Métaphysique,* I, 3 ; 983 a 25. Les scolastiques disent « *scire per causas* » : les principes intelligibles, genres et espèces, permettent de définir les quiddités selon leurs degrés d'universalité. Connaître la cause et le principe absolument premiers, ce serait connaître toutes choses indistinctement et absolument – doctrine qui, à travers les néoplatoniciens, Maître Eckhart, et les idéalistes allemands, illustre la paternité de la *Physique* aristotélicienne. Dans une lecture heideggérienne de ces textes d'Aristote, et plus encore de ses commentateurs, il importe de montrer l'oubli du sens primitif de l'origine, une fois les *archai* comprises dans le contexte de la fabrication, puis de la science. Ce sens primitif disparaît même du langage quand les médiévaux traduisent *pros hémâs* par *quoad nos,* et *tê physei* par *quoad se.* Heidegger, au contraire, tient à préserver l'allusion à la *physis,* faite par Aristote, et traduit *te physei* par la paraphrase « selon l'ordre dans lequel se déploie l'être et "est" l'étant » (N II 217 / N ii 173).

56 Le mot *Gelassenheit,* délaissement, ne se trouve pas dans SZ (encore que la résolution y soit appelée « la condition pour laisser "être" – "sein" lassen – autrui », SZ 298). Le mot grec que traduit *zulassen* est *parechein* (Wm 136 / Q II 152). Il s'agira de comprendre comment le *entlassen* (par exemple Hw 63 / Chm 60), l'événement par lequel la présence laisse apparaître ce qui est présent, est identique au *loslassen* (par exemple ID 24 / Q I 266, texte qui constitue justement un commentaire du fragment 3 de Parménide sur l'identité), l'événement par lequel nous nous détachons du présent, et comment la pensée est alors *eingelassen, ibid.,* « laissée à » ou appartient à cette présence.

57 WhD 86 / QP 137.

58 « Relâchement », *Lässigkeit,* ou « négligence », *Vernachlässigung* (WhD 114 / QP 177), ou encore « cessation », *Ablassen* (WhD 158 / QP 238).

Ainsi, les métamorphoses du transcendantalisme phénoménologique annoncent-elles le parménidisme événementiel chez Heidegger : « être » et « penser » sont un dans l'événement qu'est le délaissement. Cet événement unique – la venue à la présence – assigne à toute chose son site, y compris à l'homme. Parménidisme par anti-humanisme économique, à partir duquel il faudra tâcher de comprendre la présence elle-même. Il est clair, en tout cas, que l'Un comme événement économique [59] fait échapper la phénoménologie heideggérienne à la philosophie de l'être subsistant et du temps linéaire. Une, en effet, est la *mise* en présence. Par l'Un événementiel et économique, l'affaire même de la phénoménologie heideggérienne cesse entièrement d'être liée à la subjectivité et à la conscience. Aussi, sous la découverte de cet Un événementiel, se dédouble la problématique anti-humaniste de la présence : problématique des économies *époquales,* et alors la temporalité de la présence réside dans l'histoire de l'*alétheia ;* problématique de l'économie *anarchique,* et alors sa temporalité réside dans le *phyein,* c'est-à-dire dans la venue, la mise en présence.

Il faut donc distinguer plusieurs métamorphoses du transcendantalisme phénoménologique : celle qui mène du sujet au *Dasein* (de Husserl à *Être et Temps),* puis de là au destin de l'être situant chaque fois une collectivité, et finalement à l'événement topologique. Pour développer cet ultime potentiel phénoménologique, il sera nécessaire de reprendre, une fois encore, le fil directeur du temps. Alors apparaîtront les deux derniers modes du temps : celui de l'histoire économique et celui de la topologie de l'événement qu'est la présence en elle-même. Je me propose d'élaborer ces deux modes plus loin, par la différence ontologique entre origine originelle et origine originaire.

Ceci, en tout cas, est acquis : avec les métamorphoses qu'on vient de voir, nous touchons du doigt le dépérissement du dernier des principes époquaux, la subjectivité. De Husserl à Heidegger, l'*a priori* se transforme de la conscience en l'être que nous sommes, puis en un déploiement qui n'a plus rien d'humain (déploiement diachronique, historique, originel, appelé *Geschehen,* et déploiement synchronique, anhistorique, originaire, appelé *Ereignis).* Le dépérissement s'annonce déjà avec la notion radicale de *Dasein* dans *Être et Temps,*

---

59 Cf. ci-dessous, le § 26.

mais il s'achève seulement quand l'affaire de la phénoménologie vire aux économies « rhizomatiques » de la présence. Bien qu'il arrive alors à Heidegger d'appeler le site économique encore « *Da-sein* », le recul transcendantal vers ce site n'atteint plus quelque origine une. La démarche transcendantale est désormais le difficile pas en arrière par lequel la pensée fait ce que fait la présence : laisser toutes choses présentes reposer en elles-mêmes, sans mainmise et selon la conjonction, la conjoncture, dans laquelle elles se produisent. Tâche ardue [60] qui non seulement n'a rien de quiétiste, mais qui comporte des conséquences perturbatrices pour l'agir. À l'âge du « tournant », la pensée économique et topologique se peut seulement préparer. « La pensée commence par préparer les conditions de cette entrée » dans le « là » économique, dans le lieu provisoirement assigné à nous par la manière dont toute chose vient à la présence.

2
Déconstruction du politique

« Avant la question apparemment toujours première et seule pressante : "Que devons-nous faire ?", nous [devons] méditer celle-ci : "Comment nous faut-il penser ?" Car penser, c'est, en propre, agir – si tant est que "agir" signifie se joindre au déploiement essentiel de l'être [...]. Cette correspondance originelle, accomplie en propre, est la pensée [61]. »

Avec le dépérissement de la subjectivité, dépérit aussi la possibilité de construire l'action sur un fondement premier. La déconstruction de la philosophie pratique résulte ainsi du passage même de la conscience et des essences individuelles ou universelles à « l'être de l'étant en son dévoilement et son voilement [62] ».

---

60 « Quoi de plus facile, apparemment, que de laisser un étant être précisément l'étant qu'il est ? Ou bien cette tâche nous conduirait-elle devant ce qui est le plus difficile ? » (Hw 20 / Chm 23).
61 TK 40 / Q IV 146.
62 « D'où et comment se détermine ce qui, selon le principe de la phénoménologie, est à éprouver comme "l'affaire même" ? Est-ce la conscience et son

L'affaire à retenir, ce sont les façons multiples, changeant avec les âges, qu'ont toutes choses d'entrer dans des rapports mutuels. Rien de stable en cela. Et rien qui permette d'édifier un discours normatif, légitimant l'action. On *pense* en se « joignant » aux mutations économiques de la présence. On *agit* de la même façon. De là, une certaine priorité de la pensée. On agit comme on pense : perméable au renouvellement incessant du présent-absent, ou imperméable. En fait, Heidegger déconstruit la différence entre les deux questions « Que devons-nous faire ? » et « Comment nous faut-il penser ? », en réduisant la pensée et l'action à leur commune essence responsorielle.

Épelons brièvement les éléments du « potentiel » phénoménologique selon Heidegger, et voyons ce qu'il en advient après la découverte des économies de la présence. Heidegger a nommé trois « pièces fondamentales » de la phénoménologie : la *réduction,* la *construction* et la *destruction* [63]. Plus tard, au lieu de « destruction », il dira « déconstruction ». Après la découverte des économies de la présence, les trois éléments se retrouvent, mais transmutés, dissociés de toute référence au moi. Cette dissociation permet au transcendantalisme de passer de l'antériorité d'un étant présent (priorité ontique du *Dasein)* à l'antériorité de la présence. Métamorphose de l'*a priori* qui introduit l'histoire dans les conditions transcendantales. Cette historicité « essentielle dans l'être », Husserl ne put la reconnaître en raison de son préjugé subjectiviste [64].

Par la *réduction,* la phénoménologie de la conscience intentionnelle ramenait les objets de la perception naturelle aux expériences de mon « moi pur dans le courant pur de mes cogitations [65] ». Pour Husserl, la réduction faisait découvrir dans le moi l'origine des perceptions. La phénoménologie de l'être-là, au contraire, découvre à l'aide de la réduction une tout autre origine : les phénomènes dans le monde sont réduits aux projets régionaux d'ouverture par lesquels l'être-là

---

objectivité, ou bien est-ce l'être de l'étant en son dévoilement et son voilement ? » (SD 87 / Q IV 170).

63 Ces trois « pièces fondamentales qui appartiennent à la connaissance apriorique constituent ce que nous appelons la phénoménologie » (GA *24* 27).

64 Husserl ne put reconnaître, écrit Heidegger, que « ce qui est historique est l'essentiel dans l'être » (Wm 170 / Q III 116).

65 Husserl, *Cartesianische Meditationen, op. cit.,* p. 8.

les dévoile [66]. Un troisième type de réduction est effectué enfin quand les étants, présents pour un laps de temps, sont interrogés en vue de la modalité historique de leur présence. Celle-ci institue et préserve une époque. Reconduite du regard qui passe de l'époqualement présent à la présence époquale. La réduction opère maintenant sous une autre précompréhension et une autre question préalable que quand elle insistait à ramener les phénomènes, soit à la conscience, soit à l'être-là. Réduction anti-humaniste. Par cette nouvelle précompréhension, le dévoilement est établi dans son antériorité au regard de tout acte de la conscience et tout projet. Réduction qui reste bien transcendantale. Le dévoilement comme *a priori* – l'économie alétheiologique – arrange, pour quelques décennies ou siècles [67], la totalité de ce qui peut devenir phénomène, dans un ordre inédit de présence.

La *construction* phénoménologique [68] consiste en l'explicitation de la précompréhension qui guide l'intuition des essences d'abord, la projection des étants en vue de leur être, ensuite [69]. Construire, c'est saisir un horizon d'intelligibilité, que ce soit le monde pour les actes du moi ou la temporalité pour l'être-au-monde. Avec la découverte des économies de la présence, en revanche, « construire » des champs ne veut pas dire constituer soit des idées formelles égologiques soit

---

66 Par cette réduction à l'ouverture projetée, « le regard examinateur reconduit l'étant saisi naïvement à l'être » (GA *24* 29).

67 Quelques décennies : par exemple celles des différentes époques de la physique moderne (VA 61 / EC 67 sq.), ou celles de l'âge atomique (SvG 57–60 / PR 92–96) ; quelques siècles : par exemple ceux des temps modernes (SvG 99 sq. / PR 139–140) ; deux millénaires : l'époque du « retrait de l'être en tant qu'être » (SvG 97 / PR 136).

68 Ce concept de construction ne doit pas être confondu avec celui, d'origine kantienne, qui a cours en logique et en mathématique. Chez Kant, ce terme désigne le procédé synthétique par lequel sont réalisées des formes de jugement purement dans l'intuition de l'espace et du temps. Seules les quantités, surtout mathématiques, se laissent ainsi « construire », *Critique de la raison pure,* B 742, tandis que les jugements empiriques procèdent par reconstruction. Un concept ou jugement qui reçoit ainsi un contenu d'intuition sensible par « reconstruction » est dit « réalisé », B 185. C'est cette notion kantienne et néo-kantienne de construction que Heidegger rejette en même temps que les distinctions sujet-objet, intérieur-extérieur, etc. (GA *24* 90, cf. KPM 226 / Kpm 289).

69 GA *24* 30.

des structures existentiales. Construire, c'est dès lors ouvrir l'horizon époqual où règne un principe et retracer la loi qu'il impose depuis son ascension jusqu'à son dépérissement. Les modalités historiques de la présence restent impensables pour Husserl comme pour le jeune Heidegger. Cependant, qu'elle soit d'idées universelles, de structures existentiales, ou de champs époquaux, la construction phénoménologique fait toujours violence au multiple empirique, ontique, historique. La construction établit un préalable d'où procède l'interprétation : ici, les modes selon lesquels un étant se rend présent dans un ordre époqual donné. La description des revers de l'histoire s'inscrit donc en continuité avec la phénoménologie herméneutique pour laquelle « interpréter n'est pas prendre connaissance de ce qui est compris, mais développer les possibilités projetées dans la compréhension [70] ». Les trois types de construction – théorie des actes intentionnels, ontologie fondamentale, topologie économique – se ressemblent formellement pour autant qu'aucune recherche ne peut se passer d'une saisie préalable de ce qu'elle cherche. Tous trois sont phénoménologiques et transcendantaux : chaque fois, la construction détermine la fonction de ce préalable, qu'il soit humain ou alétheiologique. La construction n'est qu'une question, une manière de poser des questions [71]. Le préalable « construit » par la phénoménologie des économies de la présence est la différence entre cette présence qui n'est pas quelque chose, et l'étant présent qui seul est quelque chose. Cependant, il y a la présence. Construire la différence, c'est ainsi dire « cependant », et le dire temporellement : cependant que l'Inca règne sur le Pérou précolombien, les mots, les choses et les actions sont mutuellement présents selon le système décimal…

La *destruction* est d'abord une conséquence méthodologique du retour aux « choses elles-mêmes ». Déjà chez Husserl, la tâche de libérer le donné objectif des recouvrements théoriques et des préjugés accumulés par la tradition, entraîne un démantèlement des philosophies afin d'atteindre l'expérience intentionnelle pure, restée cachée sous les théories non scientifiques. Mais ni la phénoménologie de la subjectivité ni celle du *Dasein* ne peuvent procéder à la

---

70 SZ 148 / ET 185.
71 Par là, la construction phénoménologique diffère de toute construction métaphysique au sens d'une spéculation sur les systèmes (Hw 93 / Chm 90 sq.).

L'« affaire même » de la phénoménologie : les économies de la présence

destruction au sens propre, la « déconstruction critique des concepts transmis, en vue des sources où ils ont été puisés [72] ». Parce que ces « sources » sont pour Husserl les expériences intentionnelles et pour le jeune Heidegger, l'être-au-monde, la déconstruction des concepts transmis reste faussée tant que leurs sources sont cherchées dans l'homme, c'est-à-dire tant que ces expériences et cet être-au-monde ne sont pas situés dans une histoire des modalités de la présence [73]. Au sens propre, la déconstruction phénoménologique de l'histoire est la phénoménologie des économies époquales. L'« affaire même » que la déconstruction libère, ce sont les nombreuses façons que les étants ont de venir à la présence – nombreuses façons articulées par les virages concrets dans notre histoire. Partout où des philosophes interrogent simplement l'étant présent, par exemple pour en connaître la composition, cette venue et son parcours demeurent implicites, « toujours déjà » opératoires, mais impensés. La *destruction* arrache aux systèmes l'expérience de la présence telle qu'un rare penseur a pu l'avoir ; les concepts de ses écrits sont « détruits » en tant qu'ils forment une doctrine, et ils sont reconstruits pour révéler comment il a pu reconnaître, fût-ce de façon oblique, l'être comme venue temporelle. C'est pourquoi elle est l'appropriation positive de la tradition [74]. La *déconstruction*, elle, consiste à arracher aux ordres établis passés

---

72 GA *24* 31. Pendant les années vingt, on le voit, Heidegger emploie équivalemment *Destruktion* et *Abbau.* Plus tard, ce dernier terme ne désigne plus la méthode pour regagner les sources d'expérience des philosophes, mais les modalités de présence.

73 Dans ET, le projet de destruction « se fausse encore lui-même » (Wm 187 / Q III 142) parce qu'il « n'est pas encore pensé selon l'histoire de l'être *(seins-geschichtlich)* » (N II 415 / N ii 333).

74 SZ 23 / ET 39 (cf. GA *24* 31). L'appropriation positive de la tradition est signifiée dans le titre *Verwindung* de la métaphysique (par exemple Wm 242 / Q I 236 et VA 71 / EC 80) : non pas dépassement (*Überwindung*), mais dégagement, ou peut-être « énucléation », extraction du noyau. On ne se dégage de quelque chose qu'en s'y engageant à bras-le-corps, comme par le *durcharbeiten* freudien on s'extrait d'une névrose en la faisant travailler. « On ne peut se défaire de la métaphysique comme on se défait d'une opinion. On ne peut aucunement la faire passer derrière soi, telle une doctrine à laquelle on ne croit plus et qu'on ne défend plus » (VA 72 / EC 81). *Verwinden,* c'est d'abord « venir à bout » d'une souffrance : « Ce dégagement ressemble à ce qui se passe quand, dans le domaine des expériences humaines, on vient à bout d'une douleur » (TK 38 / Q IV 144).

la venue à la présence qui a lieu toujours et partout, en chaque étant devenant phénomène ; ces ordres successifs sont « déconstruits » en tant qu'ils forment une culture, et ils sont reconstruits pour révéler l'événement qui réunit en eux les étants. La déconstruction diffère de la destruction par l'absence de référence à l'œuvre. Elle est identique à la destruction par la recherche de l'être en tant que temps. De la *Destruktion* à l'*Abbau,* le texte analysé change de l'écriture à l'histoire époquale.

La tâche de penser la venue à la présence et ses modalités économiques apparaît maintenant plus clairement dans ses conditions : elle ne pourra être menée à bien sans une déconstruction des principes qui gèrent un âge. Or, c'est là que la phénoménologie radicale rencontre le problème de l'agir. Au confluent des choses, des mots et des actions, se situe, ai-je dit, le politique. Comment agir en public, comment participer aux affaires de tout le monde, dès lors que ce confluent est le seul *a priori* législateur que nous puissions invoquer ? Législateur plus qu'un peu inconstant.

Pas de finitude plus irrévocable que celle des régimes époquaux qui nous prescrivent ce que nous pouvons faire. Et pas de norme plus précaire que ces principes dont le surgissement ouvre, et la défaillance clôt, une époque. Ce qui compte en premier dans un ordre public temporaire, parce que y objectivant la présence [75], est nécessairement un *a priori* fini. Les principes époquaux sont toujours des données ontiques. Chacun d'eux ouvre certaines modalités d'interaction possible et en forclôt d'autres. Une époque se laisse ainsi « réduire » à la modalité dont les choses, les mots et les actions y sont mutuellement présents, elle se laisse « construire » en vue de la différence entre les étants présents et la présence, et elle se laisse « déconstruire » pour livrer à la pensée la venue à la présence en tant que telle. Mais s'il est vrai que cette venue ne fonde rien, que même elle ne peut être comprise tant qu'on ne renonce pas à la recherche

---

75 Les principes que les hommes ont retenus au cours des siècles comme, chaque fois, l'être le plus réel, depuis le Bien platonicien jusqu'aux biens de consommation, objectivent et réifient l'étant en tant que tel (Hw 76 et 79 / Chm 76 et 78).

tout court d'un fondement [76], alors, oui, l'agir est déconstruit. À la question : « Que devons-nous faire ? », la réponse est la même qu'à la question : « Comment devons-nous penser ? ». Aimer les flux et les confluents économiques.

La déconstruction est riche de conséquences, plus que nulle part ailleurs, dans le domaine politique où nous allons la suivre pas à pas.

§11. La déconstruction des schémas substantialistes

« — Vous parlez sans cesse de "laisser", ce qui donne l'impression d'une sorte de passivité…
— Peut-être le délaissement recouvre-t-il un acte plus haut que toutes les grandes actions du monde et les agissements des peuples…
— […] acte plus haut qui pourtant n'est pas une activité.
— D'où suit que le délaissement gît – si l'on peut parler ici de gîte – en-dehors de la distinction entre activité et passivité [77]. »

Pour comprendre comment Heidegger prive l'agir de ses racines, il faut d'abord s'assurer que le *Handeln* (l'agir), quoique irréductible à l'activité comme à la passivité, demeure bel et bien une catégorie politique. Si l'agir, comme la pensée, désigne « l'acte plus haut » qu'est l'abandon aux économies de la présence – si l'agir se résorbe dans le délaissement –, il faudra voir comment il s'allie à la parole et aux choses, alliance par laquelle j'ai décrit le politique. La distinction entre l'agir *opposable* à la pensée et celui qui s'y *apparente* permettra ensuite de saisir quelle notion au juste du politique se trouve déracinée par la critique heideggérienne. La recherche métaphysique d'un fondement premier est par définition à l'affût de quelque chose qui se tienne en-dessous des phénomènes, à l'affût d'un *hypokeimenon,* d'un « substrat » : on ne s'étonnera donc pas que ce soient les notions substantialistes du politique, héritées d'Aristote, que défait la déconstruction.

---

76 Dans ses derniers écrits, Heidegger s'efforce de « penser l'être sans égard pour une fondation de l'être à partir de l'étant » (SD 2 / Q IV 13).
77 Gel 35 / Q III 187.

1. Heidegger ne semble pas distinguer toujours nettement entre l'agir opposé au pâtir – à la passion – et l'agir opposé à l'inaction. L'acte « plus haut », inséparablement acte de pensée et acte d'agir, est ainsi appelé tantôt *Handeln* et tantôt *Tun* [78]. Il y a donc un concept d'agir qui transcende les antonymes traditionnels tels que agir-pâtir, faire-ne pas faire, agir-penser, théorie-pratique, et même *prattein* (agir, *tun*)-*poiein* (faire ou fabriquer, *machen*) : c'est le concept de délaissement. La *Gelassenheit* est poiétique, dans un sens antihumaniste, pour autant qu'elle produit les économies. Le parménidisme heideggérien consiste à dire que le *noein*, l'acte par lequel la pensée reçoit une économie de la présence, et l'*einai*, l'auto-production de celle-ci, sont un seul et même « laisser ».

La façon la plus claire de démêler le concept restreint et le concept large de l'agir chez Heidegger consiste à les séparer à l'aide du « tournant » : l'homme jusqu'ici (*der bisherige Mensch*), c'est-à-dire jusqu'à la clôture métaphysique, « a trop agi et trop peu pensé depuis des siècles ». Concept traditionnel, restreint de l'agir. Action opposable notamment à la contemplation. Mais dorénavant (*fortan*) – c'est-à-dire en avant de la clôture et grâce au tournant –, agir signifiera autre chose : ce sera « placer une chose au lieu qui est le sien et l'y *laisser* désormais ». Notion large qui joint l'agir et la pensée dans le délaissement. Pour qu'il ne puisse y avoir d'hésitation sur le caractère anticipateur de cette notion large, Heidegger ajoute : « Aucun de nous n'ira prétendre accomplir une telle pensée, ne fût-ce que de très loin, ni même y préluder. Dans le meilleur des cas, nous pouvons tout juste préparer un tel prélude [79]. »

L'autre agir, demeuré impensé, différera donc de celui que conçoit la tradition issue d'Aristote. Il ne peut être confondu avec la *praxis* à laquelle la volonté assigne son but. La représentation d'un but à atteindre – sinon la construction d'une faculté humaine lui corres-

---

78 Dans la seule « Lettre sur l'Humanisme », se trouvent les deux formules : « La pensée agit en tant qu'elle pense », « Das Denken *handelt* indem es denkt » (Wm 145 / Q III 74), et : « Ainsi la pensée est un agir », « So ist das Denken ein *Tun* » (Wm 191 / Q III 149) (dans les deux cas, c'est moi qui souligne). La pensée est appelée « *Handeln* » suprême (Wm 145 / Q III 74), mais aussi « *Tun* » suprême (Gel 35 / Q III 187).
79 WhD 2 et 55 / QP 23 et 95 ; WhD 159 / QP 239 sq.

pondant, la volonté – domine le concept de l'agir dès la première ligne de l'*Éthique à Nicomaque* ; « Tout art et toute investigation, et pareillement toute action et tout choix tendent vers quelque bien [80]. » La question est précisément de savoir si *techné* et *méthodos, praxis* et *proairesis* sont « pareillement » dominés par une fin à atteindre. La thèse de Heidegger, c'est que la téléocratie théorique est née de la réflexion sur la seule *techné,* qu'elle appartient donc en propre seulement au domaine de la fabrication. De là, elle s'est imposée à la réflexion sur les « investigations », sur toute action et tout choix. Elle a constitué les concepts d'investigation scientifique ainsi que d'action et de choix moraux.

La notion large d'agir permet de situer la notion restreinte comme un genre situe l'espèce : la téléocratie fournit la différence spécifique qui détermine la *poiesis* et la *techné* d'abord, la *praxis* ensuite. Différence spécifique qui prélève les régions phénoménales où règne une fin. De là, la parenté si révélatrice entre l'*Éthique* et la *Politique* aristotéliciennes. Prises à leur naissance, les représentations téléocratiques renvoient aux changements substantiels que l'homme artisan est capable d'effectuer. La téléocratie montre son plein empire sur la pensée et l'agir quand elle est prise à son aboutissement, la technologie contemporaine. Considérant la naissance et l'apothéose de la téléocratie, Heidegger peut dire que « l'essence de la technique » est « demeurée impensée jusqu'ici ». Elle sera pensable seulement à partir du concept large, non téléocratique de l'agir. « Que tout cela soit demeuré impensé jusqu'ici tient en fait avant tout à ce que la volonté d'agir, c'est-à-dire de faire et de réaliser, a écrasé la pensée [81]. »

À quel prix les schèmes substantialistes peuvent-ils être transportés en terre politique ? Voyons au préalable de quel droit on peut caractériser ce domaine par l'interdépendance des *actions*, des *mots* et des *choses*. Cette approche n'étant elle-même rien d'autre que la mise au travail des économies de la présence.

Une économie est un système. En elle, certaines variables se groupent et fonctionnent, pour un temps, selon un *nomos*. Loi d'interaction, en vertu de laquelle ces variables sont rendues essentiellement

---

80 Aristote, *Éthique à Nicomaque,* I, 1 ; 1094 a ls, traduit par Jean Tricot, Paris, 1959, p. 31.
81　WhD55 / Q P 95.

publiques. La variable publique par excellence, c'est le langage. Cette primauté est soulignée par Heidegger dès le début, quand sa question directrice est celle du sens de l'être [82]. Elle est reprise, d'une autre façon, après la découverte que les systèmes de présence ne sont pas invariables – quand, en d'autres mots, la question directrice devient celle de la vérité époquale de l'être [83]. Mais la variabilité du langage en accord avec les systèmes époquaux, ainsi que sa primauté dans la manifestation de l'être, ne sont énoncés nettement que dans les derniers écrits, quand la question directrice devient celle de la topologie de l'être : « Le rapport de l'homme au langage pourrait se métamorphoser de façon analogue à la métamorphose du rapport à l'être [84]. » Il faut entendre, sans doute, que tous les langages, et non pas seulement les langues, suivent les mutations économiques.

Le caractère synchroniquement public et diachroniquement variable du langage ne suffit pas à constituer le domaine politique. À lui seul, en l'absence *d'autres* locuteurs auxquels il s'adresse et de *choses* qui font son propos, le langage ouvre un domaine phénoménal qui n'est pas celui du politique, mais, je l'ai dit, celui du texte.

Des actions au sens étroit peuvent, elles aussi, se produire isolément, sans référence à la parole et aux choses. Les plus hautes formes du *Mitsein,* « être-avec », tendent peut-être à une telle action dépourvue de parole et accomplie à propos de rien.

Des choses, enfin, peuvent demeurer non publiques pour des siècles. Absence ontique de ce qui reste exclu d'une économie donnée.

Mais quand les mots, les actions et les choses se conjuguent en un lacis toujours provisoire, se constitue une économie de la présence. De droit, celle-ci est publique. Et comme elle est le lieu de la participation d'une pluralité d'hommes aux discours et aux affaires

---

82 « Le discours (*Rede*) étant constitutif de l'être du "là", [...] et l'être-là étant être-au-monde, cet être-là [...] s'est toujours déjà exprimé (*ausgesprochen*). L'être-là a le langage (*Das Dasein hat Sprache*) » (SZ 165 / ET 204). Le langage est public parce qu'il appartient à l'être-au-monde.

83 Dans « le dire qui projette, [...] sont monnayées d'avance (*vorgeprägt*) pour un peuple historial, les notions de son déploiement essentiel, c'est-à-dire de son mode d'appartenance à l'histoire du monde » (Hw 61 / Chm 58). Le mot *Prägung,* marque ou monnayage, désigne l'ordre d'une ère qui manifeste le principe époqual (cf. SD 44 et 67 / Q IV 74 et 120).

84 SD 55 / Q IV 89.

époqualement mis à leur portée, de droit aussi, une économie est politique. Ainsi compris, le domaine politique n'exclut aucune des variables qui font époque. De droit, enfin, le politique n'a rien de facultatif, n'est pas sujet à option – si du moins on accepte de transcrire l'« être » heideggérien en « événement d'interdépendance ».

Du point de vue topologique, relatif aux lieux de la présence, le politique est la « localité », *Ortschaft,* des lieux linguistiques, pratiques et pragmatiques. En ce sens, il est l'ouverture transcendantale dans laquelle les mots, les actions et les choses trouvent leur site. De là, il n'est pas si difficile de passer au point de vue plus strict des phénomènes touchant l'organisation et l'exercice du pouvoir. Dans pareille perspective – anti-aristotélicienne parce que anti-substantialiste, cette organisation et cet exercice résultent des *Prägungen* historiques, c'est-à-dire des principes époquaux.

De la notion large d'agir (dont l'essence est le délaissement et qui englobe la pensée) à la notion étroite (l'efficience politique), le passage est inconcevable sans le recours à la double économie d'avant et d'après la clôture. « Toute efficience repose dans l'être et vise l'étant [85]. » Toute efficience est prescrite par la modalité prédominante de la présence. L'action au sens étroit, téléocratique, est née avec les économies principielles, sur lesquelles règne une fin suprême. Quand les représentations de fins ultimes s'estompent, l'action – la poursuite d'un but – apparaît comme un leurre humaniste. Après le dépérissement des principes générateurs de *tele,* l'agir se métamorphose avec les économies. C'est l'heure du délaissement. – Toute efficience politique repose dans l'agencement soit principiel, soit anarchique des mots, des actions et des choses.

Ce point étant acquis, peut-on sérieusement soutenir que la pensée métaphysique impose à l'analyse du politique un ensemble de prémisses qui lui sont phénoménologiquement étrangères ? Question qui peut se préciser ainsi : D'où naît le schéma substantialiste qu'Aristote impose à la *Politique ?* Pour Heidegger, tout commencement contient en lui la plénitude des phénomènes qui en émaneront par la suite ; si le substantialisme politique est évident chez le fondateur de la

---

85 Wm 145 / Q III 74.

métaphysique, on pourra affirmer qu'il règne sur l'intégralité de l'ère qui l'a suivi.

2. L'attitude de Heidegger à l'égard d'Aristote est ambiguë. Cela ne vaut pas seulement pour les notions de *physis* et d'*alétheia* [86]. Dès *Être et Temps*, Aristote apparaît comme celui dont le souffle philosophique a été soutenu par la question de l'être, mais qui a aussi donné à l'élaboration de cette question un tour en fin de compte néfaste. L'enjeu de cette ambivalence est justement la notion de *hypokeimenon*, de substrat. La conception substantialiste de l'être chez Aristote fait qu'après lui, cette question « s'est éteinte, du moins comme thème explicite d'une recherche véritable [87] ». Aristote est le premier à avoir demandé *ti to on*, qu'est-ce que l'être ? Et en ce sens, Heidegger ne cesse de se réclamer de lui. Mais Aristote est aussi le premier à avoir répondu à cette question en désignant la substance sensible. Son ontologie se cantonne à l'intérieur du domaine appelé, dans *Être et Temps*, celui de la *Vorhandenheit*, l'être subsistant. En ce sens, Aristote préfigure plutôt et inaugure la longue errance qui inclut encore Husserl.

Cette ambivalence peut se traduire en termes de philosophie politique. D'une part, Aristote a eu le mérite de critiquer le rigorisme utopiste de la *République* de Platon en s'attaquant à sa source, à savoir la conception d'un *eidos* politique abstrait et universel. Cette critique, Aristote la formule au nom d'une doctrine plus empirique de la cité. Fidélité aux phénomènes, au *tode ti*, qui fait que « la pensée d'Aristote est plus grecque que celle de Platon [88] ». Mais d'autre part, Aristote a comme trahi son propre sens des phénomènes en imposant à la *Politique* le carcan des quatre causes, des principes du mouvement naturel, de l'analogie.

Comment naît la théorie causale de la nature ? La causalité naturelle s'imposerait-elle à l'esprit parce que d'abord l'homme s'éprouve une cause lui-même ? Il produit des objets. À côté de ceux-ci, il observe des choses qui croissent et qu'il ne produit pas. La nature

---

86 Pour *physis*, voir Wm 369s / Q II 273 sq. Pour *alétheia*, voir Wm 138 / Q II 155. Cf. ci-dessous, les § 23 et 24.

87 SZ 2 / ET 17.

88 N II 409 / N ii 329, cf. N II 228 / N ii 181.

est *cause aussi*. La conception causale naîtrait-elle donc par le détour, le décalque de la fabrication humaine ? Pour Heidegger, c'est parce qu'il y a une cause aux artefacts, l'homme, que « dès l'abord, la *physis* est prise comme "cause" [89] », comme l'*autre cause*.

On a souvent noté que les concepts et schèmes de pensée dans la théorie politique d'Aristote sont étrangers au domaine que celle-ci doit étudier. Il opère un double transfert méthodique du technique dans le physique et du physique dans le politique. Les affaires de la cité sont traitées génétiquement, analogues à la croissance naturelle et, en fin de compte, à la fabrication humaine. Dans ces trois domaines il s'agit toujours d'analyser l'apparition d'une substance. Mais ce qu'est la substance politique, l'imposition des schèmes techniques et physicistes ne permet pas de le dire. Nous avons ici l'autre Aristote, l'Aristote non grec et maître d'école pour l'Occident, en son meilleur. Il ne se pose pas la question de l'être de la cité. Au moins dans cette application des quatre causes à la *polis* [90] sa fidélité aux phénomènes l'a abandonné.

Aussi, à propos de ce transfert, on voit bien comment le mouvement devient « le mode fondamental de l'être » chez Aristote [91]. Les régions phénoménales se distinguent chez lui selon les types de mouvement : les choses naturelles, *ta physika* (plantes, animaux, éléments), sont mues par elles-mêmes, tandis que les *poioumena* (artefacts) sont mus par un autre [92]. Entre les deux, les *pragmata* (les « affaires », notamment politiques, des hommes) tiennent en quelque sorte le milieu, se rapprochant tantôt des unes, tantôt des autres. Chez Aristote, la physique cinétique obstrue la compréhension phénoménale de ce qu'est la vie politique, tout comme la logique de la définition par genres et espèces – « vivant » et « doué de la parole » – obstrue la compréhension phénoménale de ce qu'est l'homme.

En-dessous des mouvements et des causes se maintient le substrat qui, chez Aristote, se confond souvent avec la substance. Celle-ci indique le schéma de pensée décisif que la politique emprunte à la

---

89 Wm 315 / Q II 188.

90 *Politique* VII, 4 et 8 ; 1325 b 41–1326 a 8 et 1328 a 36–1328 b 2, traduit par Jean Tricot, Paris, 1962, t. II, p. 483 et 499.

91 Wm 314 / Q II 185.

92 Cf. FD 53 sq. et 63 sq. / QCh 81s et 93 sq.

physique, le schéma *pros hen*. Les fins et les actions individuelles sont ordonnées à celles de la cité, comme les accidents le sont à la substance et en général les prédicats au sujet. Antériorité « ontologique » du corps politique d'où naissent les stéréotypes de la sagesse commune en politique – *Gemeinwohl geht vor Eigenwohl,* le salut public d'abord, les intérêts privés, ensuite – ainsi que tous les corporatismes. *La polis* « est » au plus haut degré, elle est « naturellement antérieure » à la maisonnée et à l'individu – simple application du principe général concernant le tout et ses parties tel qu'il est énoncé dans la *Physique :* « Ce qui est postérieur dans l'ordre du devenir est antérieur dans l'ordre de la nature [93]. » Corrélativement, seul ce qui est ainsi antérieur naturellement à ses parties se suffit à lui-même. L'individu autarcique, se suffisant à lui-même, devrait être ou animal ou dieu. Or, l'autarcie est justement le trait principal de la substance : « Rien d'autre n'est séparable *(chôristôn)* que la substance, car tout a pour sujet d'attribution la substance [94]. » La légitimation de la cité par rapport à ses composantes se fait à l'aide de critères substantialistes qui appartiennent en propre à l'analyse de la fabrication : c'est là que tous les actes de l'artisan, tous les matériaux et « accidents » doivent être orientés « vers l'un » qu'est l'œuvre finie. À cette condition seulement il y a mouvement technique, et alors seulement l'œuvre peut être complète, indépendante, « autarcique ».

Voilà comment les schémas de base en philosophie politique se sont alignés sur ceux de la production technique. La notion substantialiste du politique chez Aristote confirme que sa *Physique* a été « le livre de fond (*Grundbuch*) de la philosophie occidentale [95] ».

Le substantialisme en politique et l'ascendant de la *Physique* sur la philosophie européenne confirment aussi, indirectement du moins, la portée du « tournant » chez Heidegger : quand substantialisme et physique triomphent sous la figure de la technologie, un partage devient possible. Comme *Sanctus Ianuarius,* la pensée peut alors

---

93 Aristote, *Physique* VIII, 7 ; 261 a 13 sq., trad, *op. cit.,* t. II, p. 127, modifiée. Et dans la *Politique :* « La cité est par nature antérieure à la famille et à chacun de nous pris individuellement » I, 2 ; 1253 a 19, trad, *op. cit.,* t. I, p. 30.

94 Aristote, *Physique* I, 2 ; 185 a 31, trad, *op. cit.,* t. I, p. 31. Voir encore dans la *Politique :* « l'État se suffit à soi-même » IV, 4; 1291 a 9, trad, *op. cit.,* t. I, p. 272.

95 Cf. ci-dessus, p. 57, n. 29.

regarder en avant et en arrière en même temps. Elle se tourne vers l'anarchie qu'elle prépare, sans se détourner du substantialisme qu'elle déconstruit. L'esprit de la technologie est le dieu Ianus, esprit des *ianuae* et des *iani*, des portes et des seuils. Le « tournant » trace la ligne de démarcation entre l'économie du *pros hen* et l'économie multiple, entre archisme et anarchisme.

§ 12. La déconstruction de l'origine ontique

« Toute *poiesis* dépend toujours de la *physis* [...]. À celle-ci, qui éclôt d'avance et qui advient à l'homme, se tient la production humaine. Le *poiein* prend la *physis* pour mesure, il est *kata physin*. [Il est] selon la *physis*, et il en suit le potentiel [...]. Est un homme averti alors celui qui pro-duit ayant égard à ce qui éclôt de lui-même, c'est-à-dire à ce qui se dévoile [96]. »

Aucune réconciliation n'est possible entre l'économie du *pros hen* et l'économie qui prend la seule *physis* pour mesure. Pour que notre « faire » puisse simplement suivre « ce qui éclôt de lui-même », toutes les constructions archiques sont à déconstruire. De même, pour que notre agir épouse le seul potentiel de « ce qui se dévoile », les principes époquaux doivent dépérir. Compris à partir des économies de la présence, le politique apparaît comme le domaine où la force constructrice qu'exerce dans telle économie un principe ultime – « le Monde supra-sensible, les Idées, Dieu, la Loi morale, l'autorité de la Raison, le Progrès, le Bonheur du plus grand nombre, la Culture, la Civilisation [97] » – devient manifeste dans la conjonction du parler, de l'agir et des choses. Un principe époqualement ultime est l'origine ontique d'une telle conjonction. Il assigne à « la » politique l'envergure de son efficace possible, la somme de ce qui est réalisable à un moment donné. Qu'advient-il quand cette lignée de principes mortels devient elle-même néant ? Qu'advient-il quand le potentiel de ces

---

96 GA 55 367. Il s'agit d'une interprétation du frgm. 112 d'Héraclite.

97 Hw 204 / Chm 182. Heidegger ajoute que le destin de la métaphysique consiste en ce que toutes ces figures « perdent leur force constructrice et deviennent néant ».

principes s'épuise et quand nous reste le seul potentiel de la *physis* ? Qu'advient-il quand l'homme est « averti » ?

L'agir devient libre. Mais de quelle liberté ? Voyons encore une fois comment dépérit le dernier des principes, la subjectivité.

La phénoménologie de la conscience intentionnelle n'est capable de justifier qu'à grand-peine le champ politique en le ramenant à l'interaction publique du « moi ». Pour Husserl, le fondement des phénomènes politiques était à chercher dans la pluralité des « moi », dans l'intersubjectivité – encore que cette recherche ne l'ait guère intéressé [98]. Néanmoins, c'est l'intersubjectivité qui achève, à ses yeux, la phénoménologie. L'expérience du moi étranger permet de concevoir le monde social, qui est pour Husserl proprement le monde objectif. Une association n'est possible qu'en raison d'une constitution sociale émanant du sujet transcendantal. La réduction, appliquée à un autre sujet, le découvre constituant, lui aussi, un monde d'unité objective de sens ; elle le découvre, lui aussi, comme moi transcendantal. Quelles que soient les difficultés inhérentes à la constitution de l'*alter ego* chez Husserl, le but déclaré est de montrer que l'*ego* cesse d'être une monade, et la phénoménologie une monadologie, si l'expérience de l'autre est comprise non seulement comme « présentation » physique, mais aussi comme « apprésentation » psychique et transcendantale. Mais il faut bien ajouter que si l'intersubjectivité, chez Husserl, permet de fonder des actes spécifiquement sociaux par lesquels se forment des communautés diverses, ces actes sont comme purifiés de tout impératif qui relève traditionnellement de la raison pratique [99].

---

98 Husserl n'a jamais dépassé la position décrite dans *Cartesianische Meditationen, op. cit.*, p. 137–163.

99 Sur ce point je suis Jürgen Habermas, *Technik und Wissenschaft als Ideologie*, Francfort, 1968, p. 152 : « Au mieux, la phénoménologie saisit des normes transcendantales selon lesquelles la conscience opère nécessairement. Elle décrit (en termes kantiens) des lois de la raison pure, mais non pas des lois d'une législation universelle dérivées de la raison pratique et auxquelles la volonté libre puisse obéir. » Mais cela est vrai seulement de la phénoménologie du sujet. De la phénoménologie heideggérienne je veux précisément montrer que les économies de la présence produisent bel et bien des impératifs (*Weisungen*, par exemple VA 184 / EC 222) – non pas universels et dérivés de la raison, cependant, mais époquaux et dérivés de principes ontiques.

Ce ne sont plus des actes par lesquels le moi se donne des lois. Au sens kantien, ils ne sont pas libres.

La difficulté de fonder le politique est plus grande encore dans les paramètres de la phénoménologie existentiale. Le passage de l'inter-subjectivité à l'être-là d'autrui (*Mitsein*) est un nouveau recul délibéré par rapport à la problématique de la constitution des collectivités. Dans *Être et Temps,* ce double recul transcendantal désarme la raison pratique : mise hors-jeu de tout *subiectum* qui se maintienne en-des-sous des échanges au sein des formations sociales et mise hors fonctionnement de la liberté légiférant pour elle-même. L'hétérogénéité des régions phénoménales – *Dasein* décrit par les « existentiaux », et non-*Dasein* décrit par les « catégories » – ne permet pas de saisir le moi réflexivement et de l'instituer comme substrat objectif d'une organisation du non-moi social qui serait, elle aussi, objective. La phénoménologie existentiale, n'étant pas réflexive, désarticule l'unité du « je » et du « moi » : « je » suis éventuellement quelque chose d'autre que moi-même, à savoir « tout le monde [100] ». Une phénoménologie égologique et réflexive pouvait encore traiter du moi comme d'un fondement donné en vue de la constitution d'un monde social. Mais pour la phénoménologie existentiale, le « je » n'est jamais donné ; elle ne peut donc pas y recourir comme à un fondement disponible sur lequel asseoir une théorie de la société civile et, en dernière instance, de l'État. De telles théories seraient des figures ontiques de la phénoménologie ontologique du *Mitdasein*. Mais celle-ci n'a rien de normatif. Elle peut « fonder » des théories politiques opposées – par exemple celle de l'apothéose de l'État comme ultime « substance éthique consciente de soi » (Hegel) tout aussi bien que celle de sa dissolution. Dire que l'analytique existentiale fonde le domaine politique peut signifier seulement qu'elle en exhibe les structures formelles, indifférentes aux problèmes de légitimation. L'ontologie fondamentale « fonde » seulement les ontologies régionales [101].

---

100 « Il se pourrait que le "qui" de l'être-là quotidien ne soit précisément pas toujours moi-même » (SZ 115 / ET 146).

101 À vrai dire, le titre « ontologie fondamentale » signifie deux choses : le discours sur l'être de cet étant que nous sommes, et le discours sur le fondement des ontologies régionales. Mais l'ontologie fondamentale n'est pas l'élaboration de la

La phénoménologie, qui cherche à comprendre l'origine à travers les retours historiques, ne découvre aucun fondement du politique, ni dans la constitution intersubjective, ni dans la résolution existentiale. Quand l'*a priori* transcendantal de la phénoménologie est ainsi dissocié de la subjectivité et de l'être-là, le fondement qui puisse légitimer l'agir est perdu [102]. La phénoménologie qui comprend l'origine par la différence ontologique entre la présence et les étants présents, a de bonnes raisons de se trouver incapable d'assurer la légitimité d'institutions publiques.

La première de ces raisons est méthodologique et résulte de la séparation entre les deux questions du *fondement* et de l'*origine*. L'origine comme venue à la présence *n'est pas* un fondement. Ce qui

—

question de l'être comme telle, elle la prépare seulement. C'est la topologie qui traite de la question de l'être pour elle-même.

102 Cette perte du fondement ne se laisse réparer qu'en renouant avec le transcendantalisme d'avant la phénoménologie – témoin la philosophie transcendantale du langage. La « théorie critique » ne peut baser son utopie rationaliste d'une communication linguistique totale que sur une philosophie du sujet. Chez Karl-Otto Apel (*Transformation der Philosophie,* Francfort, 1976, 2 vol.), les problèmes de légitimation pratique et politique ne sont solubles qu'en référence à la « communauté de communication » qui implique une nouvelle version de la subjectivité transcendantale (voir surtout le chapitre « L'*a priori* de la communauté de communication », vol. II, p. 358–435). Cette subjectivité est appelée « transsubjectivité » seulement pour défendre « la représentation argumentative des intérêts » contre « l'imposition égoïste des intérêts » (p. 425). La misère de la théorie critique vient de ce qu'il lui faille ainsi s'en tenir à une ontologie du sujet tout en déclarant une opposition radicale entre ontologie et critique. – L'autre approche du langage, structuraliste, souffre de la misère complémentaire : en dissolvant les phénomènes politiques dans « un vaste champ sémantique » (Claude Lévi-Strauss, *L'Homme nu,* Paris, 1971, p. 614), le structuralisme linguistique présuppose en fait une ontologie de l'objet : « Le structuralisme [...] permet de faire abstraction du sujet – insupportable enfant gâté qui a trop longtemps occupé la scène philosophique et empêché tout travail sérieux » *(ibid.,* p. 614 sq.). Mais on se demande si la structure ne tourne pas, à la fin, en une sorte d'*ens realissimum* : « En démontrant l'agencement rigoureux des mythes et *en leur conférant ainsi l'existence d'objets,* mon analyse fait donc ressortir le caractère mythique des objets : l'univers, la nature, l'homme, qui, au long de milliers, de millions, de milliards d'années n'auront, somme toute, rien fait d'autre qu'à la façon d'un vaste système mythologique, déployer les ressources de leur combinatoire avant de s'involuer et de s'anéantir dans l'évidence de leur caducité » (souligné par moi, *ibid.,* p. 620 sq.). Inutile d'ajouter que l'ordre objectif ainsi « conféré » n'a plus rien à nous dire sur la politique et sur l'agir en général.

peut fonctionner comme base du politique est un principe temporaire (comme le « puma », joint au système décimal). Mais pour la phénoménologie de la présence, pareille base n'est qu'un « lieu » de venue à la présence qui ne caractérise nullement toutes les économies possibles. Méthodologiquement, l'anarchie apparaît donc dans la transition entre l'ontologie fondamentale et la topologie – c'est-à-dire avec l'élaboration même de l'unique question chez Heidegger.

La deuxième raison tient à la différence ontologique : un principe époqual est lui-même *ontique*, il a son âge, et il peut être décrit comme un étant intra-mondain [103]. Mais fonder un étant dans le monde, par exemple l'État, sur un autre étant dans le monde, le principe époqual, c'est fonder une entité historique sur une entité historique : ne rien fonder du tout. Ces deux étants sont assurément incomparables à bien des égards, ils sont, par exemple, de « force » inégale – le « pouvoir », quant à lui, appartenant à la seule présence [104] – ; n'empêche que tout étant dans sa positivité est ontique, que ce soit l'objet d'une

---

103 La différence ontologique distingue entre « la description ontique de l'étant intra-mondain et l'interprétation ontologique de l'être de cet étant » (SZ 64 / ET 87).

104 La force coercitive de l'État lui vient de la force qu'a un principe époqual. Mais force n'est pas pouvoir. Le pouvoir est un potentiel (le mot allemand *Macht,* pouvoir, tout comme *machen,* faire, vient de *mögen, vermögen,* être capable de). La compréhension de ce concept change radicalement dans le passage, chez Heidegger, de la phénoménologie existentiale à la phénoménologie alétheiologique. D'abord, le potentiel, *Möglichkeit,* « en tant qu'existential est la détermination ontologique et positive ultime du *Dasein,* et la plus originaire » (SZ 143 sq. / ET 179). De ces indications dans SZ s'inspire l'opposition entre force et pouvoir chez Hannah Arendt (*Vita activa oder Vom tätigen Leben,* Munich, 1960, p. 193–202). Arendt en accentue cependant le caractère « humaniste » : « le pouvoir est ce qui fait apparaître l'espace public entre acteurs et locuteurs » tant que leur « jeu réciproque » reste vivant (*ibid.,* p. 194 sq.). Pour le Heidegger d'après SZ, au contraire, « c'est l'être lui-même qui a le pouvoir du potentiel [...] cette essence n'est rien d'humain » (N II 377 / N ii 302). Cf. N I 392 sq. / N i 306, où ce potentiel est décrit dans les termes nietzschéens de l'éternel retour (cependant l'« humanisme » de Nietzsche transparaît quand il fonde « comme tous les penseurs avant lui » – et, j'ajouterais, comme Hannah Arendt après lui – le rapport à autrui, aux choses et à soi-même sur le modèle de « l'entente mutuelle », N I 577 sq. / N i 448 sq.). Comme l'indique le texte de Hw 204 / Chm 182, cité ci-dessus (p. 118, n. 97), un principe époqual exerce une « force » coercitive.

science [105], Dieu [106], une vision du monde [107], ou quelque autre entité. Des principes époquaux tels que « l'autorité de Dieu ou du Magistère de l'Église », « l'autorité de la Conscience », « l'autorité de la Raison », « l'instinct social », « le Progrès historique », « la Civilisation », « les Affaires [108] » sont des principes ontiques qui ont leur temps. Les derniers dans cette liste sont des variantes de la subjectivité en tant que référent moderne. Le Heidegger d'avant le tournant s'inscrit expressément dans cette lignée : le *Dasein* est un « fondement ontique » de l'ontologie, dit-il, tout comme le dieu d'Aristote [109].

La troisième raison qu'a la phénoménologie de s'abstenir d'un discours sur les problèmes de légitimation, vient de ce que Heidegger comprend le fondement comme fondation, c'est-à-dire verbalement et non pas nominalement. Un projet poétique, selon son exemple préféré, est une « fondation qui pose un fondement », un geste *ex nihilo* [110]. Mais ce geste devient stérile quand les successeurs s'y réfèrent comme à un principe, disant : voilà ce que nos pères fondateurs ont établi… Le « geste fondateur d'un État [111] » est, lui aussi, un tel surgissement sans ascendant, perverti par la piété des descendants.

Le fondement du politique qui est à déconstruire s'avère donc être l'*arché* en tant qu'elle commande une ère, puis le *principium,* premier dans l'autorité et dans l'intelligibilité, qui dispose cette ère selon un ordre de coercition. L'*arché* comme commandant, c'est l'*arché* comme commençant, *pervertie en référent.* C'est l'origine ontique contre laquelle travaille le tournant. Avec la *Kehre,* il devient littéralement impensable d'assurer un fondement à l'action politique. La topologie déracine ainsi « la » politique, dès lors que le sol dans lequel s'implantent les activités n'est plus l'être-là ontique, mais l'*alétheia* historique [112]. Les traits fondamentaux (les catégories) que

---

105 SZ 11 / ET 27.
106 VA 175 / EC 209.
107 GA *24* 15.
108 Hw 203 / Chm 181 sq.
109 GA *24* 26.
110 « Le projet poétique vient du néant » (Hw 63 / Chm 60).
111 Hw 50 / Chm 48.
112 « La vérité de l'être peut être appelée le sol » (Wm 196 / Q I 24). Cette métaphore est développée en rapport explicite à l'*alétheia* quand Heidegger dit que « dans la lutte du monde et de la terre survient la vérité » (Hw 38 / Chm 38). Le

la déconstruction permet d'établir, sont ceux de la présence pour autant que celle-ci est précisément pensée « sans égard pour le fondement » [113]. La déconstruction permet de comprendre l'*arché* comme pur surgissement d'un ordre jusque-là enfoui, caché, inconcevable et même irréalisable. Pareil surgissement prive l'ancien référent de sa force de fondement et de norme : une fois son temps écoulé, ce référent se retire à nouveau dans le cèlement [114]. Il redevient hors de portée, sans force, encore qu'il reste désormais mémorable comme principe ontique qui a exercé son autorité et sa coercition.

La déconstruction des modalités selon lesquelles la présence a été objectivée en principe époqual et au service de la légitimation pratique, produit une histoire des fondements ontiques successifs qui sont devenus néant et ont « dépéri [115] ». On peut s'attendre à ce que, au cours de l'histoire, l'absence d'un principe de légitimation fasse irruption dans le champ politique et libère l'agir, le temps qu'une origine ontique cède à une autre. Pour prendre quelques exemples hors de Heidegger : les réunions de citadins en Amérique autour de 1776, les « sociétés populaires » de Paris entre 1789 et 1793, la Commune, les soviets de 1903 et de 1917, la Démocratie des Conseils en Allemagne en 1918 – tous ces efforts modernes, analysés par Hannah Arendt en référence au modèle américain [116], en vue d'affranchir le domaine

---

« monde » signifie ici la découverture et la « terre », le couvert. Voir aussi la notion de *Bodenständigkeit,* « implantation sur le sol » (Gel 11–28 / Q III 161–181).

113   Cf. ci-dessus, p. 110, note 76.

114   Le cèlement, *léthé* (« terre ») connote l'absence d'un étant qui n'est plus présent (Hw 323 / Chm 285) mais dénote « la réserve de la différence » (VA 256 / EC 309). La connotation d'absence est pensée à partir des étants présents, sa dénotation, à partir de la présence. Le retrait d'un principe époqual est à comprendre selon le premier de ces modes d'absence. Cette distinction est utile dans la mesure où une connotation *peut cesser* (comme c'est le cas quand les principes époquaux dépérissent) tout en laissant la dénotation intacte.

115   « *Verwesen* » (Hw 204 / Chm 182). En une énumération de ces principes, très proche de celle qui constitue la liste de Hw 204 / Chm 182, Heidegger mentionne le Bien platonicien, le Dieu chrétien, la Loi morale, l'autorité de la Raison, le Progrès, le Bonheur du plus grand nombre (N II 273 / N ii 220).

116   Arendt, *Über die Revolution,* Munich, 1963, p. 214–218 et p. 336–337. Pour la fin du Moyen Âge il faut peut-être ajouter les mouvements du Libre-esprit : « C'est cette idée communale poursuivie depuis le douzième siècle [...] qui vient de triompher le 18 mars 1871 », écrit un chroniqueur de la Commune (cité *ibid.,* p. 403).

public de la force coercitive, marquent chaque fois la fin d'une époque. Alors est suspendu pour un temps le *princeps,* le gouvernement, et le *principium,* le système qu'il impose et sur lequel il repose. En de telles césures, le champ politique s'acquitte pleinement de son rôle de révélateur : il manifeste aux yeux de tous que l'origine de l'agir, du parler et du faire n'est pas un étant (sujet, être-là, ou objet) ; qu'elle n'est pas une *arché,* commencement et commandement d'un devenir qui dure ; qu'elle n'est pas un principe qui domine et organise une société, mais qu'elle est la simple venue à la présence de tout ce qui est présent. De telles césures montrent que l'origine ne « commence » rien, c'est-à-dire que le couple de notions *arché-telos* n'épuise pas le phénomène de l'origine. De telles césures montrent aussi que l'origine ne fonde rien, qu'elle n'est pas un « pourquoi » inébranlable et indubitable dont la raison puisse dériver des maximes. L'abolition pratique de l'*arché* et du *principium* est la conséquence de sa compréhension de l'origine que Heidegger refuse de rendre explicite en s'interrompant aussitôt après la remarque sur la rose et la vie « sans pourquoi » : « Nous ne pouvons pas poursuivre ici cette pensée plus loin [117]. »

Déconstruire les origines ontiques du politique, ce serait recouvrer quelques-unes des conditions de la *polis* grecque d'avant l'âge classique [118], c'est-à-dire d'avant que l'origine comme *physis* ou venue à la présence, ne devienne *arché* ou instauration d'un présent. La « déconstruction » du champ politique et des principes qui s'établissent aux revers de l'histoire aurait ainsi la même signification que

---

117 Voir ce texte cité ci-dessus en exergue au § 6, p. 56.

118 Le rôle paradigmatique de la *polis* est la clef pour comprendre les concepts politiques de Hannah Arendt, cf., par exemple, *Vita activa, op. cit.,* p. 27–38 ; *Über die Revolution, op. cit.,* p. 33–37. J'ai dit, cependant, que dans la perspective du Heidegger d'après SZ, l'anthropocentrisme dans le concept grec de pouvoir tombe dans l'impossibilité historique. Ce concept, et le paradigme de la *polis,* ont été critiqués sous un autre jour par Jürgen Habermas comme étant « inimaginables pour toute société moderne », *Social Research,* 44, 1977, p. 15. Mais il faut bien voir que cette prise de position par Habermas résulte de sa préoccupation fondamentale de légitimer l'agir politique par une « reconstruction universelle et pragmatique du discours en général », *Erkenntnis und Interesse,* Francfort, 1973, p. 416. Cette même préoccupation lui avait déjà inspiré une critique sévère du mouvement étudiant, *Protestbewegung und Hochschulreform,* Francfort, 1969, p. 194–198 et 245.

la « destruction » des ontologies métaphysiques : préparer une pensée où vienne « poindre » un âge par-delà les principes, et « anticiper le "point" de ce qui a été jadis, dans le "point" de ce qui doit venir [119] ».

Qu'à l'âge de la clôture l'agir devienne libre, c'est dire, bien sûr, qu'il s'y affranchit des « principes ». Mais c'est dire encore qu'il y épouse décidément les fluctuations économiques comme « sa plus haute loi ». « Celle-ci est la *liberté* qui affranchit en vue de l'agencement de la transmutation, à jamais sans repos, où tout se fait jeu [120]. » Agencement fluctuant qui n'est rien d'autre que l'*alétheia* historique. À vrai dire, l'agir n'a jamais cessé d'être libre de cette liberté-là,

———

119 Hw 302 / Chm 267. Dans ce texte de 1946 se trouve, sous le concept d'« eschatologie de l'être », la première formulation de ce qui sera appelé plus tard par Heidegger la fin de l'histoire époquale : « Le "point" de l'aurore [grecque] du destin conduirait, en tant que "point", à l'adieu (*eschaton*), c'est-à-dire à la démission du destin de l'être jusqu'alors voilé […]. L'histoire de l'être se rassemble dans cette démission » (Hw 301 / Chm 267). – Comme sur la liberté en tant qu'essence de la vérité, le livre de Birault, *Heidegger et l'expérience de la pensée, op. cit.*, contient un long commentaire auquel il n'y a rien à ajouter (p. 443–527), j'adresserai trois questions à Birault à partir du passage de Hw que je viens de citer. – 1. Si l'histoire de l'être depuis les Grecs se rassemble dans le « tournant » pour y « démissionner », cela ne peut rester sans conséquences pour l'intelligence que nous avons de la vie en commun, de la vie politique. C'est en effet la pensée *fondatrice* qui y prend congé (*Abschied*) – fondatrice, d'abord, de l'agir. S'il en est ainsi, la pensée de l'être peut-elle rester « de soi toujours indifférente aux formes ontiques et pratiques d'un engagement historique ou politique » (p. 378) ? – 2. La « démission du destin de l'être » ne nous oblige-t-elle pas à distinguer entre *les revers* et *le tournant*, et corrélativement entre voilement époqual (démissionné) et voilement alétheiologique (préservé, accusé) de l'être ? Si oui, peut-on dire que « l'oubli est toujours l'oubli d'un oubli » (p. 505), que « la pensée de l'être n'abolit pas l'oubli de l'être » (p. 551) ? L'*epoché* est l'oubli de la *léthé*, mais le *Seinsdenken* ne met-il pas précisément fin à « l'oubli de cette *epoché* » ? Alors, « *tout* avènement d'un monde » ne se tient justement pas « en suspens dans l'essence *époquale* de l'être » (p. 553 sq., souligné par moi). Qu'on l'exprime en termes d'« économie principielle » et d'« économie anarchique » ou dans un autre langage, peu importe. Mais n'est-ce pas manquer la *Kehre* que de confondre ainsi *epoché* et *léthé* ? – 3. La *léthé* est-elle réellement « la non-essence initiale de la vérité », prenant la relève du « sens » dans SZ (p. 504 sq.) ? Dans VS 133 / Q IV 334, Heidegger se corrige à propos de la *léthé* : elle n'est pas, ainsi qu'il l'avait dit dans SD 78 / Q IV 136, « le cœur même de l'*alétheia* ». Ce n'est donc pas la *léthé* qui prend la relève du « sens », mais l'*eon* et ses lieux, les *topoi* de la différence ontologique.

120 Wm 251 / Q I 249 (souligné par moi).

de cette obéissance aux économies. Mais tant que les économies sont principielles et époquales, il reste nécessairement inconcevable que la liberté puisse être de même essence que le dévoilement. Aussi avons-nous déjà rencontré le nom de cette étrange liberté qui nous donne si peu à choisir, à vouloir, à légiférer, à devoir. C'est le délaissement. Être libre, c'est faire ce que fait la présence : laisser être toutes choses. « La liberté se découvre alors comme laisser-être de l'étant [121] », comme entrée dans une constellation alétheiologique. Cette liberté n'a plus rien à voir avec le « choix » délibératif aristotélicien, la « volonté divisée d'avec elle-même » augustinienne, la causalité et l'« auto-détermination morale » kantiennes, ou encore le « choix fondamental dans lequel je décide de mon être » sartrien. Tous ces concepts cantonnent la liberté, sinon dans une faculté de l'esprit, du moins dans l'homme. Concepts humanistes résumés au mieux par Matthias Claudius : « Libre n'est pas celui qui peut faire ce qu'il veut, mais qui peut vouloir ce qu'il doit faire. » Le concept anti-humaniste de la liberté, en revanche, implante celle-ci dans la sommation (*Geheiß*) économique : « La sommation restitue la liberté à notre essence [...]. La liberté n'est par conséquent jamais quelque chose de purement humain [122]. »

Nouvelle figure d'unité parménidienne : la liberté est la liberté *de la présence*. Double génitif. Vue du côté de l'*einai*, la liberté consiste à « dévoiler ». Vue du côté du *noein*, elle consiste à « entendre » (*hören*) et à « appartenir » (*gehören*) : « Toujours l'homme est traversé du destin de dévoilement. Mais ce n'est là jamais la fatalité d'une contrainte. Car l'homme, justement, devient libre pour autant qu'il appartient au domaine du destin et qu'ainsi il commence à entendre – mais non pas à être asservi [123] » Le secret du « tournant » et de ses conséquences pour la philosophie pratique est là : sous le régime époqual au sein de la clôture métaphysique, l'homme est « toujours traversé du dévoilement », mais asservi aux principes. Hors de cette clôture, sous le régime anarchique (si c'est là un régime …), il « commence à entendre ». Quoi ? Que les principes eux-mêmes viennent et vont avec le « destin de dévoilement ». À l'âge de la clôture, l'homme

---

121 Wm 83 / Q I 175.
122 WhD 153 / QP 232.
123 VA 32 / EC 33. Par « être asservi » je traduis *ein Höriger*.

peut appartenir aux variations de ce destin lui-même et ainsi devenir libre.

D'où cette chance ? De la technique à double face, au visage de Janus. Le texte poursuit en effet : « Quand nous nous ouvrons proprement à l'*essence* de la technique, nous nous trouvons pris, d'une façon inespérée, dans un appel libérateur [124]. » Le concept heideggérien de liberté ne se résume donc pas à la « libre ouverture » qui est l'essence de l'*alétheia* [125]. Dès la période d'*Être et Temps,* Heidegger dit qu'« il n'est de liberté, il ne peut être de liberté, sans la libération. La seule façon adéquate de se rapporter à la liberté dans l'homme, c'est l'auto-libération de la liberté dans l'homme [...]. Cette libération de l'être-là dans l'homme doit rester le seul point, le point central, que la philosophie et l'acte de philosopher peuvent accomplir [126]. » La libre ouverture – appelée *Dasein* d'abord, « époque de la vérité » ensuite – est ce en quoi tout phénomène se montre « déjà de toujours ». Mais elle doit être affranchie expressément. Cela requiert certaines conditions. Elles sont remplies seulement avec la clôture. Qu'est-ce donc qui a fait obstruction à l'auto-libération de la liberté ? Ce sont toutes les représentations d'un Premier métaphysique. De là s'ensuit que la déconstruction se retourne en lutte contre les principes époquaux, les *principes* qui règnent et les *principia* qui ordonnent.

La liberté : une catégorie d'identité. Voilà qui la rapproche non seulement du délaissement, mais de la pensée. « Pour le dire simplement, la pensée est la pensée de l'être. Le génitif a un double sens. La pensée est de l'être pour autant qu'elle est proprement accomplie (*ereignet*) par l'être et lui appartient. En même temps, la pensée est pensée de l'être en tant qu'elle appartient (*gehörend*) à l'être et est à son écoute (*hören*) [127]. » De la même façon, il faut dire que la liberté est la liberté « de » la présence. Liberté de la présence pour autant que « l'unique libération est l'accomplissement propre (*Ereignis*) de la liberté [128] ». En même temps, la liberté est liberté de la présence en

---

124 VA 33 / EC 34.

125 Wm 81–84 / Q I 172–176, cf. N II 397 / N ii 318.

126 KPM 257 (« Disputation de Davos », non traduite dans Kpm).

127 Wm 147s / Q III 78.

128 N II 485 / N ii 395.

tant qu'elle appartient aux mutations économiques et se tient à leur écoute.

La présence joue ses économies librement, en une « libre séquence [129] ». De même l'agir. Entrer dans le jeu de la liberté, c'est – du moins à l'âge-limite qu'est la technique – lutter : affranchir les constellations du politique (paroles, actions, choses) de tout étant archi-présent qui les asservit. La déconstruction du politique accomplit ainsi l'*assignation au site* que visait déjà la destruction des philosophies transmises. À propos de chaque constellation, comme à propos de chaque ontologie reçue, il s'agit de « nous adonner librement à l'ouverture de sa propre richesse essentielle et par là de la laisser au site auquel, par elle-même, elle appartient [130] ».

Si telle est la façon dont l'agir peut devenir originaire une fois retenues les économies de la présence, on doit se demander *quelle origine* au juste l'ablation des principes libère.

---

129 SD 55 / Q IV 89.
130 WhD 22 / QP 50. Ces lignes concernent la « destruction » d'une philosophie transmise, celle de Nietzsche.

III

Que l'origine se dit de multiples façons

« Voici ce qui est requis : un souci nouveau pour la langue. Non pas l'invention de termes neufs, comme je le pensais jadis, mais un retour vers la teneur originaire de notre propre langue sans cesse en voie de détérioration [1]. »

Aujourd'hui, que faire ? La question trouve sa réponse à partir d'une autre : comment les mots, les choses et les actions sont-ils aujourd'hui mutuellement présents ? Ils le sont de telle sorte que la liberté alétheiologique peut être affranchie des libertés sous surveillance principielle – que l'origine comme venue à la présence peut être affranchie de l'origine comme règne. Venue à la présence ou principes, toujours l'origine est origine de l'agir autant que de la pensée. Mais, venue à la présence ou principes, elle ne l'est pas de la même façon. À la question : « Que faire ? », la pensée anticipatrice répondra : laisser être ce qui est, faire ce que fait la présence. Aujourd'hui, nous n'en sommes pas là. La phénoménologie de la technique sera plus modeste, ou plus combattante. Que faire à l'âge de la clôture ? Libérer la présence, préparer le délaissement, activement s'affranchir des principes, faire en sorte qu'il en reste de moins en moins (voir ci-dessous, la Cinquième Partie).

Puisque la *Physique* d'Aristote est le « livre de fond » de la philosophie occidentale, c'est dans le concept d'*arché* qu'il faudra chercher ce qu'est l'origine pour la tradition qui triomphe avec la technique moderne. Ensuite il sera plus facile de décrire le *principium*, l'origine à combattre – comme on combat une maladie ou une mauvaise habitude – et de le distinguer de l'*Ursprung*, l'origine à retenir, à libérer. Car il importe de le souligner : ces trois mots, *arché, principium, Ursprung,* ne sont pas directement traduisibles les uns par les autres. Dans chacune des langues où elle s'est articulée, l'origine est

---

1   MHG 77. Cf. VA 148 / EC 174. L'allusion à l'invention de termes neufs semble renvoyer à SZ 39 / ET 57.

entendue différemment [2]. Peut-être est-ce une manie heideggérienne que de se tourner vers ce *pollachôs legetai* afin de comprendre la présence comme liberté et la déconstruction comme libération de cette liberté. Manie qui a ses avantages, cependant. Le couple *archein-archesthai*, gouverner et être gouverné, dit très exactement, en effet, quel schème de pensée est frappé de dépérissement à la fin de la métaphysique. Le couple *princeps-principium,* premier dans l'autorité et premier dans le raisonnement, dit comment la métaphysique intègre dans la référence à l'Un l'organisation de la vie aussi bien que l'ordre des raisons. Et rien n'indique mieux l'« événement » que le mot *Ursprung,* jaillissement primitif : il dit précisément la venue à la présence.

1
Arché : le paradigme cinétique de l'origine

> « Les Grecs entendent dans ce mot le plus souvent deux choses : *arché* veut dire, d'une part, ce à partir de quoi quelque chose prend son essor et son commencement ; mais d'autre part ce qui, en tant qu'un tel essor et commencement, maintient son emprise *par-delà* cet autre qui sort de lui et ainsi le tient, donc le domine. *Arché* veut dire en même temps commencement et commandement [3]. »

Le mot *arché* semble être entré dans le langage philosophique seulement avec Aristote. C'est lui qui joint expressément à la signification de *commencement,* plus ancienne, celle de *commandement.* Depuis Homère, le sens courant du verbe *archein* était : mener, venir en premier, ouvrir, par exemple une bataille ou un discours [4]. L'*arché* désignait ce qui est au début, soit dans un ordre de succession temporelle, comme l'enfance, soit dans un ordre d'éléments de

---

2   Dans le *Ménon,* Socrate, avant de questionner le jeune esclave sur la géométrie, s'enquiert de sa langue natale : « Est-il Grec, parle-t-il notre langue ? » (81 b). C'est que le réservoir de formes dans lequel puise la réminiscence est, au premier chef, la langue.

3   Wm 317 / Q II 190.

4   Par exemple *Iliade,* XXII, 116 ; *Odyssée,* XXI, 4.

constitution, comme la farine est à la base de la pâte, ou les organes sont les parties élémentaires du corps. La seconde signification – commandement, pouvoir, domination – ne se rencontre pas chez Homère, mais bien dans Hérodote et Pindare. Aristote reprend ce sens [5]. Mais l'innovation aristotélicienne consiste dans la jonction des deux sens, début et domination, en un même concept abstrait [6]. Et jusqu'à la fin de l'Antiquité [7] *arché* reste un terme technique pour désigner des éléments constitutifs, abstraits et irréductibles, dans l'être, le devenir et la connaissance. Le concept métaphysique d'*arché* exprime donc l'élément structurel abstrait des étants qui, dans leur analyse, est *unhintergehbar*, indépassable. C'est un concept lié de part en part à la métaphysique de la substance sensible et de sa « théorie [8] ».

---

5 *Politique* III, 13 ; 1284 b 2, où il parle des nations « à l'esprit exalté par le souvenir de leur ancienne puissance ».

6 Dans *Métaphysique* V, 1 ; 1012 b 34–1013 a 17, Aristote donne une liste des multiples acceptions du mot où se mélangent les deux sens comme dans une simple énumération lexicographique. Il définit l'*arché* comme ce à partir de quoi quelque chose est, ou devient, ou est connu. Le terme signale donc une source de l'être, du devenir et du connaître au-delà de laquelle il est inutile de vouloir enquêter : elle est ultime parce qu'elle commence et commande en même temps ; parce que, comme le dit Pierre Aubenque, « le commencement n'est pas un simple début qui se supprimerait dans ce qui suit, mais au contraire n'en finit jamais de commencer, c'est-à-dire de régir ce dont il est le commencement toujours jaillissant », *Le Problème de l'être chez Aristote*, Paris, 1966, p. 193. Le concept d'*arché* est plus large que celui d'*aitia* : « toutes les *aitiai* sont des *archai* », *Métaphysique* V, 1 ; 1013 a 18, mais toutes les *archai* ne sont pas des causes (littéralement : toutes les *archai* ne sont pas « coupables » de quelque chose, l'*aitia* désignant « ce qui est coupable qu'un étant soit ce qu'il est » (Wm 315 / Q II 188).

7 Chez Plotin, par exemple, les hypostases sont des éléments constitutifs, *archai*, de l'univers, tout comme l'être crée et la liberté sont des éléments constitutifs de l'homme, *Ennéade* III, 3, 4, 1–7.

8 Le *theôreîn* « amène devant la perception et l'exposition les *archai* et les *aitiai* de la chose présente » (VA 53 / EC 58).

§ 13. *Le concept causal d'*arché

« Le concept d'*arché* n'est probablement pas un concept "archaïque".
Au contraire, il a été replacé à l'aurore de la philosophie grecque
depuis Aristote seulement [9]. »

Anaximandre aurait dit que « l'origine *(arché)* et l'élément de toutes
choses, c'est l'illimité » (ou l'indéterminé, ou l'infini [10]). Du moins
les aristotéliciens ont opposé là-dessus Anaximandre auxs autres
« philosophes de la nature » milésiens et pythagoriciens qui ensei-
gnaient, disent-ils, que l'élément composant premier de toutes choses
est l'eau, le feu, l'air, ou la terre [11]. La question philologique est de
savoir si Théophraste présente Anaximandre comme le premier penseur de l'*arché* ou plutôt comme le premier penseur de l'*apeiron* : si
Théophraste a voulu dire qu'Anaximandre « fut le premier à appeler
arché le substrat des opposés [12] » ou plutôt qu'il « fut le premier à
identifier le substrat des opposés comme leur cause matérielle [13] ». Si
c'est la seconde lecture qui est correcte, il n'est pas certain qu'Anaximandre ait employé le mot *arché*. Celui-ci appartiendrait alors en propre au vocabulaire aristotélicien. Si *arché* est ainsi le concept métaphysique d'un commencement qui en même temps « commande »,

---

9   Wm 317 / Q II 190.

10   H. Diels & W. Kranz, *Die Fragmente der Vorsokratiker* (DK), 8e éd., Berlin, 1956,
frgm., 12 A 9.

11   Ces disputes – transmises par le néoplatonicien Simplicius, résumant le péri-
patéticien Théophraste – sur ce qui est primordial dans la nature, Heidegger les
résume Hw 299 / Chm 265.

12   « *Prôtos autos archèn onomasas to hypokeimenon* », cité G. S. Kirk & J. E. Raven,
The Presocratic Philosophers, Cambridge, 1971, p. 107. C'est la traduction des
auteurs : « being the first to call the substratum of the opposites *arché* », *ibid.*

13   C'est la traduction de Bumet, cité *ibid.* : « being the first to name the substratum of the opposites as the material cause ». Burnet prend donc *arché* dans le sens
aristotélicien le plus restreint de « cause matérielle ». Le point semble acquis, en
tout cas, que Théophraste voulut attirer l'attention sur la notion d'*apeiron,* chez
Anaximandre, et qu'il parle d'*arché* en aristotélicien. « The current statement that
the term *arché* was introduced by (Anaximander) appears to be due to a misun-
derstanding », John Bumet, *Early Greek Philosophy,* Londres, 1930, p. 54. Cela est
en accord avec Heidegger, Wm 317 / Q II190, et en désaccord avec Bruno Snell,
Die Entdeckung des Geistes, Göttingen, 1975, p. 222.

qu'est-ce que les aristotéliciens, en employant le mot, font dire à Anaximandre ? D'abord ils font de lui un philosophe. Selon Aristote, en effet, le métier du philosophe est d'enquêter au sujet des *archai kai aitiai* [14] qu'on traduit : « des principes et des causes ». Puis ils lui font tenir des propos sur la genèse et la corruption des choses, c'est-à-dire sur le devenir. Ils le lisent comme philosophe de la nature. Son concept d'*arché* serait un concept physiciste. Selon eux, les choses deviennent à partir d'un élément constitutif qu'Anaximandre appelle l'illimité. Cet élément est bien une *arché* parce que le substrat permanent, irréductible des choses : elles en émergent et restent régies par lui. Ainsi, pour un esprit formé à l'école d'Aristote, *arché* veut dire ce à partir de quoi le devenir se fait, et ce qui le régit [15]. Tout cela nous en apprend certes beaucoup sur la notion classique d'*arché* – mais nous rend Anaximandre presque inaccessible [16].

Quelle est maintenant la signification directrice d'*arché* dans les trois domaines – être, devenir, connaître – en lesquels, selon Aristote, elle est opératoire ? Dans l'être, c'est la substance qui commence et commande tout ce qui lui « advient ». Aristote établit explicitement l'équivalence entre *ousia* et *arché* [17]. Dans le devenir, les *archai* sont les causes [18]. Dans la connaissance, enfin, ce sont les prémisses dont dépend le savoir. Si la philosophie première est possible, elle procède d'une prescience des conditions universelles d'où les syllogismes tirent la science. D'une façon générale, toute connaissance suppose une connaissance plus originaire. Toute démonstration part d'une hypothèse. Et quel est le présupposé ultime ? L'origine de la

---

14 *Métaphysique* I, 2 ; 982 a 6 sq.

15 La « philosophie première » serait alors le savoir de la *prôtè arché* (*Métaphysique* VI, 1 ; 1026 a 21–30), c'est-à-dire de « l'être en tant que fondement » (ID 57 Q I 294).

16 « L'étalon tacite pour l'interprétation et l'appréciation des premiers penseurs est la philosophie de Platon et d'Aristote [...]. Mais négliger simplement les représentations ultérieures ne conduit à rien si auparavant nous ne regardons pas ce qu'il en est de la chose elle-même » (Hw 297 / Chm 263).

17 Aristote, *Métaphysique* IV, 2 ; 1003 b 6s. Voir le commentaire de ce passage dans Aubenque, *Le Problème de l'être chez Aristote, op. cit.*, p. 192.

18 Aristote, *Métaphysique* I, 3 ; 983 a 24 à b 2 ; *Physique* II, 3 ; 194 b 16 à 195 a 3.

philosophie première serait la science de l'universel, une science « recherchée », mais impossible à établir [19].

Or, chez Aristote, l'analyse de l'être comme celle de la connaissance dérivent de l'observation du changement dans la substance sensible. On l'a vu ; ce qui frappe l'esprit à l'âge classique de la Grèce, c'est qu'il y ait du devenir, et d'abord un devenir dont l'homme soit l'auteur et le maître. La métaphysique comme la logique dérivent de cet étonnement devant ce que nos mains peuvent faire d'un matériau. Aux yeux de Heidegger, la signification directrice dans la compréhension de l'origine chez Aristote ne résulte donc ni de la spéculation sur l'être, ni de la logique de la connaissance, mais de l'analyse du devenir qui affecte les choses matérielles. Voilà pourquoi, dans le *Grundbuch* qu'est la *Physique*, les penseurs antérieurs ne peuvent apparaître autrement que comme des physiciens. « Aristote lui-même est, à proprement parler, l'auteur du procédé qui consiste à aller chercher la façon métaphysique de penser – qui pourtant commence avec Platon et avec lui seulement – déjà dans la pensée des penseurs "pré-platoniciens [20]". »

Les formulations des milésiens et des pythagoriciens apparaissent alors comme autant de tâtonnements pour découvrir la notion que l'hylémorphisme a enfin pu identifier dans des termes appropriés : l'origine des choses qu'Anaximandre avait appelée « illimitée », la science de la nature sait désormais la nommer « cause matérielle ». Ainsi se comprend que Simplicius puisse parler de l'*apeiron* comme *hypokeimenon* [21] : la doctrine de l'origine, telle que les aristotéliciens croient la trouver chez Anaximandre, est la doctrine d'un substrat matériel dont les choses naissent pour y retourner comme à leur élément. Ce même substrat, pendant qu'elles durent, les régit : la limite les loge dans l'illimité. On touche bien là le double sens aristotélicien l'*arché*, commencement et commandement, tel que la

---

19 Cette impossibilité de la « science au plus haut degré », *Seconds Analytiques*, I, 9 ; 76 a 16, a été mise en lumière par Aubenque, *Le Problème de l'être chez Aristote, op. cit.*, p. 206–219. L'antériorité de la philosophie première ferait de celle-ci l'*arché* de tout savoir, mais c'est une *arché* inaccessible au savoir.
20 GA 55 78.
21 Cf. ci-dessus, p. 134, n. 12.

tradition l'applique « en avant et en arrière » de Platon et d'Aristote [22]. Il est décisif pour notre propos général d'avoir établi que ce concept d'*arché,* comme terme philosophique, n'est pas plus ancien que la philosophie attique.

Quelle est la part d'attention au phénomène, et quelle est la part de construction métaphysique, dans cette notion aristotélicienne d'*arché*? Si l'origine apparaît d'emblée comme *arché tès kinéseôs,* origine du mouvement, alors elle désigne essentiellement le trait commun aux quatre causes. L'alliance des deux notions de début et de domination n'est possible que si *au préalable s'est constituée la métaphysique des causes.* Une fois qu'il est entendu que l'ensemble des phénomènes est connaissable à condition de les considérer du point de vue de la causalité, alors on peut dire que seule est cause véritable celle qui commence son action « et n'en finit jamais de commencer [23] », c'est-à-dire qui commande aussi. Heidegger lie ainsi la fortune du concept d'*arché* à la constitution de la métaphysique des causes [24]. Il est vrai que, parallèlement à la théorie des quatre causes, Aristote reconnaît diverses régions phénoménales en développant une triple causalité dans l'être, le devenir et le connaître. Néanmoins, c'est toujours l'*arché,* dit Heidegger, qui constitue « le lien interne de la triple et quadruple division de l'*aitia,* ainsi que la raison pour laquelle le fondement de ces divisions différentes fait défaut [25] ».

Quel est le champ de phénomènes auxquels la causalité est appropriée comme à son lieu propre, quel est le lieu de compétence de la causalité ? Nous avons dit, avec Heidegger : la catégorie de la causalité est compétente pour produire l'intelligibilité des choses en mouvement, quelles soient « mues » par l'homme ou par la nature. Selon le langage d'*Être et Temps,* le champ de phénomènes où la causalité est le schème directeur approprié, ce sont les étants immédiatement donnés, les objets. Or, il y a d'autres champs : les ustensiles, autrui, les œuvres d'art, etc. Ceux-ci, nous dit la phénoménologie issue de l'herméneutique, se laissent « interpréter », mais non pas « expliquer » par les causes. L'explication causale n'est qu'un mode parmi

---

22 Hw 297 / Chm 263.

23 Voir la citation de P. Aubenque ci-dessus, p. 133, n. 6.

24 SvG 182 sq. / PR 236 ; N II 431 / N ii 345.

25 GA 9 124.

d'autres de la compréhension, bien que ce mode-là ait exercé son hégémonie sur la philosophie occidentale. Pour libérer alors le noyau phénoménologique de la conception aristotélicienne de l'origine, il s'agira de penser le commencement et le commandement autrement que comme le seul trait essentiel des causes et de la causalité ; de dissocier, autrement dit, l'*arché* des représentations causales.

La déconstruction phénoménologique de l'origine signifie donc d'abord le démantèlement du discours sur l'*arché* entendu comme la recherche prédominante des causes. Cette déconstruction de la physique aristotélicienne permettra, du même coup, de comprendre la pensée d'un Anaximandre autrement qu'à travers la problématique physiciste. Si une telle déconstruction révèle qu'Anaximandre, Héraclite et Parménide ne pensent pas l'origine comme *arché,* comme *incipit* et *regimen* d'un mouvement qui tombe sous l'observation, alors nous aurons recueilli un premier indice pour une pensée non métaphysique de l'origine. Et il sera possible de ressaisir, par ricochet, les éléments plus primitifs qui sont fusionnés dans le concept classique d'*arché.*

Selon la *Physique* d'Aristote, les choses matérielles en devenir sont de deux espèces : celles qui portent en elles-mêmes l'origine de leur mouvement, et celles qui sont mues par un autre. Les premières sont appelées « choses de la nature » au sens strict, les secondes, les choses faites par l'homme. Mais d'où procède une telle distinction ? Quel est le principe qui préside à cette opposition « mues par elles-mêmes – mues par l'homme » ? Le *tertium comparationis* est le mouvement, le changement, comme tels. « Comme tels » ? Est-ce l'en-soi d'une notion pure qui a fait de la recherche de l'origine une recherche des causes ? N'est-ce pas plutôt une expérience très précise, à savoir celle du mouvement et du changement dont nous sommes l'auteur, qui a aiguillé la pensée classique sur la voie des explications causales ? En ce cas, c'est seulement parce que l'homme se saisit d'abord lui-même comme archi-tecte, commenceur de fabrication, que la nature, elle aussi, peut lui paraître mue par des mécanismes de cause et effet ; que la croissance « commence » et « fait », elle aussi [26]. Parce

---

26 Heidegger s'accorde avec Nietzsche non seulement quand il voit dans l'ascendant exercé par les représentations causales sur la philosophie occidentale un symptôme de l'intérêt pour le manipulable (cf. Nietzsche, *Werke, op. cit.,* t. III,

que l'artisan éprouve l'origine de la production en lui-même, qu'elle est indigène, il en retrouve une autre, concordante, dans la nature qui lui paraît alors allogène. L'expérience qui guide la compréhension de l'origine telle qu'elle est à l'œuvre dans la « philosophie de la nature » est paradoxalement l'expérience de la fabrication d'instruments et d'œuvres d'art, donc de la manufacture au sens littéral.

Une des façons de conduire la déconstruction, de la physique d'Aristote afin de pouvoir remonter au-delà de sa notion d'*arché*, c'est donc de montrer que les différences spécifiques « mouvement physique » et « mouvement technique » n'épuisent pas les phénomènes qu'il appelle naturels. Quel est le facteur résiduel qui demeure ? Il arrive à Aristote d'entendre *physis* littéralement comme éclosion, venue à la présence. Alors le point de vue du faire, du « rendre présent », s'efface derrière l'émergence à la présence – émergence des plantes aussi bien que des ouvrages. Dans ces textes, la distinction entre deux types d'*arché* disparaît *parce que* la pré-compréhension cinétique de la nature disparaît. Le mot *arché* ne se rencontre pas dans les passages où *physis* est compris à partir du verbe *phyein,* venir à la présence [27].

L'origine comme commencement et commandement n'est qu'un dérivé de cette compréhension verbale plus primitive, préservée même dans le latin (*oriri* – origine ; *nasci* – nature). Aristote, donc,

---

p. 767 ; = WzM n° 551), mais encore quand il ramène ce parti pris d'apparence objectiviste à ce que Nietzsche appelle une projection anthropomorphique (« en somme, un fait n'est ni causé ni causant ; la cause est une faculté d'agir inventée et surajoutée au phénomène », *ibid.*).

27   Les remarques de Heidegger sur le participe *phyon* (VA 267–273 / EC 324–330) doivent être lues en un strict parallèle avec celles sur le participe *eon* (VA 242 sq. / EC 292-294). Dans un cas comme dans l'autre, l'usage des mots clefs présocratiques est à double sens : ils peuvent s'entendre de la substance, et alors le participe est nominal, ou de l'action, et le participe est verbal. *Phyon* et *eon* comme participes nominaux produisent la « physique » et l'« ontologie » aristotéliciennes ; mais comme participes verbaux, ils produisent des expressions aussi anti-métaphysiques que *ousia physis tis,* « l'être de l'étant est quelque chose comme une éclosion » (cf. Wm 369 / Q II 273), et *to ti èn einai,* « cela que quelque chose était », *Métaphysique* VII, 4 ; 1029 b 13–14 (cf. G A *55* 56 sq. et 73). À la fin de son interprétation de *Physique* B, 1, Heidegger oppose ces deux compréhensions de la *physis,* nominale et verbale, en tant que *arché kinéseôs* et *kinésis* (au sens premier de venue, *genesis)* (Wm 368 / Q II 272 sq.).

parce qu'il parle grec, sauvegarde comme malgré lui une trace de la compréhension présocratique de l'origine comme *phyein,* comme montrer-cacher [28]. Mais cette fidélité intermittente à ses prédécesseurs s'efface, dans les textes et plus encore dans la tradition, au profit du lien entre physique et recherche des causes, entre la découverte des choses comme constamment présentes et la fortune philosophique de la notion d'*arché.* « *Arché* n'est pas un concept directeur pour l'être, mais ce terme est seulement *issu* de la détermination grecque originaire de l'être [29]. »

§ 14. Le concept téléocratique d'arché

« *Ho tektôn* est le pro-ducteur, celui qui institue et impose quelque chose, qui amène quelque chose dans le non-voilé et le pose dans l'ouvert. Cette production qui institue, c'est l'homme qui l'accomplit, par exemple en construisant, en taillant, en sculptant. Dans le mot "architecte" se trouve *ho tektôn.* D'un architecte – *arché* d'un *tekeîn* – quelque chose émane à la façon d'un projet et demeure guidé par lui, par exemple la production d'un temple [30]. »

Une autre façon de conduire la déconstruction de la notion cinétique d'*arché* est de localiser son antonyme, *telos :* dans quelle région de phénomènes parle-t-on de fins à réaliser ?

Comme le montre le texte cité ci-dessus en exergue, *arché* et *techné* (ou le verbe correspondant, *tekeîn*) vont de pair. Le *telos,* la fin comme achèvement d'un processus, ne guide d'abord ni les rapports avec autrui, ni ceux avec une œuvre d'art – à moins que ce ne soit justement dans la production de celle-ci. Le caractère « technique » de la problématique de l'*arché* est ici encore patent : le *telos* est ce que l'architecte perçoit avant même de se mettre au travail et qui le guide tout au long de la construction. Le fabricant possède la *techné,*

---

28 « *Genesis* et *phthora* sont à penser à partir de la *physis* et au sein de celle-ci : en tant que modes de l'éclosion et du déclin », c'est-à-dire comme dévoilement et voilement (Hw 315 / Chm 278).

29 GA 9 124.

30 GA 55 201.

le savoir-faire, s'il ne perd pas de vue l'idée initialement perçue et s'il sait comment y conformer le matériau sous la main. La notion de *techné* est ainsi une « notion de connaissance [31] » : elle indique qu'on sait rendre une fin, vue d'avance, présente dans le produit. On réalise des fins avec du maniable. N'importe quoi, bien sûr, peut devenir maniable. Et n'importe quoi l'est peut-être de fait devenu, en raison de l'accent exclusif placé sur la fabrication depuis les débuts de la métaphysique occidentale. Cependant, la notion de *telos,* comme celle d'*arché,* n'a son site de compétence que dans la région de la mainmise. La connaissance « technique » est celle qui se fixe, qui met la main, sur un *eidos.* Par le couple *arché* et *telos,* la « pro-duction » cesse définitivement de signifier « adduction dans l'ouvert » et coïncide désormais avec la « fabrication », avec l'adduction eidétique.

« L'*eidos* doit par avance être en vue, et cet aspect préalablement perçu – *eidos proaireton* – est la fin, *telos,* en laquelle la *techné* s'y connaît [32]. » Quand le produit est « fini », il sera visible, posé devant le regard qui d'abord s'était déjà posé sur l'idée. Ainsi la fin du devenir est d'une certaine façon son commencement : le marbre ne deviendra temple que si au départ l'architecte a saisi l'apparence, la figure, à lui conférer. Quand l'artefact se présentera « en sa fin » (*en-telecheia*), quand il sera pleinement mis « en œuvre » *(en-ergeia),* l'*eidos* sera arrivée à la présence constante.

À partir de là, le devenir est compris par Aristote comme l'adduction par laquelle l'*eidos* est amené à se rendre entièrement et durablement visible. Dire d'une chose qu'elle est en devenir, c'est dire qu'elle est en route vers la présence constante. Ce pour quoi ou en vue de quoi *(hoû héneka)* le devenir s'accomplit est l'œuvre : « La fin est l'œuvre [33]. » La fin du travail d'architecte est l'édifice complété. Aussi Aristote dit-il que l'œuvre, la fin de la fabrication, est meilleure que l'activité par laquelle elle a été amenée à être. Le bien, ici, est le produit, non la production. Engager une chose à devenir, c'est l'engager à exposer en permanence ce qu'elle est en elle-même, son *eidos.* Cette disponibilité visible de l'*eidos* est le bien vers lequel tend

---

31 Wm 321 / Q II 197 et GA *55* 369.

32 Wm 321 / Q II 197. « *Telos* n'est ni la cible, ni le but, mais la fin dans le sens de la complétude qui détermine l'essence » d'un produit (Wm 321 / Q II 198).

33 *Métaphysique* IX, 8 ; 1050 a 21.

le faire humain sous ses nombreuses figures. Quand elle est parvenue à la permanence visible, la chose a pris pleinement possession de son *eidos*. « Voilà pourquoi le mot *energeia* est dit à partir de l'œuvre et se rapporte à la pleine possession de la fin *(entelecheia)* [34]. » Quand le produit a son « aspect final », il est une œuvre, il se tient fermement et constamment dans sa fin.

Ainsi se comprend l'étrange identification de l'*arché* et du *telos* chez Aristote : « Tout ce qui vient à être se meut vers une *arché*, c'est-à-dire son *telos* – en effet, ce en vue de quoi une chose est, c'est son *arché*, et la genèse est en vue du *telos* [35]. » Considéré en lui-même, le mouvement ne possède pas encore sa fin. Il est *a-telès*, « il apparaît comme une sorte de mise en œuvre, mais qui n'a pas encore atteint sa fin [36] ». Comme l'*eros* platonicien, donc, le devenir est fils de pauvreté et d'invention : il est pauvre de sa fin, et il invente l'*energeia* pour y parvenir. Mais si la fin n'était pas déjà donnée au départ comme *hoû héneka* (« ce pour quoi »), il n'y aurait pas de devenir du tout.

Le langage dans lequel Aristote traite de la fin dans la *Métaphysique* prête, il faut le dire, à confusion dans la mesure où *energeia* désigne tantôt l'entéléchie [37], tantôt l'acheminement vers l'entéléchie. Cette ambiguïté est levée dans l'*Éthique à Nicomaque* par la distinction entre *poiesis* et *praxis* [38]. Dans la *poiesis*, le faire, la mise en œuvre

---

34 *Ibid.*, 1050 a 22 sq. Selon R. Hirzel, « Über Entelechie und Endelechie », *Rheinisches Museum, Neue Folge* 39 (1884), p. 169–208, il y a deux étymologies possibles du mot *entelecheia* : ou bien il est composé de *enteles* (ou *entelôs*) et *echein* « avoir la plénitude », ou bien il l'est de *en, telos* et *echein*, « avoir la fin en soi ». Dans l'un et l'autre cas cependant, l'entéléchie, si elle est pensée à partir de l'*eidos*, signifie que le devenir s'accomplit, s'achève, dans la substance entièrement faite, « finie » au sens où elle a sa fin en soi et qu'elle l'a pleinement.

35 Aristote, *Métaphysique* IX, 8 ; 1050 a 7 sq. ; cf. *Éthique à Nicomaque*, VI, 2 ; 1139 a 32 sq. et la remarque sur ce texte VA 53 / EC 58.

36 *Hé te kinésis energeia men tis einai dokei, atelès de, Physique* III, 2; 201 b 31s, traduction de Heidegger Wm 355 sq. / Q II 249.

37 « Ainsi la pleine mise en œuvre est l'œuvre », *ibid.*, 1050 a 22 ; *telos d'hè energeia*, « la fin est la pleine mise en œuvre », *ibid.*, 1050 a 9 ; en tant qu'identique à l'*entelecheia*, l'*energeia* (les scolastiques traduisent « actualité ») s'oppose à la *dynamis* (« potentialité »), par exemple *ibid.*, IX, 7 ; 1048 b 35 sq. La *dynamis* est le « pas encore » de la présence ; c'est la présence pour autant qu'elle est prête à devenir constante et visible.

38 Aristote, *Éthique à Nicomaque*, VI, 4 ; 1140 a 2.

précède l'œuvre comme la construction précède l'édifice. Mais dans la *praxis*, l'agir, la mise en œuvre est elle-même la fin. Il y a donc deux sortes de *tele* : « certains sont des activités (*energeiai*), d'autres sont des œuvres (*erga*), séparées des activités qui les ont produites [39] ». Les premiers résident dans l'agent lui-même, et alors l'*energeia* est « autarcique », tandis que les seconds sont en dehors du fabricant, et l'*energeia* reste incomplète. Mais bien qu'Aristote considère l'agir supérieur au faire [40], le vocabulaire de fin ainsi que le mot, par lui forgé, d'*energeia* montrent qu'ici encore le schème paradigmatique de la compréhension de l'*arché* et du *telos* est la production. La notion d'*arché* s'avère ainsi généralement cinétique et plus spécifiquement technique. Le primat de la production apparaît clairement dans les textes où la distinction entre la fin extrinsèque de la fabrication et la fin intrinsèque de l'action n'est pas encore tirée [41]. La vue qui se pose sur l'*eidos* à produire est « dominée » par le *telos* tant que celui-ci reste inachevé, tant qu'il est en avant, à poursuivre. Dans les fins de l'action, en revanche, – une fois que, dans l'*Éthique à Nicomaque*, elles sont distinguées de celles de la fabrication – l'élément de domination n'est plus du tout décisif. La fin de l'agir lui est immanente [42]. La découverte que le *telos* « règne », « commande », et par là exerce la fonction d'*arché* – la découverte de la téléocratie – est faite à propos de la substance sensible : il règne sur l'*energeia* en tant que mise en œuvre. Que les magistrats, rois et tyrans soient nommés sous la même rubrique que les arts architectoniques ne peut confondre qu'un esprit moderne. Pour Aristote, la domination politique n'est qu'un cas de

---

39 *Ibid.*, I, 1 ; 1094 a 3–6.

40 Seul l'agir rend « autarcique », et notamment l'agir politique, *Éthique à Nicomaque*, 7 ; 1097 b 8–12.

41 Ces deux types de fins restent mélangés par exemple dans le catalogue, déjà cité, des espèces *d'archai*, *Métaphysique* V, 1 ; 1012 b 34–1013 a 23, et *ibid.*, IX, 8; 1050 a 7–15.

42 Cette théorie aristotélicienne de l'immanence de la fin dans l'agir a été résumée, on ne peut plus succinctement, par Hannah Arendt, *Crises of the Republic*, New York, 1969, p. 203 : « acting is fun ». L'action, écrit-elle, est traditionnellement décrite comme poursuite du bonheur ; or, agir, c'est déjà le bonheur. Voir aussi du même auteur, « Action and the "Pursuit of Happiness" », *Politische Ordnung und menschliche Existenz*, Festgabe E. Voegelin, Munich, 1962, p. 1–16.

cette domination qui apparaît « surtout [43] » dans le savoir-faire de l'architecte. Le schéma téléocratique s'applique à l'action seulement dans la mesure où celle-ci est encore vue comme un devenir : les magistrats « meuvent » la cité parce qu'ils sont eux-mêmes « mus » par l'idée qui en est la fin. On voit pourquoi l'architecture reste l'art paradigmatique : en elle s'observe le plus clairement l'anticipation de la fin par laquelle Aristote comprend l'origine. Le fini est l'achevé, et l'achèvement comme processus est régi par la fin « prévue », par l'aspect fini du produit. Voilà comment *arché* domine : en anticipant le *telos*. La fabrication est le cas *kat' exochén* où l'anticipation de la fin règne sur le devenir. Le noyau de la philosophie occidentale est ainsi une métaphysique de la manufacture, du *manu facere*, qui trace les déplacements de l'idée : d'abord dans la vision du manufacturier, puis imprimée dans le matériau disponible, et s'offrant à la vue de tous, enfin, dans le produit fini. Comme origine, le *telos* « ne met pas fin à la chose, mais à partir de lui elle commence au contraire comme ce qu'elle sera après la fabrication [44] ».

Or, avant que l'origine ne soit conçue par Aristote comme ce qui commence et commande la production, que celle-ci soit humaine ou naturelle, l'origine ne semble pas avoir été comprise comme sise dans la région phénoménologique du maniable. Le fragment d'Anaximandre cité plus haut parle de *genesis*, naissance, et de *phthora*, déclin. Si en ces mots Anaximandre a parlé de la *physis*, ce n'est pas pour comparer la naissance et la corruption des choses animées au processus de manufacture. Et si Anaximandre a pensé l'origine quand il parlait des événements de naissance et de déclin dans la « nature », ce n'était pas sur le modèle de la causalité. Ayant échappé à la scolarité obligatoire du *Grundbuch* de la philosophie occidentale, le schème déterminant de sa pensée n'a pu être « archéologique », mais seulement « an-archique ». Comparée à celle d'Aristote, la compréhension présocratique de l'origine est anarchique au sens où elle ne fixe pas conceptuellement un *eidos* à partir duquel les étants sensibles prennent leur commencement et sont régis, mais considère plutôt leur simple venue à la présence. « Venue » ou « commencement » (*genesis*) : si c'est en ces

---

43 Aristote, « Malista », *in Métaphysique* V, 1 ; 1013 a 14.

44 VA 17 / EC 14.

termes qu'il convient de comprendre l'origine, elle ne pourra plus être représentée comme *arché* des choses matérielles ; elle sera délogée du site des objets maniables ; et de ce fait, la notion de domination ou de commandement perdra sa place centrale en philosophie.

Le concept aristotélicien d'*arché* s'avère donc être aussi ambigu que celui de *physis* [45]. L'exemple de l'artisan est paradigmatique pour l'un et l'autre. Néanmoins, l'*arché* est loin d'être l'homme lui-même qui fabrique : elle est ce que l'homme ne doit jamais perdre de vue quand il fabrique. Par là cette notion inaugure ce qui sera l'humanisme métaphysique [46]. Ce n'est pas l'homme qui domine le devenir qu'est la fabrication, ou encore l'administration publique, mais l'idée. Un universel, donc, commence et commande chaque fois un processus concret dans le domaine de l'art, de la science, du devenir, et de l'être. L'*arché* n'est pas un étant, humain ou divin : en cela, je l'ai dit, Aristote reste fidèle à ses prédécesseurs. En effet, cette notion n'est pas non plus onto-théologique [47] : elle ne désigne pas un être suprême qui crée et gouverne le changement, mais le trait commun aux différents types de causes.

La métaphysique, dans ces conditions, est-elle la généralisation de schèmes de pensée appropriés seulement à *une* région de phénomènes, les artefacts ? Est-ce par une telle extrapolation indue qu'à la question : « Qu'est-ce que l'être ? », Aristote répond finalement par une science de la composition de la substance sensible et des changements qui l'affectent ? « Changer », « être en devenir » ou « en mouvement », c'est d'abord pour lui, être fabriqué. On comprend ainsi comment s'amorce le revers de l'histoire qui placera dans la position d'origine un constructeur, d'abord divin, puis humain. C'est la nouveauté du concept, sinon du mot, *arché*, chez Aristote qui prépare les doctrines onto-théologique et onto-anthropologique dans lesquelles l'origine devient le prédicat d'un étant.

---

45 Voir ci-dessus p. 139, n. 27, et Hw 298 / Chm 264.

46 Les différentes variantes de l'humanisme « s'accordent en ce que l'*humanitas* de l'*homo humanus* est déterminée en référence à une interprétation déjà fixe de la nature [...] le trait propre de toute métaphysique consiste en ce qu'elle est "humaniste" » (Wm 153 / Q III 86 sq., cf. Wm 141 / Q II 160).

47 Chez l'évangéliste Jean elle est onto-théologique, puisque l'*arché* y désigne Dieu.

2
Princeps et *principium* : le temps oublié

« Nous ne songeons même pas à nous demander où il y a quelque chose tel que des axiomes, des principes, et des propositions premières. Les principes – cela semble être une affaire de la raison [48]. »

« *Principium* » traduit en latin l'*arché* grec. Depuis Cicéron [49] jusqu'à Leibniz [50], ce terme latin fait partie intégrante de la métaphysique des causes et en cela rend fidèlement l'orientation donnée par la *Physique* d'Aristote. Mais de Cicéron à Leibniz, le sens de ce mot n'est pas resté invariable [51]. Aussi, à regarder de plus près le « principe de raison » formulé par Leibniz [52], une difficulté remarquable apparaît-elle : dans le titre « principe de raison », ce n'est pas le mot « principe » qui traduit *arché*, c'est le mot « raison » – *nihil est sine ratione*. Le « principe de raison » semble alors revenir à une simple tautologie : « principe de l'*arché* », « principe du principe »... De l'*arché* comme élément primordial constitutif des substances sensibles, nous sommes passés au *principium* comme proposition évidente [53] dont dérivent d'autres propositions, non évidentes en elles-mêmes. Toute chose a un prin-

---

48 SvG 42 / PR 76.

49 « *Causam appello rationem efficiendi* », *Oratoriae Partitiones*, n. 110 (cité SvG 166 / PR 216). On traduit habituellement : « J'appelle une "cause" la raison d'une effectuation. » Heidegger, en revanche, traduit *efficere* par « produire », *hervorbringen*, et *ratio* par « compte », *Rechnung*. « J'appelle une "cause" ce qui rend compte d'une production. » On verra les motifs de cette traduction.

50 Le « *principium grande* » dit : « *Nihil est sine ratione seu nullus effectus sine causa* » (cité SvG 43 / PR 77).

51 Par exemple : « On accepte sans plus d'examen que la proposition "*cogito sum*", avancée par Descartes lui-même comme étant "la première et plus certaine", soit une prémisse et un "principe" dans le sens traditionnel, la majeure suprême, en quelque sorte, pour toutes les conclusions. Cependant [...] ce qui est "fondement" et "principe" dorénavant, c'est le *subiectum* au sens de la représentation se représentant elle-même » (N II 167 / N ii 135).

52 Louis Couturat, *Opuscules et Fragments inédits de Leibniz*, Paris, 1903, p. 515.

53 C'est encore Cicéron qui introduit le mot « *evidentia* » dans le langage philosophique latin, traduisant par là *enargeia*, « présentation claire », terme technique de la rhétorique grecque, *Academica*, ch. 2, n. 17. C'est lui qui ouvre l'époque de la philosophie latine.

cipe (entendu comme *arché*), voilà mon grand principe (entendu comme proposition première et évidente). Cette ambiguïté, si elle est affrontée clairement, suggérera tout autre chose que la transition du monde culturel grec au monde latin. L'embarras de traduire une notion métaphysique par une autre notion métaphysique révèle peut-être cet autre embarras (l'enclos fait de barres) dans lequel se meut la métaphysique de l'origine en général. La surdétermination du concept latin de *principium*, si elle est déconstruite topologiquement, indiquera quelque chose de la manière dont l'origine s'est manifestée à l'époque de la philosophie latine. À la fin de cette époque, le *principium* devient une loi de l'esprit : le « premier à partir de quoi » les choses surgissent et sont régies est alors une première vérité *conçue* par la raison et formulée comme prémisse. La surdétermination qui progressivement restreint l'*arché* jusqu'à ce qu'elle apparaisse finalement comme loi évidente, indique une histoire de la présence, une histoire de l'origine en tant que venue à la présence. Les choses viennent à la présence différemment lorsque le *principium* est Dieu [54] et lorsqu'il est une proposition.

La déconstruction phénoménologique de cette histoire vise à « réduire » la spéculation sur les principes, à des modalités de la présence. Ainsi pour ce qui est de Leibniz, nous pourrons « entendre le principe de raison d'une double manière : soit comme proposition suprême sur les étants, soit comme adresse de l'être [55] » – c'est-à-dire, soit comme principe logique, soit comme principe époqual.

---

54 Les versions latines du Nouveau Testament traduisent tout naturellement *arché* par *principium*, par exemple Jean 1, 1 et 8, 25. Ce dernier texte surtout (« Ils dirent alors : "Toi, qui es-tu ?" Jésus leur répondit : "Ce que je ne cesse de vous dire depuis le commencement." » Mais la Vulgate porte : « *Principium, qui et loquor vobis* », Je suis le Commencement, le Principe, qui vous parle) a donné lieu aux spéculations patristiques identifiant le *principium* à Dieu, par exemple saint Augustin, *De Trinitate*, V, chap. XIII, 14 où les trois Personnes divines sont appelées un seul principe : « *Unum ergo principium ad creaturam dicitur Deus, non duo vel tria principia.* » Voir la note complémentaire n. 37 dans *Bibliothèque augustinienne, Œuvres de saint Augustin*, vol. 15, Paris, 1955, p. 586.
55 SvG 118 / PR 160.

§ 15. Du principe des essences au principe des propositions

« Le fondement exige d'arriver à se manifester de telle sorte que dans le domaine de cette exigence tout apparaisse comme une suite, que tout doive être représenté comme une conséquence [56]. »

La notion complémentaire d'*arché* est *telos* ; la complémentaire de « principe » est tout autre : c'est la suite, la conséquence, le dérivé [57]. En changeant d'univers linguistique, le concept d'origine change de stratégie. L'origine commence et commande, non plus un *devenir*, mais un *ordre* hiérarchique. Le modèle d'un tel ordre se trouve, il est vrai, chez Aristote lui-même [58] ; mais dire « principe » au lieu d'*arché*, c'est étendre l'ordre des dérivés au-delà du simple cas de la substance et des accidents. *Principium* en vient ainsi à désigner la cause suprême de toutes choses [59]. À partir de là, les applications possibles de l'ordre constitué par un principe et par ses dérivés foisonnent : on appelle *principium* une loi du raisonnement [60], le fondement d'une science [61], une norme pour la conduite de la vie [62], une loi

---

56 SvG 54 / PR 88.

57 Déjà dans *Traité des catégories et de la signification chez Duns Scot*, Heidegger s'efforçait de tracer les « différenciations de sens » du concept de principe : tout comme celui de cause, écrivait-il alors, il « désigne quelque chose dont un autre est issu, et par quoi il reçoit consistance » (FSch 198 / TCS 81). Le mot « principe », « appliqué à des rapports logiques, veut dire "raison", et dans le domaine de la réalité naturelle, "cause" » (FSch 276 / TCS 163).

58 *Métaphysique* VII, 1 ; 1027 a 31–34 où l'*ousia* est appelée *arché* des accidents. Chez Aristote lui-même ainsi que dans sa lecture des Éléates, *arché* désigne encore l'une des quatre causes (Wm 336s / Q II 218s), ou la causalité en général (Wm 316 / Q II 189 : « *das Urtümliche* », « le primordial »).

59 Les titres patristiques et scolastiques où l'être suprême est appelé « origine » abondent : par exemple Origène, *Péri Archôn* ; Bonaventure dit que la créature, « de par son imperfection, a sans cesse besoin de son principe, et le premier principe, de par sa mansuétude, ne cesse de s'épancher en elle », *Breviloquium*, V, II, 3.

60 Voir par exemple l'Analytique des *Grundsätze* dans la *Critique de la raison pure* de Kant.

61 Après Descartes, écrire des traités sur les « principes » d'une science est devenu une véritable tradition : principes de la philosophie (Descartes), de la nature et de la grâce (Leibniz), des mathématiques (Russell), de l'économie politique (Ricardo), de la psychologie (W. James), etc.

62 « Agir selon des principes », Kant.

de l'inconscient collectif ou individuel [63], et bien d'autres variations encore du moderne « principe de tous les principes », à savoir « la subjectivité absolue [64] ».

Voilà autant de « ponctuations [65] » dans la déconstruction phénoménologique des doctrines de l'origine. Mais deux textes clefs surtout témoignent de cette transition vers l'ordre : les premiers paragraphes du *Traité du premier principe* de Duns Scot, et quelques courts paragraphes de la *Monadologie* de Leibniz. À l'apogée médiéval de la pensée latine, chez Duns Scot, l'ordre dérivé d'un premier est un ordre fait d'étants qui reçoivent leur cohésion de la substance divine ; à la fin de l'époque latine, chez Leibniz, c'est un ordre fait de propositions qui reçoivent leur cohérence de la subjectivité humaine [66].

Qu'appelle-t-on une conséquence ? Assurément une suite, un dérivé, quelque chose qui vient après. Après quoi ? Après le *principium*

---

63 Par exemple le « *performance principle* » de Herbert Marcuse, *Eros and Civilization*, New York, 1962, p. 81 sq. ; ou Ernst Bloch, *Das Prinzip Hoffnung*, 2 vol., Francfort, 1959.

64 SD 70 / Q IV 124.

65 C'est ainsi que Nietzsche semble traduire l'*epéchein* stoïcien, *Werke, op. cit.*, t. III, p. 685 (= WzM n° 715).

66 Bien sûr, *principium* a toujours désigné aussi des règles de la pensée formulées en propositions, mais la compréhension propositionnelle des principes n'en vient à prédominer qu'avec l'essor de la subjectivité moderne, à laquelle elle est, du reste, intimement liée. Le texte cité ci-dessus en exergue décrit le rapport entre le fondement et ses conséquents comme étant l'affaire de la représentation : « tout doit être représenté comme une conséquence ». Le sujet est principe pour autant qu'il « rend présent à nouveau ». Chez Heidegger, ce rapport à la subjectivité représentante avait trouvé une première expression, dans sa thèse d'habilitation sur Duns Scot, à l'aide de la philosophie des valeurs de Heinrich Rickert : un jugement, dit Heidegger alors (FSch 212 / TCS 99), tout comme un principe (FSch 254 / TCS 145) « vaut », *gilt*. Plus tard il écrit que Dieu lui-même « est traversé par le *principium rationis* : le domaine de validité du principe de raison comprend tous les étants jusqu'à leur première cause, celle-ci incluse » (SvG 53 / PR 87 sq.). Avant le revers de l'histoire qui institue la subjectivité comme tribunal sur les propositions, les principes ne sont pas, ne peuvent pas être « évalués », jaugés explicitement selon leur validité pour le juge que nous sommes. Subjectivité et valeur arrivent ensemble sur la scène philosophique : « La valeur semble exprimer que dans la position prise à son égard on apporte soi-même ce qu'il y a de plus valable » (Hw 94 / Chm 91). Ce qui a valeur au premier chef pour la subjectivité, une fois qu'elle s'est explicitement constituée comme tribunal de la vérification, c'est un principe formulé en proposition.

justement, qui, comme le mot l'indique, est *id quod primum cepit,* ce qui a saisi ou pris d'abord ; ce qui « comprend » au premier chef et qui, de cette façon, occupe la première place dans un ordre de rangs ou de grades [67]. Les caractéristiques de la notion médiévale de *principium* qui intéressent la déconstruction phénoménologique des métaphysiques de l'origine, ne sont pas propres à l'école scotiste. Mais cette notion, par sa réciprocité avec celles d'ordre et de dépendance, apparaît, chez Duns Scot, comme le modèle même de la compréhension médiévale de l'origine, où le temps est nié.

Le traité commence par une invocation : « Que le premier principe des choses m'accorde de croire, de savoir et de professer ce qui plaît à sa majesté [68]. » On ne saurait être plus clair : l'origine, c'est la majesté divine. Mais pourquoi Dieu est-il appelé « principe » par Duns Scot ? Il y a, certes, la tradition johannique ainsi que la résonance arabe [69] de ce terme ; mais la raison proprement philosophique de la compréhension de l'origine comme principe doit apparaître par la mise en œuvre de ce concept lui-même. Dans les lignes qui suivent, Duns Scot définit le « principe » par son corrélat, « l'ordre essentiel [70] ». Comme chez les Grecs, l'origine est origine « de » quelque chose. À l'*arché* succédait le devenir : au principe succède l'ordre. Ainsi le temps est-il oublié.

L'ordre tel qu'il est compris par Duns Scot a son modèle dans la métaphysique aristotélicienne – non du devenir, mais de l'analogie prédicamentale [71]. Où règne un ordre, le multiple se trouve référé à un premier, et on ne peut plus parler d'une diversité pure et simple. L'ordre commence quand le principe commande. Ainsi la substance

---

67   SvG 35 / PR 68 sq.

68   « *Primum rerum principium mihi ea credere, sapere ac proferre concedat, quae ipsius placeant maiestati* », I, I (cette numérotation est celle de l'édition Vivès, Paris, 1891, vol. IV, p. 712 sq.).

69   Selon Étienne Gilson, *Jean Duns Scot, Introduction à ses positions fondamentales,* Paris, 1952, p. 33 sq., 158, 256, 327, le vocabulaire de « *primum* » et « *principium* », chez Duns Scot, remonte à Avicenne.

70   « *De ordine essentiali tamquam de medio fecundiori primo prosequar* », I, 2 ; « Je veux partir d'abord de l'ordre essentiel comme de l'élément le plus fécond. » Comme Heidegger, dans FSch 131s / TCS *passim,* s'attache aux problèmes logiques soulevés par la notion d'ordre, il ne traite pas de l'ordre essentiel.

71   FSch 197–200 / TCS 80–82.

impose son ordre aux accidents, et Dieu, dans la métaphysique de Duns Scot, impose son ordre aux étants. Pour qu'il y ait ordre dans le multiple, ses constituants doivent non seulement être référés à un pôle unique, mais celui-ci doit encore être hétérogène par rapport aux composants. Sinon il n'y aurait pas d'ordination. Strictement parlant, dans une telle référence du multiple à un premier, seul le dérivé doit être appelé « ordre ». De là la subdivision : « L'ordre essentiel se divise, semble-t-il, d'abord en ordre de prééminence et en ordre de dépendance [72]. » Quel est le critère de cette distinction ? « Est antérieur selon la nature et l'essence ce qui peut subsister sans ses conséquences [73]. » Si les rapports de l'accident à la substance se laissent appliquer au créé et à sa cause – élargissement de perspective qui aurait sans doute plongé Aristote dans la perplexité –, c'est que, dans l'un et l'autre cas, le pôle d'ordination subsiste par lui-même et que ce qui est ordonné à lui ne subsiste que par lui. Si le langage de l'ordre s'applique au « premier principe des choses » en lui-même, ce ne pourra être que dans un sens pour nous inconnaissable, prééminent justement. Pour nous, parler de l'ordre ce sera d'abord parler de l'ordre de dépendance : le monde est ordonné à Dieu, mais Dieu ne fait pas partie de cet ordre ; il est éminent, c'est-à-dire hétérogène par rapport à l'ordre dont il est cependant le principe. Le concept d'*ordo dependentiae,* dans Duns Scot, est donc plus rigoureux que celui d'*ordo essentialis,* qui représente le principe et son dérivé comme les deux membres mis en rapport.

---

72 « *Ordo essentialis videtur primaria divisione dividi [...] in ordinem eminentiae et in ordinem dependentiae* », I, 4.

73 « *Prius secundum naturam et essentiam est quod contingit esse sine posteriori* », *ibid.* Ce texte est placé par Duns Scot sous une référence à Aristote, Métaphysique V, 11 ; 1019 a 1–4 : « Certaines choses sont dites antérieures selon la nature et l'essence, à savoir toutes celles qui peuvent exister indépendamment d'autres choses, tandis que les autres choses ne peuvent exister sans elles – distinction déjà utilisée par Platon. » Pierre Aubenque note à propos de cette référence d'Aristote à Platon : « On ne connaît pas de textes platoniciens qui contiennent expressément cette définition de l'antérieur », *Le Problème de l'être chez Aristote, op. cit.,* p. 46. Duns Scot répète après Aristote que l'antériorité du principe est établie, de la sorte, « *testimonio Platonis* ». Mais si cette référence est obscure chez Aristote, elle est douteuse chez Duns Scot : l'antériorité « selon la nature et l'essence » telle qu'elle est opératoire au sein du concept d'ordre essentiel, présuppose une perspective créationniste.

Parler d'un ordre « essentiel », c'est dire que les rapports qui le régissent ne sont ni accidentels, ni irréels. Tout ordre métaphysique est un ensemble de relations ; et toute relation métaphysique est faite d'un « sujet », d'un « terme », et d'un « fondement ». Le changement de consistance que subit un morceau de cire dans ma main est ordonné « essentiellement » à la chaleur de ma paume : la cire n'est molle que tant qu'elle reste exposée à la chaleur de mon corps. La dépendance d'un fils à l'égard de son père, en revanche, est « accidentelle » : que le père meure, le fils peut néanmoins continuer de vivre. Dans le premier cas, le sujet et le terme sont liés par un fondement réel, la chaleur, dans le second cas, par un fondement de raison, la filiation bien que le fils soit « postérieur » au père et lui doive son existence [74].

Un ordre essentiel est maintenant un ensemble de relations prenant leur départ dans de nombreux sujets, les référant tous à un terme unique, et basées sur un fondement réel. Ce fondement, Duns Scot l'appelle une *res*, une chose [75]. Il n'est pas un troisième terme, mais l'*ad* qui incline les sujets vers le terme. Le fondement, le point de vue commun aux sujets et au terme, est situé dans la forme [76] et oriente les choses « naturellement [77] » à Dieu. La métaphysique aristotélicienne de la relation s'était bornée au *pros ti* référant une détermination à une substance [78] ; dans la spéculation théiste de Duns Scot, au contraire, les étants sont rapportés à quelque chose qui les précède

---

74 « *Relatio realis est simpliciter relatio, et relatio rationis secundum quid relatio* », *Opus Oxoniense*, I, dist. 29, n. 1 ; Editio Vaticana, vol. VI, 1963, p. 166. « La relation réelle est une relation tout court, tandis que la relation de raison n'est qu'une relation selon une façon de parler. » Cette distinction se complique, cependant, du fait que Duns Scot appelle aussi la relation de raison une « *res* ». Voir note suivante.

75 Jan Peter Beckmann, *Die Relationen der Identität und Gleichheit nach J. Duns Scotus*, Bonn, 1967, p. 69–74, a montré quatre acceptions du mot « res » chez Duns Scot : le non contradictoire, l'extra-mental, l'étant autonome, la substance. Toute relation est réelle au premier de ces quatre sens, mais l'ordre essentiel est fait de relations au dernier sens seulement.

76 Voir les textes cités *ibid.*, p. 44–47.

77 « *Dependentia essentialis est ad naturam* », IV, 97 ; « la dépendance essentielle se termine en la nature ».

78 *Topiques* I, 8 ; 103 b 20–25 ; *Catégories*, ch. II ; 1 b25–2 a 3.

en tant que substances soit parce qu'il est leur cause [79] soit parce qu'il est plus universel et plus simple [80].

Il est vrai que, chez Aristote déjà, les dix catégories, prises ensemble, forment un ordre. La substance est un principe d'ordre : en tant que cause des accidents, elle exerce un seul et même rôle à leur égard, qui est de les maintenir dans l'être ; elle fait partie de leur ordre, puisqu'elle est appelée la première des catégories, et elle transcende leur ordre, puisque ce ne sont pas eux qui la font être ; elle oriente et donne cohérence à tous les prédicaments ; enfin, elle fonde un ordre non seulement logique, mais réel, basé sur l'observation. Mais ce que l'empirisme d'Aristote ne permet pas de penser, c'est qu'un fondement de relation puisse s'appuyer sur l'*ousia* elle-même. C'est justement ce pas que franchit la notion scotiste d'ordre essentiel.

Les trois constituants de la relation se trouvent donc repris en une perspective plus vaste : les sujets sont des substances ; du principe, on vient de dire qu'il est un et simple, étant leur cause ; et la référence elle-même s'enracine, non pas dans quelque élément secondaire des choses, mais dans leur être. Si cet élément, l'être qu'elles ont en commun avec le principe, n'était pas partout identique, encore que différenciable, l'ordre n'aurait pas d'unité. Si cet élément était identique sans être différencié dans les sujets et le terme, chaque sujet jouerait le rôle de terme, et il n'y aurait pas d'unité non plus. Cet élément est donc le fondement analogique de l'ordre qui se retrouve, et dans les choses, et dans le principe. Étant analogique, il est aussi le critère « disjonctif » entre le principe et les constituants : ceux-ci ne le possèdent que partiellement, alors que le principe le possède infiniment. Quand Duns Scot maintient que l'essence, qu'il identifie en dernier ressort comme fondement d'ordre, est univoque, cela s'applique au concept logique d'essence : « Le domaine logique n'est pas analogique comme l'est celui du réel, mais univoque [81]. » L'essence qui est logiquement une et qui existe ontologiquement à des degrés

---

79 « *Patet enim quid causa et quid causatum et quod causatum essentialiter dependet a causa et quod causa est a qua dependet* », I, 5 ; « Ce qui est cause et ce qui est causé, ainsi que la dépendance essentielle du causé par rapport à la cause, et enfin que ce soit la cause dont celui-ci dépend, voilà qui est clair. »
80 Voir le raisonnement pour prouver l'unicité de la première nature, III, 35–37.
81 FSch 223 / TCS 108.

divers [82], est le milieu où les choses renvoient à Dieu comme à leur principe et où celui-ci termine cette référence. Autrement dit, toutes choses sont des modalités d'être diverses, ou des états [83], de l'essence qui appartient en propre au principe. À ne considérer que la notion de principe et celle, complémentaire, d'ordre conséquent, la compréhension de l'origine qui résulte de cette théorie privilégie nettement l'aspect de commandement sur celui de commencement [84] : le principe « fait » l'ordre.

Quand l'origine est comprise par Aristote dans le contexte du faire humain, les aspects inchoatif et directif de l'*arché* se tiennent en balance ; la production est un devenir sur lequel règne le *telos* perçu au départ comme *arché*. Mais des problématiques telles que celle de l'ordre essentiel immobilisent, pour ainsi dire, le devenir créateur en *gubernatio mundi*. Dans la pensée de l'ordre, le *Pantocrator* l'emporte sur le Créateur. La métaphysique du principe et de son dérivé, l'ordre essentiel, immobilise et établit comme réalité suprême l'*arché* découverte à propos du mouvement. Elle investit l'origine comme *princeps*, comme prince et gouverneur. Pour Aristote, l'analyse du changement était un discours sur l'origine parce que changer, c'était s'acheminer vers la pleine possession de l'idée. Au Moyen Âge, l'origine est toujours comprise à partir du changement, mais comme ce qui s'oppose à lui : elle est l'absolu opposé à toute contingence. Certes, de l'*arché* comme anticipation du *telos*, au « principe » comme anticipation du « terme », la forme de pensée demeure la même. Mais qu'on note les

---

82　La notion d'essence, selon Duns Scot ne se laisse pas comprendre par l'opposition entre nature universelle et substance individuelle. L'essence est indifférente à l'universalité et à la singularité. On le sait : c'est par un tel réalisme de l'essence que les disciples de Duns Scot s'opposent à ceux de Thomas d'Aquin. On connaît aussi la thèse d'Étienne Gilson sur l'« essentialisme » scotiste, opposé à l'« existentialisme » thomiste, par exemple *L'Être et l'Essence*, Paris, 1948, p. 121–140 et 297 ; *Being and Some Philosophers*, Toronto, 1949, p. 208.

83　Dans sa thèse sur Duns Scot, Heidegger exprime ce concept de hiérarchie, encore, en termes de valeurs : le principe est « ce qui est de plus haute valeur » *(das Höchstwertige*, FSch 202 / TCS 84). « Chaque objet de la réalité naturelle possède une valence *(Wertigkeit)* déterminée, un degré de son être-réel (FSch 203 / TCS 85).

84　La thèse, d'origine augustinienne, de la priorité de la volonté sur l'intellect, chez Duns Scot, n'est peut-être que l'expression d'une nécessité plus profonde par laquelle une ontologie de l'ordre doit représenter le principe comme « puissance », comme « imposant » l'ordination aux étants.

implications du passage d'Aristote à l'aristotélisme médiéval tel qu'il s'exprime au début de notre traité scotiste : la spéculation sur l'ordre du monde et sur son principe divin déplace la question de l'origine. Aristote parlait d'*arché* dans trois domaines : l'être, le devenir, la connaissance. En réalité, nous l'avons vu, il appliquait à l'être et à la connaissance une notion d'origine élaborée dans le domaine du devenir. L'analyse de celui-ci « était ce qu'il y a jamais eu de plus difficile à penser dans l'histoire de la métaphysique occidentale [85] », justement parce qu'elle a affranchi le terrain pour les développements métaphysiques jusqu'à nos jours ; qu'elle a jeté les bases pour la compréhension toujours régnante de la vérité. Duns Scot – et on peut dire qu'en cela il est représentatif de la philosophie médiévale comme d'une époque – s'empare de l'analyse cinétique non seulement devenue métaphysique, c'est-à-dire englobant tous les phénomènes, mais encore enrichie du dogme tiré de l'Exode [86]. La transition de l'ordre catégorial dont le principe est la substance sensible, à l'ordre essentiel, dont le principe est la substance divine – même si en tant que telle elle est inconnaissable [87] –, n'est donc pas une simple expansion innocente du *pros hen legomenon* : c'est, au sein des schèmes de pensée issus de l'observation, une nouvelle position époquale. Ce déplacement, d'une part réifie davantage l'origine [88], d'autre part suscite « l'illusion que la transformation qui s'est éloignée du déploiement initial de la métaphysique en conserve l'authentique assortiment de base et en même temps l'épanouit progressivement [89] ».

Si par cet « authentique assortiment de base » on entend la métaphysique de la causalité, alors la transmutation des schèmes de pensée se déclare magnifiquement chez Duns Scot. C'est qu'au regard de cette métaphysique, l'ordre essentiel apparaît comme un ordre fait de causes – causes secondes reliées, de plus ou moins près, à la

---

85   Wm 353 / Q II 245.

86   Exode 3, 14 : « Je suis celui qui suis. »

87   Sur l'incognoscibilité de Dieu en tant que substance chez Duns Scot, voir les textes cités par Gilson, *op. cit.*, p. 218–243.

88   La réification de l'origine commence avec l'équation entre *arché* et *ousia*, voir ci-dessus, p. 133, n. 6.

89   N II 410 / N ii 330. Ces remarques sont faites par Heidegger à propos de la traduction d'*energeia* par *actualitas* ; elles s'appliquent à l'ensemble de la métaphysique médiévale basée sur l'analyse causale du mouvement.

cause première qui est le principe, et recevant de lui leur caractère de causes. Duns Scot dispose, ici encore, d'un terme révélateur : *primitas*, primauté. Ce terme est introduit par lui dans le contexte de la réduction des différents types de causes à la première nature d'où ils émanent comme le « productible » émane du « productif ». Tandis que le principe est productif sans être lui-même produit, les causes, elles, sont *posterius effectivae* : à la fois produites par lui et productives d'effets plus distants de lui. « La triple primauté dans le triple ordre essentiel – d'efficacité, de finalité, et d'éminence – inhère à une seule et même nature actuellement existante [90]. » De la productibilité des choses, l'esprit passe ainsi à l'idée de productivité ; puis, de la multiplicité de ce qui est productif, c'est-à-dire des causes diverses, à l'unicité d'un productif par excellence. Du point de départ aristotélicien – tout ce qui est mû l'est, ou par lui-même, ou par un autre –, Duns Scot conclut ainsi à un premier qui soit non seulement moteur, mais qui soit cause *omnimoda.* L'ordre essentiel réunit deux types de causes : la « cause par soi » et les « causes essentiellement ordonnées ». Le principe est donc bien tel qu'il a le primat dans l'ordre causal. Voilà pourquoi Duns Scot doit parler de *primitas* à propos de sa compréhension de l'origine. Le principe a primauté parce que sa causalité est le nerf, pour ainsi dire, de tout ce qui est capable de fonctionner comme cause. La transmutation de la métaphysique des causes que Duns Scot opère, reste ainsi à l'intérieur de la région phénoménologique des étants disponibles ; bien plus, en identifiant l'origine au plus productivement présent, la métaphysique se campe dans cette région plus résolument que jamais [91]. De l'origine comme *arché* dans l'adduction à la présence constante, à l'origine comme *principium* dans l'ordre du constamment présent, l'absence disparaît de la pensée. Aristote, s'il ne pensait pas l'absence comme

---

90 Scot, *Tractatus de Primo Principio, op. cit.,* III, 40. L'expression *actu existens* en tant qu'elle signifie le *primum effectivum,* la cause la plus efficace, illustre la transmutation de l'*energeia,* « présence en tant qu'œuvre », en *actualitas,* « l'omni-présence » de la cause suprême (N II 416 / N ii 334).

91 L'« élément de construction » qui indique le mieux cette continuité entre l'onto-physique aristotélicienne et l'onto-théologie scotiste et médiévale, celui que Heidegger, depuis le début, semble avoir compris comme donnant l'unité à la métaphysique, est le rôle principiel joué par les quatre causes (FSch 267 / TCS 155).

léthé [92], pensait du moins l'absence de l'*eidos* dans le devenir. C'était même là l'essence du devenir : amener un *eidos* absent à se rendre présent en suivant « le nombre du mouvement selon l'antérieur et le postérieur [93] ». L'oubli de l'absence et l'oubli du temps, dans la métaphysique de l'ordre, montrent avec toute la clarté désirable ce que la compréhension médiévale de l'origine néglige par rapport à sa compréhension grecque et ce qu'elle en retient : elle néglige le commencement au profit du pur commandement ; elle perd de vue l'origine comme *incipit,* comme inchoation, pour fixer de son regard spéculatif l'origine comme pur *regnat,* comme règne et domination d'un « prince » – Duns Scot dit, « sa majesté ».

C'est que le site où l'origine peut se montrer comme commencement et commandement, la fabrication humaine, a perdu son rôle paradigmatique dans la constitution du savoir. Un autre site s'est comme superposé à lui et l'a rendu secondaire, dérivé justement : le domaine à partir duquel les médiévaux comprennent l'origine n'est plus le devenir physique, mais la *gubernatio mundi,* le gouvernement qu'un être suprême exerce sur toutes choses.

Ce qu'il importe alors de saisir, c'est comment, dans une telle représentation d'un Premier, l'idée d'un *primum* ou d'un *princeps* (le Pantocrator chez les chrétiens, ou le « puma » chez les Incas) se lie à l'idée de *principium* (la métaphysique de la relation chez Duns Scot, le système décimal chez les Incas) ; comment de la hiérarchie des êtres on passe sans rupture apparente à la hiérarchie des propositions ; comment, à la fin de l'époque latine, l'origine peut apparaître, non plus d'abord comme être suprême, mais comme proposition suprême ; comment, pour tout dire, le passage de Duns Scot à Leibniz ne fait qu'illustrer le double contenu phénoménal de l'origine entendue comme principe – règne d'un étant souverain, et règne d'une vérité évidente.

---

92 GA 55 365, cf. Hw 324 / Chm 286.

93 Cette réduction de l'*arché* au règne, telle qu'elle résulte de l'« oubli » du temps et de l'absence, indique, aux yeux de Heidegger, qu'une seule région de phénomènes continue de s'offrir à la pensée : la région des étants présents et dont la disponibilité constante est affirmée expressément par la notion d'actualité. De l'activité de l'artisan, la compréhension de l'origine glisse à l'actualité du Créateur (Hw 342 / Chm 302 ; N II 410–420 / N ii 330–337).

§ 16. *Du principe des propositions au principe époqual*

« Que l'homme se tienne et se meuve à la suite du principe de raison, voilà qui ne lui vient à l'esprit que sur le tard [94]. »

Le nouveau revers, quand l'ordre essentiel dominé par un *primum* se mue en ordre logique dominé par un *principium,* se reflète le plus clairement dans la *Monadologie* de Leibniz [95]. Parler d'un principe, ce n'est plus, désormais, camper son discours dans l'observation d'une trajectoire cinétique ni dans l'obéissance à une transmission religieuse ; c'est le camper dans le domaine où la connaissance humaine devient le problème principal, ou principiel. Cela ne veut pas dire que, pour Aristote ou les médiévaux, la connaissance n'ait pas fait problème. Qu'on note, cependant, la manière dont, traditionnellement, la connaissance devient pour elle-même une question, et le déplacement des champs paradigmatiques se montrera en toute netteté : chez Aristote, elle devient problématique pour autant que le savoir-faire, la *techné,* « accuse » *(kategorein)* les traits visibles d'un étant présent ; après Leibniz, en revanche, elle le devient à la suite d'un examen des jugements et de leurs formes [96]. La région exemplaire d'où émanent les intuitions directrices de la philosophie – la physique chez Aristote, la religion chez les médiévaux – devient pour Leibniz, et après lui, la logique. Les principes, dès lors, sont posés par l'esprit. Un principe est le point de départ, l'origine, d'un raisonnement : « cela posé », c'est-à-dire un principe étant admis, d'autres vérités s'imposent à l'esprit par voie de conséquence. La subjectivité moderne « pose » des principes et par là fait le fondement. La phénoménologie des revers de l'histoire est capable de décrire l'*horizon* de ce repliement du sujet sur lui-même [97].

---

94 SvG 14 / PR 44.

95 Je suivrai l'édition d'Émile Boutroux, Paris, rééd. 1968.

96 Commentant le passage de *Physique* II, 1 ; 192 b 16 sq., Heidegger oppose le sens préterminologique des catégories, chez Aristote lui-même, à leur sens propositionnel. Selon ce dernier sens, elles « doivent » être déduites, chez Kant, à partir des jugements (Wm 320–323 / Q II 195–201).

97 Nous n'aurons donc pas à poursuivre les deux lignes maîtresses selon lesquelles Heidegger interprète Leibniz, à savoir la compréhension de l'être comme volonté (N 145 et 68 sq. / N i 39 sq. et 58 sq. ; N II 342 / N ii 275 ; VA 114 / EC 132 ;

Leibniz entend bien établir, lui aussi, que du monde, tel qu'il existe, l'origine est Dieu. Mais comment l'esprit se garantit-il la fonction principielle de ce premier ? Dieu est la raison suffisante de ce monde, sa *ratio* explicative [98]. Matériellement, la monadologie, tout comme l'onto-théologie médiévale, reste bien théocentrique ; mais formellement, elle est centrée sur un ordre tout autre que celui des essences. Leibniz dit clairement que sans le *principium magnun*, sans le principe de raison suffisante, nous ne pourrions jamais démontrer l'existence de Dieu. À la question : « Qu'est l'origine ? », on n'a donc pas répondu de façon exhaustive quand on a désigné l'*ens originarium*. On pourrait dire, certes, que le principe de raison suffisante est premier dans l'ordre de la découverte, mais que Dieu reste premier dans l'ordre du fondement, ou du possible ; que Dieu, autrement dit, réalise suprêmement ce principe, qu'en tant que Dieu vivant il est ce principe qui n'est que la formulation abstraite de ce que lui est concrètement. Mais ce serait trop peu dire. Ce serait manquer le domaine qui a priorité pour les modernes, le domaine des propositions et de leur légitimité. Le principe de raison suffisante domine, en un sens, Dieu lui-même [99]. L'origine, telle qu'elle est comprise par Leibniz, est un énoncé, une loi articulée en mots, une assertion. Leibniz dit aussi : un « axiome [100] ».

Hw 226 et 256s / Chm 201s et 227s) et la question : « Pourquoi y a-t-il quelque chose plutôt que rien ? » (Wm 210 / Q I 44 ; N II 347 et 446 / N ii 279 et 357).

98   « La dernière raison des choses doit être dans une substance nécessaire, dans laquelle le détail des changements ne soit qu'éminemment, comme dans la source : et c'est ce que nous appelons Dieu », Leibniz, *Monadologie*, § 38, *op. cit.*, p. 161 sq., (cf. SvG 53 et 55 / PR 87 et 90).

99   L'expression est de Boutroux, *Monadologie, op. cit.*, p. 84.

100   En parlant d'axiome, Leibniz entend rester fidèle à Aristote. Or, si dans les *Topiques* (VIII, 1 ; 155 b 29 sq. et 159 a 3 sq.) ce terme désigne une opinion d'où part la discussion, une supposition de départ qui peut éventuellement être fausse, dans les *Seconds Analytiques* (I, 2 ; 71 b 20 sq.) au contraire, il semble désigner plus généralement un contenu de pensée vrai, immédiat, évident et qui, de ce fait, fonde les propositions d'une preuve. Les axiomes sont *koinai doxai,* des convictions communes à tous les hommes ou à toutes les sciences, *Métaphysique*, III, 2 ; 996 b 28 ou *koinai ennoiai* (SvG 33 / PR 66). Pour Leibniz enfin, l'axiome est une proposition, un « aphorisme » ou une « maxime », et non pas un contenu général de pensée. Que Leibniz en appelle à Aristote « n'est pas justifié », dit Heidegger (Wm 26 / Q I 94, cf. N II 159 / N ii 129).

Si la région phénoménale paradigmatique est, pour Leibniz, celle des principes qui ordonnent les vérités, un déplacement s'est opéré à la fin de l'âge latin et au début de l'âge moderne. L'origine a été mutée du champ des causes « essentielles » au champ des causes qui règlent la représentation. Le principe énonce la manière dont les choses sont rendues présentes à l'esprit : c'est une loi, la loi majeure, à laquelle doit obéir toute chose étendue pour comparaître devant la chose pensante. Une proposition est indubitable si elle rend raison de ce qu'elle énonce, c'est-à-dire si elle le « rend » correctement présent au sujet représentant. Le principe de raison est donc une loi pour établir des preuves (*ratiocinationes* [101]). Une déduction logique est bien faite si elle peut fournir *(reddere)* le fondement de ce qu'elle énonce. Et l'ultime fondement logique, au-delà duquel l'esprit ne peut remonter, c'est, d'une part, le principe de raison, d'autre part, le principe de non-contradiction. Ces deux principes garantissent tout le savoir. On voit la surdétermination du concept d'origine : *arché*, chez Aristote, était une notion généralement physiciste et plus spécifiquement cinétique. Elle désignait soit la cause matérielle, soit l'ensemble des causes pour autant qu'elles fondent le mouvement en le rendant intelligible. *Arché* était un concept de « technicien », tandis que *principium* est d'abord un concept de logicien. Aristote, pour rendre compte d'un fait, interroge les lois de sa « genèse » ; Leibniz interroge les lois de sa représentation par l'esprit. Le concept de principe a pu recevoir ce nouveau sens seulement – après plus de deux millénaires d'incubation, dit Heidegger [102] – dans la mesure où, au préalable, l'ensemble des étants a été objectivé en vis-à-vis de l'homme spectateur. Quand le monde se transforme en spectacle, la loi du devenir se transforme en loi de la représentation. Et le principe suprême veut que tout le représentable ait son fondement dans la subjectivité humaine. Cela est indiqué dans le verbe *reddere* : « rendre » raison, savoir : au sujet connaissant [103].

---

101 Cité SvG 44 / PR 79.

102 SvG 15, 96 sq., 192 / PR 46, 135 sq., 249.

103 Cette reddition met en œuvre différentes modalités du *Grund* (fondement) : elle n'est compréhensible qu'à la lumière de la *Grundfrage* (question fondamentale) qui est la question de l'être ; elle indique la *Grundstellung* (position fondamentale) de l'homme moderne ; elle apparaît sur le *Hintergrund* (fond) de la différence

Le cours de ce qui a été tenu pour premier, d'Aristote aux modernes, semble donc avoir été marqué de ponctuations majeures peu nombreuses : substance sensible, substance divine, sujet humain. Mais chacune de ces ponctuations époquales (l'expression est d'ailleurs tautologique) établit un Premier dont la *primitas* exhibe des traits complexes : il précède tous raisonnements, sinon il ne pourrait pas fonder ceux-ci ; il s'est posé lui-même, sinon il serait dérivé d'une position plus primitive ; et il se tient en-dessous des étants, sinon ceux-ci ne seraient pas des dérivés. L'impossibilité, pour la pensée principielle, d'une régression infinie ramène donc la recherche toujours à une figure ou une autre de l'*hypokeimenon*. C'est le « suppôt », précisément, qui réunit ces trois caractéristiques, d'être d'avance en position (*das schon Vorliegende*), d'être par auto-position (*von sich her*), et de servir de supposition (*unter- und zugrunde liegen*). Ces traits de l'*hypokeimenon*, littéralement traduit par *subiectum*, décrivent comment, à travers les trois époques, l'origine a été conçue comme pré-sup-position [104]. En dépit du foisonnement de significations du « premier à partir de quoi », pour l'analyse déconstructrice la recherche des principes s'avère être toujours la recherche d'un référent ontique ultime. Avec Aristote, cette quête s'est tournée vers les choses de la nature « mues par elles-mêmes » (encore que comprises à partir des artefacts, des choses « mues par un autre ») ; avec Duns Scot elle s'est tournée vers Dieu ; avec Descartes et Leibniz, elle se tourne vers la dernière des trois grandes régions d'étants, monde, Dieu, homme, et ainsi en épuise les ressources. Au regard de la phénoménologie des revers de l'histoire, l'homme est le dernier champ génétique, le dernier *Ursprungsfeld* [105] possible où l'origine se laisse appréhender comme présupposition.

Que se passe-t-il précisément quand Leibniz formule son « grand principe » ? Penser, pour Leibniz, c'est former des propositions sur

---

ontologique et dans le contexte de la *Grundlehre* (doctrine fondamentale) de la compréhension époquale de l'être. Ainsi la *Gründlichkeit* (la démarche qui va au fond) de Heidegger conduit-elle au-delà du *Satz vom Grund*, principe de raison, tel qu'il fut compris par Leibniz.

104 N II 141 / N ii 115.

105 L'expression se trouve déjà dans KPM 20 / Kpm 82, où elle désigne cependant la finitude dans un sens encore non-historique.

des vérités, que celles-ci soient nécessaires ou de fait. Ces propositions demandent à être fondées, et le premier dans l'ordre du fondement sera une règle pour la conduite de l'esprit : la règle selon laquelle, de deux propositions contradictoires, l'une doit être vraie, l'autre fausse, et la règle selon laquelle on doit pouvoir rendre raison de toute proposition qui rapporte un objet à un autre que lui-même [106]. Que la première de ces règles est subordonnée à la seconde, voilà la découverte principielle de Leibniz. Une proposition n'est pas encore légitimée quand on a montré qu'elle n'implique pas une contradiction. La raison suffisante d'un énoncé n'est fournie que quand il est établi « pourquoi il en est ainsi et non pas autrement [107] ».

Leibniz s'éloigne d'Aristote non seulement du fait que la présupposition, pour lui, est d'ordre logique ; et non seulement parce que, en outre, le principe est articulé en un « aphorisme » ou une « maxime [108] » ; il s'en éloigne encore dans la compréhension de la logique elle-même qui change de nature [109]. Elle devient, dit Heidegger, « exposition de l'architecture formelle de la pensée et institution de ses règles [110] ». C'est dire qu'elle devient logique transcendantale. En tant que telle, elle est autre chose qu'une analyse pure des procédés de connaissance. Elle se trouve investie des tâches qui jadis incombaient à la philosophie première. Le principe logique de raison suffisante doit, par conséquent, être entendu dans une autre « clef [111] » : non plus comme règle en vue de l'agencement correct des propositions, mais comme règne en vue de l'arraisonnement des choses dans la représentation. C'est donc bien un *principium* au

---

106 Les paragraphes 31 et 32 de la *Monadologie* traitent du principe de contradiction et du principe de raison suffisante, respectivement, *op. cit.*, p. 157 sq.

107 *Ibid.*, p. 158.

108 Voir ci-dessus, p. 159, n. 100.

109 La logique de Leibniz dit Heidegger, n'est pas « semblable » à celle d'Aristote, mais elle appartient au « même » mode de penser selon le *logos*, le mode « onto-théo-logique » inauguré par Platon (WhD 103 / QP 161 et ID 68 / Q I 304 sq.). La différence, au sein de cette identité, provient du nouvel agencement du *on* avec le *theos* et le *logos*. De cette économie nouvelle de l'être, du Dieu, et de la parole, il faut se souvenir en lisant les textes parallèles d'Aristote cités par Boutroux, *op. cit.*, p. 158.

110 EiM 92 / IM 129, cf. Wm 25 / Q I 92.

111 SvG 75 / PR 111.

sens fort, ontologique – tant et si bien que ce principe, commandant explicitement au principe de contradiction, est commandé lui-même implicitement par un autre, celui de la subjectivité donatrice d'être objectif. « Le Je, en tant que "Je pense", est le fondement sur lequel reposent désormais toute certitude et toute vérité [112]. » Les principes de contradiction et de raison suffisante sont coiffés, chez Leibniz, par le *Ichsatz*, le principe de l'*ego* transcendantal [113].

Que ce soit l'*eidos*, Dieu, ou le sujet qui est premier dans l'ordre des présuppositions, toujours l'origine est apriorétique (*vorherig*) et toujours elle rend possible (*ermöglichend*). Mais même au sein de la métaphysique, elle n'a pas toujours été réifiée [114], pas toujours identifiée à une *res* privilégiée parmi les autres. Quand l'*energeia* aristotélicienne devient *actualitas* divine médiévale, puis *vis* subjective chez Leibniz [115], cela qui est *a priori* et qui rend tout le reste possible devient un donné, un étant. Le durcissement ultime dans cette concrétisation viendra, aux yeux de Heidegger, avec la technologie contemporaine. Alors les objets auront définitivement pris le pouvoir, et leur commandement aura englouti la possibilité même d'un commencement. L'illusion de permanence a rendu impensable la temporalité contenue dans le sens primitif d'*archein*.

Mais cette histoire – qui, après tout, relate à sa façon « comment le "monde vrai" finit par devenir fable [116] » – nous en apprend long sur

---

112   FD 82 / QCh 116, cf. N II 24 sq. et 298 / N ii 23 sq. et 239.

113   FD 84 / QCh 118. Le *logos* devient ainsi, chez Leibniz, « l'activité du sujet » (US 249 / AP 235). La déduction du principe de raison à partir de la vérité propositionnelle indique « une idée déterminée de l'être en général », à savoir que « l'essence de la "subjectivité" du *subiectum* est comprise dans le sens monadologique » (Wm 32 / Q I 102).

114   Dans les textes qui traitent de l'oubli de l'être, Heidegger tend à opposer la « pensée authentique », « *das eigentliche Denken* », à la « pensée habituelle », « *das gewöhnliche Denken* », comme il oppose la pensée pré-métaphysique à la métaphysique. La réification est alors une marque époquale. Dans certains textes sur les présocratiques, cependant, la réification précède le tournant vers la métaphysique. Alors, les deux modes de penser se distinguent comme l'opinion commune des *polloi* se distingue de « la pensée du penseur », notamment Héraclite (par exemple GA 55 146).

115   N II 238 et 474 / N ii 189 et 382.

116   Nietzsche, « Le crépuscule des idoles », *in Werke, op. cit.*, t. II, p. 963 (cf. N I 233–242 / N i 183–190).

l'humanisation de l'origine : à l'œuvre depuis qu'Aristote se tournait vers la *techné* humaine, elle triomphe quand Leibniz déclare la *perception* unificatrice du multiple. « L'état passager, écrit-il, qui enveloppe et représente une multitude dans l'unité ou dans la substance simple, n'est autre chose que ce qu'on appelle la Perception [117]. » Voilà comment le sujet règne : en percevant, en effectuant l'Un grâce à des actes réflexifs, en réduisant le multiple à des substances simples. Leibniz le dit sans ambages : le multiple reçoit son être de la raison. « En pensant à nous, nous pensons à l'être [118]. » Comment ne pas voir la rupture avec la logique traditionnelle ? Comment ne pas voir que la perception, c'est la représentation en tant qu'adduction du multiple devant la raison unificatrice, législatrice, donatrice d'être ? Nous sommes loin du principe de raison en tant qu'énoncé premier. Par les actes réflexifs, par la « conscience », le sujet se fait origine de l'être objectif. « Le "fondement" et le "*principium*" est maintenant le *subiectum* dans le sens de la représentation se représentant elle même [119]. » La représentation est dotation d'être, prenant la relève de la création *ex nihilo* : l'être de l'étant, ou la substantialité de la substance, est contenu dans l'efficace de la représentation [120]. Le principe selon lequel tous les objets, pour être, doivent « rendre » raison au sujet, ne veut donc pas seulement dire que les choses sont référées à soi, ni que cette référence ouvre le domaine où elles peuvent apparaître : la référence au sujet fait encore du principe de raison « en tant que proposition fondamentale de la connaissance, le principe de tout ce qui *est* [121]». D'apparence logique, le principe énonce donc le fait fondamental de « la métaphysique à l'âge moderne [122] », à savoir que l'étant est constitué comme objectif par la perception en tant que

---

117 Leibniz, *Monadologie,* § 14, *op. cit.,* p. 146 sq. La « perception » moderne, observe Heidegger, ne doit pas être comprise comme réceptivité, mais comme *co-agitatio,* « attaque », *Angriff* (Hw 100 / Chm 97). Voir ci-dessous, § 46.

118 Leibniz, *Monadologie,* § 30, *op.* cit., p. 155.

119 N II 167 / N ii 135.

120 N II 439 / N ii 352. Heidegger cite deux textes de Leibniz : « Je dis que la substance est actualisée par une Entéléchie, à défaut de laquelle aucun principe d'unité vraie ne serait en elle », c'est-à-dire dans cette substance. Et : l'unité de l'être non substantiel est « à partir de la cogitation ».

121 SvG 47 / PR 82.

122 SvG 65 / PR 100.

position [123]. La conséquence pour la compréhension de l'origine est patente : le principe de la modernité est anthropomorphique [124], et du coup le *principium* logique s'avère être un principe époqual.

L'être phénoménal, c'est d'être rendu présent à l'esprit, présenté en vue de l'*ego* représentant, posé face à lui [125]. Voilà où conduit le changement de tonalité, l'écoute du principe de raison sous « l'autre » clef musicale. Elle conduit aussi à « l'autre » pensée, celle des revers de l'histoire ou celle des époques dominées par un principe ontique « donnant chaque fois la mesure [126] ».

De prime abord, l'origine apparaît dans la *Monadologie* comme une règle logique. Ce fut notre point de départ. Puis l'origine a semblé se déplacer vers la subjectivité de l'*ego* connaissant. Enfin, il a paru qu'on doive la chercher plutôt en ce que Leibniz appelle la perception et que Heidegger comprend comme le contenu même du *rationem reddere* : rendre raison, c'est rendre une chose étendue présente une deuxième fois, à savoir à l'*ego*. Pour comprendre ce qu'est le principe époqual de la modernité, il semble donc que nous devions tenir ensemble l'essence originelle de la logique prépositionnelle, celle de la subjectivité transcendantale, et celle de la représentation donatrice d'être. Mais il est clair que ce ne sont là que trois aspects d'une même instauration originelle par laquelle, au début de la modernité, le *principium* se trouve ramené à l'homme. Le *lieu* de compétence de l'origine ainsi entendue est la région des étants logiques ; la *localité* de ce lieu, l'être de ces étants, est la subjectivité ; et la *fondation* par laquelle les étants logiques, tenus désormais pour paradigmatiques, sont ancrés dans leur être, la méthode de les fonder, c'est la représentation. Ainsi la déconstruction phénoménologique donne-t-elle à entendre comment, pour Leibniz, toutes les pensées et actions de l'âme lui viennent de son propre fond. Comprendre la recherche des lois évidentes d'où naissent et sont régis les énoncés comme identique, d'une part, à la recherche du fondement subjectif qui commence et commande les objets et, d'autre part, à la représentation en tant que méthode, voilà ce qui serait comprendre phénoménologiquement

---

123 VA 234 / EC 282s.
124 N II 452 / N ii 362, Hw 82 / Chm 81.
125 SvG 45 / PR 79.
126 N II 421 / N ii 338.

l'origine sous son visage moderne. Une proposition indubitable ne peut faire fonction de principe que dans la mesure où elle ancre les représentations dans le sujet pensant : proposition et sujet sont donc premiers parce que, pour l'homme moderne, *archein*, c'est représenter. Un principe est toujours ce qui est « capté » avant autre chose. Le sujet se « capte » lui-même avant les objets auxquels il sert alors de fondement inébranlable (« sujet » comme traduction de *hypokeimenon),* et il « capte » certaine vérité propositionnelle (le principe de raison) avant les dérivés auxquels cette vérité fournit ainsi la prémisse [127]. Mais cette captation elle-même, c'est la représentation.

Nous savons maintenant où l'on rencontre quelque chose tel que des principes au sens de la logique leibnizienne [128] : dans la représentation. Et nous en savons davantage sur l'origine en tant que principe. La représentation est une figure historique parmi d'autres, des sites où la pensée recueille ses paradigmes. Ni pour les Grecs, ni pour les médiévaux, la vérité n'était dans la subjectivité en tant que scène où les objets viennent se rendre présents. Avant l'âge moderne, la vérité était l'affaire d'un jugement adéquat, fondé sur une compréhension technique de la nature, chez Aristote, et sur sa compréhension créationniste, chez les médiévaux. Comme fondement époqual de la métaphysique de la représentation, le concept de principe est moderne [129]. Vérité première pour la représentation et fondement ultime pour une époque : voilà les deux « clefs » selon lesquelles il convient d'entendre le principe de raison [130].

---

127   Les principes sont appelés, par Leibniz, des vérités nécessaires, distinguées des vérités contingentes ; cependant, au sens strict, ils ne sont pas des vérités mais les régissent. Ainsi le principe de raison se dédouble-t-il en un principe applicable aux vérités nécessaires, provenant des idées innées, et un autre principe, applicable à celles provenant de la sensibilité. La lecture que fait Heidegger du principe de raison brouille, semble-t-il, cette distinction entre les principes et les vérités puisqu'elle tend à montrer que le principe de raison suffisante est justement, pour notre ère, la vérité première.

128   Voir les lignes citées plus haut en exergue, p. 146, n. 48.

129   La vérité comme représentation constitue le dernier rétrécissement imposé à la vérité comme adéquation du jugement, celle-ci ayant rétréci déjà l'*omoiosis* platonicienne, l'assimilation au Bien par le « bien vivre ».

130   Selon la première « clef », Heidegger accentue : « *nihil* est *sine* ratione », selon la seconde : « nihil *est* sine *ratione* » (SvG 75 / PR 111).

En tant que principe époqual, il entre ainsi dans la suite des établissements successifs par lesquels de nouveaux champs d'intelligibilité se sont fait jour, brusquement et imprévisiblement, depuis les débuts de notre histoire. Nous savons que ces champs ne se laissent pas déduire les uns des autres, ne se laissent pas intégrer dans un développement rectiligne [131]. Néanmoins, les traits caractéristiques de cette histoire restent les mêmes : depuis les présocratiques, chacun des mots directeurs de la philosophie a connu une descendance dans laquelle il se rend presque méconnaissable. Ainsi le *logos* d'Héraclite [132] reste vivant, bien que déguisé, dans la « cogitation » moderne [133] ; la *physis* [134], dans la « chose étendue » moderne ; l'*alétheia* [135], dans la « perception » moderne [136] ; l'homme comme *metron*, mesure, dans la subjectivité moderne [137]. Sous les différences époquales, il est donc possible de voir une identité. « Seulement, cet identique, nous le voyons difficilement dans son trait le plus propre, et rarement dans sa plénitude [138]. »

Parler d'un principe époqual, c'est parler d'une double réserve ou retenue ; d'une part, avec chaque « halte » ou *epoché*, le principe d'une économie provisoire se réserve dans l'ordre qu'il instaure ; d'autre part, il est de l'essence de la présence de se réserver. Le premier mode de refus est historique ; ainsi, à l'âge moderne, la représentation n'apparaît pas comme telle, bien que ce soit elle qui fraie l'avenue – la méthode – par laquelle tout ce qui est présent peut entrer dans notre économie. Le second est an-historique ; l'entrée en présence comme telle ne peut se lire qu'indirectement dans l'ordre des choses présentes. « Époque ne veut pas dire ici un intervalle de temps dans le cours de ce qui arrive, mais le trait fondamental de l'envoi : la retenue dans chaque cas, grâce à laquelle ce qu'il y a peut être perçu [139]. » Le surgissement d'un principe époqual n'est rien

---

131 SvG 154 / PR 201.
132 Que Heidegger traduit : « *Versammlung* », rassemblement (VA 210 / EC 253).
133 « *Cogitare* » au sens de *co-agitare*, « forcer ensemble » (Hw 100 / Chm 97).
134 Que Heidegger traduit : « *Aufgehen* », éclosion (VA 271 / EC 327).
135 Que Heidegger traduit : « *Entbergung* », découverte (VA 258 / EC 312).
136 Hw 100 / Chm 96.
137 Hw 98 / Chm 94.
138 SvG 153 / PR 200.
139 SD 9 / Q IV 24.

d'autre que l'arrivée de l'économie concrète d'un âge métaphysique mais l'économie dans laquelle on se trouve ne se laisse pas considérer, encore qu'elle demande à être observée. Un principe époqual se manifeste à la manière d'une adresse, d'une réquisition. Il requiert une communauté d'hommes en vue d'un mode de pensée et d'action fini.

L'origine du politique a toujours été un tel principe. Ainsi l'origine fait de notre vingtième siècle « une époque de l'histoire de l'humanité, marquée par l'atome [140] ». L'ordre concret de ce que nous appelons l'âge atomique est la réponse manifeste à l'appel célé du principe dont naît et est régi cet âge, tout comme la hiérarchie des essences et la subordination des vérités aux propositions premières furent des réponses manifestes au principe régissant le Moyen Âge et à celui de l'âge moderne [141]. Ainsi mise à la raison – divine d'abord, humaine ensuite –, l'origine a comme répudié le temps.

---

140   SvG 58 / PR 93. Que nous nommions notre ère d'après une source d'énergie indique, une fois de plus, comment le disponible et sa « présence oppressante » (*Andrang*) déterminent exclusivement la pensée.

141   La notion de principe ne désigne pas ici un en-soi qui se réaliserait au fur et à mesure des siècles, fiction que Marx a si pertinemment critiquée chez les idéalistes : « Acceptons maintenant avec Monsieur Proudhon que l'histoire réelle selon la séquence temporelle soit la suite historique dans laquelle les idées, les catégories, les principes se sont révélés. Chaque principe a [alors] eu son siècle dans lequel il s'est dévoilé. Le principe d'autorité, par exemple, a eu le onzième siècle, tout comme le principe d'individualisme a eu le dix-huitième. Par conséquent, le siècle appartenait au principe, et non pas le principe au siècle. En d'autres mots : le principe fait l'histoire, et non pas l'histoire, le principe. Si l'on se demande, enfin, pour sauver, et les principes et l'histoire, pourquoi tel principe s'est révélé au onzième ou au dix-huitième siècle plutôt qu'en un autre, on se trouve nécessairement contraint d'examiner en détail quels étaient les hommes du onzième et du dix-huitième siècle, quels étaient, en chaque cas, leurs besoins, leurs forces productives, leurs modes de production […]. Scruter toutes ces questions, n'est-ce pas examiner l'histoire réelle, profane, des hommes de chaque siècle […] et retourner au point de départ réel ? On a alors laissé tomber les principes éternels dont on était parti », Karl Marx, *Das Elend der Philosophie, in Frühe Schriften*, t. II, H.-J. Lieber & P. Furth (éd.), Darmstadt, 1975, p. 750. Voir l'accusation semblable contre Max Stirner, *Deutsche Ideologie, ibid.*, p. 289, où Marx « inverse » l'idéalisme : « Mieux l'inverse : la vie a créé le principe. » Ce « renversement de la métaphysique, déjà accompli par Marx » (SD 63 / Q IV 115), laisse pourtant intacte la recherche métaphysique des causes : Marx se tourne contre l'idéalisme en renversant la relation causale entre les principes et leurs siècles. Les besoins,

C'est sur cette répudiation séculaire que Heidegger cherche à revenir en entendant la différence ontologique comme une différence temporelle.

3
Anfang et *Ursprung* : la différence temporelle

§ 17. *Le vocabulaire*

« Originairement (*ursprünglich*) et initialement (*anfänglich*), la parole rassemble (lit), en le dévoilant, le non-voilé en tant que tel. C'est pourquoi le rassemblement par le dire devient le *legein* par excellence ; c'est aussi pourquoi, dès l'aube, *legein*, "rassembler", signifie en même temps "dire". Quoique de manière foncièrement différente, à l'origine (*ursprünglich*) – et au début (*be-ginn-lich*) – la pensée et la poésie sont la même chose : l'adduction de l'être à la parole, se rassemblant dans la parole [142]. »

Dire *Anfang* ou *Ursprung* au lieu d'*arché* ou de *principium*, c'est abolir les schèmes de commandement et de règne qui accompagnent les représentations grecque classique et latine de l'origine.

Toute l'œuvre de Heidegger peut se lire comme une recherche d'origine. Elle ne peut jamais se lire, cependant, comme recherche d'une *fons et origo*, d'une source première de toutes choses. Le mot *Ursprung* (littéralement « jaillissement primitif ») revient à chaque étape de son itinéraire. À la fin, il désigne le trait pertinent de l'« événement » : non pas « fait divers » ou « haut fait » (cela, *Ereignis* ne le signifie jamais), mais « avènement », venue à la présence. Puisque

---

les forces productives, les modes de production, bref, la vie, cause, « crée », dit-il, les principes, au lieu que ceux-ci créent les formes époquales de la vie. Il est clair que toute cette problématique de la détermination en dernière instance, soit par un en-soi, « idées, catégories, principes », soit par les conditions matérielles, *tombe* du moment qu'on se contente de tracer phénoménologiquement les *arrangements* internes des époques au lieu d'en chercher les causes ontiques. La notion phénoménologique de principe époqual ne désigne pas une cause, mais l'étant le plus présent, le plus dévoilé, dans un champ alétheiologique donné.

142   GA *55* 370.

cette venue est le phénomène que Heidegger cherche à saisir en tant qu'« être », on ne s'étonnera pas que son vocabulaire en cette matière soit assez complexe. Il importe donc d'abord de clarifier les contours de signification entre « origine » (*Ursprung*), « commencement » (*Anfang*), et « début » (*Beginn*). Ce troisième terme finira d'ailleurs par couvrir un champ sémantique propre assez restreint.

Dans les lignes citées ci-dessus, Heidegger semble dire, en clair : il y a un sens pré-linguistique de *legein* et un sens plus étroitement linguistique. Au sens pré-linguistique, la parole ne se distingue pas essentiellement d'autres activités par lesquelles l'homme « rassemble » quelque chose (par exemple des brindilles pour faire un feu, ou des armes et des armures après la bataille). Le rassemblement est donc le sens *originaire* de la parole. Et voici le premier glissement apparent : le rassemblement est aussi le sens *initial* de la parole. « Originairement et initialement, la parole rassemble. » Puis, toujours en clair, Heidegger semble expliquer pourquoi la signification linguistique de *legein* l'a tout de même emporté, dès un âge très ancien (Homère ?) sur la signification plus large. Qu'est-ce qui fait le privilège du dire ? Justement le rapport à l'être. Poètes et penseurs amènent l'être à la parole, et cela depuis le début (de la Grèce ?). Second glissement apparent, donc : poésie et pensée sont la même chose à l'*origine* comme au *début*. Il n'est pas facile de démêler dans Heidegger ces rapports entre début, commencement et origine. La tâche est pourtant cruciale si l'agir – la vie – doit être désimpliqué des schémas téléocratiques aussi bien que des schémas principiels ; si, sous l'*arché* et le *principium,* la déconstruction doit libérer une origine plus rebelle au commandement et à la domination ; et si la question de l'agir se ramène, en fin de compte, à la question de savoir reconnaître cette origine-là. Origine post-métaphysique qui est désignée au mieux par des *verbes : beginnen, anfangen, springen.* Les principes, eux, portent des *noms* car, on l'a vu, pendant l'âge métaphysique « l'être reçoit son empreinte essentielle d'*un étant* donnant chaque fois la mesure [143] ». Il faut donc ici tenter de serrer de près les significations des trois termes dérivés de ces verbes. Ensuite (§18 et 19) j'essaierai de montrer de quelle manière la présence, entendue comme

---

143   N II 421 / N ii 338 (souligné par moi).

événement, est indissociable des revers de l'histoire ; comment, autrement dit, l'originaire *diffère* de l'originel ; ou encore comment « la pensée de l'être » ne peut se dispenser de la déconstruction. Dans tout cela, mon propos ultime reste de comprendre ce que serait l'agir affranchi des principes époquaux.

1. La signification des trois termes dans le texte que nous sommes en train de lire n'est pas nette. L'origine se confondrait-elle avec le début (de la civilisation) ? Et celui-ci ne se compterait-il donc pas en siècles de distance (vingt-cinq, à peu près) ? Ou inversement, l'origine tomberait-elle sous la loi de la distance temporelle ? L'originaire est-il contemporain de nous, en nous, autour de nous, ou est-il contemporain des poètes et des penseurs « à l'aube » ? Et le commencement, donc ? Notion historique ? Notion existentielle, peut-être ? Ou ontologique ?

Le terme le plus aisé à cerner est *Beginn*, début. Dans Heidegger, il désigne le plus souvent la naissance de la métaphysique chez Platon et Aristote [144]. Heidegger parle aussi, cependant, du « début unique et incomparable de la pensée occidentale » en entendant par là « la pensée pré-métaphysique [145] ». De toute évidence, l'idée directrice est celle d'un moment où se lève un âge nouveau, moment matinal parce que inchoatif. Ainsi notre propre ère constitue-t-elle aussi un début. Avec le tournant, en effet, l'être « a commencé (*begonnen*) à revenir à sa vérité. L'être tourne silencieusement [...] afin de donner aux humains les rudiments (*beginnlich*) de l'unique dignité [146] ». On reconnaît là les trois grands moments inauguraux dans l'histoire de

---

144 Par exemple GA 55 78. Dans ces remarques sur *Beginn, Anfang* et *Ursprung,* je suis surtout le cours de 1943, « Le commencement de la pensée occidentale », dont le sujet est précisément la délimitation de ces termes. « Au lieu du titre de ce cours, "Le commencement de la pensée occidentale" ("*Der Anfang des abendländischen Denkens*"), formulé délibérément, dit Heidegger dans l'introduction, on voudrait dire aussi : "Le début (*der Beginn*) – ou l'origine (*der Ursprung*) – de la philosophie en Occident." La raison pour laquelle nous retenons l'autre titre s'éclairera au fur et à mesure du cours » (GA 55 3 sq.).

145 GA 55 332.

146 GA 55 387. Grâce au tournant, « ce que le début de la pensée a un jour (anciennement) inauguré revient un jour (prochainement) à l'homme » (GA 55 288). Sur l'avance indépassable que le début dans la Grèce pré-classique garde sur toute l'histoire occidentale, cf. GA 55 383.

la présence selon Heidegger : l'aube pré-métaphysique, le revers fondateur de la métaphysique et la transition, aujourd'hui possible, vers un âge postmétaphysique.

Seulement, par *Beginn*, début, Heidegger veut dire encore autre chose. Il dit par exemple : « Quiconque a pensé, s'engage (*beginnt*) seulement à penser et alors pense seulement [147]. » À la rigueur, il s'agit toujours d'un mouvement inchoatif, à savoir des premiers pas (qu'on ne relègue peut-être jamais derrière soi) dans la pensée. Mais la compréhension historiale-époquale du « début » semble tout à fait éclipsée quand on lit par exemple : « Avec l'être, l'homme "débute" *(beginnt)* son essence et la cache ; avec l'être, il attend et il fait signe ; avec l'être, il se tait et il parle [148]. » En fait, ces lignes ne sont pas aussi énigmatiques qu'elles le paraissent. Elles traitent des modalités historiques de la présence et affirment que dans sa manière d'être, l'homme toujours suit ces modalités ; que la vérité historique se l'a proprie. C'est l'*événement* d'appropriation qui est ici décrit comme quelque chose qui débute. L'événement, une perpétuelle naissance ? Quelque chose de toujours neuf ? S'il en est ainsi, même ce dernier sens de *Beginn* ne peut se détacher totalement du sens historialéphoqual qui précède. Doit-on soupçonner que le « début » qu'est l'événement se laissera saisir seulement à travers les « débuts » que sont les époques ?

Par *Anfang* aussi, Heidegger désigne un certain point de départ. Et ici encore, les emplois du mot basculent d'un sens historial à un sens événementiel.

Le « commencement » est d'abord affaire d'*expérience*, d'épreuve. Ceux que nous appelons les présocratiques sont les *anfängliche Denker* parce qu'ils ont éprouvé la présence comme venue pure. Cette expérience est le point de départ de la pensée. Initialement (*anfänglich*) avertis, ils commencent la philosophie. Le sens historial du commencement résulte alors de son sens qu'on pourrait dire *expérimental*. Le commencement est à distinguer du « début, plus tardif,

---

147 GA 55 211 sq. Ailleurs le *Beginn* désigne le début d'une démarche dans la pensée (GA 55 241).
148 GA 55 377.

de la métaphysique [149] », c'est-à-dire de l'oubli qui, avec Platon et Aristote, s'abaisse sur l'expérience initiale.

Quelle expérience, ou quelle épreuve ? « *Anfang* » (de même que *principium*, d'ailleurs [150]) veut dire : ce qui saisit, attrape, prend d'abord. Les Grecs pré-classiques étaient saisis, « c'est pourquoi ils trouvèrent le commencement de la pensée authentique [151] ». L'épreuve consiste à être saisi. Par quoi ? Par quelque chose à quoi on peut ou doit répondre et correspondre. « Cette correspondance initiale, accomplie en propre, est la pensée [152]. » L'expérience présocratique est initiale moins par son ancienneté que par la façon dont elle est réponse. La correspondance par laquelle tout commence ne peut évidemment consister en la conformité entre un jugement et son objet. Ce qui est initialement saisissant est si élémentaire que la réponse revient à quelque chose comme un embarras. L'*Anfang* ressemble fort au *thaumazein*, à l'étonnement dont Platon nous assure qu'il est l'*arché* de la philosophie [153]. La pensée philosophique – historiquement chez les Grecs et très personnellement dans la « répétition » heideggérienne – demeurerait donc authentique seulement tant que reste vif, inchoatif, « l'embarras de ne pas comprendre le mot "être" [154] ». Voilà l'épreuve initiale de la pensée – ou l'expérience inchoative qu'*est* la pensée – telle qu'elle s'adresse à l'existence concrète.

Étant une adresse, le commencement a les caractéristiques de la parole. Pour que la philosophie reste authentique, bien plus (ou bien moins) est requis que de s'avouer perplexe devant les nombreux sens d'un vocable, de la copule. Le point de départ de la pensée est quelque chose de plus simple. Un certain sens de la parole est à éveiller. Parole d'injonction qui inaugure tout acte de pensée. « Parole initiale,

---

149 GA *55* 79.
150 Voir ci-dessus, p. 150.
151 GA *55* 15.
152 TK 40 / Q IV 146. Voici comment, au cours d'un séminaire, Heidegger rattachait ce sens de « correspondance » au sens étymologique d'*Anfang* : il faut y « comprendre très littéralement ce qui […] nous prend et ne cesse de nous reprendre, ce qui, ainsi, nous saisit en une trame […]. Ce mot signifie moins "annoncer par avance quelque chose de futur", que "convoquer, provoquer à répondre et à correspondre" » (cité Chm 60 n.).
153 *Théétète* 155 d (cité WP 24 / Q II 32).
154 SZ 1 / ET 13.

sans bruit », qui « est au commencement de la pensée [155] ». Parole d'injonction *(Wort)* auquel la pensée est la réponse *(Antwort)*. Parole qui commence *(anfängt)* et que l'écoute accueille *(ent-fängt* [156]*)*. Le saisissement initial est en outre si englobant qu'il investit la vue tout autant que l'ouïe : la pensée « voit l'être même, sans image, mais dans son essence initiale, simple, de constellation [157] ».

Être saisi initialement, c'est donc se trouver inséré dans une constellation alétheiologique. Sera *anfänglich* la pensée qui se fait l'écho de ce dispositif, de cette présence-absence économique. L'*Anfang* est une notion historiale seulement parce que, au terme de vingt siècles de principes métaphysiques, nous ne retrouverons jamais le point de départ simple de la pensée – l'obéissance à la constellation précaire qu'est l'être, sans alibi supra-sensible – à moins de retourner à l'expérience pré-métaphysique pour y reconnaître l'indice d'un potentiel post-métaphysique.

Or, pareille commémoration-anticipation (*Andenken – Vordenken*) est le contenu même du « tournant ». Sous *Anfang*, Heidegger pense donc en partie les mêmes traits que sous *Beginn* : « Si l'initial se déploie par-delà toutes ses suites et en avant d'elles, alors il n'est pas quelque chose derrière nous. L'initial, l'un et le même, vient plutôt au-devant de nous, vers nous, dans un mystérieux tournant [158]. » Est mystérieux ce qui se montre tout en se cachant l'*alétheia,* ou ce qui émerge tout en demeurant dans le voilement, la *physis.* Si Heidegger retourne aux mots fondamentaux des présocratiques, c'est afin de mieux pouvoir penser ce qui vient à nous, qui nous saisit *(fängt)* déjà, et qui en ce sens-là est *anfänglich.* Le commencement est non seulement un dispositif économique qui nous embrasse et nous situe,

---

155   GA 55 27.

156   US 262 / AP 251.

157   GA 55 146.

158   GA 55 43. Voir dans le même sens : « Jamais nous ne trouverons le commencement de la pensée occidentale par le moyen de comparaisons historistes, par un compte à rebours. Nous trouverons le commencement seulement si, par une expérience historiale, notre pensée se fait anticipatrice » (GA 55 80). « La transition vers l'autre commencement [...] [n'est possible qu'en] retournant dans le fondement du premier commencement » (N II 29 / N ii 27).

c'est un dispositif *historial-destinal.* « Pour nous, ce qui est requis [...] est un revers initial *(eines anfänglichen Wandels)* [159]. »

Qu'est-ce donc qui nous saisit déjà ? Rien d'autre que cette économie post-principielle où, « pensé à la façon grecque, l'"apparaître" est éprouvé comme l'être [160] ». Le pur apparaître, voilà le commencement auquel les Grecs ont su répondre et correspondre. À nous d'« écouter initialement [161] », de « mettre de côté les opinions personnelles et de penser réellement comme des "commentants", c'est-à-dire en toute simplicité, ce qui est initial dans la pensée initiale ». Car « il n'y a de commencement qu'en commençant, *Anfang ist nur im Anfangen* [162] ».

On voit comment la notion destinale de commencement est liée à la notion expérimentale : dans l'un et l'autre cas, il s'agit d'entrer dans la parole que l'*alétheia* nous adresse – dans l'histoire en tant que conversation de l'*alétheia* avec elle-même. Le commencement grec, ainsi que le tournant vers « l'autre commencement », ouvrent un destin historique dans la mesure seulement où nous savons éprouver les mutations alétheiologiques et nous y abandonner.

Voici maintenant comment se déplace et bascule vers l'*événementiel* ce topos expérimental-destinal. Si le commencement se fait autour de nous, nous hèle déjà, son lieu premier n'est pas la pensée, et le commencement n'est plus la pensée. C'est plutôt « la *physis* qui a son commencement constant en ce que, avant même toute chose qui par ailleurs apparaît, c'est-à-dire avant même tout étant présent pour un temps, l'éclosion [en tant que telle] a déjà apparu [163] ». En d'autres mots : s'il est essentiel à la pensée de n'être que réponse, écho, réverbération du pur apparaître, alors elle ne peut guère être initiale. Ce ne peut pas être elle qui prend l'initiative. Qu'est-ce donc qui commence essentiellement, qui précède tout étant ? Le texte

---

159 GA 55 175.

160 GA 55 25.

161 GA 55 125.

162 GA 55 93. Chez Heidegger, tout comme dans l'allemand courant, c'est le verbe substantivé, *das Anfangen* (ou encore, *das Unterfangen,* mot que je n'ai pas rencontré chez lui), qui désigne l'action de commencer. Au sens plus étroit des « entreprises humaines », on dit « *das Beginnen* » (GA 55 350).

163 GA 55 139.

le dit : la *physis,* l'éclosion pure, et c'est-à-dire l'être. « Cette libre inchoation est le commencement lui-même : le commencement "de" l'être en tant qu'être [164]. » L'*Anfang* en vient ainsi à se situer du côté de la *différence ontologique.* L'être précède l'étant, il « commence » sans cesse de le déployer. La différence entre l'être et l'étant est « la différence initiale elle-même [165] ».

On peut évidemment ajouter que dans cette nouvelle accentuation, l'homme n'est nullement mis en marge puisque la différence « commence » *pour lui.* Aussi Heidegger écrit-il que l'apparaître pur, la *physis,* est « vu initialement », avant même les étants qui apparaissent [166]. Mais de quelle manière ce commencement est-il pour l'homme ? « L'essence du commencement » est localisée dans l'ambiguïté de la *physis,* et son topos est l'écart entre cacher et montrer [167], ou bien elle est localisée dans l'ambiguïté de l'*alétheia,* et son topos est l'écart entre le voilement et le dévoilement [168]. Le commencement « use » des hommes en les situant dans une constellation de présence-absence. Du coup, pour pleinement comprendre l'*Anfang,* la voie à suivre est claire : déconstruire le destin de ces constellations – « méditer notre position, la position de l'Occident par rapport à son commencement historique [169] » – afin de découvrir le pur apparaître. Notre position dans le destin est notre chance et notre détresse. Notre chance, car « ce destin de l'être, s'engageant dans sa vérité, est l'être lui-même

---

164 GA 55 131. Dans le premier sens, celui qui a affaire à l'expérience de pensée, on peut à la rigueur soutenir l'équivalence entre *Anfang* et « être-au-monde », comme le fait Carl Friedrich Gethmann, *Verstehen und Auslegung,* Bonn, 1974, p. 268. Mais cela est insuffisant pour « le commencement "de" l'être », c'est-à-dire : qu'est l'être.

165 GA 55 150. Ailleurs, il écrit dans la même perspective : « Ce qui se déploie au commencement n'est ni une chose ni un état, c'est le rapport » (GA 55 133).

166 GA 55 143. Ce texte aux indéniables résonances transcendantales semble faire de l'apparaître pur une condition universelle et nécessaire dans toute connaissance de ce qui apparaît. L'impression de transcendantalisme se confirme par le curieux parallèle que Heidegger y établit avec le temps et l'espace : comme ceux-ci, la *physis* est toujours vue d'abord, *gesichtet,* mais comme eux aussi, elle n'est guère thématisée, *erblickt.*

167 GA 55 159.

168 Ainsi entendue, « la vérité est l'essence initiale de l'être, elle est le commencement lui-même » (GA 55 175).

169 GA 55 128.

en son caractère initial [170] ». Notre détresse, car cette position est « le dépli d'une détresse initiale », du recel qui marque la totalité de notre parcours depuis les Grecs [171]. Comme pour le *Beginn*, l'accès à l'origine passe par la phénoménologie des revers de l'histoire. L'accès au commencement qu'est la différence ontologique passe par la déconstruction des commencements que sont les moments historiques initiaux. L'accès à l'événement passe par le destin. « L'initial s'accomplit (*ereignet*) en devançant tout ce qui vient [...]. La remémoration de l'histoire est l'unique voie viable vers l'initial [172]. »

Ursprung, origine, est d'abord aussi un mot pour dire un certain destin et son point de départ. Voici deux exemples, dont le premier concerne le début, le second la fin de l'itinéraire métaphysique : « Dans l'équation entre pensée et *logos* se cache l'origine d'un destin occidental [173]. » « La pensée de l'homme en tant que "sujet" [indique] l'achèvement d'une errance qui vient de loin et qui a son origine dans une méconnaissance de l'essence de la réflexion [174]. » L'oubli de ce qu'est le *logos* fonctionne comme « origine » d'une longue errance, au terme de laquelle l'homme en vient à se comprendre comme sujet vis-à-vis de ses objets. Mais l'origine en tant que point de départ de l'itinéraire européen n'est pas le lieu propre du concept d'*Ursprung* chez Heidegger.

De ce lieu propre, on s'approchera davantage en examinant quel statut la pensée occupe avant le tournant socratique vers l'homme. « Si l'opinion commune représente l'étant et celui-ci seul, et si la pensée essentielle pense l'être, [...] alors le clivage entre pensée courante et pensée essentielle doit avoir son origine dans la différence entre l'être et l'étant [175]. » Le statut présocratique de la pensée, le voilà. La fonction d'origine incombe à la *différence ontologique*. La différence entre être et étant rend possible la différence entre pensée et opinion. Avant le revers humaniste et logique, penser, c'est « correspondre, en

---

170 GA 55 345.

171 GA 55 123.

172 N II 481 / N ii 391 sq.

173 GA 55 222.

174 GA 55 220. L'éditeur de ce volume, qui a formulé les titres de sections, dit plus carrément : « L'équation de la pensée et de la logique en tant qu'origine du destin occidental » (GA 55 221).

175 GA 55 150.

dévoilant, à la *physis* ». La correspondance ainsi entendue est le lieu de l'origine. « Dans l'essence de la *physis,* comme dans l'essence de ceux qui, en dévoilant, lui correspondent, se déploie l'*alétheia* en tant que fond originairement unificateur [176]. » L'*Ursprung* est le « consentement originaire [177] » par lequel l'homme s'en remet au dévoilement. L'origine, c'est l'homme d'avant le triomphe de l'humanisme, se confiant à la *physis* d'avant le triomphe de la logique.

Cela n'exclut certes pas la notion *destinale* d'origine. Mais cette notion se trouve ramenée à un *oriri* plus essentiel, à savoir au dévoilement comme trait *identique* de la physis et de l'homme, à leur « liberté » comme une seule et même ouverture. En revanche, tant que prédomine l'appel de la logique – « penser correctement ! » – « l'origine et le fond de la pensée correcte, et même de la pensée en tant que telle, nous restent cachés [178] ». Le voilement, *léthé,* reste caché.

La remémoration heideggérienne a cette conséquence, qui indispose certains, que, compris à partir de l'*alétheia,* le contraire de la justesse, c'est-à-dire l'erreur, est autant « la dot » originaire de la pensée que cette justesse. On connaît l'apophtegme peut-être scandaleux : « Qui pense grandement, il lui faut errer grandement [179]. » Scandaleuse ou non, cette conséquence est inévitable dès qu'on retrace « l'homme » et la « nature » à leur origine dans le voilement-dévoilement. Origine irréductible à tout ce qui est né d'elle, notamment à la science [180]. Origine, cependant, qui peut « revenir » : en ce « temps de revers » qui est le nôtre, « la marque essentielle » sous laquelle, depuis vingt-cinq siècles, « l'essence originaire du *logos* a été perdue », peut être remise en question. « Ce défaut du sens originaire du *logos* [...] serait-il alors l'annonce imperceptible d'un long retour ? [181] » Ce qui est possible, à venir, partant au-dessus de tout ce qui est actuel, c'est le retour d'un simple consentement au flux du dévoilement. Ainsi se joignent le concept destinal et le concept alétheiologique de l'origine.

---

176 GA 55 174.
177 GA 55 245.
178 GA 55 196.
179 EdD 17 / Q III 31. Pour la « dot », cf. GA 55 197.
180 GA 55 227.
181 GA 55 240.

Mais cette jonction reste encore loin du lieu propre où il faut saisir l'*Ursprung*. Ce lieu demeure incompréhensible tant qu'on considère le *legein*, « rassembler », comme quelque chose qu'entreprend l'homme, fût-ce comme sa manière de se modeler sur le dévoilement. Du moment que le *Logos* désigne d'abord la venue à la présence, l'homme cesse d'être la figure originaire. On entrevoit – mais entrevoit seulement – le lieu propre de l'origine en pensant l'accord du *legein* accompli par l'homme et du *Legein* qu'est la venue à la présence. Leur accord, dit Heidegger, est un « rapport entre relations, c'est-à-dire un rapport pur, sans origine [182] ». Le rassemblement accompli par l'homme (pour les modernes : « le sujet ») est déjà une relation : à savoir de l'homme aux choses qu'il sélectionne et retient sur la masse des étants présents. Le rassemblement qu'est la *physis* (pour les modernes : « la nature ») est, lui aussi, une relation entre présence et absence. Le rapport de ces deux relations, annonce maintenant Heidegger, est « sans origine ». Rien de plus originaire, semble-t-il en effet, que l'*homologein* entre l'homme et la présence. « L'être lui-même ne pourrait être éprouvé sans une expérience plus originaire de l'essence de l'homme, et inversement [...]. Le seul rapport entre ces deux, en tant que leur origine, [est] le vrai [183]. » On reconnaît là le résultat énoncé par Heidegger jadis dans l'*Essence de la vérité* : l'essence de la vérité est l'essence de la liberté – l'ouverture dans laquelle l'homme « ex-siste ». Mais l'ouverture « extatique » ne peut renier son devancier, la subjectivité transcendantale. Or, l'origine s'avère impensable en termes d'existence comme en termes de subjectivité. De là l'intérêt pour les mots fondamentaux présocratiques. L'origine reste aussi impensable à partir du « rapport entre les *logoi* [184] », comme si l'agir humain et la venue à la présence étaient deux processus qu'il importe de mettre au pas. Au début du cours sur la doctrine du *logos* chez Héraclite, Heidegger présente la tâche qu'il s'y assigne comme recherche de « la logique originaire ». Cela exige qu'on renonce à récupérer l'idée d'un accord entre sujet humain et situation donnée et que soit découvert *un logos unique* : « La "logique" en tant que pensée "du" *Logos* sera originaire seulement quand

---

182 GA 55 328.
183 GA 55 293. Pour *homologein,* voir ci-dessous le § 25.
184 GA 55 345.

sera pensé le *Logos* originaire [185]. » Il faut donc réexaminer la conjonction du penser (qui inclut l'agir) et de la présence, si l'on veut toucher l'origine simple. Celle-ci ne peut être quelque version primitive de l'*adaequatio*.

L'origine simple, Héraclite a seulement pu l'indiquer de loin, mais non pas la penser. Si c'est « l'être en tant que temps », les mots fondamentaux grecs, dont « chacun dit l'essence originaire de la pensée initiale [186] », peuvent seulement servir de directives pour « l'autre pensée », pour l'autre commencement. Il nous faut penser « plus originairement encore qu'Héraclite ». La lecture d'Héraclite faite par Heidegger est ainsi expressément dictée par « l'autre pensée [187] ». Pour comprendre l'origine simple, la pensée post-métaphysique ne peut se dispenser du *Logos* pré-métaphysique, du « *Logos* au sens du rassemblement qui sauvegarde originairement [188] ». Mais elle ne peut davantage se dispenser du temps époqual découvert grâce à la métaphysique. L'accès à l'événement simple qu'est l'origine passe par les conjonctures nombreuses, complexes, que sont les commencements d'économies nouvelles au cours des âges. Ce passage obligatoire ne sera vraiment concevable qu'au moment où nous aurons établi la *différence* entre ce que j'appellerai origine originelle et origine originaire.

Pour rassembler cette enquête sur le vocabulaire et voir les questions qu'elle soulève : la notion historiale-époquale de « début » (*Beginn*) avec sa surdétermination événementielle, et la notion expérimentale-destinale de « commencement » (*Anfang*) avec sa surdétermination ontologique, ne sont pleinement intelligibles qu'à partir de la notion événementielle d'« origine » (*Ursprung*) avec sa surdétermination historiale. Le lieu naturel du « début » est l'histoire époquale ; celui du « commencement », la pensée ; et le lieu naturel de l'« origine » est l'événement d'appropriation. La question n'est pas de savoir ce qui est le plus fondamental, l'histoire, l'homme ou l'être. Mais bien de savoir de quelle façon *l'origine* est identique au commencement et diffère

---

185 GA 55 185.
186 GA 55 361 sq. Sur l'expression « être en tant que temps », voir ci-dessus p. 33, n. 46.
187 GA 55 343 sq.
188 GA 55 333.

de lui, de quelle façon elle est identique au début et diffère de lui. « À l'origine et au début », disait le texte cité ci-dessus en exergue, poésie et pensée sont la même chose. D'autre part, « *initialement,* l'être se déclare comme *logos* et par là se dévoile comme ce qui est *originairement* à penser [189] ». S'il est possible d'entendre comment l'origine, pour Heidegger, est liée à l'histoire, il sera possible de dépasser (tout en la gardant) l'opposition entre diachronie et synchronie – ou entre heideggériens de gauche qui ne voient chez lui que déconstruction, et heideggériens de droite qui n'y voient que Poème de l'Être. Le projet que Heidegger poursuit après sa *Kehre* se cristallise tout entier en cette question : *Comment la présence se fait-elle histoire ?* Comment est-elle une venue, une émergence événementielle, sans jamais être la simple possession d'un étant (par exemple de l'objet connu, par le sujet connaissant), et encore moins un étant présent ?

L'événement qu'indique la notion heideggérienne d'origine est toujours un surgissement. Les cas les plus familiers sont le « surgissement » qu'est le langage, et celui de l'œuvre d'art. À propos de cette dernière, voici comment Heidegger décrit l'*Ursprung* : « Faire surgir quelque chose par un saut, de sa provenance essentielle l'amener à l'être par un saut donateur, voilà ce que signifie le mot origine [190]. » Cette description suggère parfaitement le caractère événementiel de l'origine mais n'en montre ni la portée anti-humaniste, ni le lien à l'histoire, ni surtout en quel sens (non dialectique) elle est à la fois une et multiple. Le recouvrement du sens plénier de l'*Ursprung* ne pourra réussir qu'en suivant un double parcours : pour atteindre à la présence, poser plus originairement la question de l'ontologie ; et pour atteindre à l'événement, poser ontologiquement la question de l'origine. Ainsi apparaîtra la différence ontologique *temporelle.*

2. Le premier de ces deux parcours est tracé par le projet du jeune Heidegger dans *Être et Temps* : à partir du fait initial de l'immersion dans les étants – à partir de l'être-au-monde –, l'analyse existentiale recule vers des conditions de possibilité de plus en plus simples de cette facticité. Le projet phénoménologique d'une construction [191]

---

189 GA *55* 278 (souligné par moi).
190 Hw 64 / Chm 61.
191 GA *24* 30 ; KPM 40 / Kpm 102.

Que l'origine se dit de multiples façons

transcendantale découvre, en droit du moins, la temporalité de l'être. Elle pressent la présence comme éclosion.

Plus tard, le second parcours est tracé par le projet phénoménologique d'une déconstruction époquale : à partir des étants présents qui, au fil des siècles, ont été tenus pour premiers parce qu'ils commencent et commandent une économie donnée, la présence comme éclosion n'est plus seulement pressentie, elle est atteinte par un « saut donateur ».

La tâche constructrice de poser plus originairement la question de l'ontologie est historique au sens où la question de l'*a priori* est héritée directement de Kant et indirectement de Platon [192] ; la tâche déconstructrice de poser ontologiquement la question de l'origine est historique d'une tout autre manière : elle l'est en tant que dépassement de la problématique de l'*a priori* inaugurée par Platon, en tant que reprise, donc, d'une compréhension de la présence que la philosophie des *archai* et des *principia* n'a guère pu honorer. Poser originairement la question de l'ontologie (avant la *Kehre*), c'était répéter le *ti to on* en tant que rendu possible par l'être-au-monde. Poser ontologiquement la question de l'origine (après la *Kehre*), c'est à la fois transgresser Platon afin de recouvrer la présence dans la pensée présocratique, et transgresser les étants présents tenus pour premiers, afin de recouvrer la présence en son éclosion actuelle, comme possibilité [193] de pensée.

---

192 La « poursuite inlassable de l'originaire » chez Heidegger (*dieses unausgesetzte Drängen auf Ursprünglichkeit*, KPM 121 / Kpm 185) s'inscrit dans une longue lignée : recherche aristotélicienne du *proteron* (*pros hèmas* ou *physei*) opposé au *hysteron*, recherche cartésienne du *cur ita sit* opposé au *quod ita sit*, recherche kantienne des conditions universelles et nécessaires de la connaissance opposées aux conditions empiriques. Toujours l'*a priori* est une « source » de concepts (cf. GA *24* 31).

193 Dans SZ déjà, la reprise, *Wiederholung*, était décrite comme répétition d'une possibilité : non seulement de la question de l'être (SZ 2-4 / ET 17-20), mais encore de la résolution authentique (SZ 308 et 339), ou de l'existence tout court (SZ 391). Avant comme après le « tournant », la référence à Nietzsche est d'ailleurs patente dans le contexte de la reprise. « La reprise authentique d'une possibilité passée d'existence – à savoir que l'être-là choisisse son héros – est fondée existentialement dans la résolution anticipatrice » (SZ 385). Cette formulation est à comparer à la description de l'histoire « monumentale » chez Nietzsche : le but de celle-ci est que « ce qu'il y a de plus élevé dans un moment, passé depuis

Cette structure assez complexe de la répétition de la présence en tant que venue – reprise de la philosophie première, dégagement des structures existentiales, retour aux débuts milésien et éléatique, et recouvrement du non-statique au sein du présent – doit être préservée intacte dans l'interprétation de l'origine comme *Ursprung*. L'exécution de la première tâche – poser de plus en plus originairement la question de l'ontologie et ainsi en établir les fondements [194] –, poursuivie isolément, aboutirait à l'illusion d'un schéma hiérarchique, à l'échafaudage d'instances originaires que Heidegger récuse (parce qu'un tel schéma ne ferait que produire une nouvelle version de l'origine comme *principium*). Il est vrai que cet échafaudage, en même temps, il l'esquisse : la rétrogradation transcendantale semble conduire depuis la question « qu'est-ce que l'être ? » à celle de « l'être en tant qu'être », puis à cet étant qui pose de telles questions, et enfin à la structure même de la compréhension où s'articulent ces questions. De prime abord, donc, penser l'origine « originairement », c'est rétrograder du *ti to on* au *on hè on,* au *Dasein,* au *Verstehen* [195]. Beaucoup de méprises sur Heidegger s'expliquent par l'attention exclusive donnée à cet effort pour poser originairement la question de l'ontologie sans qu'en même temps, on pense ontologiquement l'origine. À ne voir que l'« enracinement originaire » *(ursprüngliche Verwurzelung* [196]*)* de la question de l'être, levée par Aristote, dans l'existence humaine, on lit le transcendantalisme heideggérien inévitablement

---

longtemps, puisse rester pour moi vivant, brillant, et grand » (Nietzsche, *Werke, op. cit.,* t. I, p. 220). Le concept de reprise ou de répétition est explicitement relié à celui d'histoire monumentale (SZ 396). Plus tard, le mode temporel de la reprise authentique, l'instant (SZ 386), est décrit dans le vocabulaire de l'éternel retour. L'expression d'allure nietzschéenne de « collision de l'avenir et du passé [en laquelle] l'instant revient à lui-même » (N I 312 / N i 245) prend alors la place de la *Wiederholung* de SZ et de KPM.

194 Les ontologies « jaillissent » *(entspringen)* de l'ontologie fondamentale (SZ 13 / ET 29) ; ou, ce qui revient au même : établir les fondements de la métaphysique, c'est élucider son origine, *Ursprung* (KPM 20 / Kpm 82), dans l'*essence* de la connaissance en général.

195 KPM 216–219 / Kpm 279–282.

196 SZ 377. L'allusion au transcendantalisme kantien, dans cette expression, et à la question de la racine commune des « deux souches de notre connaissance » (KPM 132 et 190 / Kpm 195 et 250s) est trop évidente pour qu'on puisse accepter sans les nuancer les propos dans GA *25* 394 : l'interprétation de cette racine en

comme parcourant une séquence de degrés dans les conditions de possibilité menant toujours à quelque référent ultime. La *Kehre* ne ferait alors que pousser plus loin cette recherche de l'ultime instance, la situant au-delà du *Dasein* et de la compréhension, dans ce que Heidegger appelle alors la « clairière [197] », et dont il dit qu'« elle est elle-même l'être [198] ».

Dans la mesure où la « clairière » est un champ d'économie époquale constitué antérieurement à tout projet humain, ce terme désigne en effet l'*a priori* des structures existentiales. Mais comprendre Heidegger, c'est comprendre qu'en lui la philosophie s'est justement dégagée de tout référent *a priori* ultime. D'ailleurs, si elle est poursuivie isolément – sans être guidée par une notion ontologique de l'origine –, la recherche des conditions transcendantales de possibilité rebondit : comme si l'ultime instance de la question de l'être n'était toujours pas atteinte, Heidegger, dans le dernier texte publié de son vivant, suggère un pas de plus dans « la tentative, entreprise toujours de nouveau depuis 1930, pour rendre plus initiale la question posée dans *Être et Temps* [199] ». Il demande : « Mais d'où et comment y a-t-il la clairière [200] ? » À la dernière page de son œuvre, il semble donc s'enquérir de l'horizon qui enferme l'ouverture au sein de laquelle les étants se rendent présents les uns aux autres, de l'horizon qui rend possible leur présence mutuelle et dans laquelle « il y a » *(es gibt)* de l'être. L'instance ultime apparaît alors comme cet « il y a » lui-même, écrit, qui plus est, avec une majuscule [201]. L'« Il y a » rend possible la clairière qui, elle, rend possible la compréhension qui, à son tour, rend possible le *Dasein* qui seul permet de demander ce qu'est l'être

---

tant que « soi originaire », chez Kant, résulterait de SZ, et non pas l'« enracinement originaire », dans SZ, de la lecture de Kant.

197   Après 1930, la « clairière » n'est plus comprise en référence à l'être humain – « la temporalité extatique éclaire originairement le "là" » (SZ 351, cf. SZ 133 et 408 / ET 166) – mais à l'être lui-même en tant qu'ouverture d'un champ de présence. Le mot *Lichtung* ne signifie plus alors le *lumen naturale* (SZ 133 / ET 166) en tant que structure ontologique de l'homme, mais un « allégement », et en ce sens, une « éclaircie » : « rendre quelque chose léger, libre et ouvert » (SD 72 / Q IV 127).

198   Wm 163 / Q III 103.

199   SD 61 / Q IV 112.

200   SD 80 / Q IV 138.

201   SD 5 / Q IV 18.

en tant qu'être, à partir de quoi, enfin, il est possible de lever la question de savoir ce que sont les étants…

Cependant, ces étapes qui mènent à l'*Il y a* ne constituent pas « des degrés au sens d'une originarité de plus en plus grande [202] ».

Il faut donc qu'à la poursuite originaire de la question ontologique soit associée la poursuite ontologique de l'originaire. La question *ontique* de l'origine a trouvé dans l'histoire ses réponses. La substance sensible, puis la première nature au sommet de l'ordre essentiel, puis la proposition évidente, le principe de raison, qui ordonne les raisonnements, sont autant de façons de désigner un étant particulier qui, pour un temps, commence et commande la totalité des choses présentes. La question *ontologique* de l'origine – ontologique au sens de la *Seinsfrage*, non pas au sens métaphysique – s'est ainsi avérée liée à la déconstruction des économies et des revers par lesquels elles s'instituent et s'effacent. Il est manifeste, alors, que parler de la « venue » à la présence, de son *oriri* ou son *phyein*, c'est dire deux choses : dans le programme de la construction, cette venue ou cette émergence signifie l'« il y a » qu'on pourrait dire *synchronique* des étants constituant un monde ; dans le programme de la déconstruction, l'émergence signifie l'instauration, dans une perspective *diachronique*, d'un ordre d'étants au seuil qui sépare un monde de l'autre. *Poser ensemble la question originaire de l'ontologie et la question ontologique de l'origine,* c'est reformuler le débat des conditions transcendantales à partir du *Geschehen* époqual, diachronique, qui est l'objet de la déconstruction, et à partir de l'*Ereignis* an-historique, synchronique, qui est l'objet de la construction ; c'est donc faire subir une transmutation telle à la méthode transcendantale que celle-ci n'ait plus pour dessein d'étayer une instance première et régulatrice du savoir (à partir de laquelle la philosophie devient un édifice et la raison, architectonique), mais bien de libérer l'accès à « l'affaire même » de la phénoménologie : la double venue à la présence – soit démarrage *in illo tempore,* soit émersion *hic et nunc* – de l'ordre qui constitue un champ époqual.

Une fois cette double compréhension événementielle de l'origine reconnue tutélaire du discours ontologique, la vérité elle-même

---

202 SD 48 / Q IV 80.

apparaîtra en son indépassable *contingence*. En effet, si l'origine signifie essentiellement ce double surgissement de la présence, on voit bien que c'en est fait de tout canon de vérité, de tout idéal de vérité. L'*alétheia* dit simplement l'effraction – le bris de clôture – par laquelle du pensable et du vivable sort du cèlement époqual. Historique ou an-historique, toujours l'émergence de la présence est un *a priori* essentiellement précaire [203]. L'humilité d'une telle pensée, qui reste rivée à la contingence, apparaît dans cela même qu'on serait naïvement tenté de prendre pour l'ultime instance heideggérienne, à savoir l'*il y a* en tant que bris de clôture, en tant qu'origine, *oriri*, de l'être. Énoncer cet « il y a » comme réponse à l'étonnement philosophique traditionnel – « pourquoi *y a-t-il* de l'être plutôt que rien ? » –, c'est énoncer une option fracassante, brisant les idéaux, en faveur du fortuit, en faveur de l'instable.

Donc : l'origine *ontique* est cet étant – « le Monde supra-sensible, les Idées, Dieu, la Loi morale, l'autorité de la Raison, le Progrès, le Bonheur du plus grand nombre, la Culture, la Civilisation [204] » – qui, chaque fois, règle une économie donnée et qui, dans cette fonction, est toujours remplaçable. Le concept *ontologique* d'origine s'est avéré lié au phénomène époqual de mise en présence. Celle-ci est double : émergence, pour un temps, d'un ordre de présence aux revers de l'histoire (moment déconstructeur), et émergence instantanée de la présence à la pensée (moment constructeur). Au premier de ces sens, l'origine signifie un début, je dirai un *commencement*, et j'entendrai par là le point de départ, l'aube, d'un âge : l'*originel*. Au second sens, elle signifie le « point » (du verbe « poindre ») – je dirai, pour en garder la résonance temporelle, la *venue* – de la présence : l'*originaire*. On peut voir dans ce double concept d'origine le résultat de la critique phénoménologique des deux concepts métaphysiques exposés ci-dessus : Heidegger critique l'*arché* pour en recouvrer le sens pré-philosophique de pur commencement, et il critique le *principium* pour en recouvrer le sens d'« éclosion », *physis* [205]. Cette double

---

203 À propos de ce refus de tout concept d'une vérité nécessaire, la dette de Heidegger à l'égard de Nietzsche est trop évidente pour que ses violences d'interprétation dans N I et N II puissent l'occulter. Voir ci-dessus les § 7 et 8.

204 Voir ci-dessus p. 118, n. 97. Cf. p. 123, n. 108.

205 VA 267–276 / EC 323–333.

répétition établit l'originel dans son historialité et l'originaire dans sa temporalité. L'originel, entendu comme commencement, désigne l'instauration d'une époque ; et l'originaire, entendu comme *phyein,* la levée [206] de la présence s'appropriant l'absence [207]. Le mode temporel de l'instauration est l'instant « décisif », celui où une durée finie bascule en une autre ; le mode temporel de la levée est le maintenant « événementiel », celui où la présence sort *(ex-)* du clos, c'est-à-dire, éclôt. La signification directrice de la notion de commencement, chez Heidegger, est sans doute empruntée aux romantiques allemands : l'originel, le commencement par excellence, c'est la Grèce antique. Mais comme chez les romantiques aussi, cette notion en vient à désigner non seulement ce qui fut jadis, mais encore ce que nous attendons sur le tard, un nouveau revers ; elle désigne enfin l'essence même du dire et du faire humain.

Sous le terme d'*originel,* je propose de retenir l'élément décisif des concepts de *Beginn* et d'*Anfang :* la percée d'un nouveau dispositif fait à la vie, percée qui porte toujours une date. Sous le terme d'*originaire,* je propose de retenir l'élément essentiel de l'*Ursprung :* la conjonction des phénomènes en un tel dispositif, conjonction que Heidegger appelle « être » et qui s'accomplit toujours ici maintenant.

---

206 Le sens exemplaire *de physis, oriri, Aufgehen* est le lever du soleil (EiM 11 / IM 27).

207 Après le grec et le latin, la troisième langue philosophique (« *Sprache des Denkens »),* selon Heidegger, l'allemand, semble, parce qu'elle est une langue primaire, plus apte à prévenir et à combattre la réduction de la parole en langage conceptuel *(Begriffssprache).* Parce que moins fixée, la langue allemande serait ainsi particulièrement idoine à « reconquérir, par la déconstruction des représentations devenues courantes et vides, les expériences originaires de l'être de la métaphysique » (Wm 245 / Q I 240). Vers la fin de l'âge latin, c'est Maître Eckhart qui, le premier, désigne l'origine non plus par le nom *principium,* mais par le verbe *urspringen.* Aux yeux de Heidegger, l'allemand, de par sa malléabilité, permet un certain recouvrement de l'expérience initiale de la pensée grecque pré-métaphysique : « Je pense à la parenté particulière et intime entre la langue allemande et la langue des Grecs ainsi qu'entre leur pensée respective. Cela m'est confirmé aujourd'hui, maintes fois, par les Français. Lorsque ceux-ci commencent à penser, ils parlent allemand » (Sp 217 / RQ 66 sq.). Dans une lettre à Jean Beaufret, Heidegger loue la remarque de celui-ci selon laquelle « l'allemand a ses ressources, mais le français a ses limites ». Heidegger ajoute : « Ici se cache une indication essentielle sur les possibilités de s'instruire l'un par l'autre » (Q III 156s).

Pour mieux comprendre l'originaire, il importe de le saisir en sa *différence* d'avec l'originel.

§ 18. *Les origines originelles, ou comment se fait du neuf dans l'histoire*

« Avant que l'être puisse survenir dans sa vérité originelle, le monde doit être forcé à la ruine, la terre à la dévastation, et l'homme au pur labeur ; Après ce déclin seulement se produit, dans un long intervalle, l'instauration subite du commencement [208]. »

Ces lignes, écrites pendant la guerre [209], indiquent à quelles conditions il serait possible de reprendre ce que Heidegger considère comme la problématique initiale de la philosophie européenne. Elles montrent surtout en quel sens de telles conditions sont historiques : la reprise de l'origine originelle serait un accomplissement, *Geschehen* (donc *Geschick,* envoi destinal qui nous dépasse, et *Geschichte,* histoire où nous répondons à de tels envois), de même envergure que le revers de l'histoire d'où naquit la métaphysique classique après la guerre du Péléponnèse. La déconstruction fait ainsi entendre ce qu'est l'origine en tant que commencement : à savoir l'établissement soudain, imprévisible, mais préparé de longue date, d'une économie centrée sur une question. Aussi, puisque « le commencement contient déjà, caché en lui, la fin [210] », une telle problématique a-t-elle son cycle de développement. L'*archéologie* – pour reprendre le mot de Michel Foucault – isolerait les régularités dans un pareil cycle, pour y lire les arrangements qui commandent le savoir. La *phénoménologie* de l'originel, en revanche, doit affronter la question même qui jadis a donné

---

208 VA 73 / EC 82 sq. Voir dans le même sens GA 55 377.

209 Le texte poursuit : « Le déclin s'est déjà produit. Les conséquences de cet événement sont les faits et gestes de l'histoire mondiale de ce siècle » (VA 73 / EC 83). Ailleurs Heidegger note au contraire que « même deux guerres mondiales n'ont pas été capables d'arracher l'homme historique au pur affairement parmi les étants et de le placer devant l'être même » (GA 55 84).

210 Hw 63 / Chm 60. C'est même à partir de la fin que le commencement devient pensable en tant que tel : « L'aube initiale *(die anfängliche Frühe)* ne se montre à l'homme qu'à la fin » (VA 30 / EC 30).

le départ. Elle doit poser originellement la question de l'ontologie, puisque « le début de l'Occident, c'est qu'à l'âge hellénique l'être de l'étant devienne ce qui est mémorable [211] ». En même temps, la tâche de la phénoménologie serait de poser ontologiquement la question même du commencement : « l'instauration subite du commencement » désigne la possibilité, après les dévastations, d'un événement historique où la question initiale de la métaphysique soit menée à son terme. Clôre la métaphysique, ce serait donc « reprendre » le commencement pré-métaphysique. Même si, au seuil où nous nous trouvons, cela ne peut se faire que selon les schémas hérités de l'ontologie, déconstruire l'époque issue de Socrate et d'Aristote reviendrait à localiser la problématique du *ti to on* comme cerclant un champ fini, éventuellement clos [212], dont en tout cas la décomposition semble se poursuivre sous nos yeux.

Le concept de commencement, tel qu'il résulte de la déconstruction des époques de présence, n'est donc compréhensible qu'au sein d'une reprise anticipatrice : « À notre pensée aujourd'hui, il est enjoint de penser d'une façon plus grecque encore ce qui fut pensé par les Grecs [213]. » La pensée *originelle* est *rétrospective* et *prospective* identiquement ; elle fait souvenance des débuts archaïques, et elle anticipe un nouveau début, l'instauration d'une nouvelle économie alétheiologique. L'étonnement devant la naissance *possible* d'un nouvel âge – le *thaumazein* devant l'essence historiale de la présence – oblige à « penser plus originellement encore ce qui fut pensé au commencement [214] ». Voilà la première ambivalence, métaphysique pré-métaphysique, de la notion d'origine originelle chez Heidegger.

---

211 VA 227 / EC 275.

212 Faisant allusion au poème de Parménide (la première des « seules voies de recherche que l'on puisse concevoir » est « celle de "il est" et "il est impossible qu'il ne soit pas" », Diels, frgm. 2), Heidegger décrit cette clôture comme « l'événement du départ *(Abschied)* de tout "il est" » (US 154 / AP 139). Cf. ci-dessous le § 35.

213 US 134 / AP 125.

214 « *Das anfänglich Gedachte noch anfänglicher durchzudenken* » (VA 30 / EC 30). « Ce qui fut pensé au commencement » est décrit par une référence implicite à un texte d'Aristote : « Il n'y a pas identité entre ce qui est antérieur par nature et ce qui est antérieur pour nous » (Aristote, *Seconds Analytiques*, I, 2 ; 72 al ; cf. N II 215–217 / N II 171–173). La seconde partie de la phrase de Heidegger, « penser plus

Dès *Être et Temps,* un commencement dans un tout autre sens s'y ajoute : non seulement ce livre thématise l'originel dans le contexte de la reprise anticipatrice, mais l'œuvre heideggérienne y commence par la reprise du commencement occidental. On sait que *Être et Temps* débute par une citation de Platon sur notre ignorance de ce que nous voulons dire en usant du mot « étant [215] ». Le commencement qui est ici repris est donc bien le début de la métaphysique, la « gigantomachie » dans laquelle se sont engagés l'Académie et les sophistes au sujet de l'étant. Mais répéter la question de l'être, est-ce réitérer cette gigantomachie, l'originel de la métaphysique ? Ou l'originel pré-métaphysique [216] ? La tâche de la reprise est ainsi formulée : « Avons-nous aujourd'hui une réponse à la question qui s'enquiert de ce que nous entendons par le mot "étant" ? En aucune façon. » L'ignorance, confessée dans le *Sophiste* par l'étranger d'Élée, déplace

---

originellement encore », renvoie au contraire à l'aurore *(die Frühe)* d'avant Platon et Aristote. « Avec l'interprétation, par Platon, de l'être comme *idea,* débute *(beginnt)* la philosophie en tant que métaphysique » (N II 226 / N ii 180). Le *Beginn,* début de la métaphysique, est caractérisé justement par la découverte de la non-identité entre ce qui est antérieur et postérieur dans la connaissance : « c'est ainsi que l'*a priori* fait irruption dans la distinction entre antérieur et postérieur dans la connaissance » (N II 227 / N ii 181). Le commencement pré-métaphysique est presque toujours désigné comme « *Anfang* » : « Au commencement *(im Anfang)* chez Parménide et Héraclite » *(ibid. ;* cf. par exemple Wm 370 / Q II 274).

215   « Car sans doute êtes-vous depuis longtemps au fait de ce que vous entendez en usant du mot "étant" ; quant à nous, nous pensions autrefois le comprendre, mais maintenant nous sommes tombés dans l'embarras » (Platon, *Sophiste,*244 a). Ces propos sont tenus par l'étranger d'Élée afin de confondre un groupe d'hommes qui prétendent savoir ce qu'est un étant « en racontant à son sujet des histoires ». L'ignorance que confesse l'étranger signifie donc l'impossibilité d'obtenir quelque savoir que ce soit par des procédés anecdotiques.

216   La distinction entre le commencement présocratique de la philosophie et le début des ontologies au sens métaphysique, reste encore implicite dans SZ, cf. la remarque sur Parménide SZ 100 / ET 128. Werner Marx, *Heidegger und die Tradition,* Stuttgart, 1961, p. 122, note que le commencement qui est repris dans SZ est celui de Platon et d'Aristote et que l'*Andenken,* dans les écrits ultérieurs, se distingue de la *Wiederholung* en ce qu'il est un « retour dans le fondement de la métaphysique » *en tant que* retour aux présocratiques. De même pour la fin de la philosophie : « la totalité de l'histoire de la métaphysique » « s'étend de Platon à Nietzsche » (N II 226 / N ii 180), alors que la problématique du « il est », ouverte par Parménide, ne s'achèverait qu'avec la clôture dont à présent on peut seulement formuler l'hypothèse.

ici le commencement si bien qu'un tout autre sens de l'originel est en jeu : « Est-ce que nous ressentons aujourd'hui l'embarras de ne pas comprendre le mot "être" ? En aucune façon [217]. » Le commencement de la question de l'être date, certes, du temps de Parménide, puis de l'Académie ; mais lever cette question de nouveau, la reprendre, ce n'est pas répéter la gigantomachie des écoles, c'est plutôt confesser l'ignorance et en ressentir l'embarras. Pourquoi l'embarras ? Parce que l'ignorance frappe ici quelque chose que *nous devrions savoir.* Pour l'être que nous sommes, le rapport à l'être est quelque chose que nous comprenons antérieurement à toute réflexion : « Nous ne savons pas ce que "être" veut dire. Mais dès que nous demandons ce qu'est l'être, nous nous trouvons déjà dans une certaine compréhension du "est" [218]. » Cette familiarité avec ce que pourtant nous ignorons est le commencement de la pensée. L'embarras se laisserait peut-être lever par un retour aux Anciens qui soit en même temps un retour à notre précompréhension.

Si la reprise comporte ce double mouvement de retour, alors il s'agit bel et bien de s'engager dans la gigantomachie, mais de telle sorte qu'elle libère le site à partir duquel la question, levée jadis « d'une façon si générale et ambiguë », puisse être à présent posée congrûment. Répéter la gigantomachie, c'est « lutter en vue de la question, *point encore élaborée,* de l'être [219] ». La reprise va suivre à partir de là une triple structure temporelle : *renouvellement* de la problématique grecque, *élucidation* de la précompréhension, et *anticipation* d'une pensée possible de l'être. Moyennant quoi, c'est à partir de l'avenir que l'origine originelle doit être construite. Si la problématique même qui a fait l'Occident n'est « point encore élaborée », cela veut dire que la réduction et la construction ne peuvent pas se passer de la déconstruction anticipatrice. La compréhension de l'avenir comme sens premier de l'existentialité doit être suppléée par la compréhension d'un revers historique possible, imminent. Et

---

217 SZ 1 / ET 13.
218 SZ 5 / ET 21. On voit comment la pensée post-métaphysique transforme la découverte platonicienne de l'*a priori* qui inaugure la métaphysique : l'antériorité de la précompréhension se situe en deçà des problèmes de la connaissance. « Nous comprenons le "est"[…] mais nous ne le saisissons pas » (GA *24* 18).
219 KPM 232 / Kpm 295.

de même la dimension temporelle qui guide la déconstruction n'est nullement le passé : elle anticipe la possibilité, « dans un long intervalle », de « l'instauration subite du commencement », c'est-à-dire d'une pensée qu'une économie future rendrait entièrement à son affaire propre, la venue à la présence.

Quand Heidegger parle de l'origine comme *Anfang,* il ne suffit donc pas d'y lire la seule référence à « l'aube » grecque ni à ce qu'il appelle « la levée époquale de l'être [220] » chez les philosophes décisifs ultérieurs. Avant comme après la *Kehre,* le commencement de la pensée consiste surtout en une attitude : l'aveu socratique d'ignorance, ou la disponibilité pour un revers à venir dans la constellation alétheiologique de notre âge. Seulement quand l'« existentiel » se joint à l'« économique » y a-t-il du neuf dans l'histoire. Commencer, c'est alors « susciter la lutte de la vérité » par une « dotation et une fondation immédiates » ; c'est essentiellement « mettre en œuvre [221] » un ordre de présence-absence. L'origine originelle ne requiert ainsi pas seulement une attitude ; cet *oriri* est un faire, *poiésis.* Le mot de René Char : « le poète, grand Commenceur [222] » doit être compris au sens où le commencement lui-même est de nature « poiétique ». Faire la vérité, susciter la lutte alétheiologique, voilà ce que c'est que commencer. « Le projet poiétique surgit du néant dans la mesure où il ne puise jamais son don dans ce qui est courant et transmis [223]. » Faire la vérité n'a d'autre préalable que cette attitude de départ par laquelle nos projets sont les échos, sans les entraves de ce qui est courant et transmis, de la vérité *se faisant* [224].

Dans les textes sur le langage, l'essence *poiétique* du commencement est décrite comme une façon d'habiter. L'*a priori* pratique pour penser la présence est là un nouvel « apprentissage de l'habitation [225] ». Et de même que la page d'exorde à *Être et Temps* exigeait l'aveu d'ignorance comme condition pour reprendre la question

---

220 « […] aus der epochalen Lichtung von Sein » (SvG 143 / PR 188).
221 Hw 63 / Chm 60 sq.
222 René Char, *Fureur et Mystère,* Paris, 1962, p. 83.
223 Hw 63 / Chm 60.
224 Voir le texte, capital pour tout mon propos, de GA 55 367, cité ci-dessus en exergue au § 12, p. 118.
225 VA 162 / EC 193.

ontologique, de même ces textes sur l'habitat exigent-ils que nous fassions nôtre la manière grecque, préconceptuelle, d'habiter le langage [226] comme condition d'une telle reprise. Plus tard, dans les textes sur Hölderlin, l'originel, alors situé dans le sacré, reste décrit selon la triple temporalité de la reprise : l'originel, *das Anfängliche*, « demeure comme ce qui fut jadis », mais que les poètes pressentent de telle manière que leur « pressentiment s'adresse à ce qui vient et éclôt [227] » ; grâce à eux, l'éclosion de la présence, la *physis*, devient maintenant pensable, alors qu'elle fut « jadis perceptible dans sa première lueur seulement : levée première et originelle de ce qui, depuis, est présent en tout [228] ». L'originel n'est pas la *physis* même, mais la « première lueur » de celle-ci, reconnue jadis au début de la culture occidentale, mise en œuvre aujourd'hui par ceux qu'on appelle justement les poètes, et anticipée par les penseurs.

La reprise de la question de l'être, aussi, est anticipatrice *parce que* poiétique. Cela résulte de la façon même dont la question originelle de l'ontologie est retracée au-delà de la gigantomachie des doctrines. La première lueur historique, héraclitéenne, de l'être en tant que *physis* apparaissait comme un événement (*Geschehen*) donateur de mesure : « Ce que veut dire dorénavant "être" fut alors mis en œuvre de façon à donner la mesure » pour les âges à venir [229]. Mais cela « se produisit » (*geschah*) ; nul génie ne donna la mesure. De même, la question ontologique de l'origine est sise dans une *poiésis* antérieure à tout projet humain : la disposition du cacher-montrer « se fait » pour chaque âge, elle est littéralement initiatrice. Elle s'instaure sans agent ni acteur. Parce qu'elle est poiétique en ce sens non-humaniste, elle est aussi anticipatrice : « Le commencement authentique est toujours un saut devanciateur (*Vorsprung*) [230] », incalculable et imprévisible. « Habiter en poète », c'est alors épouser étroitement les mutations alétheiologiques, y prendre son départ en *collant* du plus près à leurs plis. Les penseurs décisifs ont su s'abandonner au « délaissement de

---

226 « Les Grecs *habitaient* cette essence [le *legein*] du langage, seulement ils n'ont jamais *pensé* cette essence du langage » (VA 228 / EC 276).
227 Höl 61 sq. / AH 81 sq.
228 Höl 63 / AH 83.
229 Hw 63 / Chm 61.
230 *Ibid.*

l'originel » (*Gelassenheit des Anfänglichen* [231]) qui nous loge dans ces plis, si bien que les grands philosophes ne savent pas très bien ce qu'il leur est donné de penser [232]. Par son double sens – point du jour d'un âge et point de départ de la pensée –, l'originel renvoie simultanément à l'éveil premier où la pensée, jadis, s'adonna à la venue qu'est la présence, et au *legein*, rassemblement d'un ordre actuel de présence. L'ordre de présence situe, et en ce sens précède, même la précompréhension. Une telle dépendance du *Verstehen* à l'égard de son site économique nous en apprend long sur ce qui se passe en période de transition.

Pour la situation faite à la pensée aux revers de l'histoire, une figure d'unité singulière, rappelant Parménide, résulte de cette amphibologie de l'originel : quand « point » un nouvel âge, le point de départ de la pensée se renouvelle de telle sorte que la compréhension non thématisée de la présence devient neuve, méconnaissable. Aux revers de l'histoire, il apparaît, jusque dans le vertige de tous et de chacun, que l'originel économique, le *legein* époqual, et l'originel « existentiel », le *legein* noétique, sont un seul et même commencement [233]. Aux revers de l'histoire, il devient patent que la pensée est essentiellement dépendante des économies époquales, et que cette essence reste totalement masquée tant qu'on décrit la pensée simplement comme prédicat du sujet « homme » ou comme productrice de propositions le concernant. Au regard de la déconstruction des champs de l'histoire, l'*incipit* d'une époque de la présence et l'*incipit* de sa noèse sont une seule et même levée originelle.

La figure d'unité par laquelle la pensée commence où commence une époque, permet de dissiper un malentendu fréquent dans la lecture de ce que Heidegger appelle *das Anfängliche* ; contrairement à ce qu'on a voulu faire dire à quelques fragments de textes, la mise en œuvre initiale de la vérité – dans une œuvre d'art ou dans l'établissement d'une communauté, par exemple [234] – n'implique en

---

231 Höl 63 / AH 84.

232 Voir les textes cités ci-dessus, p. 10.

233 Voir l'utilisation faite par Heidegger du fragment 3 de Parménide (« c'est le même que penser et être ») (Hw 83s / Chm 82 et VA 231s / EC 279s).

234 Hw 50 / Chm 48.

aucune façon l'éloge du chef héroïque, du grand homme fondateur, du génie. Au contraire, « les créateurs, les poètes, les penseurs, les hommes d'État » sont chargés de ce que l'ordre alétheiologique rend présent, selon la constellation en laquelle il le rend présent [235]. Leur action suit au plus serré l'ordre de ce qui est à portée et hors de portée dans une époque, elle suit la « lutte » époquale du cacher-montrer. Cette lutte, et non pas l'initiative des hommes, est dite « projeter » ce qui auparavant demeurait « inouï, non dit, impensé ». C'est elle qui inaugure, qui commence. Les hommes viennent l'engager « ensuite » ; leurs faits et gestes commencent avec ce que l'*alétheia* prescrit. Une telle priorité indépassable par laquelle l'arrangement de la présence précède les pensées et les actions, est la manière dont la déconstruction répète l'identité entre pensée et présence. En effet, dans l'identité entre *noeîn* et *eînai*, l'être « revendique et détermine » la perception [236] et en ce sens la précède. Isolée de ce que pensent et font les hommes, l'économie de la présence n'est rien. Elle « use » (*chréôn*, Anaximandre) des hommes. Mais les pensées et les actions, si leur levée originelle reste dissociée de l'originel époqual, deviennent « humanistes », sans site ni histoire. Séparer, au nom de la dignité humaine, le discours et la pratique de leur enracinement dans l'ordre concret alétheiologique, c'est justement la définition de ce que font les idéologies.

On voit pourquoi l'instauration d'un tel ordre peut être dite poétique [237], mieux : poïétique. La lutte époquale entre le celé et le décelé est elle-même une mise en œuvre, *poïésis*. Le poète est seulement celui qui, par la parole, fait apparaître la disposition donnée des étants présents et absents. Mais, pour citer encore René Char, « tu es en ton essence constamment poète [238] ». Pourquoi ? Parce qu'en son essence – qu'aucune *hybris* ne peut détourner des constellations –, l'homme ne cesse de répondre et de correspondre à ce qui se projette et se met en place autour de lui ; à l'ordre qui « se destine »,

---

235 « La lutte projette l'in-ouï, jusque-là non dit et impensé. Cette lutte est ensuite soutenue par les créateurs, les poètes, les penseurs, les hommes d'État » (EiM 47 / IM 72).

236 Hw 83 / Chm 82.

237 Hw 59 / Chm 56 sq.

238 Char, *Fureur et mystère, op. cit.*, p. 205.

« s'instaure », « s'envoie [239] » à lui ; bref, à ce qui autour de lui commence. Seule cette identité entre naissance d'une époque et naissance de la pensée permet de comprendre comment « la pensée change le monde » : « La parole des penseurs ne connaît pas d'auteurs [240]. » Enfin, seule cette identité permet de comprendre, par exemple, la crainte exprimée par Hölderlin : « Autrefois je pouvais jubiler d'une vérité nouvelle ou d'une meilleure vue sur ce qui est au-dessus de nous et autour de nous ; maintenant je crains qu'il ne m'advienne comme à l'antique Tantale, à qui il fut donné davantage des dieux qu'il n'en put digérer [241]. » Il y a pensée quand la vérité, l'*alétheia*, époquale, *se fait*. Un ordre de présence-absence *se recueille* alors dans ceux qu'on appelle les penseurs et les poètes.

Si l'originel est le surgissement identique d'une *lex* des choses et de son *logos* pensé, ce que Heidegger appelle le commencement doit être compris comme doublement anti-humaniste [242] : « Le commencement du revers dans la position héritée par rapport aux choses » c'est-à-dire le commencement d'une *lex* époquale (*legein* au sens économique) – surgit de lui-même ; et la pensée qui le recueille *(legein* au sens noétique) n'est toujours que l'auto-manifestation de cette loi ou de cette « position fondamentale, changeante, au milieu des rapports aux étants [243] ».

Il faut bien voir à quel point cet apparentement de Heidegger à Parménide indispose le sens commun. On accepterait à la rigueur entre l'ordre *(lex)* époqual et la pensée *(logos)* une relation d'antécédent et de conséquent. Or, une telle relation peut bien être

---

239 SvG 110 / PR 151.
240 VA 229 / EC 278.
241 Friedrich Hölderlin, lettre 236 à Casimir Ulrich Böhlendorf, du 4 décembre 1801, 73–77 (Grosse Stuttgarter Ausgabe, t. VI, 1, p. 427).
242 Pour penser « plus originellement » (*anfänglicher*), il est nécessaire d'aller « à l'encontre de l'humanisme », cf. ci-dessus, p. 69, n. 61 et 62.
243 FD 38 / QCh 60. Le sens anti-humaniste du concept d'économie paraît quand on se souvient que « le *tiomos* est non seulement la loi, mais plus originairement l'injonction contenue dans le décret de l'être. Cette injonction seule est capable d'insérer l'homme dans l'être. Et seule une telle insertion est capable de porter et de lier » (Wm 191 / Q 148).

satisfaisante à l'intérieur d'une théorie régionale [244], mais elle ne l'est pas dans une perspective phénoménologique. Pour celle-ci, en effet, l'ordre époqual et la pensée ne sont pas deux entités. La *lex* et son *logos* ne seront compris phénoménologiquement que comme *epoché*. Et c'est de ce point de vue qu'ils sont un, d'une identité événementielle. Le sens commun admettrait encore que les opinions et les convictions des hommes dépendent des constellations de vérité dans l'histoire : qu'un médiéval puisse être « pris » dans un ordre de présence tel que la *mathésis universalis,* ou la critique de la raison pure, ou la généalogie de la morale restent pour lui des projets époqualement impossibles à concevoir ; en revanche, ne va-t-il pas de soi que, quand un Duns Scot pense l'ordre des essences ou un Thomas d'Aquin l'analogie de l'être, la parole de ces penseurs a chaque fois un auteur ! C'est du bon sens de dire que l'essor d'un régime époqual est tout au plus la condition empirique nécessaire à l'essor d'une pensée, aussi située soit-elle ; que la loi du cacher-montrer est peut-être un *a priori* concret de la pensée, mais qu'il serait vain de parler d'*identité* entre le *legein* qu'est l'économie époquale de la présence et le *legein* qu'est la pensée.

Une telle réduction de la phénoménologie des revers de l'histoire à une simple théorie du *Sitz im Leben* des créations de l'esprit néglige le lieu du parménidisme et de l'anti-humanisme heideggériens : *venue à la présence et pensée sont un* – la présence n'est pas l'autre de la pensée, ni son antécédent empirique, ni sa matière – *dans leur origine originelle,* c'est-à-dire dans la structure [245] de leur accomplissement. Cette identité événementielle est ce que Heidegger a appelé d'abord la transcendance. « L'être est le *transcendens* purement et simplement [246] » parce que – suivant la découverte de Kant – les structures du *Dasein* sont celles du monde. Plus tard, « le penser »

---

244 Une théorie, par exemple, qui consisterait à maintenir la détermination des « choses de l'esprit », en dernière instance, par les moyens de production, désignerait par là un antécédent *empirique.*

245 Du frgm. 3 de Parménide au « principe suprême de tous les jugements synthétiques » chez Kant (cf. KPM 114s / Kpm 176), à l'être-au-monde, puis à la phénoménologie des revers, c'est la structure de l'identité qui reste la même. Celle-ci est décrite le mieux par le *homologein* d'Héraclite, voir ci-dessous § 25.

246 SZ 38 / ET 56.

désigne explicitement ce caractère événementiel de l'identité présence-vie. Aux époques où subitement se fait du neuf, l'identité de structure entre la présence et la pensée est seulement plus évidente : si les philosophes décisifs ne savent pas ce qui, littéralement, leur arrive, c'est qu'ils se trouvent au vif d'un revirement époqual dont les latences sont encore inconnues, innommées et impossibles à nommer. Aux revers de l'histoire, peu de choses actuelles nouvelles sont données à connaître ; en revanche, beaucoup de ce qui est possible s'y donne à penser. La phénoménologie de ces revers adopte la distinction kantienne entre connaître et penser [247] – ou entre « la pensée explicative » et « l'autre pensée [248] » – pour localiser ailleurs que dans la connaissance l'identité originelle entre une constellation de choses présentes-absentes et le discours de cette constellation [249]. L'identité est l'affaire de la pensée dite *besinnlich,* qui suit le « sens », la direction temporelle, c'est-à-dire le destin des revers.

L'acquis transcendantal dans la description de l'originel est finalement préservé par la différence entre un ordre ontique connaissable et son essor ontologique pensable. Un argument transcendantal consiste à reculer, à partir d'un fait *établi (Vorhandenheit des Vorhandenen),* jusqu'à la découverture, condition universelle et nécessaire pour que puisse apparaître un tel fait *(Entdecktheit des Vorhandenen [250]),* c'est-

---

247 Il est assez curieux, il faut l'avouer, que Heidegger, tout en faisant sienne cette distinction (voir note suivante), n'en reconnaisse jamais la source dans la *Critique de la raison pure,* B XXVI, B 145, B 166 (note), B 194–5, B 358–9, B 411 (note), A 397, B 497, B 591–2, B 799. Dans KPM et FD, au contraire, le « penser » kantien est présenté comme signifiant indistinctement l'activité de l'entendement et celle de la raison.

248   VA 180 / EC 217. Sous différentes désignations, cette distinction est souvent reprise (par exemple Gel 15 / Q III 166, Sp 212 / RQ 54).

249   En regard de ceci encore, paraît le caractère régional de l'archéologie du savoir telle que la pratique Michel Foucault. Elle est régionale par la double restriction de l'origine à l'*arché* et de la pensée à l'*epistémé.* Cette archéologie ne peut décrire le phénomène de commencements époquaux autrement qu'en termes de savoir. Témoin l'apparition des maisons d'internement à l'âge classique : « Il a fallu que se soit formée, sourdement et au cours de longues années sans doute, une sensibilité sociale, commune à la culture européenne, et qui a brusquement atteint son seuil de manifestation dans la seconde moitié du XVIIe siècle » (Foucault, *Histoire de la folie à l'âge classique,* Paris, 1972, p. 66).

250   GA *24* 68.

à-dire jusqu'à l'*établissement* des fonctions économiques qui l'insèrent dans un ordre de présence. L'identité entre l'*epoché* et la pensée est ainsi l'instance régulatrice de ce que Heidegger appelle l'étant dans sa totalité. Dire que c'est l'essor de cette identité qui régularise la somme du connaissable pour un temps, c'est évidemment dissocier le transcendantalisme de son site de naissance, la philosophie de la subjectivité. Néanmoins, c'est bien selon le modèle de l'a *priori* qu'il convient de penser l'unité initiale de la découverture. L'autre pensée, celle qui est autre que la connaissance, n'a pas de contenu assignable si ce n'est la constellation alétheiologique en tant que structurée par l'identité initiale. Cette identité détermine d'avance les modalités selon lesquelles une proposition pourra être conforme à un donné, elle détermine ce qui sera « vrai » au sens de l'adéquation. L'identité originelle entre l'*epoché* « objective » et le *logos* (la vie) « subjectif » est source de toute loi. Si « le commencement est ce qu'il y a de plus grand [251] » – commencement d'un ordre de présence et commencement de la pensée de cet ordre, indissociablement – il l'est parce qu'il dicte les règles du connaissable, parce qu'il précède celui-ci comme sa condition. Dans un tout autre contexte, Heidegger préserve donc la découverte de Kant selon laquelle le pensable légifère sur le connaissable [252].

Commencer, ce n'est pas accomplir des hauts faits. Et si le commencement de la pensée porte les noms d'Héraclite, Parménide, Platon, c'est seulement pour autant que ces noms désignent des renversements décisifs, critiques, dans l'ordre de la présence. Commencer, c'est, pour un ensemble d'étants, se découvrir. « Or, la découverture est l'*alétheia*. Celle-ci et le *logos* sont le même [253]. » La vérité s'institue d'un coup, « d'un éclair [254] », dans la présence. L'originel ainsi compris règle la totalité de l'existence, « ses dieux, son art, son État,

---

251 EiM 12 / IM 28.
252 Dans son premier livre sur Kant, ce transcendantalisme n'était certes pas encore dissocié de la subjectivité, mais l'interprétation de l'imagination transcendantale comme racine commune de l'intuition et de l'entendement visait déjà à en dégager le caractère événementiel ; de là les développements abondants sur le sens littéral du mot *Ursprung* dans ce livre (KPM 20, 44 sq., 190, 219 / Kpm 82, 106 sq., 250 sq., 281).
253 VA 220 / EC 267.
254 VA 222 / EC 269.

son savoir [255] ». La vérité comme *alétheia* précède, à la façon de leur condition transcendantale, toutes les occurrences de vérité comme *adaequatio*. Ces occurrences demeurent ainsi essentiellement provisoires. L'histoire de l'être apparaît quand on suit jusqu'au bout la découverte de la précompréhension, c'est-à-dire jusqu'à l'originel où, pour un temps, les coordonnées de la précompréhension se mettent en place.

Il faut bien voir que la notion transcendantale de l'originel est antihumaniste *parce qu*'événementielle. Si le « sens » ontologique de la présence réside dans le commencement, dans la levée, dans le départ où l'être et la pensée sont un, alors c'est une méprise, purement et simplement, d'articuler le sens sur l'existence, la réflexion, le « retour au sujet » comme le font les herméneutes qui se réclament de Heidegger. Déjà dans *Être et Temps,* « sens » voulait dire directionnalité plutôt que signification : le temps est le sens de l'être, comme l'aval est le sens d'un fleuve. La portée anti-humaniste du vocabulaire du sens, chez Heidegger, se confirme surtout dans sa compréhension ontologique de l'originel. L'*epoché* est initiale, initiatrice, par l'orientation nouvelle qu'elle donne aux étants. L'« orientation » (le sens d'un édifice disposé en direction de l'Orient) temporelle de la question de l'être lui vient ainsi de ce qu'elle est toujours marquée époqualement. En déplaçant la question du temps des trois extases vers les époques soudaines dans l'histoire, cette phénoménologie s'éloigne de l'homme.

Trois conclusions s'imposent.

1. Entre la compréhension originelle de l'ontologie et la compréhension ontologique de l'originel, la différence est celle qui sépare l'*empirique* du *transcendantal.* Il peut y avoir du neuf (ontique) dans l'histoire seulement parce que la pensée « est à » l'événement (ontologique) de la présence comme le *Dasein* « est au » monde. Les époques présupposent – c'est ce qui les rend possibles – que la pensée soit essentiellement docile à cet événement. L'identité entre le *legein* économique et le *legein* noétique est comme le sol sur lequel se dessinent les virements concrets de l'Antiquité pré-classique à l'âge grec

---

255 FD 38 / QCh 59.

classique, à Rome, au Moyen Âge, à la modernité, et à l'ère contemporaine.

2. Si l'originel est l'identité entre ces deux commencements non identiques – disposition des étants et départ de la pensée (ou de l'existence) –, alors il n'est plus possible de comprendre les « époques » soudaines comme la simple suite des périodes qui viennent d'être énumérées. Les époques introduisent une fluidité dans toute économie donnée. Les constellations de vérité doivent être pensées comme mues par des *réarrangements internes incessants.*

3. L'originel qui fut jadis (*die früheste Frühe*), dit Heidegger, est un objet de piété pour nous dans la mesure où son retour (*die andere Frühe*) devient une possibilité [256]. Cette possibilité nous assigne notre lieu dans les flux des économies. *La typologie des constellations époquales nous donne notre site :* proche de l'originel qui demeure « initialement familier [257] », quoique en même temps donné et retenu [258]. Quand Heidegger parle de piété à l'endroit de ces scansions et d'une « aurore plus lumineuse » à venir, on se gardera d'y voir soit de la religion sécularisée, soit de l'utopie. D'être « pieux » (*fromm* au sens de *fügsam*), c'est se joindre (*fügen*) aux conjonctions (*Fugen*) du

---

256 Hw 301 sq. / Chm 266 sq. « La piété de la pensée » est certes le questionnement (VA 44 / EC 48 et US 175 / AP 159). Mais le *promos* est à comprendre à partir de l'*alétheia,* comme *pistis alethès,* « foi dans ce qui est dévoilé » (Parménide) (SD 74 / Q 131 ; VA 42 / EC 46). La piété pour ce que dévoilent les constellations de vérité anticipe une « aurore plus lumineuse », *hellere Frühe* (US 70 sq. / AP 73) parce qu'elle ne dit rien de plus que l'insertion de la pensée « jointive » *(fügsam)* dans les jointures *(Fugen)* du cèlement-décèlement (par exemple VA 272 / EC 329).

257 US 127 / AP 119.

258 Ce qui est en même temps donné et retenu est « sacré » (US 44 et 64s / AP 47s et 67). L'initial, *das Anfängliche,* est dit sacré parce que, à travers les âges, il est préservé tout en étant occulté (Höl 61 / AH 81). Son retour est anticipé par le poète (Höl 62 / AH 82). Le sacré « jadis souriait », tandis que maintenant il est « méconnu » (Höl 63 / AH 84). En tant que structure du cacher-montrer, le sacré est ainsi la « trace » qui conduit au revers imminent, à « la venue des dieux qui se sont enfuis » (Hw 250 / Chm 222). Hölderlin appelait ce qui est donné et en même temps retenu « la patrie » (Höl 14 / AH 17). *Das Anfängliche* est antinomique comme le *sèmainein* d'Héraclite (« Le maître, à qui est l'oracle de Delphes, ne parle ni ne dissimule, mais signifie », frgm. 93) (cf. EiM 130 / IM 175 et Wm 349 / Q II 238 sq.).

voilement-dévoilement ; et les lendemains plus lumineux seraient ceux que n'occulte aucune représentation principielle.

§ 19. L'origine originaire, ou comment se fait la présence

«[...] *physis,* le mode originaire de surgir [259]. »

Les modes *originels* de surgir sont innombrables, aussi innombrables que les mises en place économiques dans l'histoire qui nous situent. Le mode *originaire* de surgir n'a pas d'histoire. Avec le concept originaire de l'ontologie et le concept ontologique de l'originaire, nous quittons la phénoménologie des revers (inutile d'ajouter que ce n'est pas pour retourner à la compréhension prédicative d'une origine onto-théologique : la présence jouerait comme prédicat d'une source première, elle-même hors de notre portée, mais qui serait constamment présente aux choses sous la main, à notre portée). Déconstruire la représentation du constamment présent (à portée ou hors de portée), c'est entendre la présence elle-même comme origine, et c'est entendre la présence aussi bien que l'origine comme événement, comme émergence dans le tissu économique, comme « venue ». Pensée *originellement,* cette venue s'articule à travers les époques de l'histoire de l'être ; pensée *originairement,* elle « met fin à l'histoire de l'être [260] ».

L'origine originaire, « la levée qui simultanément se déploie en tant que retrait en soi-même [261] », est toujours impliquée dans ce que nous vivons et comprenons. Mais elle est rarement saisie pour elle-même. D'où la nécessité d'une phénoménologie qui tente de l'« arracher » aux étants présents, c'est-à-dire qui désimplique le donné présent, son entrée époquale en présence, et la présence en sa venue propre [262].

---

259 FD 64 / QCh 95.
260 SD 44 / Q IV 74.
261 GA *55* 365.
262 La présence en sa venue propre, ou *en tant que* présence, reste « l'affaire même » de la pensée de Heidegger, depuis les premiers jusqu'aux derniers écrits (cf. SZ 35 sq. / ET 53 sq. et SD 72–75 / Q IV 128–132). Cette affaire même est ce que, de SZ à SD, le double recul transcendantal doit atteindre, puisqu'il conduit de la connaissance ontique à la connaissance ontologique et à l'ontologie

Anfang et Ursprung : la différence temporelle

L'identité entre la pensée et l'origine *originelle* renvoyait les initiatives humaines aux constellations alétheiologiques qui se font et se défont, et que la pensée doit apprendre à laisser s'accomplir. L'identité entre la pensée et l'origine *originaire* désarme l'homme d'une autre façon. Elle échappe aux descriptions des revers de l'histoire; l'*Ursprung* se laisse seulement *erspringen,* atteindre par un saut [263]. Alors seulement « la philosophie appartient aux efforts humains les plus originaires », littéralement [264]. La figure parménidienne d'une identité événementielle prend ici sa forme radicale : à la racine, non seulement des notions métaphysiques de l'origine *(arché* et *principium),* mais encore de ces mêmes notions en tant que déconstruites, l'être et la pensée sont un dans ce *phyein,* cet identique « saut originaire », par lequel les étants se donnent dans leur ensemble, s'accordent les uns aux autres dans une économie. Un étant est quand il surgit, réuni à d'autres, dans une constellation finie qui est sa vérité. Penser, c'est suivre ce surgissement et ce rassemblement ; c'est recueillir le mouvement par lequel les étants présents s'introduisent dans la présence ; c'est recueillir leur introduction en tant que telle, et non pas en vue de ces étants. L'éloge du « saut » de pensée, loin de produire un plaidoyer pour l'irrationnel, vise donc à détacher les deux niveaux de la différence ontologique, celui de l'originel, où le surgissement de la présence est décrit à partir des étants présents, et celui de l'originaire, où ce surgissement est décrit sans égard pour les étants [265].

---

fondamentale ; ou, dans les termes de KPM, de la connaissance empirique à la connaissance transcendantale et au fondement de la métaphysique ; ou encore, selon les derniers écrits : de l'étant *(das Seiende)* à l'étance *(Seiendheit)* et à l'être *(Sein)* ; ou du présent *(das Anwesende)* à la présence *(Anwesenheit)* et à la venue à la présence *(Anwesen,* SD 75 / Q IV 131s, ou *Anwesung,* Wm 359 / Q II 256) ; ou finalement du laisser-être comme attitude au laisser-*être* et au *laisser*-être (VS 103 / Q IV 300 et SD 40 sq. / Q IV 69 sq.).

263   EiM 5 / IM 18.

264   FD 43 / QCh 69. En l'absence de philosophie, « un rapport originaire aux choses vient à manquer » (FD 31 / QCh 51).

265   SD 2 / Q IV 13. Cette essence « saltative » de la pensée originaire dans toute son extension doit être distinguée du « saut » par lequel on entre dans la pensée originaire. Le jeu de mots sur *Satz* (à la fois « proposition » et « bond ») concerne la seconde acception, le recul vers l'ontologie fondamentale, ou le fondement de la métaphysique, ou l'être, ou la venue à la présence, ou le laisser-être.

Cette nouvelle identité événementielle – *ursprünglich,* non *anfänglich* – est d'essence an-historique [266]. Elle résiste ainsi à la reprise réitérative, encore que le retour à l'originaire soit le plus aisé *à propos* du retour à l'originel [267]. Une modalité de la venue à la présence une fois passée, elle est perdue. Parce que cette venue est toujours neuve, elle est l'essence même de la finitude. L'identité originaire entre la présence et la pensée reste la grande absente de toute réflexion sur l'histoire – c'est la raison pour laquelle nous ne comprendrons jamais du dedans ce que signifiaient Delphes pour les Grecs, Sacsayhuaman pour les Incas, ou encore la prédication de Jésus pour les Juifs. Comment, en effet, répéter l'émergence mutuelle des choses, des actions et des paroles, une fois que leur interdépendance a changé de mode ? C'est parce que l'origine comme surgissement instantané n'a pas d'histoire que nous demeurons sans voix quand nous voudrions savoir ce qu'était le puma avant la conquête du Pérou, comment y étaient présents les routes transandines, le système décimal, les travaux et les sacrifices, les parures, les statues en métal massif, les temples de Cuzco, les caciques et l'empereur, la mort enfin.

Le *phyein* n'a pas d'histoire, pas de destin. Mais il n'est *pas a-temporel.* Sinon, comment l'agir serait-il jamais *kata physin,* suivant la simple venue ? La temporalité de la présence en tant qu'événement résulte de la notion correspondante de néant. L'*originel* est une levée à partir du *néant ontique,* c'est-à-dire de la totalité des étants absents pour un âge. L'*originaire* est une levée à partir du *néant ontologique,* c'est-à-dire du retrait inscrit dans le déploiement même de l'éclosion ou de la venue. L'absence survient au cœur même de la présence. L'absence dans la présence est le temps originaire : venue, *Angang* [268] et départ, *Abgang* [269], *genesis* et *phthora* [270] ; être

---

266 « *Ungeschichtlich, besser geschicklos* », « an-historique, mieux, sans destin » (SD 44 / Q IV 74).

267 Voir, par exemple, l'élaboration de la notion de *physis* comme venue à la présence à propos de la reprise du sens originel de cette notion chez Aristote (Wm 368–370 / Q II 272–274).

268 SD 14 / Q IV 31, ou *Anwesung* (Wm 369 / Q II 273).

269 Ou *Abwesung* (Wm 369 / Q II 273).

270 Hw 315 / Chm 278 sq.

et néant [271]. L'émergence mutuelle des étants, en laquelle le néant temporalise l'être, est l'origine originaire, l'*Ursprung*.

L'anticipation du futur en tant qu'actualisation temporelle de la structure du cacher-montrer n'est pas la même dans l'originaire et l'originel. Au début d'une ère de la présence, de nouveaux étants entrent dans l'économie des mots, des choses et des actions. L'or des conquistadores, les paroles affichées à l'église de Wittenberg (si du moins ce geste a jamais eu lieu), les exploits des paysans à la suite de Thomas Müntzer, sont autant d'éléments neufs qui composent l'économie de la modernité commençante. Mais l'or, les thèses de Luther, et la révolte des paysans étaient absents, économiquement impossibles, jusqu'à ce revirement époqual. Aux revers de l'histoire, donc, certains étants se retirent (« À la fin du Moyen Âge, la lèpre disparaît du monde occidental [272] »), se cachent, tombent dans la *léthé*, d'autres se montrent. Par là commence un âge. Voilà la structure du cacher-montrer *ontique* telle que la déconstruction – le « dépassement de la métaphysique » – permet de la lire aux moments de transition. La structure du cacher-montrer *ontologique*, en revanche, ne fait pas appel aux étants ; elle révèle la *léthé* et l'*alétheia* « sans égard pour la relation de l'être aux étants [...]. Il importe de se désister du dépassement de la métaphysique et de laisser celle-ci à elle-même [273] ». Le cacher-montrer originaire demeure impensable au sein du projet de déconstruction ou de dépassement, puisque ce projet vise à démanteler les économies ontiques, à détrôner les étants-principes, à subvertir les ordres d'étants qui ont eu cours dans l'histoire. C'est donc la présence elle-même qui doit être pensée comme cachée et manifeste, « antérieurement à la différence [...] et pour cela *sans* l'étant [274] ».

---

271 « Le tout autre de tout étant est le néant ; mais ce néant se déploie comme être » (Wm 101 sq. / Q I 76). Deux notes marginales accompagnent une édition ultérieure de ce texte : ce « tout autre » « est encore pensé métaphysiquement à partir de l'étant » ; le néant est ici « néant d'étant » (GA 9 306).

272 C'est la phrase par laquelle débute Foucault, *Histoire de la folie à l'âge classique*, *op. cit.*, p. 13.

273 SD 25 / Q IV 48.

274 GA 9 306. Pendant sa période moyenne, celle de l'histoire de l'être et du dépassement de la métaphysique, Heidegger pense la différence ontologique à partir du *chréôn* d'Anaximandre, comme « délivrance du présent dans le découvert » (Hw 340 / Chm 301). De nombreuses autres tournures se rattachent au

La temporalité de la présence est l'avenir en elle, l'appropriation de l'absence. Cette appropriation du possible est la *mise en* présence, l'*Es gibt*, « il y a [275] ». Ce qui met ainsi en présence, « cela » qui n'a pas d'histoire et qui est le simple facteur différentiel, est l'élément le plus ténu, le plus banal en un sens, dans une constellation époquale donnée : à savoir qu'en une coupure synchronique, les étants appartiennent les uns aux autres selon tel mode de réciprocité.

On voit combien il serait désastreux de ramener l'originaire, le *phyein*, à l'ancienne *existentia*, ou au simple *daß*, et l'originel, l'*epoché*, à l'ancienne *essentia*, ou au simple *was* – comme si, par la grâce de quelque composition, les modalités époquales ajoutaient la quiddité à l'être. Si la *physis* n'était que le fait d'être, l'agir *kata physin* tomberait une fois de plus dans l'impossibilité. Comment le *phyein* peut-il alors rendre possibles les économies et, par là, les modalités de l'agir ? Par la façon dont la présence retient l'absence, dont l'avenir est imminent, ou encore dont le néant temporalise l'être. Le facteur différentiel qui décide de ce qui est à penser et de ce qu'il est possible de faire, est le rapport temporel entre *alétheia* et *lethé*.

L'origine originaire était reconnue comme condition temporelle de ce qui est à penser et à faire, dans *Être et Temps* déjà. Les étants « surgissent », disait Heidegger alors, dans l'horizon ouvert par notre projet d'être, selon les types de rapports que nous entretenons avec

---

cacher-montrer ainsi compris, par exemple « distance et proximité » (Höl 138 / AH 188 et VA 108 / EC 125), « danger et salut » (VA 36 et 40 / EC 38 sq. et 43). Pendant cette période, la différence est le nom de la présence en tant qu'elle permet aux étants d'apparaître comme absents ou comme présents. Plus tard, quand il tente de penser le *phyein* sans recours aux étants présents ou absents, c'est la présence elle-même qui exhibe la double caractéristique d'appropriement et de désappropriement (SD 44 / Q IV 75), et cela non plus « parce que, dans l'éclosion du décèlement, l'essence de celui-ci, à savoir le cèlement, partout se retire en faveur du décélé qui apparaît comme l'étant » (Wm 199 / Q I 29) – non plus, donc, parce que le décèlement demeure en retrait de l'étant décélé, néant par rapport à cet étant –, mais parce que cèlement et décèlement sont les traits de la présence même, en dehors de leur différence avec l'étant. Le concept l'*alétheia* n'est donc pas le même avant et après la découverte de l'événement an-historique de mise en présence.

275 « Jusque dans l'événement d'appropriation, il peut être question de refus et de retenue dans la mesure où ceux-ci concernent la façon dont il y a du temps » (SD 58 / Q IV 93).

eux [276]. Mais du fait qu'elle était comprise à partir de notre mort, la temporalité ne pouvait encore être reconnue comme simple mise en présence. L'origine originaire était l'ouverture, frayée par nous, dans laquelle les choses *sont* pour autant qu'elles apparaissent à l'être que nous sommes. On voit le modèle kantien derrière cette façon de comprendre les phénomènes : nulle part les compromissions latentes de l'analyse existentiale avec la philosophie critique n'apparaissent plus clairement que quand l'*Ursprung* est ramené par Heidegger à l'aperception transcendantale [277]. L'originaire en tant que projet est fini en ce sens qu'il manifeste les étants sur un horizon d'étants non manifestés. La nécessité d'un tel horizon signifie que la manifestation illimitée de tout ce qui peut être présent, est impossible [278]. Pour la compréhension de la vérité, il en résulte que les structures existentiales qui permettent de découvrir les étants diversement présents

---

276 Ce surgissement, *Ursprung,* est multiple, en accord avec la multiplicité des régions découvertes par un projet. Pour la compréhension de l'originaire dans le contexte de l'analyse existentiale, il faut voir non seulement que des régions multiples coexistent pour l'être que nous sommes, mais encore qu'un étant, par exemple le fameux pichet, peut passer d'une région originaire dans l'autre : il est présent, il « surgit » différemment quand il sert à table, quand il est photographié sur une encyclopédie viticole, ou encore analysé selon la composition de ses réseaux cristallins. L'être que nous sommes surgit, lui aussi, dans diverses régions : *Dasein* pour l'ontologie fondamentale, *vorhanden* comme objet de la science médicale, et *zuhanden* comme chair à canon...

277 Selon SZ, « Kant saisit, et avec raison, le contenu phénoménal du "moi" dans l'expression "je pense" [...]. Le "je pense" veut dire : "je lie" ». Positivement, le moi n'est donc pas une substance pour Kant. Mais négativement, il s'avère quand même être *res cogitans*, « sujet » logique et *vorhanden*, et la logique kantienne revient à une « logique de choses » (SZ 319 et 11 / ET 26). Heidegger, en poursuivant dans la direction indiquée par Kant, comprend le « *ich verbinde* » comme projection du monde. Le souci prend alors la place de l'aperception, comme « unité originaire de cette totalité structurale » (SZ 232). W. Marx, *op. cit.,* p. 97, écrit carrément « *"ursprünglich" (transzendental)* ».

278 Cela est à maintenir à rencontre de certaines formules ambiguës, chez Heidegger lui-même, selon lesquelles l'oubli de l'être pourrait être « surmonté fondamentalement et expressément » (SZ 225 / ET 271). Cf. la note ET 309, ainsi que Henri Declève, *Heidegger et Kant,* La Haye, 1970, p. 173, sur l'explication, soit par l'occultation structurale, soit par l'oubli historique, du « recul » de Kant devant la temporalité de l'ego. Plus tard, Heidegger maintiendra l'impossibilité d'un dévoilement total contre la prétention d'explication universelle par les sciences modernes (par exemple VA 168 / EC 200 sq.).

« manifestent le phénomène le plus originaire de la vérité ». La vérité est comprise comme découverture frayée par l'être-là. Enfin, si « découvrir est un mode d'être de l'être-au-monde », les rapports d'appartenance réciproque qui constituent le monde sont, eux aussi, compris à partir de l'être-là humain : « le monde [...] est un caractère de l'être-là lui-même [279] ». Tout cela ne veut pertes pas dire que l'originaire, la vérité, et le monde sont, dans *Être et Temps,* soumis à un traitement « humaniste » au sens d'un « mouvement circulatoire sur des orbites plus ou moins proches, autour de l'homme », prétendument connu en son essence métaphysique [280] ; mais que l'être-là humain « laisse surgir » (*Ursprung* en tant que *entspringen lassen*) le monde et la vérité [281].

La tendance vers l'anti-humanisme dans la compréhension de l'origine originaire – et, partant, dans celles de la vérité comme découverture, et du monde comme réseau d'appartenances réciproques – s'accentue après *Être et Temps.* Est significatif ici l'accouplement des deux sens de l'origine : « L'essence de la vérité ne pouvait être retenue et conservée dans son originaire originel » (*in seiner anfänglichen Ursprünglichkeit*) ; de là la nécessité de la « ressaisir plus originairement dans son originaire [282] ». La vérité comme découverture n'est plus comprise maintenant par Heidegger en rapport à l'homme ; néanmoins elle reste sise dans un étant privilégié, « l'œuvre de la parole poétique, l'œuvre de pierre dans le temple et la statue, l'œuvre de la parole pensée, l'œuvre de la *polis* [283] ». Ce n'est plus l'être humain, mais l'œuvre qui « fraie une ouverture [284] ». L'originaire s'est déplacé de l'être-là vers l'œuvre. Ce déplacement montre bien la pointe anti-humaniste de la *Kehre,* mais il montre aussi que l'originaire est encore pensé *à propos* de l'originel. Le « monde »,

---

279 SZ 64 / ET 87.
280 Wm 142 / Q II 161, cf. ci-dessous, p. 293.
281 KPM 136 / Kpm 199. L'adjectif ursprünglich correspond, dit Heidegger, à l'*originarius*, originaire, des expressions kantiennes *intuitus originarius* et *exhibitio originaria*. Mais Heidegger en retient, bien sûr, seulement ce qui reste « à ras du phénomène » (KPM 129 / Kpm 192), à l'exclusion des spéculations sur l'intuition intellectuelle.
282 EiM 145 sq. / IM 193 sq.
283 EiM 146 / IM 195.
284 Hw 30 et 34 / Chm 31 et 34.

compris comme arrangement manifeste – et en ce sens opposé à la « terre », au voilement – des étants en une modalité finie de la présence, surgit avec l'œuvre : « être une œuvre, c'est ériger un monde [285] ». Quand le cacher-montrer, qui est l'essence de la vérité, est exprimé comme « lutte originaire [286] » de la terre et du monde, du voilement et du dévoilement, on doit comprendre ces métaphores en référence à l'histoire de la présence : les œuvres (mais surtout les communautés) dont est faite notre histoire ouvrent, chaque fois, un domaine de vie et de pensée possibles. La notion de mise en œuvre se distingue donc de celle de mise en présence, comme la phénoménologie descriptive de l'histoire de la présence se distingue de la phénoménologie transcendantale du surgissement de la présence. Au « projet » quasi humaniste des premiers écrits s'oppose maintenant l'anonymat de l'événement historique par lequel une œuvre s'impose sur un réseau d'échanges [287]. Dans ces écrits, donc, l'origine de l'œuvre d'art… c'est l'œuvre d'art elle-même en tant qu'elle impose son ordre sur un monde fini. Si l'originaire est dit se manifester également dans d'autres domaines où la lutte du voilement-dévoilement instaure un tel réseau, ces domaines sont peu nombreux [288]. Bien que le site de l'origine originaire, dans ces écrits relatifs à l'histoire de l'être, ne soit plus l'étant que nous sommes, *c'est toujours un étant qui institue un monde* et qui engage la lutte entre le clos et l'ouvert, la lutte alétheiologique. Cette référence à des étants et à leurs régions cesse quand la compréhension de l'originaire n'est plus cherchée à propos de l'originel, mais que Heidegger s'efforce de penser l'*originaire en lui-même.* Alors la différence ontologique n'est plus opératoire qu'implicitement.

C'est que, une fois thématisée en elle-même, l'origine originaire s'avère irréductiblement multiple. Voilà la découverte décisive qui montre qu'antérieurement à la lutte binaire entre voilement et dévoilement, la venue à la présence effectue une lutte – pour rien.

---

285 Hw 33 / Chm 34.

286 Hw 43 / Chm 42.

287 Voir Hw 53 / Chm 51.

288 « Comment la vérité s'accomplit-elle ? Nous répondons : elle s'accomplit en peu de manières essentielles » (Hw 44 / Chm 43). Quelques-unes des modalités de « l'accomplissement originaire de la vérité » sont énumérées Hw 50 / Chm 48.

Quand Heidegger parle d'une lutte quadripartite [289], ce qui compte n'est pas le chiffre quatre, mais bien la *fragmentation de l'originaire*. La venue à la présence apparaît alors comme l'appropriation « à partir d'une unité originaire [290] », des dimensions multiples du monde [291].

---

289   VA 150 sq. et 171 sq. / EC 177 sq. et 204–6. Voir aussi « Hölderlins Erde und Himmel », in *Hölderlin-Jahrbuch*, XI (1958–1960), p. 17–39 / AH 195 sq. Selon une notice dans SD 45 / Q IV 76, tout US traiterait du « quadriparti ».

290   VA 149 / EC 176. Cette unité originaire est la synchronie du quadriparti : les quatre dimensions se situent, sont « impliquées », dans le même « pli » *(Einfalt, ibid.)*. Par là est exclue du quadriparti toute perspective diachronique des « plis » par lesquels « le destin de la métaphysique » « se déplie » *(entfaltet*, Wm 241 sq. / Q I 135 sq.). Sur cet *Entfalten* diachronique voir encore SvG 182 sq. / PR 236 sq.

291   Le « quadriparti » est ainsi ce que la présence s'approprie, *das Ereignete* (SD 45 / Q IV 76). Il n'est donc pas correct de dire que « l'homme se sait dépendant des choses *(bedingt)*, c'est-à-dire inséré dans la totalité de l'étant que Heidegger désigne comme "quadriparti" » (Walter Schulz, *Der Gott der neuzeitlichen Metaphysik*, Pfullingen, 1957, p. 55). Le quadriparti n'est pas la totalité de l'étant. C'est au contraire un titre parmi d'autres pour penser la présence comme venue, ou comme jeu, sans égard pour l'étant.

La traduction de « *Geviert* » par « quadriparti », proposée par Jean Beaufret dans EC, n'est pas heureuse. Dans « Geviert » il n'est pas question de « part » et de « partie », pas plus que Heidegger ne tient au chiffre quatre. Le *Geviert* est d'abord le jeu du langage en tant qu'il rassemble *(dichtet, verdichtet)*. On pourrait donc traduire par « quatuor » ou « quadrette ». Mais Heidegger dit aussi *Vierung* (VA 179 / EC 215), Beaufret traduit : « Quadrature ». *Vierung* est un terme de l'histoire de l'architecture. Il désigne l'intersection de deux nefs dans une église, point de luminosité parce que surmonté d'un dôme *(Vierungskuppel)* et d'une lanterne, et point donnant une vue d'ensemble parce que centre des quatre ailes de l'édifice. La *Vierung* où le *Geviert* est le cœur de la cathédrale où il fait bon demeurer. C'est là que doit se trouver l'autel du saint *(der Heilige)* qui guérit *(heilt)* et qui, en restituant l'intégrité *(das Heile)*, confère le salut *(das Heil)*. C'est là que la demeure « ménage » ceux qui s'y réunissent. « Quadriparti », au lieu de suggérer ce rassemblement en un point de lumière et en un centre où se nouent les lignes architectoniques et les espaces, fait plutôt penser à un découpage en quatre parts. Enfin, *Geviert* est un terme, plus guère usité aujourd'hui, désignant les dimensions : on parle de *Gevierthof*, c'est-à-dire de la cour ou du préau autour duquel et par rapport auquel les quatre bâtiments d'une ferme s'orientent. *Geviert* signifie alors les quatre régions du monde, les points cardinaux rendus proches dans la chose (cf. VA 163 sq. / EC 194 sq.). Les exemples du pont et de la cruche (VA 152–155 et 164–172 / EC 180–184 et 196–206) disent précisément des choses dont la « ronde enroule dans un anneau » les quatre régions du monde. Le *Geviert*, loin de découper en parties, réunit le jeu du monde. Il n'accuse le multiple qu'indirectement, ne parlant du *temps* qu'implicitement.

Cet événement d'appropriation multiple « ne peut être retenu, ni comme être, ni comme temps » ; il est plutôt leur mise en présence mutuelle, « le neutre "et" dans le titre "Temps et Être" [292] ». Quant à l'unité originaire, elle n'autorise aucune hénologie. Heidegger n'a jamais conçu la présence sur le modèle du *pros hen,* comme « présence à » l'homme, à l'œuvre, ou à quelque autre étant. Mais s'il a compris le champ de présence comme ouvert « par » l'homme ou l'œuvre, ce champ perd désormais son centre. L'unité originaire est le simple événement de mise en présence. Pensé à partir de sa temporalité propre, de sa mobilité [293] – qui n'a plus rien à voir avec les extases ou avec l'histoire destinale –, cet événement se résume dans le trait le plus quotidien, le plus commun de toute expérience de pensée, à savoir le surgissement du « là ». La pointe du concept de quadriparti est ainsi dirigée contre toute représentation d'un « univers », d'un monde tourné vers l'Un. Rien n'est gagné, tout, au contraire, est perdu, quand on interprète cet événement de mise en présence à partir de la différence aristotélicienne entre *dynamis* et *energeia* pour la ramener à la question du sens de l'être pour l'homme, ou quand on y voit une modification de la dialectique hégélienne de la reconnaissance. Dans l'un et l'autre cas, la mise en présence reste orientée vers l'homme, centripète, non vraiment multiple comme un jeu. L'événement d'appropriation n'est un que comme « mise en rapport essentielle [294] » de dimensions de manifestation qui n'ont de commun avec les anciennes « régions » phénoménologiques que la multiplicité. Ces dimensions de manifestation sont aussi multiples que Dionysos disséqué [295].

On ne réussira jamais à saisir la différence entre l'originel et l'originaire tant que celle-ci ne sera pas comprise comme contenu phénoménal ultime de la différence ontologique. Heidegger établit cela dans trois mouvements d'approche [296] : l'originaire est l'a *priori*

---

292 SD 46s / Q IV 78.

293 « *Bewegtheit* » (SD 44 / Q IV 75).

294 « *Wesenhaftes Zueinander* » (Hw 250 / Chm 222).

295 *Ibid.* C'est encore à la figure de Dionysos peut-être qu'il faut rattacher les expressions suggérant « l'unité originaire » du quadriparti, à savoir le « jeu », la « ronde », le « jeu de miroir », « *das Gering* » (VA 178 sq. / EC 214 sq.). Mais, ce texte l'indique aussi, cette unité n'est que l'*Einfalt* synchronique.

296 SD 44 / Q IV 74 sq.

de l'originel ; penser l'originaire, c'est conduire l'histoire des commencements époquaux, c'est-à-dire des origines originelles, à sa fin ; le cèlement qui appartient à l'essence de l'originel est dépassé, surélevé et préservé dans l'originaire.

L'originaire, l'événement de venue à la présence, est l'*a priori* de l'originel entendu comme *incipit* époqual. En effet, l'*Ursprung* n'est pas une nouvelle marque historique de la présence, mais au contraire, les marques originelles dans l'histoire des époques, ainsi que les économies, « appartiennent à », « sont reprises dans » l'événement de la venue à la présence. Cet *a priori* ne peut certes pas être construit selon les schèmes traditionnels inaugurés par Platon et articulés pour la subjectivité par Kant ; néanmoins, il s'agit bien d'une structure antérieure à l'expérience (historique), rendant celle-ci possible. L'événement non historique dans lequel surgit la présence doit « (d'une manière ou d'une autre) » être reconnu comme la condition de possibilité de l'événement historique dans lequel advient un ordre de choses présentes. Nous comprenons l'être comme le surgissement synchronique d'un tel ordre du faisable et du connaissable pour une époque donnée, surgissement dans lequel est retenu ce qui restera impossible à faire et à connaître. L'absence n'est pas le « fond » sur lequel se produit le *phyein*, l'émergence n'abandonne pas le recel, l'arrivée en présence reste au contraire *traversée* d'absence. La différence entre l'originel et l'originaire s'impose par la simple reconnaissance qu'à chaque instant *il y ait* une telle disposition événementielle de présence-absence, que la présence « se produise ». La différence ontologique apparaît donc, en son contenu phénoménalultime, comme celle entre l'*il y a* voilant-dévoilant et les marques qui arrangent un ordre époqual [297]. Pour qu'un ordre et son *legein* puissent commencer, l'émergence de la présence est requise comme événement *a priori*, comme condition nécessaire et universelle.

---

297 Ainsi que je l'ai indiqué, le double recul vers l'originaire est parallèle à celui décrit dans SZ et KPM. Aux séries énumérées ci-dessus (p. 202, n. 262) s'ajoute donc le double « pas en arrière » des étants présents dans une disposition époquale, à cette disposition elle-même, puis à l'événement d'émergence de la présence.

Toute la contention de la phénoménologie heideggérienne va à cette émergence, pensée en elle-même. En ce sens, son effort vise à conduire l'histoire des commencements à sa fin. « La pensée se tient alors dans et devant Cela qui a légué les diverses figures de l'être époqual [298]. » Mais « Cela » est compris d'avance par tous et chacun. Quand un étant comme la ville de Cuzco était habité des seuls descendants de l'empereur, à l'exclusion de tout autre clan, l'être époqual se donnait différemment que du temps où Pizarro fit construire des églises et des couvents sur les habitations inca partiellement rasées ; et Cuzco « se donne », « il y a » cette ville, différemment quand elle devient marchandise sur le marché touristique international ; différemment encore quand bientôt, sans doute, « l'air si pur que les cadavres ne s'y décomposent pas », au dire d'un chroniqueur espagnol, sera devenu irrespirable même pour les monolithes et que l'UNESCO décidera de les protéger, eux aussi, par d'immenses housses en plastique. À chaque étape de cette histoire, certains *étants* sont présents, d'autres, absents : aujourd'hui, Atahualpa qui n'est plus dans cette vallée, et l'industrie moderne qui n'y est pas encore, marquent par leur absence le champ de ce qui est présent. À chaque étape, aussi, il y a donc l'*étance,* le commencement fondateur d'un ordre qui articule une constellation alétheiologique pour la pensée. À chaque étape il y a enfin l'*il y a* lui-même, l'être si l'on veut, ou l'arrivée en présence, l'événement qu'il y ait présence-absence plutôt que pure absence. Mais pour devenir attentif à cette origine-là, au surgissement nu, il est nécessaire de détourner le regard philosophique de la suite des constellations d'étance au cours des âges. Qu'est-ce au juste qui touche alors à sa fin ?

« Avec l'éveil à l'événement, l'oubli de l'être est dépassé, surélevé, préservé [299]. » L'oubli touche à sa fin : est-ce à dire que, penser la présence au-delà de l'« apprentissage » et de la « préparation [300] », ce serait recueillir la présence dans le plein midi d'un « il y a » univoque, par-delà toute absence ? Non, car – on l'a vu – la présence en

---

298 SD 44 /Q IV 74.

299 « *Die Seinsvergessenheit "hebt" "sich" "auf"* » (SD 44 / Q IV 74). L'insistance, par Heidegger, sur la notion d'*Aufhebung* oblige à la traduire de façon à en retenir les trois moments.

300 SD 66s / Q IV 119.

sa venue se retire en soi ; elle est *essentiellement* « approche dans le retrait [301] ». Pour autant que l'événement d'appropriation est en même temps désappropriation, le cèlement qui caractérise l'époque de la métaphysique est *aufgehoben*. L'allusion à la dialectique hégélienne dans ce texte n'en facilite certes pas l'intelligence. Mais ce qui compte, c'est que l'origine originaire une fois reconnue, l'origine originelle, si elle est bien préservée, l'est au sein d'une topologie qui interroge l'histoire en fonction d'une autre origine, ni historique ni transhistorique. En ce sens, l'originel, avec le cèlement qui se mêle à tout commencement, est bien dépassé. La déconstruction a alors atteint son but, elle a libéré un surgissement tout autre que l'originel – et elle a surélevé celui-ci –, à savoir le surgissement précaire, fondateur de rien, toujours naissant, de la présence. Elle a transmué aussi le cèlement, introduisant l'absence, le pas-encore, l'*ad* futur de l'« *ap*propriation », au cœur de la présence en tant que venue. « Pour la pensée qui entre dans l'événement d'appropriation, l'histoire de l'être comme ce qui est à penser, est terminée [302]. »

Voilà comment Heidegger tente de penser le dépassement des principes époquaux régissant une constellation de choses présentes-absentes. L'« il y a » qui dévoile tout en voilant rend possibles ces constellations concrètes ainsi que leurs principes. Aussi la « chose elle-même » de la phénoménologie est-elle à chercher au-delà des principes. Quel est alors l'enjeu du « dépassement de la métaphysique » ? Prévenir la rechute d'une compréhension événementielle de l'origine en une compréhension principielle. La transmutation à rebours par laquelle la présence émergeante s'institutionnalise en principe qui règne – et qui sert à justifier l'action – est le mauvais destin de l'origine. En tant que surgissement, l'originaire est essentiellement fragile, fini, prêt à virer au « principe » aussitôt reconnu. Peut-être Heidegger a-t-il rendu un mauvais service à la phénoménologie en entourant « Cela » qui donne la présence, c'est-à-dire son auto-donation, d'une aura mystificatrice : « Cela donne », *Es gibt,* veut dire la simple entrée en présence. Et dire entrée, c'est dire venue de quelque part, venue comme advenir. Si nous sommes invités à nous taire devant le mystère de

---

301 SD 44 / Q IV 75.
302 SD 44 / Q IV 74.

Cela qui donne, il ne faut pas voir là autre chose que l'impossibilité de parler de l'absence en tant qu'absence. La désappropriation au sein même de l'événement d'appropriation « inclut la question : désappropriation vers où ? De la direction et du sens de cette question plus rien ne fut dit [303] ». En effet, que dire de l'imminence en tant que telle, dissociée de l'imminent ? L'ordre *principiel* d'une époque la fixe en un système de priorités et de préséances : systèmes où se perdent « la direction et le sens » temporels de l'absence. En même temps qu'elle met fin à l'histoire des époques, la phénoménologie de l'*originaire* se désolidarise donc de la recherche d'un premier. Le prix à payer pour la réhabilitation d'une telle recherche serait l'abandon de l'essence temporelle de la présence – l'abandon, par conséquent, de l'unique problématique de la pensée de Heidegger.

Cette annihilation de la fonction légitimante, justificatrice, de la philosophie, chez Heidegger [304], paraît avec toute la clarté désirable à propos de ceci que l'histoire est faite de « marques » d'être, *Seinsprägungen,* et de leur fin [305]. À la dernière de ces marques, le *Gepräge* technique, scientifique, industriel [306], au dernier principe

---

303 SD 46 / Q IV 77.

304 Dans l'essai « L'origine de l'œuvre d'art », la différence entre l'originel et l'originaire n'est pas entièrement claire. À lire ce texte, il semble, en effet, que l'« événement originaire de la vérité » dans un champ de présence tel qu'une communauté, une œuvre, etc., signifie le commencement, « le geste fondateur » qui ouvre un tel champ (Hw 50 / Chm 48). Cette fusion de l'originel et de l'originaire explique, pour une grande partie, les lectures tendancieuses faites de cet essai (voir ci-dessus, p. 48, n. 11). Comprendre ces champs de phénomènes à partir de leurs débuts – par exemple, comprendre le marxisme ou la psychanalyse à partir de leurs fondateurs – c'est en tracer l'originel. Or, le discours sur l'originaire sera à jamais incapable de produire une généalogie à partir d'un *principium,* justifiant le règne de quelque *princeps,* ou une généalogie à partir d'une *arché,* justifiant un archonte de quelque espèce. L'éloge du geste fondateur, dans « L'origine de l'œuvre d'art », tend à brouiller les frontières entre *arché, principium* et *princeps,* ainsi qu'entre « originel » et « originaire ».

305 SD 44 / Q IV 74.

306 SD 67 / Q IV 120. Heidegger suggère que le « principe » de l'ère contemporaine est l'énergie atomique (SvG 199 / PR 256). Dans un séminaire de 1962, il indiquait l'ambiguïté de ce qu'il appelle le *Gestell* : d'une part, ce mot désigne ce que j'appelle le principe époqual de notre civilisation contemporaine, et en ce sens cette notion ne permet pas de « penser l'être sans l'étant » ; d'autre part, le *Gestell* est pensé comme phénomène anticipateur de l'événement d'appropriation (*Vorerscheinung*

épouqual, donc, est opposée une possibilité d'un revers tout autre que ceux séparant les époques. La phénoménologie de l'originaire « ne veut ni ne peut prédire un avenir » ; mais ce qu'elle veut et peut, c'est réclamer « que l'homme soit prêt pour une détermination qui, entendue ou pas, parle en tout temps dans le destin, encore indécis, de l'homme [307] ». Il est clair, du moins, que cette détermination originaire ne soutient rien ni n'autorise à rien, n'étant pas une autre « marque » et n'ayant en aucune façon partie liée avec la durée (comme l'ont les deux formes de règne, *arché* et *principium*, ainsi que l'originel). Un référent ultime qui légitimerait les activités humaines devrait subsister, rester constamment présent et disponible, se laisser invoquer comme norme partout où on agit. Mais si l'*Ursprung* est bien une détermination qui se fait entendre partout et toujours par l'homme, il ne « détermine » aucunement la *praxis* en la référant à un terme unique, *pros hen*. Il la réfère à des émergences multiples *en tant que multiples,* au sein d'un « espace temporel de jeu [308] ». Face à la recherche du fondement, et en vertu de la restitution de l'innocence à la multiplicité radicale qu'elle opère, l'origine originaire apparaît comme jeu [309]. C'est l'*Ursprung* multiple qui est littéralement primesautier : le saut « qui engage la pensée au jeu avec ce en quoi réside l'être en tant qu'être, par conséquent, non pas avec quelque chose sur quoi il reposerait comme sur son fondement [310] ».

L'originel déjà déshumanisait, pour ainsi dire, le « projet » de vérité en le rattachant, non pas à l'existence, mais à la lutte alétheiologique. L'originaire, maintenant, achève cet impact anti-humaniste. Un projet *(Entwurf)* originel – civilisation inca ou technologie moderne – n'est lui-même possible qu'en raison de cet adjet *(Zuwurf)* originaire par lequel il y a de la présence. La différence qui meut, de plus en plus exclusivement, la pensée de Heidegger est celle entre l'originel

---

des Ereignisses). Cependant, « la nécessité ainsi que la possibilité de cette contradiction ne furent pas élucidées plus amplement » (SD 35 / Q IV 63).

307 SD 67 / Q IV 120.

308 *Zeit-Spiel-Raum* (SvG 129 sq. / PR 173).

309 SvG 186 / PR 240. Eugen Fink a montré que le monde doit être compris comme jeu – « jeu sans joueurs » – parce qu'il se montre phénoménologiquement privé de fondement : « *Die Welt ist grundlos* » (Fink, *Spiel als Weltsymbol*, Stuttgart, 1960, p. 233–239).

310 *Ibid.*

projectif et l'originaire adjectif. L'originaire est la présence en tant que premier jet, pensé en lui-même, donc ni à partir de l'être que nous sommes, ni à partir des époques. De l'origine comme surgissement d'un projet d'existence à l'origine comme surgissement d'une époque, les régions de présence se déplacent de l'être humain vers l'histoire ; mais avec le surgissement nu de la présence, la phénoménologie cesse d'être régionale [311]. À mesure que Heidegger reconnaît la présence en elle-même, la structure du *Sprung*, saut, vire d'un faire à un recevoir (ou « laisser »). L'élément poïétique apparaît ainsi comme second par rapport au *phyein*, l'éclosion originaire. Une fois reconnue la dépendance du « faire » à l'égard du « laisser » *(entlassen)*, c'est-à-dire une fois l'*arché* et le *principium* démasqués comme substituts ontiques de l'originaire, la métaphysique a trouvé son site : comme l'ensemble des objectivations de l'*Ursprung* en des réalités archi-présentes et dont le règne – divin, logique, ou humain – occulte la présence et son laisser [312]. Peu de chose serait gagné s'il s'agissait seulement de destituer les représentations métaphysiques d'un Premier. En revanche, puisque les systèmes de dérivation se sont avérés être la dérive de l'originaire comme pure venue à la présence, la destitution s'accompagne d'emblée d'une restitution : réhabilitation

---

311   Quand Heidegger caractérise l'*Ursprung* par la même duplicité que l'*arché* – « ce à partir de quoi » et « ce par quoi », commencement et commandement –, il intègre ces schèmes aristotéliciens dans une phénoménologie régionale. « Ursprung signifie ici ce à partir de quoi et ce par quoi une chose est ce qu'elle est et telle qu'elle est » (Hw 7 / Chm 11). La suite de ce texte montre bien que toute l'idée de causalité, dont j'ai dit qu'elle détermine la notion d'*arché*, est exclue de cette façon de parler. Ce à partir de quoi et par quoi une chose est ce qu'elle est, dans l'article sur « L'origine de l'œuvre d'art » est la modalité régionale de présence propre à une chose. L'œuvre d'art ouvre et instaure la région « art », et l'œuvre politique, « le politique ». Mais cette conception régionale de l'origine est entièrement abandonnée dans SD.

312   « Selon l'histoire de l'être, l'origine originaire *(Ursprung)* du règne de la vérité comme certitude se dissimule dans le dé-laissement *(Ent-lassung)* de son essence à partir de la vérité originelle *(anfänglicher)* de l'être » (N II 423 / N ii 339). C'est le fait contingent le plus décisif de l'histoire occidentale, selon Heidegger, que seule la pensée originelle, jadis, ait pensé la vérité originaire. Celle-ci est donc à reconquérir à partir des mots clefs présocratiques. Toutes les formes ultérieures de la vérité – les théories d'adéquation (Aristote), de cohérence (Leibniz, Spinoza), d'identité (Hegel), d'autoévidence (Husserl), ou de consensus pragmatique (Peirce) – sont conçues à partir du sujet connaissant.

d'un événement essentiellement non objectivable, multiple, et par suite duquel rien n'est gagné pour le problème altier d'un garant de vérité, et beaucoup est perdu pour les systèmes d'autorité articulant leur légitimation sur la dérivation métaphysique. Ce qui est perdu est le caractère ultime, fondateur, du *pros hen*. Le rapport à l'un s'est justement montré le pivot conceptuel pour traduire une philosophie première en philosophie pratique. À l'originaire comme présence émergeante, on ne pourra jamais référer des propositions ou des actes, publics ou privés, comme à la substance on réfère des accidents, ou – dans la dernière tentative en date d'une légitimation de la praxis par une philosophie première – comme à la communauté idéale des locuteurs on réfère des propositions rationnelles sur l'émancipation [313].

En la fin d'une époque, quand expire son principe, la restitution du problème de la présence (« la question de l'être ») se montre inextricablement liée à la destitution de tous référents ultimes. L'âge postmoderne, inauguré par Nietzsche [314], est celui où la disponibilité de la vérité référentielle pour des propos de légitimation devient suspecte. En effet, quand fléchit non seulement tel ou tel principe époqual, mais le *pros hen* lui-même qui, en métaphysique, soutient tout Premier, la question devient urgente de savoir comment l'origine a pu en venir à être conçue selon des schémas de justification juridique et de soutènement architectonique. Il se peut que la différence entre l'originel et l'originaire révèle alors ce qu'il en est de la présence par rapport aux économies : qu'elle est sans principe, anarchique, et qu'aux âges de

---

313 Karl-Otto Apel, *Transformation der Philosophie*, Francfort, 1976, par exemple vol. II, p. 222 et 405 sur la *Letztbegründung*. Celle-ci « ne permet pas de maintenir la différence entre théorie et praxis pour poser le fondement des sciences sociales critiques » (*ibid.*, p. 230). Tout le travail d'Apel vise à établir une philosophie transcendantale du langage comme philosophie première capable de fonder une théorie critique. Même quand l'héritage aristotélicien dans les théories de légitimation est moins explicite, la seule notion de légitimation – à distinguer de celle de légitimité – comporte la référence *pros hen*, la référence des sujets obéissant à une instance d'autorité.

314 Si l'on comprend l'inauguration de l'âge post-moderne par la fragmentation de l'origine, il faut peut-être remonter jusqu'à l'*Idéologie allemande* pour en fixer le début (cf. ci-dessus p. 65 sq. et 70 sq.).

Anfang et Ursprung : la différence temporelle

transition l'origine comme pur *phyein* est tout ce qu'il nous reste pour penser la vérité. Peu de chose, il faut bien l'avouer, pour justifier et soutenir un référent économique conçu comme dirigeant. Mais tant que le programme de restituer la présence est poursuivi indépendamment du programme de destituer les référents ultimes, qui en est le corollaire, on ne comprendra jamais pourquoi « trouver l'accès à la vérité de l'être afin d'y séjourner », suppose qu'on renonce à « tout établissement de règles [315] ».

La découverte progressive de l'essence anarchique de l'origine, par Heidegger, se laisse tracer, par exemple, en suivant l'emploi de l'expression « *Es gibt* ». D'abord elle renvoie au phénomène de la compréhension, c'est-à-dire à nous-mêmes en tant que découvrant les choses dans le monde et ainsi les rendant vraies [316]. Puis (deuxième période) les passages de *Être et Temps,* où il est dit qu'il y a de l'être seulement pour autant que nous sommes [317], sont interprétés par Heidegger dans la perspective de l'histoire de la présence. Celle-ci se donne différemment à chaque revers époqual [318] : l'arrivée soudaine d'un ordre « donne » une modalité de la présence. « Cela » qui donne se met originellement à l'œuvre dans un ordre époqual. Miser sur la vérité, c'est alors préserver la nouveauté de cette mise

---

315 Wm 191 / Q III 148 sq.

316 « Il y a de l'être seulement dans la révélation qui caractérise la compréhension de l'être [...] Il n'y a de l'être que quand la vérité, c'est-à-dire le Dasein, existe » (GA *24* 24 sq.).

317 Par exemple SZ 212.

318 « L'être vient à son destin en ce que Cela, l'être, se donne » (Wm 166 / Q III 109, cf. SD 46 / Q IV 77). L'auto-interprétation de Heidegger est aussi violente que ses interprétations d'autres auteurs, sur ce point : « N'est-il pas dit dans *Être et Temps* (p. 212), où il est question du "il y a" : "Il n'y a de l'être qu'aussi longtemps qu'est l'être-là" ? En effet. Cela signifie : l'être se donne en propre à l'homme aussi longtemps seulement qu'advient proprement l'éclaircie de l'être » (Wm 167 / Q III 110 sq.). À l'intérieur d'une continuité dans le transcendantalisme phénoménologique, l'*il y a* a changé de sens : alors que dans les premiers écrits, l'*a priori* est l'être que nous sommes, ici l'*a priori* devient la présence telle qu'elle se donne à entendre dans les régions phénoménales historiques. La « Lettre sur l'humanisme », d'où ces lignes ont été prises, a été qualifiée très justement de « document le plus important pour l'auto-interprétation de Heidegger » (F.W. von Herrmann, *Die Selbstinterpretation Martin Heideggers*, Meisenheim am Glan, 1964, p. 7).

en œuvre [319] : pour le freudisme ou le marxisme, miser sur la vérité, ce serait garder vive l'insurrection organisatrice de « l'ensemble des étants » telle qu'elle porte les noms de Freud et de Marx ; ce serait sauvegarder *(bewahren)* leur constellation alétheiologique *(wahr)* non pas en sa fixité doctrinale, mais en son commencement innovateur. Les dogmatismes freudiens ou marxistes, avec leur cortège de systèmes d'oppression individuelle ou collective, montrent à merci combien il est aisé pour l'originel de se pervertir en principe. Alors règne l'uniforme : « en principe » les hommes appartenant à une même époque font tous la même chose. – Dans les écrits, enfin, où l'« Il y a » (troisième période) désigne le simple surgissement de la présence, « Cela » qui donne, non seulement ne porte aucun nom humain [320], mais se trouve situé dans le langage de telle sorte qu'il interdit de penser l'origine autrement que comme an-archique, non principielle, multiple : ce neutre, *Es*, n'est ni l'être [321], ni le temps [322]. Et s'il « est » la parole, il l'est en tant qu'un avènement « pour la détermination duquel nous manquent encore les mètres [323] ». « Cela », la venue à la présence, n'est rien – comme la visibilité du visible n'est rien. En même temps, cette venue est tout : elle est la monstration du visible, et en ce sens sa vérité. Ici, nul risque de dogmatisme, et nulle possibilité de gestation systématique, que ce soit de la pensée ou de l'agir.

Pour résumer et conclure : l'originel, c'est l'*arché* déconstruite. Saisir un étant par sa forme, ou un cas de génération ou de corruption par ses causes – saisir l'être métaphysique ou le devenir, donc –, c'est chaque fois répondre à la question : D'où cela vient-il ? L'origine comme *arché*, même articulée critiquement en épistémologie, reste conçue en vue d'une production médiate, génétique, du savoir. Expliquer la substance et le devenir, ou expliquer la connaissance que nous en avons, c'est toujours donner une généalogie jusqu'au point

---

319 « Dans une œuvre, la vérité est ad-jetée (*zugeworfen*) [...] à une communauté humaine historique » (Hw 62 / Chm 59). La structure « adjective » de l'originel n'est qu'un trait accompagnant le « projet » d'un ordre ; par là elle diffère du *Zuwurf* originaire qui n'établit ni œuvre ni aucun ordre.

320 N II 377 / N ii 302.

321 SD 19 / Q IV 39.

322 SD 181 / Q IV 37.

323 US 193 sq. / AP 177 sq.

de naissance de l'être substantiel, du devenir, ou de la connaissance, et nommer les lois qui les commandent. Mais dans l'*arché* déconstruite, dans l'originel, le connaissable est saisi à son point de mise en ordre époquale qui, elle, ne produit aucune science. Dire que l'originel est *pensable* seulement, c'est dire qu'en cette déconstruction le savoir perd son essence, si tant est que savoir, c'est essentiellement *scire per causas*, la méthode génétique.

De même, l'originaire est le *principium* déconstruit. Un principe gouverne. Il se manifeste dans ses effets. Mais l'originaire ne manifeste rien ; c'est la manifestation, l'événement de manifester. Un étant est vrai quand il entre en présence ; sa manifestation est sa vérité. La déconstruction du « principe » mène ainsi à une compréhension différentielle de la vérité : le champ de la vérité est la différence entre le présent et la présence, le montré et sa montrance, ou encore, le donné et le don. Cette compréhension différentielle, phénoménologique, de la vérité est antérieure à sa compréhension causale, métaphysique, antérieure aussi – plus originaire, en effet – à la description des ordres époquaux. Ce qui pouvait survivre de la recherche d'un premier, entendu comme acte fondateur, dans le programme de la reprise de l'originel, est entièrement aboli dans la reprise de l'originaire [324].

———

324 Cette double reprise a un corollaire curieux : si l'originel « répète », entièrement sécularisé, le sacré, l'originaire, lui, forme proprement le noyau de la « piété » heideggérienne – d'une piété restant décidément, comme celle de Nietzsche, fidèle à la terre. De même que l'originaire semble avoir été pensé jadis dans des mots tels que *physis, logos, alétheia*, l'attitude de l'homme devant la pure présence a trouvé, elle aussi, ses titres chez les anciens : *thaumazein*, étonnement (WP 24–26 / Q II 32–34), *éthos* (Sophocle et Héraclite dirent « *l'éthos* plus originellement que les cours d'Aristote sur l'"Éthique" », Wm 184 / Q III 138, cf. EiM 112s / IM 153s) et avant tout *aidôs, Scheu*, pudeur. La pudeur s'oppose d'abord à ce que la volonté peut accomplir : ce qui inspire pudeur échappe à notre emprise. Mais elle se lève devant ce qui nous est le plus familier, le plus intime : « Elle prélève et garde ce site de l'être humain au sein duquel il demeure chez lui » (Wm 103 / Q I 78). Ce sentiment indique alors que le plus intime nous échappe en même temps : « La pudeur est le savoir que l'originaire ne se laisse pas éprouver immédiatement » (Höl 124 / AH 168). Elle nous fait hésiter à approcher la présence directement, car par elle nous savons que présence veut dire aussi absence. Elle est comme l'indice de cette dualité du cacher-montrer, c'est pourquoi ce sentiment est cher à la pensée (Höl 137 / AH 186). Mais s'il anime la pensée de part en part, il reste néanmoins muet (EiM 115 / IM 156). Puisque la notion de *sacré* appartient au contexte de

Avec cette double déconstruction apparaît la différence ontologique *temporelle*. C'est la différence entre une modalité d'être (*Seiendheit* [325], « étance ») telle qu'elle s'institue à un revers dans l'histoire, et l'événement d'être.

La phénoménologie de l'origine ne réussit à penser la présence qu'à partir du double *incipit* : levée historique, originelle, d'une ère d'étants manifestes, et levée événementielle, originaire, qu'est la manifestation. Si cette dualité méthodique révèle une notion d'origine irréductible à celle d'un Premier – si elle rend possible une phénoménologie de l'être qui ne soit pas une philosophie première –, alors, pour montrer comment sont foudroyées les revendications tant « théoriques » que « pratiques » d'une instance ultime, il convient de séparer provisoirement deux questions : Comment la présence multiple est-elle pensable (question « théorique ») ? et : quelle figure donne-t-elle à l'agir (question « pratique ») ? La différence entre originel et originaire va me permettre de dresser d'abord les catégories de la présence (Quatrième Partie) et d'en montrer ensuite les implications pratiques (Cinquième Partie). C'est donc cette différence ontologique temporalisée qui permettra de répondre à l'une et l'autre question.

---

l'originel, elle reste historique : le sacré est « la trace des dieux enfuis », conduisant vers leur retour (Hw 250 sq. / Chm 222). Au contraire, la *pudeur* et la *piété*, puisqu'elles accompagnent le phénomène de l'originaire, dirigent la pensée vers la seule éclosion de la présence, qui n'est rien d'historique.

325   À l'âge contemporain, par exemple, l'étance « devient machination » (N II 486 / N II 395 sq.). Pour la « machination », cf. ci-dessous, p. 268 ; pour l'« étance », p. 312, n. 279.

IV

La déduction historique
des catégories de la présence

« Partout où la pensée des Grecs prend en garde la présence du présent, les traits suivants de la présence accèdent à la parole : le dévoilement, l'émergence à partir de celui-ci, l'entrée en lui, la venue et le départ, le séjour, le rassemblement, la parution, le repos, la soudaineté cachée de l'absence possible. À partir de ces traits de la présence, les penseurs grecs pensaient ce qui est présent [1]. »

Si la philosophie européenne – et pour Heidegger « il n'y en a pas d'autre, ni de chinoise, ni d'hindoue [2] » – a été comme mise sur sa voie par l'expérience présocratique, on ne pourra désimbriquer l'originaire de l'originel sans montrer les continuités et les discontinuités, l'identité et la différence, des « traits » présocratiques de la présence originaire au long des siècles. C'est au terme de cette « voie enjointe » à l'Occident qu'apparaissent « les autres traits de l'être de l'étant », tels que « l'objectivité de l'objet, la réalité du réel [3] ». Entre le premier et le dernier de ces faisceaux complexes de modalités alétheiologiques, s'étend l'histoire des revers. Sans raconter ici comment, de rupture en rupture, les dispositifs économiques se sont enchaînés, comment, par exemple, l'*alétheia*, le « dévoilement », devint *homoiosis*, puis *rectitudo* et *adaequatio*, puis certitude, justice, domination [4], il s'agit de désencadrer de ces cadres successifs ce qui les traverse tous *(etwas Durchgängiges* [5]*)*. Il s'agit de libérer l'identique à travers les mutations et de voir comment celles-ci s'articulent sur l'élément

---

1   WhD 144 sq. / QP 219.
2   WhD 136 / QP 207.
3   WhD 145 / QP 219 sq.
4   Cette « histoire des époques selon Heidegger » a été décrite par exemple par Peter Fürstenau, *Heidegger, das Gefüge seines Denkens*, Francfort, 1958, p. 101–168, Jean Wahl, *Sur l'interprétation de l'histoire de la métaphysique d'après Heidegger*, Paris, 1952, et Katharina Kanthack, *Das Denken Martin Heideggers*, Berlin, 1959.
5   ID 66 / Q I 302.

traversier. L'unité à travers le temps ne repose sur rien, ce n'est pas une couche première qui fonctionne comme un socle ou un suppôt. Précisément, s'il est possible de montrer que l'élément traversier des époques est d'ordre *catégoriel,* on ne pourra plus traiter la présence ni de simulacre d'un noumène quasi-divin, ni, à l'autre extrême, de dissimulatrice d'un relativisme historiste « s'enfermant dans la cage de l'écureuil » où « l'existant brut donne la nausée [6][...] ». Pour la compréhension de la présence originaire, le catégoriel trace la voie moyenne entre le nouménal et l'empirique. À partir de l'existant brut, l'*empirique,* on ne peut évidemment formuler la moindre proposition sur la *praxis* : il est l'objet du désir ou du besoin, mais il ne fonde aucun discours. Ce fut l'expérience cruciale de Kant : sans *noumène* – ou, du point de vue de la déconstruction : sans principe époqual – pas de philosophie pratique. Puisque la phénoménologie heideggérienne démantèle tout noumène, on peut s'attendre à ce que le projet même d'une *catégorisation* de la présence originaire entraîne quelques conséquences décisives pour la compréhension de la pratique humaine.

---

6 Ces expressions sont de Mikel Dufrenne et Paul Ricœur (*Karl Jaspers et la Philosophie de l'existence*, Paris, 1947, p. 364 et 372). Je cite cette polémique que les auteurs engagent contre Heidegger et pour Jaspers, afin de montrer que des commentateurs aussi attentifs que Dufrenne et Ricœur semblent ne pas avoir vu le nouveau transcendantalisme dans la pensée heideggérienne, cf. *ibid.*, p. 327–330.

1
La table des catégories de la présence

§ 20. *Le catégoriel, le nouménal et l'empirique*

« Le renversement dans les significations des mots [...] n'est pas une simple affaire d'usage linguistique. C'est un revers de l'être-là, c'est-à-dire de la clairière qu'est l'être de l'étant. Dans ce revers s'effondre le fondement [7]. »

À la légitimation philosophique des systèmes de règne et de lois, Heidegger oppose le concept de présence originaire, comme concept non-dialectique de la négation de ces systèmes. D'où une telle subversion se légitime-t-elle à son tour ? Il s'agit bien de subvertir : avec la découverte de l'originaire comme événement, « s'effondre le fondement » (*grundstürzend*). Ce qui est ainsi frappé de négation, ce sont les représentations et le désir même d'un fondement inébranlable pour la théorie et l'action, pour la théorie de l'action surtout. Mais quel est le préalable – le présupposé, si l'on veut – à partir duquel pareil démantèlement peut se faire accepter ? Quel est le type de phénomènes parmi lesquels l'anarchie heideggérienne trouve son site et s'impose ? Ce serait un aveu d'embarras que de pouvoir invoquer comme seuls critères « les expériences que Heidegger lui-même a faites avec l'être [8] ». Le texte cité ci-dessus en exergue pointe vers la classe des phénomènes qui nous instruisent sur l'anarchie : ce sont

---

7 FD 82 / QCh 115 sq.
8 W. Marx, *Heidegger und die Tradition*, Stuttgart, 1961, p. 190. Werner Marx fut le premier à poser le problème de l'être, chez Heidegger, en termes de catégories. Il distingue entre deux classes catégorielles : les catégories du « premier commencement », c'est-à-dire celles que Heidegger répète ou reprend de la pensée grecque pré-classique, et celles de « l'autre commencement », qu'il anticipe sur le revers actuel de l'histoire. Parmi les premières sont *eon*, *physis*, *alétheia* et *logos* (p. 135–162), et parmi les secondes, le « monde » compris à partir de la « chose », et le « dire » (p. 192–205). Cette distinction entre catégories *erstanfänglich* et catégories *andersanfänglich*, si elle permet de « saisir le déploiement de l'essence (*das Wesen des Wesens*) de telle sorte qu'il puisse se produire du neuf » dans l'histoire (p. 17), nous laisse démunis de critères pour « déduire » le second ensemble de catégories. Elle a ceci de fâcheux qu'elle peut invoquer seulement l'expérience solitaire de pensée pour justifier les traits de « l'autre commencement ».

les « revers de l'être-là ». Dans les écrits de la maturité, le concept d'être-là, *Dasein*, signifie de moins en moins le soi, et de plus en plus des collectivités et des peuples, par exemple « l'être-là historique des Grecs [9] ». « Être-là » devient alors synonyme de « communauté [10] » et, dans la tournure fréquente « être-là historique au sein des étants dans leur totalité », synonyme de « position fondamentale », et donc d'« époque [11] ». Ainsi se renforce l'anti-humanisme, et cela dans la problématique même de la légitimation : dans la « légitimation de l'être de l'étant », l'être-là « n'est rien d'humain [12] ». Le lieu où il faut aller chercher la texture des phénomènes qui légitiment le refus d'une autorité première, c'est l'histoire de l'être-là compris comme la disposition économique fondamentale par laquelle se définit une époque.

La destitution d'une origine qui commence et qui commande – la révocation des titres de règne dispensés par la métaphysique – procède comme une cassation. Il lui faut des critères. Annuler les instruments juridiques d'un pouvoir ayant trop longtemps passé pour légitime, c'est encore exercer une compétence juridique. On doit donc distinguer deux instances de légitimation : celle qui établit la légitimité d'une régulation d'obéissance [13] et celle qui, dans le programme du « dépassement de la métaphysique », abroge les représentations principielles sur lesquelles reposent de tels systèmes de régulation. De la première de ces instances, j'ai montré les racines dans le *pros hen* aristotélicien. C'est de la seconde, de la *légitimation de délégitimer*, qu'il s'agit maintenant. Celle-ci est possible à la condition que les facteurs d'unité « traversière » dans l'histoire ne dérivent pas d'un en-soi nouménal, mais constituent un réseau de fonctions *catégorielles.*

La question de la légitimation par catégories, avec les préoccupations quasi juridiques qui l'accompagnent, était le point de départ de

---

9 EiM 131 / IM 176 et FD 38 / QCh 59.

10 *Gemeinwesen* (N I 194 / N i 153), cf. ci-dessus, p. 97 sq., « *Menschentum* ».

11 N I 275 / N i 218, FD 38 et 143 / QCh 60 et 192, Hw 311 sq. / Chm 275.

12 Wm 224 sq. / Q I 213 sq.

13 L'expression est de Max Weber, chez qui elle désigne, on le sait, la fonction des types idéaux, ou modèles, qui peuvent motiver la soumission rationnelle sous telle ou telle forme d'autorité (voir, par exemple, *Gesammelte Aufsätze zur Religionssoziologie*, 3 vol., Tübingen, 1920–1921, vol I, p. 30–83, et *Wirtschaft und Gesellschaft*, Tübingen, 1921, vol. I, p. 122–124).

la philosophie transcendantale. La légitimation désigne le procédé par lequel la *Rechtmäßigkeit*, la légalité, dans l'emploi des notions *a priori* est assurée. Cette recherche était le pivot sur lequel reposait et tournait l'entreprise critique kantienne. Heidegger a, certes, modifié cette méthode, la dissociant de la subjectivité, la rendant « anti-humaniste » au sens le plus large. Mais il n'a jamais répudié l'effort d'établir les conditions catégorielles légitimantes de ce qui est « l'affaire de la pensée ». De Kant à Heidegger, le mécanisme de régulation *a priori* est comme prélevé du domaine de la subjectivité, décroché de l'intérêt spéculatif et pratique qui, chez Kant, culminait dans la question : « Qu'est-ce que l'homme ? » Si, dans le kantisme, l'appareil transcendantal sert à légitimer la connaissance et l'agir, la « construction » heideggérienne de la présence originaire, géminée à la « destruction » de la croyance rationnelle dans le nouménal, ne produit ni connaissance scientifique ni loi morale. Elle dégage plutôt la pensée de tout pouvoir fondateur à l'égard du connaître et de l'agir. Pour le dire positivement, elle investit la pensée d'un mandat nouveau : celui d'articuler clairement comment le déploiement historique des certitudes au gré des économies permet de distinguer *in concreto* l'originel de l'originaire, de saisir l'originaire dans les revers originels. Si l'*a priori* découvert par cette phénoménologie de la présence originaire est d'une nature radicalement plus pauvre que chez tout philosophe allemand avant Heidegger, il n'en demeure pas moins que la méthode d'approche reste une *déduction*. Déduire, en science juridique, c'est établir les titres d'un pouvoir *(Vermögen* aussi bien que *Macht)*, en distinguant entre ce qui est « de fait » *(quid facti)* et ce qui est « de droit » *(quid iuris)* [14]. La légitimation de l'origine anarchique requerra une déduction. Celle-ci est possible parce que la présence ne se laisse penser qu'économiquement ; parce que l'originaire n'apparaît qu'à travers l'originel ; parce que l'événement d'appropriation *(Ereignis)* ne se laisse débrouiller qu'à partir des événements du destin historial *(Geschehen)*. Qu'on n'objecte pas que, dans ses derniers écrits, Heidegger tente de penser la présence justement

---

14   Kant, *Critique de la raison pure*, B 116. Alors que dans ses premiers textes sur Kant, Heidegger dénonce cette distinction comme un « slogan » ayant produit « un amas de malentendus » (GA *25* 213, cf. KPM 66 / Kpm 128), il l'accepte plus tard comme ce qui est « originaire » dans la première *Critique*.

La déduction historique des catégories de la présence

sans le présent, l'originaire sans l'originel, l'*Ereignis* sans *Geschehen*. Cela est vrai, mais ce projet présuppose tout l'acquis de la « destruction » et du « dépassement ». Quand, dans son tout dernier essai, Heidegger soulève la question de la légitimation, l'originaire est bel et bien localisé à partir de l'originel : la pensée qui recueille le dévoilement originaire est liante, *verbindlich*, parce qu'elle fait pendant au virage originel de Parménide à Platon et Aristote [15]. Autant dire que la construction phénoménologique reste indissociable, et essentiellement, de la déconstruction historique ou « destinale ».

Il suffit, pour voir ce lien essentiel, de réfléchir à la conséquence curieuse de la *Kehre* que voici : dans les premiers écrits, les traits transcendantaux de l'être étaient recueillis, non pas, comme chez Aristote, des multiples façons que nous avons de parler de lui ni, comme chez Kant, des « jugements secrets de la raison commune [16] », mais des façons quotidiennes d'être au monde. C'est dans les rapports ordinaires avec ce qui nous entoure que nous comprenons « déjà de toujours » ce qu'est l'être. Mais cette référence à l'expérience quotidienne tombe avec la *Kehre*. Il y a une bonne raison à cela. C'est que, si la présence originaire – « l'être » – ne se laisse saisir qu'à travers ses époques, l'expérience que nous en faisons quotidiennement sera *perdue à jamais* quand un pli nouveau déploiera la présence en une constellation nouvelle. Heidegger ne niera jamais que la quotidienneté est notre accès immédiat au jeu de présence-absence. Seulement, cet accès est momentané. Ressaisir ce jeu historiquement, c'est recouvrer *médiatement* la mise en présence. La quotidienneté fait éprouver l'originaire, mais l'histoire de l'être ne peut que rappeler l'originaire à travers l'originel. La présence passée est muette. Voilà pourquoi nous ne saurons jamais ce qu'étaient véritablement, pour leurs usagers, les monuments et les joyaux inca. Voilà pourquoi, surtout, avec la découverte de l'histoire de l'être, se ferme la possibilité de construire un discours sur la présence à partir des « caractéristiques de l'être propres à l'être-là », entendu comme

---

15 SD 75 / Q IV 131 sq.

16 Il est vrai que, dans SZ, Heidegger tire cette expression kantienne justement du côté de la compréhension commune de l'être et donc de la quotidienneté (SZ 4 / ET 19), mais il reconnaît lui-même la violence d'une telle interprétation (KPM 194 / Kpm 255), et plus tard l'abandonne.

« cet étant que nous sommes toujours nous-mêmes [17] ». *L'analytique existentiale est une piste impraticable dès lors que la quotidienneté a une histoire.* Ce n'est donc pas que Heidegger se désintéresserait des « existentiaux » et de la quotidienneté après 1930 ; mais leur analyse supposait jusque-là plutôt que le souci et l'être-au-monde sont des noms de la présence par-delà les contingences historiques (tout en fondant celles-ci, mais c'est là un autre problème). Le concept de quotidienneté désignait le lieu de la donation trans-historique de la présence. Or, la présence s'articulant désormais elle-même époqualement, elle ne se laisse plus recueillir qu'indirectement, par un retour à ses revers. L'originaire, *saisi* préréflexivement dans la quotidienneté, ne se laisse plus *ressaisir* qu'en ses scansions originelles, *mêlé aux commencements concrets des âges de l'histoire occidentale* [18].

Cette nouvelle médiation pour un discours sur la présence originaire – non plus par les traits existentiaux, mais par les revers originels – apporte au moins un élément de solution, et capital, au problème de la légitimation chez Heidegger, à savoir que la déduction des catégories de la présence originaire va se faire à partir des mises en présence originelles [19]. La *Verbindlichkeit* visant à délégitimer les

---

17 SZ 44 et 7 / ET 65 et 22. On a beaucoup spéculé sur les raisons pour lesquelles « la tentative d'*Être et Temps* a abouti à une impasse » (Wm 173 / Q III 121). On a dit que SZ pose la question de l'être à partir de l'être-là, tandis que, après la *Kehre*, la question de l'être est posée directement, et celle de l'être-là seulement par voie de conséquence. Cette façon de voir s'arrête aux conséquences de la temporalisation alétheiologique, au lieu de voir en celle-ci l'acquis décisif de la *Kehre* (cf. VS 73 / Q IV 269).

18 Un exemple de cette impossibilité de répéter la présence originaire comme purifiée des commencements originels, dans le contexte de l'« histoire de l'être », est fourni par l'interprétation que Heidegger donne, avant et après la *Kehre*, du « principe suprême de tous les jugements synthétiques » chez Kant. D'abord, ce principe est pour Heidegger une façon d'exprimer la transcendance finie de l'être que nous sommes, c'est-à-dire de l'être-au-monde (KPM 113 / Kpm 174), mais plus tard ce même principe suprême exprime, au contraire, la modalité originelle dont l'être apparaît à l'âge moderne : « Qui comprend cette phrase comprend la *Critique de la raison pure* de Kant. Qui comprend celle-ci comprend non seulement un livre de la littérature philosophique, mais il maîtrise *une position fondamentale de notre être-là historial* » (FD143 / QCh 192, souligné par moi).

19 L'interprétation de W. Marx (cf. ci-dessus, p. 225, n. 8) revient à une conception humaniste de la présence – « une présence hautement créatrice » dans laquelle l'homme est « co-créateur violent » (p. 239, cf. p. 143–145) – *parce que* sa lecture

principes époquaux s'obtient par une formalisation de ces commencements qui, pour ne recéler aucun « trait » inouï les uns par rapport aux autres, font *du neuf empirique avec du vieux catégoriel*. Le problème de la légitimation doit donc être abordé par une analyse de la suite concrète des débuts originels – par une analytique qui ne sera ni notionnelle, ni existentiale, mais époquale. Le matériau légitimant est tiré de la tranche finie de l'histoire européenne. Inutile d'ajouter que cette méthode ne se résume pas en un récit sur « l'existant brut », car elle pose la question de l'originaire dans l'originel non pas ontiquement, en énumérant une séquence de faits pour les expliquer à partir d'autres faits, mais, nous l'avons dit, en posant historiquement, ou originellement, la question ontologique, afin de poser en même temps ontologiquement la question de l'originaire. La séquence qu'elle analyse n'est pas celle des faits, mais celle des *économies de faits*. On voit comment Heidegger reste fidèle, tout en le transposant, au projet kantien de « dévoiler l'articulation d'une totalité de structure [20] ». Cette totalité de structure est maintenant une économie époquale. Elle aura été dévoilée quand ses déterminants formels auront été établis. C'est cela, déduire les catégories de la présence.

Les catégories et leur statut sont décisifs pour la compréhension du projet heideggérien dans son ensemble, et notamment de « l'histoire de l'être ». On a pu voir en celle-ci soit une quasi-théologie de l'histoire, soit, au contraire, une sorte d'historicisme positiviste. Deux

---

substitue la différence entre deux sens de l'originel *(erstanfänglich* et *andersanfänglich)* à la différence entre l'originel et l'originaire. Tandis que les deux sens de l'originel s'excluent mutuellement, puisqu'ils se situent au début et à la fin de l'ère métaphysique, la distinction entre originaire et originel s'applique tout au long de l'« histoire de l'être ».

Il en résulte que les catégories seront à déduire, non pas d'une pensée anticipatrice qui n'a d'autre lieu de vérification qu'elle-même, mais des phénomènes concrets de transition dans l'histoire. Nous n'aurons donc besoin de faire appel, ni à l'expérience privilégiée de Heidegger, ni à la violence des « hommes créateurs en petit nombre » (p. 234), ni au « tout petit nombre des choses authentiques » (p. 240), ni à une condamnation plus sévère que chez Heidegger lui-même de la « réification » technologique (p. 239 sq.), ni, surtout, à une opposition entre deux commencements telle que, somme toute, il n'y a pas eu vraiment du neuf en Occident pendant plus de deux mille ans.

20 KPM 73 / Kpm 134.

positions également irrecevables, entre lesquelles le domaine du catégoriel occupe le terrain intermédiaire.

D'une part, donc, on a parlé d'un « *a priori* théologique dans la marche historique de la pensée occidentale » selon Heidegger [21], et alors, l'être apparaît comme un en-soi, un « non-moi » nouménal, « partenaire surpuissant » de l'homme, « une puissance à l'égard de laquelle on peut adopter des attitudes personnelles, comme à l'égard du Dieu chrétien [22] ». D'autre part, l'« histoire de l'être » a pu paraître comme le triomphe de l'empirisme et du relativisme historique. Ici on obtiendrait une philosophie heideggérienne qui s'opposerait, point par point, à ce que les lectures théologisantes louent en lui : au lieu d'un Sujet de l'histoire, la positivité et la contingence irréductibles des faits ; au lieu d'une Doctrine, l'inventaire ; au lieu d'une Loi de l'être, « la compréhension pragmatiste de l'être », « sujette à nulle attache normative et méthodologique [23] ». Or, l'une et l'autre position ont été clairement récusées par Heidegger : « L'"être", ce n'est pas

---

21 Ce titre est de Gustav Siewerth (*Das Schicksal der Metaphysik von Thomas zu Heidegger*, Einsiedeln, 1959, p. 28).

22 Ces expressions sont de Reinhard Maurer (*Revolution und « Kehre »*, Francfort, 1975, p. 30 et 35). Mais le champion d'une telle lecture métaphysique de Heidegger est Walter Schulz (voir « Über den philosophiegeschichtlichen Ort Martin Heideggers » dans O. Pöggeler, *Heidegger. Perspektiven zur Deutung seines Werks* (éd.), Cologne, 1970, p. 95–139 et *Der Gott der neuzeitlichen Metaphysik*, Pfullingen, 1957, p. 48–58). Selon Schulz, Heidegger se situe, non pas « à l'encontre » de la métaphysique moderne, mais en plein cœur de celle-ci. Cet auteur voit dans « l'être » heideggérien un « principe d'origine chrétienne ». La pensée heideggérienne vérifierait la « loi dialectique fondamentale » de la métaphysique : que la subjectivité finie, dans son effort de se saisir elle-même, s'éprouve portée par l'Autre d'elle-même qu'est la Subjectivité divine. L'être serait « initiateur de l'histoire », « Sujet de l'histoire ».

23 Karl-Otto Apel (*Transformation der Philosophie*, Francfort, 1976, t. I, p. 40 et 270). Selon Apel, les « *Hypostasierungen* » dans le langage de Heidegger, et au premier chef « l'être », seraient purement métaphoriques, leur critère de sens consistant dans la seule *praxis* (*ibid.*, p. 333). Le projet d'« histoire de l'être », en abandonnant le transcendantalisme (p. 43), devrait se contenter de tracer la positivité des constitutions historiques de sens. Ainsi, l'effort de reculer de la vérité propositionnelle à la vérité alétheiologique, relativiserait la vérité de façon radicale.

La déduction historique des catégories de la présence

Dieu [24] », et : « L'historicisme naît de l'embarras de vouloir arranger l'histoire de l'être en accord avec les représentations historiques aujourd'hui courantes [25]. »

Entre ces deux excès, le Scylla d'un Sujet nouménal et le Charybde de l'historicisme positiviste, la route n'est en fait pas difficile à tracer. Elle suit la ligne intermédiaire des déterminations fonctionnelles qui, au long des revers époquaux, ont marqué les ordres économiques structurellement. Parler de catégories, c'est assigner l'effort de réflexion au tracé mitoyen entre le nouménal et l'empirique, tracé qui suit l'ensemble des relations entre phénomènes possibles et qui en ce sens est *formel* ; c'est relever les règles d'interaction par lesquelles les champs successifs deviennent comparables ; c'est faire le travail d'une phénoménologie *transcendantale* dont, comme je crois l'avoir établi, l'« affaire même » n'est aucune subjectivité donatrice de sens (ou de signification), mais l'histoire de la présence et ses virages de sens (ou de direction). S'il est entendu que le terme traditionnel de « catégorie » est entièrement retranché non seulement de l'ousiologie et de la subjectivité, mais encore de l'opposition phénoménologique entre régions d'étants, humaine *(daseinsmäßig)* ou non humaine *(nicht daseinsmäßig* [26]*)* ; s'il est entendu, autrement dit, que *katego-rein,* « accuser », ne signifie plus « s'adresser à des étants en tant que tels ou tels [27] », mais s'adresser à la présence et à ses multiples façons de différer des étants ; alors, rien n'interdit d'user de ce mot vénérable. La phénoménologie catégorielle ne cherche pas à formaliser un objet ou quelque contenu représentable. Elle cherche à libérer les continuités selon lesquelles s'arrangent les réseaux foisonnants de la présence. Quand la matière à formaliser vire de la vie humaine, chez

---

24 Wm 162 / Q III 102. Il est vrai qu'ailleurs, dans un texte déconcertant, il parle au contraire du « dieu de l'être » (N II 29 / N ii 26), « dieu » qui n'est pas celui du monothéisme.

25 VA 80 / EC 92. Le rejet de l'historicisme est une constante, quoique pour des motifs différents, des premiers aux derniers écrits (cf. SZ 396 et SD 69 / Q IV 123).

26 Dans SZ, les caractères du premier type sont appelés « existentiaux », et seulement ceux du second, « catégories » (SZ 44 et 54 / ET 65 et 75 sq.). Il est clair qu'en cette distinction, il s'agit d'une régionalisation du domaine catégoriel en général.

27 N I 529 / N i 411.

le jeune Heidegger, à l'histoire de l'être, l'acception du *kategorein* change à son tour. Des « existentiaux », on passe aux « traits fondamentaux ». Mais ce ne sont que modifications à l'intérieur du même domaine catégoriel.

Plutôt que de *catégories* de la présence originaire, ne pourrait-on objecter qu'il s'agit de schémas, de transcendantaux, ou de *topoi* ?

Les *schémas,* selon l'interprétation heideggérienne de Kant, sont opératoires dans la formation de la transcendance finie. Ils constituent la dimension pure de rencontre qu'est l'être-au-monde, en ce qu'ils rendent sensible, dans une image, la « connaissance ontologique ». Par ce rôle, leur fonction est transcendantale. Les schémas sont les actes proprement radicaux de l'imagination : par eux, l'imagination, racine commune de l'intuition et de l'entendement, forme l'horizon temporel de tout phénomène possible [28]. Au sens critique, le schéma est une unité *a priori* d'éléments hétérogènes grâce à laquelle un concept est applicable à l'expérience. Au sens ontologique, c'est une unité *a priori* d'éléments homogènes, formés par l'imagination, grâce auxquels l'*ego* se transcende vers ce qui lui résiste. Défini par la relation entre concepts purs et intuitions sensibles, le schéma revendique trop peu, à savoir un simple rôle intermédiaire dans la connaissance, pour être appliqué à la phénoménologie des revers de la présence. Et défini par la constitution *a priori* de la transcendance, il revendique trop, car il n'y a alors qu'une seule forme de tous les schémas, le temps [29]. Les déterminations multiples, applicables aux économies, que nous cherchons, devront certes être introduites dans le sensible, l'histoire empirique ; mais la question de cette application et de ses formes reste distincte de la question des déterminations fonctionnelles à appliquer, et cette dernière est justement la question catégorielle. Il ne semble pas, autrement dit, que le schématisme puisse être retenu quand on passe d'une phénoménologie du *Dasein* à celle de « l'histoire de l'être », alors que les catégories franchissent très bien ce cap.

---

28 KPM 97 / Kpm 159.

29 KPM 100 / Kpm 161. Quant à la « schématisation du chaos » nietzschéenne, elle revendique trop aussi, car elle dit la constitution de l'horizon du *Dasein* (N I 571–574 / N i 443–446).

Une remarque analogue s'impose pour les *transcendantaux*. Le cap que ceux-ci ne permettent pas de dépasser est celui qui sépare une ontologie réaliste d'une ontologie phénoménologique. Les « traits fondamentaux » avec lesquels opère cette dernière, tout comme les « existentiaux », paraissent souvent « convertibles » les uns dans les autres. À lire que Heidegger traduit, par exemple, *physis, eon,* et *logos* par le même mot *Anwesen,* on ne peut s'empêcher de songer à la doctrine médiévale de la convertibilité entre les perfections transcendantales de l'être. Mais ces mots traduits par *Anwesen* ne désignent absolument pas des perfections réelles. Ces traits ne sont pas des qualités, mais des règles d'*opération,* d'articulation destinale. Par là la déconstruction des époques reste une entreprise transcendantale en un sens dérivé de Kant. Parler de catégories, c'est justement récuser le réalisme ontologique qui s'exprime dans le sens médiéval de « transcendantal ».

La notion de *topos,* enfin, serait parfaitement appropriée comme titre pour les éléments identiques à travers les modulations de la présence, si ses connotations spatiales se laissaient réinterpréter temporellement. Cela ne semble pas aisé. Le concept de *topos* est à retenir pour les marques synchroniques *(jeweilige Prägung)* en tant que lieux [30] de la différence ontologique, mais non pas pour les traits de son déploiement *(Austrag)* diachronique. Les économies, ainsi que les points nodaux qui les relient – tout en les séparant –, sont les *topoi* dans lesquels la présence se rassemble, se noue [31]. Ce n'est que secondairement que la topologie désigne la *lecture* (la « théorie »)

---

30 Le jeune Heidegger parle de « lieux » d'abord dans un contexte de logique propositionnelle, soit pour adopter cette terminologie (FSch 154 / TCS 43), soit pour montrer la dépendance du langage et des propositions à l'égard du *Dasein* (SZ 166 et 226 / ET 204s et 271). Dans la deuxième période, il parle de lieu, *Ort,* surtout dans le contexte de l'*Erörterung,* la localisation, des marques époquales de l'*alétheia* (par exemple ID 64–66 / Q I 301–303). La « situation » de la parole poétique (cf. Höl 90–94 / AH 121–126) est une modalité de cette topologie alétheiologique. Dans la troisième période, enfin, la notion directrice du « lieu » est celle des revers : la « localisation de l'événement d'appropriation » est la préparation d'un revers possible, imminent (SD 58 / Q IV 93). À travers ces trois étapes, Heidegger décrit lui-même le cheminement de sa pensée (VS 73 / Q IV 269). Chacun de ces usages directeurs de topos articule la différence ontologique comme topos originel-originaire (VA 255 / EC 308).
31 EdD 23 / Q III 37 ; cf. la citation d'Aristote KR 5 / AE 17.

d'un tel point nodal – appelé aussi « site », « demeure », « maison », « patrie » – par le phénoménologue. Mais appeler *topoi* les invariables formels « traversiers » des plis du temps, ce serait immobiliser celui-ci. Pour ces invariables, en tant qu'ils restent fonctionnellement identiques mais qu'ils diffèrent topologiquement, il convient bien de parler de catégories.

Le mot *kategoria* recouvre ainsi son sens pré-métaphysique, héraclitéen, de « manifestation [32] ».

Déduire les catégories de la présence originaire à partir de la suite concrète des mises en présence originelles, c'est amener devant le regard « une partie du chemin de l'histoire authentique qui est toujours celle de la manifestation de l'être ; mais ce chemin reste nécessairement caché pour l'œil ordinaire [33] ». Pour échapper à la disposition naturelle, ordinaire, il faut sillonner ce chemin, l'histoire de la métaphysique, de plus d'un parcours. Ce qui est littéralement décisif dans cette histoire, ce sont les glissements. Moment de détresse et de danger pour l'ère qui s'en va, et moment inaugural, matinal, pour celle qui s'en vient. Les revers se livrent donc à une analyse bifocale, progressant vers le moment de passage en suivant du regard l'économie qui expire, et régressant vers lui en suivant à rebours celle qui pointe. Cette progression et cette régression sont des mouvements du regard analytique. Ainsi, les catégories déchiffrées par celui-ci sont-elles à la fois *prospectives* et *rétrospectives*. Mais deux yeux ne sont pas assez. Pour saisir le phénomène du revers en son mouvement propre, une troisième classe de catégories est nécessaire, les catégories de *transition*. C'est à ces dernières que Heidegger a consacré le plus grand effort « conceptuel ».

Une triple lecture de l'« histoire de l'être », donc : à partir de son commencement présocratique, et alors nous obtiendrons les catégories prospectives *(eon, physis, alétheia, logos, hen, noûs)* ; à partir de sa conclusion post-moderne, et alors nous obtiendrons les catégories rétrospectives (volonté de puissance, nihilisme, justice, éternel

---

32 Alors que dans SZ 44 / ET 65, Heidegger avait traduit *kategorein* très littéralement par « accuser publiquement, imputer droit à la face devant tout le monde » (cf. FD 48 sq. / QCh 75), dans Her 261, il traduit au contraire la forme nominale plus librement par « suggestion, manifestation ».

33 FD 82 / QCh 116.

retour du même, transmutation de toutes les valeurs et mort de Dieu, surhomme) ; à partir des revers qui scandent cette histoire, notamment à partir du revers qui en constitue la clôture, le revers technologique, et alors nous obtiendrons les catégories de transition (différence ontologique / monde et chose ; « il y a » / faveur ; dévoilement / événement ; époque / éclaircie ; proximité / quadriparti ; correspondre / penser).

Les pages qui suivent ont pour seul but de montrer comment une table de trois fois six catégories permet d'arracher la présence originaire aux mises en présence originelles. Voici cette table :

Catégories prospectives	Catégories rétrospectives	Catégories de transition
eon	volonté de puissance	différence ontologique/monde et chose
phyisis	nihilisme	« il y a »/faveur
alétheia	justice	dévoilement/événement
logos	éternel retour	époque/éclaircie
hen	transmutation des valeurs, mort de Dieu	proximité/quadriparti
noûs	surhomme	correspondre/penser

Tandis que les trois classes catégorielles me semblent exhaustives, le nombre de catégories dans chacune d'elles ne l'est certainement pas. La raison en est la nature même de leur déduction : non pas une construction *a priori,* mais une analytique historique. Son idée directrice demeure ce que j'ai appelé la différence temporelle.

§ 21. Un revers subi par la ville en forme de puma

« Dans ce qui paraît, historiquement ramassé et télescopé, comme une diversité confuse de représentations, se manifestent une identité et une simplicité du destin de l'être, ainsi qu'une continuité solide de l'histoire de la pensée et de ce qu'elle pense. Seulement, ce qui reste ainsi le même, nous ne le voyons que difficilement en son trait le plus propre, et rarement en sa plénitude [34]. »

Aucune rupture époquale n'a été plus incisive que celle subie par les civilisations américaines lors de la conquête espagnole. Aussi, avant d'examiner les traits fondamentaux selon lesquels il convient de lire les revers en général qui séparent les ères, chercherons-nous à voir empiriquement combien de *types* de ces traits – combien de classes catégorielles – sont requises pour rendre intelligible cette scission de 1531 d'où naquit « le nouveau monde ».

Voici comment un chroniqueur décrit cette nouveauté : « Les très chrétiens sont arrivés ici avec le véritable dieu ; mais ce fut le commencement de notre misère, le commencement du tribut, le commencement de l'aumône, la cause de la misère d'où est sortie la discorde occulte, le commencement des rixes avec les armes à feu, le commencement des offenses, le commencement de la spoliation, le commencement de l'esclavage par les dettes, le commencement des dettes collées aux épaules, le commencement de la bagarre continuelle, le commencement de la souffrance [35]. »

Pour comprendre ce qui a changé au Pérou quand Pizarre et sa troupe se sont rendus maîtres, en quelques semaines, d'un empire aussi vaste que l'Espagne, la France, l'Allemagne et l'ancienne Autriche-Hongrie réunies, il suffit, dira-t-on, de relater les événements. Mais les faits

---

34 SvG 153 / PR 200.

35 Nathan Wachtel, *La Vision des vaincus. Les Indiens du Pérou devant la conquête espagnole*, Paris, 1971, p. 63. Outre cette étude, j'ai utilisé de George Kubler « A Peruvian Chief of State: Manco Inca », *The Hispanic American Historical Review*, 1944, n°24, p. 253–276 ; « The Behavior of Atahualpa », *ibid.*, 1945, n°25, p. 413–427 ; « The Neo-Inca State », *ibid.*, 1947, n°27, p. 189–203 ; « The Quechua in the Colonial World », *Handbook of South American Indians*, vol. 2, Washington, 1946, p. 331–410 ; et enfin son essai philosophique *The Shape of Time. Remarks on the History of Things*, New Haven, 1962.

La déduction historique des catégories de la présence

d'armes, les ruses et les alliances une fois racontés, nous ne saurons pas quelle mutation le principe inca – cacique suprême et système décimal – a subie, comment s'est fixé un principe nouveau, comment s'est implanté le dispositif de rechange, comment il s'est agglutiné sur l'ordre précédent. Un regard plus complexe est donc nécessaire.

Une première perspective consiste à suivre les traits saillants de l'état de choses précolombien et à considérer vers quoi virent ces traits avec la conquête chrétienne. Le trait le plus visible de la civilisation inca, c'est le *princeps*, l'Inca lui-même. Que devint l'autocratie après le 29 août, date à laquelle Pizarre fit garrotter Atahualpa ?

L'arrivée des Espagnols avait été précédée de prodiges funestes et de prophéties. Le huitième Inca avait prédit que des hommes inconnus envahiraient et détruiraient l'Empire. Cette prophétie s'exprimait, une fois de plus, à l'aide du système décimal. Le calendrier inca, en effet, était divisé en unités de dix. Les âges révolus avaient duré chacun mille ans. Dix empereurs légendaires avaient régné, chacun pour une période de cent ans. D'où la question angoissante : l'âge actuel expirerait-il à la fin d'un cycle semblable ? Or, d'après ces calculs, le dernier Inca régnerait au seizième siècle [36]. Le huitième Inca avait même érigé une statue en l'honneur du dieu à venir : elle représentait un homme de haute taille, barbu, vêtu d'une longue tunique, et tenant au bout d'une chaîne un animal fabuleux à griffes. On peut dire que Pizarre était attendu. Les Indiens perçoivent donc sa venue comme l'accomplissement d'une prophétie, celle qui annonçait le retour du dieu civilisateur. La grande question suscitée par les conquistadores est : sont-ce des dieux ou des hommes ? Les soldats de Pizarre interceptent un message qu'un général inca, Callcuchima, fait porter par des coureurs à un autre général, Quizquiz : « Callcuchima les avait envoyés pour annoncer à Quizquiz qu'ils (les Espagnols) étaient mortels [37]. »

Pizarre n'hérite pourtant pas du statut de *princeps*. Celui-ci se fragmente entre les chefs indiens locaux, les vestiges de l'État inca séparatiste [38], et le vice-roi de Lima. Après que le dernier Inca a été

---

36 Wachtel, *La Vision des vaincus, op. cit.*, p. 131.
37 *Ibid.*, p. 53.
38 Kubler, « The Neo-Inca State », *op. cit.*, p. 189–203 et surtout « A Peruvian Chief of State », *op. cit.*, p. 257 sq.

baptisé, quarante ans après la conquête, puis aussitôt décapité, l'ancienne autocratie inca se divise en deux systèmes parallèles : les caciques indigènes, exerçant leur pouvoir souvent dans la clandestinité, et le centralisme colonial. Le premier, celui des vaincus, ne préserve que les dérivés régionaux de l'ancien pouvoir principiel. Le second, celui des vainqueurs, a son centre en la personne lointaine de Charles Quint et demeure étranger aux Indiens. De son vivant, l'Inca avait été le centre charnel de l'univers. Ce centre assassiné, c'est le chaos : « castration du soleil, abandon par le père, deuil et solitude ». « Tout se cache, tout disparaît dans la souffrance », dit une élégie populaire [39]. Le chef disparu, Cuzco n'est plus ce que signifie son nom, à savoir le nombril cosmique.

Qu'advient-il à présent du *principium* rationnel inca, du système décimal? L'organisation sociale qu'il supportait ne peut guère se maintenir face à la catastrophe démographique que la conquête inflige aux groupes de 10, 100, 1000, et 10000 hommes. On sait les ravages, dans une population non immunisée, faits par la variole, la rougeole et la grippe. L'allié naturel des maladies est la violence qui « caractérise la société coloniale comme un fait de structure [40] ». Les documents nous montrent les Indiens poussés au suicide : « Les uns se pendent ; certains se laissent mourir de faim; d'autres absorbent des herbes vénéneuses ; des femmes enfin tuent leurs enfants à leur naissance, "pour les libérer des tourments dont elles souffrent" [41].» Avant la fin du siècle, la population décroît de quatre cinquièmes. Cependant, des réseaux sociaux parallèles à ceux imposés par les nouveaux maîtres continuent de s'établir autour des anciennes unités décimales. Pendant toute la période coloniale, on parlera de la République des Indiens et de la République des Espagnols.

À côté de ces deux indices les plus marquants de l'époque qui s'éclipse – l'autocratie et le système décimal – le virage peut se lire suivant nombre d'autres traits. Par exemple, l'usage de la coca. Sous l'Inca, seuls les prêtres et les dignitaires avaient le droit de la consommer. Cette plante entrait alors dans les cérémonies, offerte en sacrifice ou mâchée rituellement. Après la conquête, elle devient

---

39 Wachtel, *La Vision des vaincus, op. cit.*, p. 63 et 60.
40 *Ibid.*, p. 134.
41 *Ibid.*, p. 146.

un stimulant pour tromper la faim et la fatigue. Sa production s'accroît en conséquence. Comme aliment d'épargne, elle est un facteur capital dans le nouveau tableau. Aujourd'hui encore, plus les villes péruviennes sont pauvres, plus on y trouve de magasins remplis des seules balles de ces feuilles amères. Elles continuent d'entrer dans les cérémonies, mais leur rôle principal est de permettre des journées de travail pratiquement sans nourriture. « Sans coca, il n'y aurait pas de Pérou. [42] »

Ces descriptions ont suivi une première perspective. Tous les facteurs cités y ont été pris à l'économie qui précède le revers, et j'ai suggéré ce qu'ils sont devenus sous l'emprise du virage. Description prospective, donc. Un deuxième type de facteurs doit être envisagé : tout ce que la conquête apporte de vraiment neuf et qu'on n'avait jamais vu en terre américaine. La description de ce deuxième ensemble sera donc rétrospective.

Voici comment un chroniqueur de Cuzco décrit ces facteurs inouïs : « Ils disaient qu'ils avaient vu arriver dans leur pays des êtres très différents de nous, tant par les coutumes que par le vêtement : ils ressemblaient à des "Viracochas", nom par lequel nous désignions, jadis, le Créateur de toutes choses [...]. Et ils appelèrent ainsi les êtres qu'ils avaient vus, d'une part parce qu'ils différaient beaucoup de nous, de visage et de costume, d'autre part parce qu'ils les voyaient chevaucher de très grands animaux aux pieds d'argent : cela à cause de l'éclat des fers. Et ils les appelaient ainsi, également, parce qu'ils les voyaient parler à loisir au moyen de draps blancs, comme une personne parle avec une autre : et cela à cause de la lecture des livres et des lettres. Ils les appelaient "Viracochas" encore à cause de leur aspect remarquable ; il y avait de grandes différences entre les uns et les autres : certains avaient une barbe noire, d'autres une barbe rousse. Ils les voyaient manger dans des plats d'argent. Et ils possédaient aussi des "Yllapas", nom que nous donnons à la foudre : et cela à cause des arquebuses, parce qu'ils croyaient qu'elles étaient la foudre du ciel [43]. »

---

42 *Ibid.*, p. 221.
43 *Ibid.*, p. 49. À propos de la nouveauté de l'écriture, on connaît l'épisode de Cajamarca : les Espagnols présentent à Atahualpa la Bible et lui disent qu'elle contient la parole de Dieu. Atahualpa l'ouvre, la presse contre l'oreille, mais

Les « traits » nouveaux se mêlent ici diversement aux anciens. Il y a une continuité visible, mais qui n'empêche pas une transformation radicale. Dans le domaine de la production et de la distribution, ils s'amalgament de par la force du besoin. Les conquistadores ont imposé l'économie monétaire. Sur le marché, qui en résulte, les Indiens et leurs institutions en viennent tout naturellement à jouer le rôle de forces de travail exploitées. Nous avons vu que sous l'Inca, au contraire, la pratique de la distribution étatique rendait l'exploitation marchande impossible. Un tel amalgame des traits se vérifie moins dans les domaines vestimentaire et alimentaire. Les Indiens résistent à la consommation du blé et, à un moindre degré, à l'adoption du pantalon et du chapeau. Traits anciens et traits nouveaux demeurent enfin entièrement disparates dans le domaine religieux. Les cultes pré-inca, vivaces, subsistent parallèlement à l'institution catholique. Des rites clandestins sont pratiqués, par exemple autour d'une momie du temps de l'Inca. Souvent, comme par défi, ils ont lieu près des églises ou même derrière l'autel. On sacrifie des lamas devant la porté du curé. Quand l'autorité créole frappe, les Indiens cèdent, mais pour un temps seulement. Les missionnaires contraignent les Indiens à enterrer leurs morts au lieu de les déposer dans des cavités presque inaccessibles de la haute montagne. Les Indiens s'exécutent, mais ils s'en vont la nuit dans les cimetières déterrer les cadavres – « par pitié, et par commisération pour nos morts, afin qu'ils ne soient pas fatigués par le poids des mottes de terre [44] ».

L'économie de marché, les sépultures ecclésiastiques, l'écriture, les chevaux, les armes à feu ont « fait », on peut le dire, le Pérou colonial et moderne. C'est à partir du rôle que ces traits ont joué depuis la conquête que nous les reconnaissons rétrospectivement comme plus saillants dans le tableau que, par exemple, les barbes tantôt blondes et tantôt rousses. Ce deuxième ensemble d'aspects ne peut donc se déchiffrer qu'à rebours. Il ne se substitue pas purement et simplement à l'ensemble fait de la théocratie, de l'économie étatique, du système décimal, de l'Inca ; il le transmute bien plutôt.

---

n'entend rien. Avec dédain, il la jette à terre. Pizarre arrête alors l'Inca et fait massacrer sa suite ; cf. Kubler, « The Behavior of Atahualpa » *op. cit.*, surtout p. 418 sq.

44 *Ibid.*, p. 210.

La raison pour laquelle ces deux classes d'indices, prospective et rétrospective, ne suffisent pas pour comprendre le revers subi par la ville en forme de puma, c'est qu'elles ne permettent pas de parler de ce revers lui-même. Il faut encore un ensemble de points de vue relatifs à la transition en tant que telle. Ici, les termes seront nécessairement plus abstraits. Ce qui se passe dans la transition de l'ère pré-coloniale à l'ère coloniale, c'est d'abord une dépossession [45]. Les Indiens sont privés de la possession de leur or, de leurs biens et de leurs terres, de leur paix, de leur production et de leur consommation, de leurs sites et leurs rites, de leur organisation administrative et spirituelle, de leur progéniture, de leur vie. Dépossession dit plus qu'anéantissement : soit le passage de la possession en d'autres mains. Toutefois, la dépossession est ici incomplète ; il y a aussi réappropriation subreptice. Les Indiens développent l'art du camouflage. Exemple : « la dissimulation des cultes traditionnels sous le vernis chrétien [46] ». Il faut donc avoir recours à des couples de catégories. Les Espagnols ont procédé à une déculturation, mais qui n'est que l'envers d'un projet d'acculturation (celle-ci ayant, somme toute, lamentablement échoué : sauf dans des cas isolés, la conversion à la culture importée ne s'est jamais produite [47]). Ou encore : il y a déstructuration sans véritable restructuration [48]. Puisque l'amalgame

---

45 *Ibid.*, p. 55 et 64. Toutes les catégories de transition entre l'empire inca et le Pérou colonial auxquelles je vais me référer sont empruntées à N. Wachtel. Pour le concept général d'époque, et dans une mesure qui dépasse le contexte péruvien, je suis cependant redevable à Kubler, *The Shape of Time*, *op. cit.* L'auteur appelle une « figure du temps », « les durées qui, ou bien sont plus longues qu'une seule vie humaine, ou qui, comme durées collectives, requièrent le temps de plus d'une personne. La plus petite famille de ces figures est la collection annuelle de modes vestimentaires [...]. Quant aux plus grandes, comme les métagalaxies, elles sont peu nombreuses. Elles suggèrent vaguement leur présence comme formes géantes du temps humain : civilisation occidentale, culture asiatique, sociétés préhistorique, barbare, primitive. Entre ces deux, il y a les périodes conventionnelles » (p. 99). Comme on voit, le concept de « figure » du temps est qualitatif et quantitatif indissociablement. Il dépasse la simple périodisation, ainsi qu'une opposition simple entre synchronie et diachronie.
46 Wachtel, *La Vision des vaincus*, *op. cit.*, p. 235.
47 *Ibid.*, p. 241 ; cf. Kubler, « A Peruvian chief of state », *op. cit.*, p. 275 sq.
48 « Par le terme de "déstructuration", nous entendons la survivance de structures anciennes ou d'éléments partiels de celles-ci, mais hors du contexte relativement

est resté un vœu, puisque l'acculturation et la restructuration n'ont pas pénétré le dispositif réel, le terme le plus approprié pour décrire la transition époquale en question est peut-être celui de disjonction. La disparition de l'Inca, garant de l'ordre social et, dit-on, cosmique, disjoint le *princeps* de ces dépendants. Elle entraîne en outre une disjonction entre les nouveaux chefs et les Indiens. Enfin, la Terre même se disjoint du Soleil [49]. La disjonction se lit en surface, où elle creuse un écart entre deux ères, et en profondeur, où elle sépare des couches. Heidegger utilisera en ce sens des catégories telles que « décision ».

Ainsi, pour bien comprendre ce qu'est un revers, une triple optique est requise. Les catégories prospectives révèlent les traits anciens qui subissent une transmutation. Les catégories rétrospectives révèlent ce qui est neuf, originel, dans le virage, ce par quoi le nouvel ordre des choses commence. Mais de cette nouveauté, nous ne pouvons parler qu'après coup. Les catégories de transition, enfin, doivent manifester dans la crise le *krinein* (séparer) lui-même. Les mutations, les déplacements, les continuités, les ruptures ne sont intelligibles que vus de ces trois points de vue. La distribution nouvelle des pouvoirs, des vérités, des attentes (voir le messianisme indien) ne se laisse saisir en sa nouveauté que par cette triple approche, où les variables espagnoles investissent dans les variables inca leur avenir et ainsi en déplacent le tableau d'ensemble. La ligne de partage qui sépare le dispositif inca de son déplacement colonial apparaît ainsi comme tracée par une tactique de réinterprétation.

---

cohérent où elles se situaient : après la Conquête, des débris de l'État inca restent en place, mais le ciment qui les unissait se trouve désintégré » (*ibid.*, p. 134).

49 *Ibid.*, p. 74.

La déduction historique des catégories de la présence

2
Au commencement présocratique :
les catégories prospectives

« Les mots fondamentaux sont historiques. Cela ne veut pas seulement dire qu'ils ont, dans les âges que nous pouvons maîtriser par le regard parce qu'historiquement révolus, des significations chaque fois différentes, mais encore que, selon telle ou telle interprétation prédominante, ils fondent l'histoire, maintenant et à l'avenir [50]. »

C'est une conviction persistante chez Heidegger que les traits de la présence en tant qu'événement doivent être déchiffrés à partir des « mots fondamentaux » (*Grundworte*) d'où est née la philosophie occidentale. La difficulté d'exposition est ici considérable. Pour chacun des six termes grecs ci-dessous, il faudra démarquer le sens conféré par Heidegger, de leur sens reçu. Cela non pas pour renouveler les débats philologiques, mais pour mettre en évidence le propos de Heidegger dans toute la « reprise » : il ne s'agit nullement pour lui de nous ramener aux Grecs, mais uniquement et exclusivement de *ressaisir l'originaire (« l'être »)* dans *l'originel (historique)*. Dans ce chapitre, je veux donc montrer ce que devient concrètement la stratégie de Heidegger telle que je l'ai décrite dans la troisième partie ci-dessus, à savoir que la *méthode* de la reprise consiste à libérer l'originel, mais son *contenu*, à libérer l'originaire.

Les mots fondamentaux présocratiques sont peu nombreux. Pour en dégager la portée catégorielle, il est indispensable de les démêler des « représentations qui nous sont familières [51] » et qui les occultent en tant que « fondateurs d'histoire ». Cette reprise des mots ne vise pas à conclure : voilà ce que les Grecs ont voulu dire par *eon, physis, alétheia, logos, hen, noûs*. Elle doit plutôt secouer les représentations

---

50 N I 169 / N i 134. Les derniers mots de ce texte contredisent directement la distinction de W. Marx entre catégories *erstanfänglich* et catégories *andersanfänglich* (cf. ci-dessus, p. 225, n. 8).

51 « À quoi bon de grands titres retentissants tels que "mot fondamental" si les bases et les abîmes de la pensée grecque ne nous atteignent guère – au point que nous les camouflons de noms attrapés au hasard et empruntés inconsidérément à des domaines de représentations qui nous sont familiers ? » (VA 268 / EC 324).

qui s'y sont agglomérées au cours des âges, pour que devienne patente la fonction fondatrice qu'ils exercent « maintenant et à l'avenir ». En quoi au juste ces mots sont-ils fondamentaux et *fondateurs* ? De quel droit peut-on soutenir qu'ils garderont cette fonction même à l'avenir ? Qu'est ce qui en fait, autrement dit, des *catégories* pour toute l'histoire de l'être ? Le point de départ de la déduction historique des catégories de la présence est donc que l'originaire se livre au mieux à travers le commencement, l'originel, d'où se déploie – se déplie – ensuite la carrière de la philosophie occidentale. « Qu'est *Cela* qui enjoint et arrange les traits fondamentaux de ce qui, *ensuite*, se déplie comme pensée occidentale, européenne [52] ? »

Nous serons peu avancés si, à cette question, on nous répond que « l'histoire de l'être, c'est l'être lui-même [53] », car d'une telle équation avec l'être, l'histoire sort comme désarticulée. Ce sont les catégories qui la réarticulent. L'équation avec l'être indique cependant une fois de plus qu'il est inutile de chercher une instance autre que les époques pour comprendre cette articulation. Les catégories manifestent l'auto-articulation historiale de la présence. C'est là une application lointaine du principe de Dilthey : « *Das Leben legt sich selber aus* », la vie s'interprète elle-même [54]. Ce principe, s'il est soustrait à la double préoccupation d'une philosophie de la vie et d'une herméneutique des sciences humaines, suggère au mieux ce qu'il faut entendre par « ontologie » : à savoir le *auslegen*, le *legein*, que l'être, *on*, opère sur lui-même. « Onto-logie » veut dire que la présence s'articule elle-même catégoriellement et époqualement. L'affaire de pensée que désigne ce terme (forgé, on le sait, au dix-septième siècle seulement) apparaît alors dans deux groupes formés par les catégories prospectives. Le premier de ces groupes s'organise autour du mot clef *on* (ou l'archaïque *eon*) ; le second autour du mot clef *legein*. Ensemble, ces deux chefs de file montrent *ce que serait une compréhension prémétaphysique de l'ontologie*. Comme reprise de l'auto-interprétation de la présence, le *auslegen* ne serait humain, un acte de l'esprit, que par

---

52 WhD 140 / QP 213 (souligné par moi).
53 N II 486 / N ii 395 et ailleurs.
54 Gadamer, *Wahrheit und Methode*, 3ᵉ éd. Tübingen, 1972, p. 213. Dans SZ, Heidegger parlait de la *Selbstauslegung* de l'être-là (SZ 312).

dérivation et le *logos* serait discours seulement en tant qu'il accuserait cette reprise.

Reprenons donc ces mots fondamentaux d'Héraclite et de Parménide pour repérer avec Heidegger ce qu'ils dévoilaient, ce qu'ils sont devenus, et ce qu'ils peuvent à nouveau dévoiler.

§ 22. Eon

Le « mot fondamental » par excellence, l'étalon de toutes les configurations métaphysiques ultérieures, c'est le mot « être » lui-même. Parménide l'aurait opposé, le premier, à la multiplicité mouvante des choses données à l'expérience. Ce serait lui qui aurait forgé l'expression *eon* comme *singulare tantum*. On nous dit que ce participe présent, « étant », s'oppose chez lui aux choses multiples qui, en tant que multiples, se confondraient au non-être [55]. Mais peut-être la différence radicale découverte par Parménide ne se situe-t-elle pas entre l'être et le non-être. Grammaticalement, le participe présent indique de lui-même une différence. Dire, par exemple, qu'une surface est « resplendissante », c'est dire qu'elle n'est ni sombre ni terne, mais, bien sûr, qu'elle resplendit : le mot participe ainsi de la forme verbale. En même temps, il désigne la surface – mer, métal – elle-même qui resplendit. En ce sens, il participe de la forme nominale [56]. « Resplendissant », cela veut dire quelque chose qui *resplendit*, et *quelque chose* qui resplendit. De même, « étant » veut dire et *un* être, et *être*. Quand Parménide fait précéder le participe présent d'un article – procédé qui constitue proprement le passage de la langue épique à la langue philosophique – et le fait suivre par l'infinitif [57] il

---

55 « L'être véritable ne saurait rien avoir de commun avec le non-être. Il ne peut pas non plus être multiple [...]. Ainsi il n'y a pas d'*onta* au pluriel, mais simplement un unique *on* », Werner Jaeger, *À la naissance de la théologie*, Paris, 1966, p. 111.

56 WhD 132–134 / QP 202–204 ; cf. Hw 317 sq. / Chm 280 sq. ; VS 135 / Q IV 336 ; GA 55 52–58.

57 *Chrè to legein te noein t'eon emmenai* (Parménide, frgm. VI, cité WhD 105 / QP 165). Jean Beaufret traduit : « Ainsi faut-il / Et laisser se dire et garder en pensée : / Étant-être » (*Dialogue avec Heidegger*, 3 vol., t. I, Paris, 1973, p. 64). Heidegger traduit *eon* par « *das Anwesende* » et *emmenai* par « *anwesen* » (WhD 141 / QP 214).

rend explicite, « accuse », la dualité comprise dans l'usage autre que nominal du participe.

Il n'est pas aisé de cerner ce que Parménide a pu éprouver en juxtaposant ainsi le participe nominal et l'infinitif du verbe être. Ce qui est acquis, c'est qu'en tant que participant du verbe, *eon* contient une motilité qui n'a rien à voir avec « les choses en mouvement ». Quelque chose « étant » – étant donné –, ce quelque chose se produit comme un acteur se produit sur la scène : avec une entrée et une sortie. Ce sur quoi la forme verbale insiste, c'est l'arrivée en présence et le retrait possible. Cette motilité intrinsèque est parfois rendue expresse par deux verbes, *pareinai* et *apeinai* [58], *anwesen* et *abwesen* : se rendre présent et se rendre absent [59]. L'étant, ainsi compris, sort du voilement, s'attarde ou séjourne pour un laps de temps dans le non-voilement, et se retire dans le voilement. La forme nominale, au contraire, insiste sur la plénitude, la rotondité [60], de l'être-présent. Elle désigne la chose en tant que là, donnée. L'*eon* dit ce double jeu : jeu de l'absence possible à l'horizon de la présence, et jeu du présent s'érigeant en sa présence. L'*eon* est cette dualité « étant-être », cette *Zwiefalt*, même [61].

Aucun des deux termes, étant (nominal) et être (verbal), n'évoque un fondement, quelque être maximal, une raison d'être. La dualité est appelée proprement le dévoilement, l'émergence à partir du voilement (mais gardant de celui-ci comme l'ombre), et l'auto-imposition dans le non-voilement (mais sans que la lumière de celui-ci soit jamais totale). Dualité transie de temps, de mouvement, de clair-obscur – mais non pas dualité du plus ou moins évident, du plus ou moins grand, puissant, certain, ou fiable. C'est pourtant en ce dernier sens,

---

58 WhD 143 / QP 217.

59 La même expérience de pensée se refléterait dans les mots *genesis* et *phthora* chez Anaximandre (Hw 315 / Chm 278 sq.). Avec Platon, au contraire, sous la dominance de l'« idée » comme pure visibilité, la *phthora*, le mouvement de retrait, tomberait dans l'oubli (Wm 135 / Q II 151), et avec Aristote, *genesis* et *phthora* seraient restreints au seul mouvement de la « forme », à la génération et à la corruption qu'analyse la « physique » (Wm 358 / Q II 253 sq.).

60 En 1973, Heidegger traduit l'*eukyklos* de Parménide au contraire par la différence « présent-présence », si bien que ce mot équivaut à *eon* (VS 134 et 137 / Q IV 335 et 338).

61 VA 255 / EC 309.

celui d'un fondement, que la dualité verbale-nominale de l'*eon* sera par la suite réappropriée. La découverte de Parménide préfigure et rend possible ce qui, plus tard, sera représenté comme décalage entre *on* et *ousia*, entre *ens* et *entitas* [62] entre étant et étance *(Seiendheit)*. De la différence entre l'étant donné et son auto-donation, on passe à la différence entre l'étant donné et sa cause de donation, et ainsi à la « séparation entre un monde supra-sensible et un monde sensible [63] ». Glissement du sens différentiel, modification catégorielle au seuil du classicisme.

La première des catégories contient là des traits que les autres accuseront aussi, quoique sous un angle déplacé. Il s'avérera que toutes les catégories progressives révèlent les mêmes caractéristiques de la présence originaire, à savoir : « le dévoilement, l'arrivée à partir de celui-ci, le retour à lui, l'approche et le recul, le séjour, le rassemblement, la montrance, le repos, l'immédiateté cachée de l'absence possible [64] ». Mais l'*eon* demeure la catégorie directrice de la présence originaire parce que de la *présence* il dit la motilité, et de l'*oriri*, la temporalité. Ce participe reste la catégorie directrice occulte de la philosophie, son « espace » oublié, jusqu'à la publication d'*Être et Temps* [65]. Correctement compris, l'*eon* dit l'ensemble des structures qui permettent de saisir, et la « réification » métaphysique de l'être, et la nature authentiquement temporelle de celui-ci. Comprise à partir

---

62   Ces deux distinctions ne sont pas superposables. Chez Thomas d'Aquin, l'*entitas*, d'une part, « se divise en dix prédicaments » (*Somme théologique*, P. I, q. 48, a. 2, ad 2m), alors ce terme semble traduire l'*on* aristotélicien ; mais d'autre part, « il y a divers degrés d'*entitas* » (*Questions disputées de la Vérité*, q. 1., a. 1 c.), alors ce terme traduit *ousia*.

63   Hw 162 / Chm 147. Ce qui commence avec cette séparation, poursuit Heidegger, « c'est seulement une interprétation spécialement ajustée de cette dualité contenue auparavant dans le *on* ».

64   Voir ce texte cité ci-dessus en exergue à la 4ᵉ Partie, p. 223. Paradoxalement, la référence au temps devient explicite dans la compréhension de l'être, avec le début de la métaphysique seulement. Quand, « à la fin de la philosophie grecque » (EiM 157 / IM 208), Aristote parle du *to ti èn einai*, « cela qui a toujours été » (KPM 233 / Kpm 296), il désigne par là justement la permanence dans l'être plutôt qu'un mouvement d'arrivée et de retrait.

65   Cf. EiM 157 / IM 208. « Si le *eon emmenai* ne se déployait dans le sens de la présence du présent, tout espace ferait défaut à la pensée de Kant » (WhD 142 / QP 215).

de l'*eon*, la métaphysique se laisse justement décrire par l'oubli de la motilité intrinsèque et de la temporalité de l'être. Moyennant le *ti to on* aristotélicien, cette catégorie « a placé la pensée européenne à venir sur sa voie [66] ».

§ *23. Physis*

Cette deuxième catégorie, qui nous a déjà aidé à démêler l'originaire de l'originel, « accuse » l'auto-manifestation de la présence. Antérieurement à la distinction entre les choses faites par l'homme et celles de la nature, antérieurement à la distinction même entre l'homme et les choses, *physis* désigne « ce qui éclôt *de lui-même* [67] ». *Physis* est le nom de la présence originaire pour autant que l'étant, « dans cette éclosion, entre dans le manifeste, s'y maintient et y demeure [68] ». C'est donc une deuxième façon de dire l'entrée en jeu et ses moments que sont la venue, le séjour, et le retrait. En ce sens, la *physis* fait partie du groupe de l'*eon*. Mais en outre, grâce à elle il devient possible de penser le *temps* autrement que comme nombre du mouvement selon l'antérieur et le postérieur dans la genèse des choses, autrement aussi que comme mémoire, intuition, et attente dans l'expérience de la conscience [69]. Venue, séjour et retrait ne sont pas trois épisodes qui

---

66 WhD 145 / QP 219. La métaphysique ne fait donc qu'exécuter « l'injonction cachée du commencement » (EiM 156 / IM 208).

67 EiM 11 / IM 26 (souligné par moi). Heidegger reconnaît que la traduction par « éclosion », *Aufgang*, est insuffisante (Wm 329 / Q II 205). La *physis* comme catégorie permet de lire « les poètes, les penseurs, les hommes d'État » (EiM 47 / IM 72) comme des variables dans un jeu d'auto-manifestation économique universelle.

68 EiM 11 / IM 26. Le mouvement de venue-séjour-retrait peut être rendu plus explicite à l'aide d'autres mots clefs d'Héraclite, tels que *philia* et *harmonia* (cf. GA 55 127–158).

69 De ces deux notions du temps, l'une aristotélicienne (*Physique* IV, 11 ; 219 b l), l'autre augustinienne (*Confessions*, XI, 26), seule la première est réellement dépassée dans SZ. Le texte d'Augustin, en revanche, sert de point de départ pour les « extases » temporelles (SZ 427). La temporalité du *phyein* est plus radicale, non seulement que ces notions reçues, mais encore que la *Temporalität* de l'être, élaborée à partir de la *Zeitlichkeit* de l'être-là (SZ 39 / ET 58). L'arrière-fond augustinien de cet accès à la temporalité de l'être par celle du *Dasein*, est encore sensible

La déduction historique des catégories de la présence

se succèdent. Ce sont des médiations pour penser l'identité du non-identique, l'identité du dévoilement et du voilement.

L'interprétation du fragment d'Héraclite habituellement traduit par « La nature aime à se cacher [70] » a pour but de faire voir cette identité. Comprendre la temporalité à l'œuvre dans le *phyein* héraclitéen, c'est comprendre l'impossibilité de cantonner le temps dans les phénomènes manifestes (faits de « physique » ou faits de « conscience ») ; l'impossibilité de ne pas tenir compte, dans l'intelligence du temps, de l'absence, du caché, d'où cette catégorie dit l'émergence ; l'impossibilité d'une manifestation sans occultation ; l'impossibilité, enfin, d'une dissimulation sans appel, d'une chute hors du temps, d'un oubli sans retour. Comprendre cette catégorie temporelle, c'est saisir une double absence sur la scène de tout ordre de présence : l'absence, à la périphérie, des étants exclus par l'*epoché* et, au cœur, l'absence ontologique de cette émergence en tant que telle.

Ce qui est décisif dans la fonction catégorielle de la *physis*, c'est que l'auto-manifestation des variables dans un ordre époqual s'y révèle n'être rien d'autre que l'*arrangement de cet ordre* même, différent de ses composantes. Au sein de l'économie paradigmatique préclassique [71], cette « manifestation hors du caché » a reçu le nom de *physis* [72]. À partir de l'instauration originelle des champs dont la succession fait l'« histoire de l'être », la *physis* apparaît comme facteur différentiel dans la multiplicité indéfinie des modes selon lesquels les choses entrent en jeu. La présence originaire se différencie selon des territoires synchroniquement ou diachroniquement adjacents [73]. Ainsi, sur le terrain platonicien, l'auto-manifestation des étants en général devient-elle l'« aspect » propre à tel ou tel étant spécifique [74].

---

dans l'identification entre le temps et l'aperception transcendantale (KPM 186 / Kpm 246 sq.).

70 Frgm. 123 (VA 270 sq. / EC 327 sq. et Wm 370 sq. / Q II 275 sq.).

71 Elle est paradigmatique parce que, comme je l'ai dit, tout commencement contient en lui ce qui en découle et à quoi il reste supérieur.

72 VS 69 / Q IV 264.

73 Ce n'est ni « pour tous les temps », ni partout « de la même manière » que les choses présentes entrent en présence (WhD 143 / QP 217).

74 La *physis* est, « au commencement de la pensée occidentale, l'éclosion du celé dans le décèlement » ; avec Platon, au contraire, l'aspect d'une chose « détermine ce qui peut encore être appelé décèlement » (Wm 139 / Q II 157).

Avant que Parménide n'établisse l'*eon* comme « mot fondamental explicite de la pensée occidentale », les mots fondamentaux étaient *physis, logos, Moira, Eris, alétheia, hen*[75]. En tant que catégories, cependant, *Moira*, le « destin » de la différence entre la présence et le présent, et *Eris*, la « lutte » entre la venue et le retrait, sont tous deux des noms qui désignent la *physis*[76] ; ils ne constituent pas des catégories autonomes. – Plus tard, quand Aristote déclare que, « parmi les étants, les uns sont par nature *(physei)*, les autres par d'autres causes[77] », la *physis* cesse d'être le nom de la présence originaire et en vient à désigner une espèce de substances, à savoir celles qui croissent d'elles-mêmes, opposées aux substances mues par une autre, ou fabriquées. Avec le classicisme, la deuxième catégorie à son tour n'opère plus que souterrainement, et cela non seulement dans la *Physique* d'Aristote, mais encore quand les médiévaux opposent le naturel au surnaturel, quand les modernes définissent la nature comme chose étendue ou comme « l'ensemble des phénomènes se déterminant avec nécessité par des lois universelles conçues *a priori* par le sujet connaissant[78] », ou enfin, quand, à « l'âge atomique », « ce n'est plus le présent qui se déploie, mais l'agression qui règne » sur la nature devenue réserve d'énergie[79]. La *physis* est une catégorie de la présence parce que, d'Héraclite jusqu'à l'ère technologique, l'être « se lève, quoique de façons diverses, selon les caractéristiques d'auto-manifestation, de parution qui s'attarde, de présence, de vis-à-vis et d'opposition[80] ».

---

75 Hw 324 / Chm 286.

76 Hw 325 / Chm 287. Pour *Moira*, cf. aussi VA 255 / EC 309.

77 *Physique* II, 1 ; 192 b 7 (cf. Wm 315 et 358 sq. / Q II 188 et 254 et FD 63–66 / QCh 94–97).

78 Kant, *Critique de la raison pure*, B 479 et 263 (cf. N II 165 et 188 / N ii 133 et 151 et FD 175 / QCh 232 sq.).

79 Hw 100 / Chm 97. Cf. ci-dessous, § 46.

80 SvG 154 / PR 201. Les langues modernes préservent d'ailleurs le sens originel de *physis* comme venue à la présence, puisque le mot « nature » dérive de « naître ». Aussi « même nous, quand nous parlons de la "nature" des choses, la "nature" de l'État, la "nature" de l'homme [...] nous voulons dire par là l'être et le déploiement de l'étant en général » (Wm 370 / Q II 274).

La déduction historique des catégories de la présence

§ 24. Alétheia

Ce mot, d'une certaine façon directeur pour la pensée de Heidegger à chacune de ses étapes, précise quelle « lutte » est engagée dans la différence découverte à travers l'*eon* : c'est la lutte entre vérité et non-vérité. Il y a bien eu, au siècle dernier – chez Hegel ainsi que chez Nietzsche – des concepts de la vérité qui visent à établir celle-ci en un rapport essentiel à sa négation. Ce qui est (peut-être) nouveau chez Heidegger, c'est que cette lutte entre vérité et non-vérité va se trouver située ailleurs que dans l'homme : sur le terrain des économies époquales où l'homme n'est qu'une variable dans le jeu de la présence originaire. La catégorie de l'*eon* souligne la différence entre le nom et le verbe, entre l'étant et l'être, et partant, entre le présent et sa sortie de l'absence ; celle de *physis* désigne la présence comme auto-manifestation ; celle d'*alétheia* la place sur *le champ de bataille des économies*.

La signification anti-humaniste, c'est-à-dire catégorielle, de cette troisième façon de nommer la présence, est élaborée à partir des deux précédentes. Si la présence diffère, d'une part du présent, comme le dit l'*eon*, et d'autre part de l'absence, comme le dit le *phyein*, alors on comprend le rôle du préfixe privatif dans *a-létheia* : être présent, c'est être *privé* et de permanence et d'absence. Cette troisième catégorie signale donc l'essence binôme de la présence : loi de donation et loi de retrait en un seul jeu. Le conflit est décrit comme un délaissement violent : délaissement des ténèbres pour la lumière, et alors l'*alétheia* apparaît comme « clairière [81] » ; délaissement de la pesanteur de la

---

81 VA 258 / EC 312. Nous n'avons pas à retracer ici les significations du mot *alétheia* dans les premiers écrits de Heidegger, où c'est l'être-là qui constitue la *Lichtung* en ce sens (SZ 33 et 133 / ET 51 et 166). L'*alétheuein*, révéler, est alors « un comportement fondamental de la *psyché* » (GA *24* 103, cf. aussi Wm 84 et 158 / Q I 176 et Q III 95 sq.). Tandis qu'il est généralement admis qu'*alétheia* est une construction « privative », son opposition étymologique à léthé est moins certaine. Paul Friedländer, (*Platon*, t. I, Berlin, 1954, p. 233–242) avait d'abord critiqué la position de Heidegger à ce sujet, puis dans la troisième édition de ce livre (Berlin, 1964) s'est rétracté. Bruno Snell (*Die Entdeckung des Geistes*, Göttingen, 1975, p. 221) adopte la traduction par « non-oubli » ou « dévoilement ». Gerhard Krüger (« Martin Heidegger und der Humanismus », *Studia Philosophica*, 1949, n° IX, p. 93–129) en revanche, considère l'opposition *alétheia* – léthé sans fondement

terre pour la légèreté du monde, et alors l'*alétheia* apparaît comme
« allègement [82] » ; délaissement des « opinions des mortels » pour « le
cœur inébranlable du décèlement bien rond [83] », et alors l'*alétheia*
apparaît comme « lieu de repos ». Mais on n'a pas compris cette
catégorie tant qu'on n'a pas reconnu l'essence non humaine de ces
figures diverses de la lutte. Les ténèbres, la pesanteur, les opinions
et les erreurs, bref la *léthé* sous ses formes multiples, sont affaire
d'économie avant d'être affaire d'hommes. La *léthé* appartient à
l'*alétheia* « non seulement comme l'ombre à la lumière » ; elle est
« le cœur même de l'alétheia [84] ». C'est la jonction de l'anti-humanisme et de l'unité présence-absence qui fait de la notion d'*alétheia*
une notion économique. Une telle entente de la vérité a quitté les
référentiels du « concept » hégélien et de la « vie » créatrice de men-
songes nietzschéenne. En tant qu'elle accuse l'essence conflictuelle
de toute économie – à savoir que le *homos* de celle-ci est double,
présence et absence –, la notion de l'*alétheia* est une catégorie : elle
sous-tend tous les concepts ultérieurs de la vérité. Et de même que,
avec le début de la métaphysique, l'homme entre en scène et s'érige
en critère pour la *physis* – qui désigne alors en bloc tout ce qu'il n'a
pas produit de ses mains –, de même il se constitue en critère pour
l'*alétheia*.

———

philologique. Il me semble que c'est Heribert Boeder (« Der frühgriechische
Wortgebrauch von Logos und Aletheia », *Archiv für Begriffsgeschichte*, IV (1958),
p. 82–112) qui a mis les choses au point : « C'est le *léthein* "transitif" qui détermine
le sens d'*alétheia* […]. Cela élimine une opposition entre *alétheia* et *léthé* […].
D'après ces indications, l'interprétation de l'*alétheia* comme "dévoilement" ne
peut s'appuyer sur le sens primitif du mot qu'en apparence » (p. 98 sq.). L'opposition pertinente serait celle entre *léthein*, dissimuler, et « accorder l'*alétheia* »,
montrer. Dans la tradition épique, cette opposition serait limitée au domaine de la
parole (p. 92 sq.). – Il est évident que Heidegger déplace le lieu de ce débat : « Si
je m'obstine à traduire le mot *alétheia* par "décèlement", ce n'est pas par amour
de l'étymologie » (SD 75 sq. / Q IV 132).
82   Hw 38 sq. / Chm 38 sq. et SD 72 / Q IV 127.
83   Parménide, frgm. I (cité SD 74 / Q IV 131).
84   SD 78 / Q IV 136. Plus tard, Heidegger se rétracte à ce propos : « Ce qui est dit
là n'est pas correct » (VS 133 / Q IV 334). W. Marx (*Heidegger und die Tradition*,
op. cit., p. 218) qualifie de « monstrueuse et dangereuse » cette coappartenance
de la vérité et de l'erreur. Elle paraîtra pourtant moins menaçante si on a compris
que l'homme « co-créateur » et le jeu de l'*alétheia* sont des « constructions » qui
s'excluent mutuellement.

Avec Platon s'accomplit ce « revers dans l'essence de la vérité » qui fait que désormais le vrai est « une marque du comportement humain à l'égard des étants [85] ». Ce virage vers l'anthropocentrisme n'exclut pas, mais exige, au contraire, que le vrai soit identifié à un être suprême, *ontôs on*. La vérité, pour être sise dans l'homme, réclame un être suprêmement vrai vers lequel il puisse s'orienter, auquel il puisse s'ajuster. Cet être garantit à son tour la vérité, perfection des choses, à laquelle l'esprit humain se conforme par des propositions « justes ». Cependant, les théories de la vérité, et d'abord la théorie de l'adéquation, ne peuvent se développer que si le conflit présence-absence reste tacitement opératoire, quoique la pensée ne s'adresse plus à lui. La vérité conflictuelle demeure arrière-fond de la notion « humaniste » de la vérité-comme-conformité, telle qu'elle se déplie de Platon à Aristote, à Thomas d'Aquin, à Descartes, à Nietzsche [86]. À l'âge contemporain, où le vrai réside dans la justesse et la pertinence des procédés technologiques – dans la solution appropriée aux problèmes de maîtriser la nature –, l'*alétheia* peut bien s'être estompée et être prise sous le joug des *archai* de toutes sortes [87] ; néanmoins, « elle ne s'éteint jamais [88] ». Ce qui se maintient ainsi comme une détermination continue de la présence à travers l'histoire, mais qui n'a plus accès à la parole et est en ce sens oublié, c'est cela même que j'appelle une catégorie.

---

85 L'expression « *Wesenswandel der Wahrheit* » se trouve en N II 430 / N ii 345 (cf. Wm 109, 124, 136 / Q II 121, 136, 153). Pour le transfert du lieu de la vérité – de la lutte économique au comportement humain – voir Wm 137 et 270 / Q II 153 sq. et 64 sq.

86 Wm 138 sq. et 142 / Q II 156 et 160 sq. Les dix dernières pages du livre remarquable d'Ernst Tugenthat, *Der Wahrheitsbegriff bei Husserl und Heidegger*, Berlin, 1967, p. 396–405, souffrent, me semble-t-il, de l'absence de cette perspective historique. Il est certain que l'essence conflictuelle *(gegenwendig)* de l'*alétheia* fait « renoncer à la question de la vérité » entendue comme question de la « mesure vers laquelle le donné puisse être transcendé ». Mais cela ne revient pas à dire que « la possibilité même de la question de la vérité est définitivement étouffée » (p. 398). Au contraire, la mesure de la vérité, c'est ce que j'ai appelé les principes époquaux. Tugenthat ne voit pas que l'« espace de jeu qu'est le décèlement » est une mesure ontique-économique parce qu'il a une histoire.

87 « La subjugation de l'*alétheia* » (N II 458 / N ii 369).

88 N II 318 / N ii 254.

L'*alétheia* fait partie du groupe catégoriel de l'*eon* parce qu'elle accuse le conflit entre présence et absence, tout comme l'*eon* accuse la différence, et la *physis,* l'auto-manifestation. Grâce à ces trois premiers « traits de l'histoire de l'être [89] », l'originaire se laisse recueillir dans les revers originels.

§ 25. Logos

Un deuxième groupe catégoriel se constitue autour du verbe *legein*. La dénotation de ce verbe ne se limite pas aux phénomènes du langage. Dans la tradition homérique, *legein* signifie principalement « rassembler », « coucher » quelque chose en son endroit propre, ou encore amasser, « réunir » ce qui est dispersé, comme des brindilles pour un feu ou les armures des ennemis tombés devant Troie [90]. Au sens réfléchi, le verbe signifie : s'installer pour trouver du repos. Le rassemblement ainsi compris est une mise en ordre dont la parole et la mémoire ne sont que des cas particuliers, en quelque sorte transposés. En général, *legein,* dans la tradition épique, signifie qu'on se tourne vers quelque chose, lui accorde son attention et par là le prélève sur le reste des étants alentour, qui ne valent pas la peine d'être ainsi distingués. Ce qui est remarquable – et ce que l'interprétation de Heidegger s'efforcera de sauver au-delà de la naissance d'un vocabulaire plus philosophique du *logos* chez Héraclite –, c'est que l'acte de discrimination – telle est bien la nuance propre de ce mot – n'est vu ni du côté des choses, ni du côté de l'homme : le *legein* discriminatoire oppose l'ordre prélevé (le « sujet » humain et ses « objets », indistinctement) au magma de ce qui ne tombe pas sous l'attention.

Est « logique », en ce sens originel, la disposition expresse d'un ensemble de facteurs devenus par là accessibles. Le *legein* exprime le mouvement par lequel une telle disposition se produit, le mouvement par lequel une certaine combinaison d'étants se rend présente.

---

89 « *Seinsgeschichtliche Züge* » (SvG 154 / PR 201).

90 Ces exemples sont cités par Boeder (« Der frühgriechische Wortgebrauch[…] », *loc. cit.*, p. 84 ; cf. VA 208 / EC 251 et EiM 95 / IM 133). Pour le rapprochement étymologique entre *legein, legere* et *legen,* voir WhD 121 / QP 186 ainsi que le tableau synoptique instructif établi par André Préau (EC 251, note).

La déduction historique des catégories de la présence

L'opposition entre ce qui est dit et ce qui reste non-dit, tout le phénomène de l'adduction à la parole, est seulement le cas le plus éminent du discernement entre des choses détachées comme méritant d'être retenues, et les autres. *Legein,* c'est amener à la présence quelque chose qui auparavant était présent en tant qu'absent ; comme les brindilles ou les armures dispersées sont présentes à la préoccupation de tous en tant qu'elles sont à ramasser, en tant qu'absentes encore. Même si ce mouvement d'acheminement est toujours accompli par des hommes, et même si depuis Homère *legein* signifie aussi, bien sûr, « dire » et « parler », l'accent est néanmoins placé sur le « laisser » – laisser venir à la présence – plutôt que sur l'initiative locutrice [91]. Chez Héraclite, tel que le lit Heidegger, cette venue n'est pas un événement effectué par l'homme. C'est un événement économique, qui s'accomplit antérieurement à tout ce que les hommes peuvent faire ou dire. *Legein,* c'est se disposer en présence.

Compris à partir des dispositifs économiques, le *logos* spécifie les trois catégories précédentes, soit l'*eon* et ses dérivés. Il dit le passage du *léthein,* cacher, à l'*alétheuein,* montrer. Il désigne le mouvement même que suggère le préfixe privatif de l'*alétheia.* En ce sens, on peut donc dire que *logos* et *alétheia* « sont de même » : ils le sont de telle sorte que le *logos* indique l'émergence *(hervorkommen)* à partir de l'absence ; tandis que l'*alétheia* signifie la constellation ou le conflit de présence-absence [92].

Comme événement économique, le *logos* « rassemble » les activités humaines, les réunit à ce qu'il dévoile. Il fournit ainsi l'aune pour tout ce que nous pouvons entreprendre ou ne pas entreprendre ;

---

91 « *Logos* veut dire, bien plus originairement que "parler" : *laisser* être présent » (VS 70 / Q IV 266), « laisser apparaître » (GA 55 178).

92 VA 220 / EC 267. Que l'on compare un texte comme celui-là à la section de SZ intitulée « Le concept de *Logos* » (SZ 32–34 / ET 49–52), et le retrait progressif de Heidegger par rapport à la compréhension « humaniste » du *logos* sera évident. Dans SZ, le *logos* est interprété à partir d'Aristote : situé dans le discours, il est « apophantique », il « laisse voir en montrant » *(aufweisendes Sehenlassen),* il « rend manifeste ce dont il est discouru dans le discours ». L'appartenance du *logos* à l'*alétheia,* est, elle aussi, établie par la fonction découvrante et discursive du *logos.* Dans les textes ultérieurs, quand *logos* et *alétheia* deviennent des catégories de la présence, ils devront pour cette même raison être dissociés du discours humain.

256

« Selon ses mesures il accorde l'appartenance de l'homme à l'être, et selon ses mesures il la lui refuse en même temps [93]. » Cette obéissance qui toujours nous situe, Héraclite l'appelle *homologein*, établir le « rapport authentique du *logos* humain au *Logos* [94] ». Le plus dur apprentissage, c'est d'écouter et de suivre les seules injonctions de ce rapport. Parler et agir (*legein* humain) en affirmant les seuls arrangements de la présence (*logos* économique), voilà le savoir que Heidegger cherche à arracher aux Grecs, à préparer [95]. Que l'agir devienne pur *homologein* ou qu'il devienne *kata physin*, c'est dire la même chose, à savoir la remise de soi à la présence-absence mobile. Compris ainsi, le *homologein* peut être lu comme le dernier mot de Heidegger sur l'agir : « Le *legein* est, en soi, en même temps *poiein* » ; or, *homologein* veut dire que le *legein* humain se conforme au « *Logos* en tant qu'*Alétheia*, en tant que *Physis* » ; c'est donc que l'agir doit s'homologuer à la constellation alétheiologique telle qu'elle se produit d'elle-même [96]. Conformité toute précaire, anti-métaphysique, qu'effacent (tout en l'honorant d'ancêtre) les doctrines ultérieures sur l'adéquation « logique » et sur les normes « pratiques ». Le savoir dont naît la remise de soi aux mutations événementielles, c'est la sagesse, *sophia*. Sagesse qui se cantonne décidément dans le rapport quotidien aux choses, à leur mode d'interaction. « Le *sophon* consiste dans le *homologein*. Le savoir authentique, c'est que le *legein* de l'âme corresponde "au *Logos*" [97]. » Celui-ci peut bien nous situer déjà de toujours, il n'en reste pas moins que nous ne lui correspondons « pas toujours, peut-être même seulement rarement [98] ». Le savoir originaire est donc à conquérir, et cela par une victoire de la mesure « logique » sur la démesure, *hybris* [99]. C'est un savoir pratique : « La

---

93 GA *55* 295 sq.

94 GA *55* 329 et 353 sq, cf. VA 215 / EC 260.

95 GA *55* 329 et 353 sq.

96 GA *55* 371.

97 GA *55* 394, cf. 330.

98 GA *55* 306.

99 « La présence, habituellement absente, "du *Logos*" – c'est-à-dire de l'être lui-même – se déploiera » contre « l'*hybris*, notre pouvoir propre, oublieux de l'être » (GA *55* 356).

logique au sens originaire traite de ce "faire" qui est en même temps un "laisser" [100]. »

Plus que les catégories dérivées de l'*eon*, le *legein* met l'accent, dans la mise en présence, sur ce qui relève de l'événement. Or, par une traduction des plus discutables, chez Heidegger – « destinal » pour *sophon* [101] –, *legein* en vient à signifier, non seulement l'essor à partir du caché, le dévoilement événementiel, mais encore l'essor de la pensée occidentale, son pli inaugural. *Logos* serait ainsi le nom, et de la mise en présence originaire, et de la mise en histoire originelle. Autrement dit, l'antériorité structurale serait liée à l'antériorité historique par un double emploi – ontologique et ontique, si l'on veut – de la même catégorie. Mais c'est là une équivoque qui brouille le sens même du catégoriel. Comment, en effet, l'essence du *logos* peut-elle être à la fois événementielle au sens de la mise en présence an-historique, et « proprement destinale [102] » au sens où elle serait la « source cachée » de l'histoire occidentale [103] ? La déduction historique établit comment un seul et même trait fondamental, ici le *logos*, entre dans

---

100 GA 55 279.

101 VA 217 / EC 262 sq. Le moyen terme de ce glissement acrobatique est le mot allemand « *geschickt* » – « habile », mais aussi « envoyé ». Anciennement la *sophia* désignerait le savoir qui rend habile, grâce auquel « on s'y connaît » en choses dévoilées : « Originairement, la *sophia* a la même signification que la *techné* » (GA 55 247). Exemple : la *philo-sophia* chez Platon. La sagesse consiste à s'évader de la caverne. Or, une telle connaissance pratique, puisque les choses qui lui sont familières apparaissent dans l'arène époquale, est *geschicklich*, répondant à l'ordre de présence envoyé par le destin. La *sophia* diffère selon le type d'étants dévoilés et leur horizon, soit idéel (la connaissance pratique n'est pas la même dans la caverne et hors de la caverne platonicienne, Wm 140 / Q II 158 sq.), soit historique. Mais si cette description de la *sophia* va au cœur du propos heideggérien sur Platon – la *philosophia* est la connaissance des étants dans leur être qu'est l'idée –, il faut bien avouer que celle du *sophon* héraclitéen est dépourvue de toute base textuelle. Le mot *sophos* a, certes, une signification pratique, puisqu'un capitaine ou un conducteur de char peuvent mériter cette épithète (cf. Snell, *Die Entdeckung des Geistes, op. cit.*, p. 277). Mais le glissement catégoriel se fait sur l'allemand, non sur le grec.

102 « *Das eigentlich Geschickliche* » (VA 221 / EC 268).

103 VA 227 / EC 275. Tandis qu'ailleurs Heidegger prend soin de distinguer l'événement comme *Geschehen*, fondateur d'histoire *(Geschichte)*, de l'événement comme *Ereignis*, appropriation – celle-ci étant justement appelée « *geschicklos* » (SD 44 / Q IV 74) –, ce texte-ci confond les termes de cette distinction capitale.

des champs successifs divers ; comment « le *logos* se déplie », après Héraclite, de manière à signifier la proposition [104], puis l'ordre cosmique ou dialectique [105], le principe de raison [106], le concept, *Begriff,* et enfin l'attaque, *Angriff,* par la cybernétique et la « logistique », « cette forme d'organisation planétaire [107] ». Voilà l'usage propre, véritablement innovateur chez Heidegger, d'une catégorie au sein du projet de l'histoire de l'être. À chacune de ces étapes, le *logos* désigne une modalité particulière du rassemblement des étants présents, de leur arrachement à l'absence, de leur disposition qui les rend accessibles. Mais, objecterons-nous, si le *legein* est à la fois l'arrivée structurale en présence qui, à chacune de ces étapes, fait ressortir les choses de l'oubli, et l'arrivée *historiale* de « ce qui perdure encore » aujourd'hui, à savoir « le destin occidental », alors il y a confusion entre une catégorie et son application, entre l'originaire et l'originel, entre le structural et l'historique. Le *legein* est un mot directeur quand il dénote la présence du présent, mais non pas quand il connote un virage dans la présence [108]. Nous le retiendrons comme la catégorie qui dit l'irruption du décèlement dans le cèlement, de la vie dans la mort, du jour dans la nuit [109], bref, la présence en tant qu'événement.

Les deux dernières catégories, *hen* et *noûs,* dépendent directement de la catégorie *legein.* Elles ne sont compréhensibles qu'en relation à celle-ci. On pourrait donc épingler la triade dérivée du *logos* sur celle dérivée de l'*eon.* Un tel épinglage montrerait, comme nous l'avons dit, l'unité pré-métaphysique de l'« onto-logie ».

---

104 SvG 182 / PR 235 sq., Wm 323 et 345 sq. / Q II 200 et 233, FD 121 / QCh 165.

105 SD 7 / Q IV 22 et WhD 101 / QP 158. Ces deux textes montrent la disjonction de ce qui, jusqu'à Héraclite, restait uni, à savoir la loi du *kosmos* et celle du discours.

106 SvG 184 / PR 238.

107 WhD 102 / QP 160 (cf. SD 63–65 et 79 / Q IV 115–118 et 138, N II 487 / N ii 396). L'*Angriff* est la figure technologique de la saisie conceptuelle, par le *Begriff* (cf. le texte cité ci-dessus, p. 251, n. 79, et le § 46).

108 Ces deux sens sont affirmés du *logos* (VA 227 / EC 275). Il est appelé un mot directeur, *Leitwort* (SvG 184 / PR 238).

109 EiM 100 / IM 139, VA 221 / EC 268.

§ 26. Hen

Comme catégorie de la présence, le *hen* emprunté à Héraclite désigne l'unité de ce que le *logos* arrache à la présence, l'unité de ce que nous appelons *un champ économique*. Le *hen* ainsi entendu est une catégorie indigente : elle ne dit pas le dynamisme propre au *legein*, le dynamisme du décèlement, de l'allégement, de la mise en jeu, de la venue à la lumière. « C'est à partir de l'essence du *logos*, pensée ainsi [comme rassemblement], que se détermine l'essence de l'être comme Un unissant : *hen* [110] ».

Non pas que le *hen*, chez Héraclite, soit en lui-même statique. Il est décrit comme foudre, soleil, feu, coup, les saisons – autant de manières de dire comment le *hen* réunit ou unifie les choses multiples, *ta panta* [111]. Le *hen* est l'unité globale des rapports que les étants présents entretiennent les uns avec les autres. En ce sens, il est à distinguer du *hen* divin, Zeus. « Le *hen* est double : d'une part, l'Un unissant au sens de ce qui est partout le premier et ainsi le plus universel, d'autre part, l'Un unissant au sens de ce qui est suprême (Zeus) [112]. » Seul le premier, l'Un économique, est une catégorie de la présence. Cet Un semble être pensé à partir du *logos* quand Héraclite dit : « La foudre est le pilote de toutes choses [113]. » L'Un met toutes

---

110 Hw 340 / Chm 301 (parenthèse ajoutée par moi) (cf. N II 408 / N ii 328 et GA 55 371).

111 Cf. par exemple Her 203. *Ta panta* ne signifie pas seulement « l'étant en sa totalité », mais les étants, « tous et chacun », et plus précisément leurs caractères opposés dont Héraclite énumère un certain nombre.

112 ID 67 / Q I 303 sq. C'est un développement explicatif du frgm. 32 : « L'un, le seul Sage, ne veut pas et veut être appelé du nom de Zeus » (*Héraclite et la Philosophie*, traduit par Kostas Axelos, Paris, 1962, p. 123) (cf. VA 222–224 / EC 269–271).

113 Frgm. 64 (cf. Her 29 et VA 222 / EC 269). Werner Jaeger (*À la naissance de la théologie*, Paris, 1966, p. 248) commente : « Cette expression ("pilote") est utilisée fréquemment dans le sens figuré pour désigner l'activité du sage législateur ou du roi. Le feu [...] prend la place du divin législateur ». Ce genre d'explication nivelle la différence entre l'Un économique et l'Un divin. Parmi les résultats les plus innovateurs du séminaire de Heidegger et de Fink est justement la précision avec laquelle ils ont désimpliqué ces deux sens (Her 77 et 188) à l'aide de la temporalité alétheiologique du *hen* économique (Her 193). De ce point de vue, le séminaire va au-delà des remarques dans GA 55 128, 261 sq. et 376 sq., où la question de la temporalité du *hen* n'est pas effleurée.

choses en place – non pas en tant qu'agent suprême, mais à la façon d'un éclair. L'Un est « l'auto-éclaircissement de l'être [114] ». On voit de quelle manière le *hen* peut être dit non-statique : comme instauration soudaine, toujours neuve, de l'ordre des choses présentes. Mais cette mise en place, en un éclair, opère à l'intérieur de la zone d'étants époqualement donnés. Cette catégorie est plus pauvre que les précédentes parce que, d'elle-même, elle ne s'adresse pas au ressac vers la *léthé*, le voilement. L'*alétheia* ne se tient qu'à l'arrière-fond de l'hénologie héraclitéenne [115].

Ainsi l'absence est « accusée » par le *hen* non pas de lui-même, mais par sa conjonction au *logos* et à l'*alétheia*. Le *hen* se subdivise alors à nouveau : non spécifié par ces autres catégories, il désigne l'ordre global d'un champ d'étants donnés ; mais spécifié par le *logos* et l'*alétheia*, il désigne l'unité du présent-absent, du dévoilé-voilé, l'unité de la différence entre le donné et ce qui n'est pas donné. À la notion *économique* de l'Un s'oppose donc une notion différentielle de l'Un. Au *hen* comme « mot complémentaire » de *ta panta* s'oppose le *hen* « au sens de l'unité des deux domaines », l'unité du jour et de la nuit, cette « figure originaire de la différence [116] ». Aucune de ces deux notions de l'Un, économique et différentielle, n'oppose l'Un au multiple comme Zeus s'oppose aux choses sensibles. L'Un économique et l'Un différentiel unifient le multiple de deux manières : l'Un économique agence le multiple en un ordre visible, vivable, intact dans sa donation, si bien que « la totalité des choses intra-mondaines

---

114 Her 189.

115 Her 203 et 219.

116 Her 73 et 76. La difficulté dans cette notion différentielle du *hen* – ou plutôt la nécessité de la distinguer de la notion économique – vient de l'apparente incorrection grammaticale du frgm. 57. À première lecture, Héraclite y critique Hésiode pour ne pas avoir vu que le jour et la nuit sont de même essence. Mais la deuxième lecture s'avère plus difficile : le verbe être est au singulier : *esti gar hen*. On peut contourner le problème et traduire, comme le fait Axelos : « Il n'a pas reconnu le jour et la nuit : car ce n'est qu'un » (*Héraclite et la Philosophie, op. cit.*, p. 107). On peut aussi penser que « quelque chose de tout à fait autre est signifié, qui ne paraît pas à première vue » (Her 73) : « non pas la coïncidence du distinct, mais le *hen* de la double région. Il y a le *hen* : ici le *hen* est le sujet de la phrase » (Her 79). L'unité de la « double région », *Doppelbereich*, est celle qui conjugue l'absence et la présence. On peut donc interpréter le *hen* différentiel en disant : il y a le *hen* – totalité du présent (*hen* économique) et totalité de l'absent.

La déduction historique des catégories de la présence

vient à paraître dans le *hen*, pensé comme lumière du soleil [117] ». L'Un différentiel agence le multiple intra-mondain en son opposition à ce qui ne paraît pas. « En tant que *logos*, le *hen panta* est le laisser-venir à la présence de tout ce qui est présent [118]. » En ce deuxième sens, proprement alétheiologique, le *hen* désigne « l'intimité du dévoilement et du voilement [119] », leur conflit, leur mutualité, leur unité.

À partir de la notion différentielle du *hen*, il est possible de comprendre celui-ci comme catégorie temporelle. « Le temps, enfant qui joue » : le temps, c'est la simultanéité du *phyein* et du *kryptesthai*, de l'irruption en présence et du retrait hors du soleil, du laisser-être et de l'annihilation [120], du déclore et du clore [121]. Ce jeu différentiel – dont le dépliement historique est appelé *Austrag* [122] – désigne la motilité intrinsèque de l'Un. Peut-être est-ce de cette simultanéité de l'arrivée en présence et du départ vers l'absence que Héraclite est censé avoir dit : *panta rhei*. Cette temporalité du jeu de présence-absence signifie, en tout cas, que l'Un ne fonde rien. Il est « sans pourquoi », « seulement jeu ». « Mais ce "seulement" est Tout, l'Un, l'Unique [123]. »

Il est aisé, enfin, de montrer comment « le *hen* traverse toute la philosophie [124] », comment il fonctionne catégoriellement : l'Un comme

---

117   Her 160.

118   VA 223 / EC 271.

119   VA 272 / EC 329. Dans cette perspective alétheiologique on peut lire les fragments sur la lutte, par exemple frgm. 8 : « Le contraire est accord, des discordances naît la plus belle harmonie, et tout devient dans la lutte » (*Héraclite et la Philosophie, op. cit.*, p. 48).

120   Cf. Her 176.

121   « *Bergendes Entbergen* » (N II 420 et 463 / N ii 337 et 373).

122   Par exemple FD 143 / QCh 192 et GA 55 272 et 318–321.

123   SvG 188 / PR 243. Cette notion « ludique » du temps est élaborée, en sa connexion avec l'*alétheia*, à partir du frgm. 52 : « Le Temps est un enfant qui joue, en déplaçant les pions ; la royauté d'un enfant » (*Héraclite et la Philosophie, op. cit.*, p. 54). Pour ce fragment et le *panta rhei*, cf. N I 333 sq. / N i 261 sq.

124   Her 38. Dans SD, au contraire, Heidegger semble vouloir retenir le *hen* ainsi que le *logos* comme noms propres présocratiques de la présence seulement : « La présence se montre comme *Hen*, l'Un unique unissant, comme *Logos*, le rassemblement préservant la totalité, comme *idea, ousia, energeia, substantia* », etc. (SD 7 / Q IV 22). Lus de cette manière, *hen* et *logos* ne sont pas des catégories, pas plus que les autres titres énumérés, puisqu'ils désignent alors des traits valant pour une époque seulement.

l'étant le plus manifeste, chez Platon [125], ultime et suprême chez les médiévaux [126], comme aperception transcendantale chez Kant [127], et comme règne totalitaire de la technologie [128] sont autant d'instances où la signification catégorielle du *hen* se vérifie diachroniquement. Ce sont aussi des exemples illustrant l'oubli du sens différentiel du *hen* : toutes ces acceptions postérieures sont des modulations de l'Un économique – quand ce n'est de Zeus – dont la temporalité est d'être constamment présent.

§ 27. Noûs

Cette catégorie est « convertible » avec le *logos* au sens où *noein,* c'est recevoir les choses rassemblées en un ordre de présence. Comme le *legein,* aussi, le *noein* a traditionnellement été compris à partir de la faculté humaine de raisonner : la philosophie est « noétique » quand elle examine la nature de cette faculté, et elle est « logique » quand elle en examine les actes. Mais, ici encore, la destruction des représentations transmises – de l'*apathès noûs* aristotélicien jusqu'à la *philosophy of mind* anglo-saxonne – révèle un sens plus large : « Le *noein* reçoit la présence [129]. »

---

125 *Phainotaton* (N II 458 / N ii 369 et Wm 134 / Q II 150).

126 FSch 157 / TCS 48.

127 Her 38 (cf. N II 460s / N ii 371). Pour d'autres versions modernes du *Hen*, chez Leibniz et Hegel, voir Hw 324 sq. / Chm 286 sq.

128 N II 278 / N ii 223 sq. Voir la technologie moderne comme la dernière progéniture en date du *hen* héraclitéen vise d'abord à mettre en évidence le caractère global du projet technologique ; puis à en écarter tout caractère instrumental ; et enfin à nettement séparer la technologie de l'essence (*Wesen* au sens verbal) de la technologie (cf. VA 31 / EC 31 sq.).

129 Hw 162 / Chm 147. Déjà dans SZ, le *noein* – « la simple réception, en sa pure présence, d'un étant présent » – sert à opposer l'ontologie d'Aristote à « l'interprétation de l'être » chez Parménide (SZ 25 sq. / ET 42 ; dans ce passage, d'ailleurs, *Vorhandenheit* signifie « présence », et non pas, comme plus loin dans le livre, « objectivité subsistante », SZ 98 / ET 125). Comme réception pure, le *noein* ne peut être sujet à erreur. Il fait face au *legein,* « laisser voir » (SZ 25, 33, et 44 / ET 42, 50 sq., et 65), si bien que par la jonction du *noein* et du *legein* « l'étant est rencontré » (SZ 44 / ET 65). Le « noétique » au sens étroit correspond à la prééminence traditionnelle d'une seule région d'étants, celle des objets subsistants (SZ 147 / ET 183). Mais au sens large, il désigne la réception de ce que le *logos*

La déduction historique des catégories de la présence

Cette catégorie est la seule qui fasse expressément référence à l'homme [130]. Comme toute catégorie, le *noein* place la présence sous un certain angle. Ici, cet angle est la *réception par l'homme*. Recevoir, en ce sens, c'est « noter quelque chose de présent, le prendre expressément devant soi, et l'accepter en tant que présent [131] ». On note, prend devant soi, accepte toujours un *étant* ; mais noter, prendre devant soi, accepter, sont des verbes qui parlent de la façon

---

« apprésente ». Dans les œuvres ultérieures le *legein* et le *noein* sont intégrés dans un autre contexte de pensée, mais leur relation réciproque reste fondamentalement la même.

130   Dans une série de trois études remarquables, Kurt von Fritz a tracé le développement des mots *noos* et *noein* dans les traditions épique et philosophique présocratiques : « *Noos* and *Noein* in the Homeric Poems », *Classical Philology*, XXXVIII (1943), p. 79–93 ; « *Noûs, noein* and their Derivatives in Pre-Socratic Philosophy (Excluding Anaxagoras)», *ibid.*, XL (1945) p. 223–242, et XLI (1946), p. 12–34. L'original allemand de ces articles a paru dans *Um die Begriffswelt der Vorsokratiker*, H. G. Gadamer (éd.), Darmstadt, 1968, p. 246–362. À chacune des étapes de cette évolution, la référence à l'homme prédomine : chez Homère, *noein* signifie principalement « réaliser une situation », en saisir les implications. Un personnage tombe dans une embuscade, et soudain il comprend la manœuvre dont il est la victime. Voir soudain ce qu'il en est d'une situation, voilà le sens premier du verbe *noein* (von Fritz (1943), surtout p. 85 et 91). La distinction entre un organe et sa fonction ne se trouve pas chez les Grecs d'Homère, « mais s'ils avaient fait cette distinction, ils auraient probablement considéré le *noûs* comme une fonction plutôt que comme un organe » *(ibid.*, p. 83). Si déjà chez Homère de nombreuses significations secondaires s'attachent à ce mot – *nooi* divers selon les personnes et les nations ; plan ou projet ; un « élément volitif » ; « intelligence plus profonde des choses » ; unicité du *noûs* ; imagination (von Fritz (1945), p. 223s) – elles s'adressent toutes à l'homme. Chez Héraclite, le *noûs* « doit » être ordonné à la loi divine (jeu de mots *xun noo –xunô, ibid.*, p. 232s) : en ce sens, il est « quelque chose que les humains ne possèdent que rarement » *(ibid.*, p. 234). Chez Parménide, enfin, le *noûs* désigne, d'une part, une intimité naturelle avec l'*eon* (et de ce point de vue seulement on peut dire que le *noûs* ne peut pas être faux, SZ 33 / ET 51) et, d'autre part, les « déductions logiques » par lesquelles cette intimité s'articule (1945) p. 238–242). À travers ces sens multiples, ce qui demeure, c'est la référence à l'homme. Le *noûs*, dit Snell *(Die Entdeckung des Geistes, op. cit.,* p. 22 sq.), résumant von Fritz, est toujours et organe, et fonction humains.

131   VA 140 / EC 165. La traduction du frgm. VIII, 34 de Parménide qui suit ce texte, reproduit celle de von Fritz *(noein* = « percevoir » ; (1945) p. 237–242). Au *noein* ainsi compris se rattache le « laisser-être ». En effet, « percevoir » un étant – « *being in touch with it* », dit von Fritz – c'est « le laisser se tenir devant nous, debout ou couché, tel qu'il se tient » (VA 140 / EC 165 sq.).

dont les étants présents s'offrent à l'homme, donc d'une modalité de *présence*. Puisque le *noein* accentue le rapport à l'homme, cette catégorie est moins originaire. Le *legein* la « précède ». Pour que des étants puissent être notés et acceptés, ils doivent d'abord se montrer. Ainsi le *legein* « requiert » le *noein* [132]. Avant d'être la faculté ordonnée à la saisie de l'intelligible, le *noûs* est la « garde » de la différence ontologique : « Quand nous prenons sous garde quelque chose de posé là, nous gardons le respect de son entrée en position [133].» *Noein*, c'est la présence en tant qu'« accusée » par l'homme, la présence pour l'homme.

Ce qui est « convertible » avec la catégorie directrice, *eon*, c'est donc, strictement parlant, le couple *legein-noein*. Le *noein*, en effet, ne s'adresse pas à l'absence et au voilement : « Son poids essentiel, c'est de durer à l'intérieur du dévoilé [134].» La dépendance du *noein* à l'égard du *legein* résulte de la manière dont cette catégorie parle de la présence : *sub specie hominis*. Non pas d'une façon « humaniste », cependant. Car l'homme n'est pas compris ici comme un étant doué de certains attributs, mais à partir d'une fonction, « noter, prendre devant soi, accepter », percevoir, donc. Cette fonction reste cantonnée dans le domaine des étants présents dévoilés ; c'est là ce qui est décisif. Le *noein* est secondaire, consécutif, par rapport aux autres catégories parce que recevoir le présent, c'est l'endurer comme déjà-là. Cette catégorie est donc indigente. La « réception » ne dit pas tout le phénomène d'être : non pas parce qu'elle serait passive et qu'elle s'opposerait à quelque instance de spontanéité (intellect agent ou raison pure législatrice), mais parce qu'elle ne recueille que le présent en sa totalité. On ne pourra donc dire que « *noein* et la présence sont un » qu'en comprenant le *noein* jumelé au *legein* qui, lui, s'adresse aussi à l'absence dans la présence. Le *noein* est un « trait fondamental » seulement en tant qu'il est lié au *legein* [135].

---

132 VA 242 sq. et 245 / EC 292 sq. et 296 sq. Quand le *logos* devient l'acte du *noûs*, cet ordre de priorité s'inverse (cf. SZ 226 / ET 271).
133 WhD 125 / QP 193.
134 N II 450 / N ii 360.
135 WhD 128, 139, 145 sq., 172 / QP 196, 212, 220 sq., 258. Il en résulte que, pour pleinement comprendre le fragment V de Parménide sur l'identité entre *noein* et *einai*, il faut le lire à la lumière du fragment VI sur le *legein* et le *noein*.

La déduction historique des catégories de la présence

Son indigence apparaît doublement : pour parler de la présence, cette catégorie a recours à l'homme, et pour parler de l'absence, elle a recours au *legein*. Sous cette double restriction, le *noein* est une catégorie économique. Voir cette double dépendance comme un seul renvoi à l'émergence originaire, c'est comprendre et la spécificité de cette catégorie, et l'anti-humanisme qu'elle entraîne indirectement. Chez aucun auteur présocratique elle ne sert à établir quelque définition de l'espèce humaine ; elle pointe non pas vers l'homme, mais vers l'implication de l'homme dans l'événement de la présence.

Pendant toute l'histoire ultérieure du *noein*, ce rapport reste inversé. La métaphysique naît quand le *noûs* est non plus un nom de la présence, mais le titre par lequel se définit l'espèce humaine. Le corollaire du *noûs* est alors le *noéton*, compris d'une part comme un étant, et d'autre part comme non-sensible [136]. Dès lors le *noûs* en vient lui-même à être conçu à la manière d'un étant, celui qui est capable de se représenter l'intelligible par un « acte d'élévation [137] ». Moment platonicien. *Noein*, c'est voir le permanent dans le changement, c'est *idein* [138]. Puis, c'est déclarer le permanent par un acte de jugement et de sentence : le *noûs* est alors le « tribunal de la raison [139] » qui statue sur l'ensemble de ce qui est en le faisant obéir aux lois édictées par cette même raison. Quand on passe du simple *vernehmen* à l'intellect et à la *Vernunft* comme faculté des lois *a priori*, le *noein* ne trouve plus sa matière dans les étants en général,

---

Aussi, « le plus souvent, au lieu de dire *legein te noein te*, Parménide dit-il simplement *noein* » (WhD 146 / QP 221).

136 Hw 162 et 193 / Chm 147 et 173. Chez Parménide, le *noûs* s'oppose à la *doxa* comme la présence s'oppose à l'étant présent. La *doxa* désigne les rapports multiples entre les étants perçus et l'étant percevant. Avec le virement platonicien s'établit la réciprocité entre le *noûs* et l'idée (Wm 131 et 136 sq. / Q II 146 et 153 sq. ; voir aussi SD 49 / Q IV 81).

137 N II 295 / N ii 237.

138 N II 474 / N ii 382. Contrairement à ce qu'implique ce texte, l'*idein* est synonyme de *noein* déjà dans quelques passages homériques (cf. von Fritz (1945) p. 223 et (1946) p. 31). Il est vrai que, dans ces passages, il s'agit non pas d'une vision qui ressemblerait au *theorein*, avec l'extériorité entre contemplant et contemplé que ce terme connote, mais d'une vision qui n'est pas « l'activité propre de l'œil » ; « le moi n'est pas isolé, mais un champ de forces ouvert » (Snell, *Die Entdeckung des Geistes, op. cit.*, p. 23 et 296).

139 N II 295 et 320 / N ii 237 et 255.

266

mais dans des domaines sélectifs d'étants : d'abord le domaine transcendant, puis le domaine immanent au sujet. À ce dernier stade, celui de Kant, l'intelligible requiert un acte, non plus d'élévation et d'assimilation à l'*intuitus originarius* divin, mais de réflexion. Dans cette formalisation du *noein*, Heidegger ne voit pas un dépassement de la réification progressive. Le formalisme transcendantal engendre au contraire un concept de la *Vernunft* entièrement dépendant du *logos* comme « logique de choses [140] ». De ce fait, « l'idéal transcendantal va de pair avec l'*intuitus originarius* » de l'étant suprême [141]. La réification du *noûs* culmine dans « la rationalisation technique et scientifique [142] ».

3
À la fin technologique :
les catégories rétrospectives

> « L'âge du monde où se complète la métaphysique, aperçu en examinant les traits fondamentaux de la métaphysique de Nietzsche, donne à penser : Comment, d'abord, trouver notre accès à l'histoire de l'être ? Et auparavant, comment éprouver l'histoire comme l'être s'abandonnant à la machination [143] ? »

Que deux choses soient claires dès le départ : 1. en exposant ici les six « mots fondamentaux » selon Nietzsche, il ne s'agit pas d'exposer la pensée de Friedrich Nietzsche ; 2. en s'appropriant ces mots fondamentaux selon Nietzsche, Heidegger substitue au moment nietzschéen de l'histoire de la présence le moment technologique.

Le premier de ces deux points va sans dire, puisque c'est la déduction historique des catégories de la présence selon Heidegger qui est en question. Quant au second, l'évidence s'en trouve réitérée tout au long des textes de Heidegger sur Nietzsche : ils parlent *formellement* de Nietzsche, mais *matériellement* de la technologie ; ils décrivent

---

140 SZ 11 / ET 26 (« *Sachlogik* »).
141 Wm 57 / Q I 139.
142 SD79 / Q IV 137.
143 N II 256 / N ii 203.

La déduction historique des catégories de la présence

la technologie comme clôture d'un champ dans l'histoire de la présence, comme « l'être s'abandonnant à la machination », mais ils le font à l'aide d'un vocabulaire pris à Nietzsche. Le sol où se sont formées les catégories rétrospectives et d'où elles se laissent recueillir n'est pas nietzschéen. Faut-il expliquer ce jeu de substitution par le mutisme philosophique de la technologie ? Par l'épuisement du concept, devenu machine et machination ? Ce refus d'aller chercher les catégories rétrospectives dans leur lieu propre, la technologie, serait-ce la preuve d'une incapacité chez Heidegger, et quoi qu'il en dise, d'effectivement sortir de la tradition philosophique ? Serait-ce le signe que « l'histoire de l'être » n'est finalement contenue pour lui que dans les livres des philosophes ? Le quiproquo, en tout cas, est flagrant : la technologie, c'est la métaphysique achevée [144] ; c'est le danger suprême pour « cette histoire de l'être qui s'appelle métaphysique [145] », danger dans lequel s'amorce « un virage dans l'être, c'est-à-dire dans l'essence de l'arraisonnement *(Gestell)* » ; danger salutaire, car avec « ce tournant-là », et aucun autre, l'origine originaire sort de l'oubli [146]. De là que ce virage-là se produit au vingtième siècle : « À l'heure qu'il est », où nous possédons « des chars blindés, des avions et des appareils de télécommunication », où nous vivons « l'économie machinale », « la métaphysique a viré vers l'inconditionnel [147] ».

Dans la *Machenschaft,* la « machination », fusionnent la *mechané,* la « machine », et le *machen,* le « faire ». Le mot désigne donc, au sens le plus large, la fabrication, *poiésis,* la manœuvre comme maniement et manipulation. Au sens plus spécifiquement moderne, il désigne le caractère global du faire, la manœuvre comme ensemble des menées contre « la terre ». Mais au sens le plus étroit, la machination, c'est la machinalisation. La fusion du « manuel » et du « mécanique », c'est l'automatisation.

Pourquoi alors demander à Nietzsche de nous pourvoir des catégories qui permettent l'intelligence de ce revers où se clôt « la

---

144 « Nous entendons ici "la technique" en un sens si essentiel que sa signification est co-extensive au titre "métaphysique achevée" » (VA 80 / EC 92).
145 N II 486 / N ii 396.
146 TK 38–41 / Q IV 144–147 (cf. SvG 41 / PR 75).
147 N II 165 / N ii 133.

métaphysique » et où s'ouvre « l'autre commencement » ? Il faut bien voir l'option – car c'en est une – qui fait l'unité de l'interprétation de Nietzsche par Heidegger : à savoir que ses mots fondamentaux s'appliquent à la clôture de l'époque ouverte avec le classicisme grec ; qu'en tant que figure terminale, Nietzsche est l'« anti-platonicien » par excellence, de sorte que sa « métaphysique » permet de jeter un regard régressif sur toute celle qui l'a précédé ; bref, qu'il est le « dernier penseur de la métaphysique [148] ».

La constellation ultime de la métaphysique, cependant, se situe ailleurs que dans Nietzsche : c'est la technologie du vingtième siècle. On peut se demander par quel jeu commutatif le porte-parole de la technologie a pu précéder celle-ci, par quelle anticipation le « penseur » de la métaphysique achevée parle pour une économie alétheiologique qui appartient à un dispositif ultérieur. Cette question n'a rien à voir avec un décompte des décennies. Mais qu'on note comment est décrite la clôture : dispositif technologique qui est le fait de l'énergie atomique [149], de l'État total [150], de la lutte pour le pouvoir planétaire [151], de la « fonctionnalisation, la perfection, l'automatisation, la bureaucratisation, l'information [152] ». On ne soutiendra pas que l'économie époquale détaillée par ces facteurs soit le site de la « position historique fondamentale » d'où parle le discours nietzschéen. Heidegger dit d'ailleurs clairement que la métaphys que de Nietzsche occupe « l'avant-dernière étape » dans le déploiement de la « volonté de la volonté [153] ». La commutation du dispositif économique époqual et de son prétendu discours ne pourrait être plus évidente. Il en résulte une inadéquation radicale des catégories rétrospectives : ce n'est que par surdétermination et avec force interprétations que la volonté de puissance, le nihilisme, la justice, l'éternel retour, la transmutation des valeurs (et la mort de Dieu), ainsi que le surhomme, parleront de la technologie. Heidegger ne

---

148 Hw 94 / Chm 91.
149 SvG 199 / PR 256.
150 Hw 267 / Chm 236.
151 VA 90 / EC 104.
152 ID 48 / Q I 286.
153 VA 81 / EC 93.

La déduction historique des catégories de la présence

nous fournit pas des catégories prises directement de ce qu'il décrit comme la fin de la métaphysique [154].

Cette substitution du discours nietzschéen à la figure époquale technologique apparaît clairement à partir du double rapport que la technologie entretient, selon Heidegger, avec la métaphysique. La technologie n'achève pas seulement « la métaphysique », elle est elle-même « une métaphysique », la métaphysique de notre âge. La présence y tourne à la provocation. La loi qui donne cohérence à l'ordre technologique est le défi à la nature traitée comme réservoir, et le défi à l'homme de l'exploiter [155]. De cette métaphysique-là, les sciences naturelles et ce qu'on appelle leurs applications [156] constituent un premier ensemble de réalisation. L'historiographie, dans la mesure où elle rend le passé disponible au savoir, en est un autre. De même la théologie, dont la fonction est de préparer l'accès à l'étant suprême. La physique, la psychiatrie, la philologie, enfin, entrent toutes dans cette stratégie qui vise à apprêter les étants [157]. Dès lors dire que Nietzsche est le dernier métaphysicien et la technologie contemporaine, la dernière métaphysique, c'est parler de deux économies bien distinctes. Soit la catégorie de la volonté : si l'homme est inéluctablement provoqué aujourd'hui à provoquer l'étant dans son ensemble ; si ce destin est inéluctable parce qu'enraciné dans « la volonté », vieille de deux mille ans, de soumettre l'étant à la raison ; et si la technologie est la réalisation extrême de cette volonté – alors cette catégorie rétrospective, la volonté (de puissance), est formellement prise de Nietzsche, mais elle dénote matériellement l'économie que Heidegger nomme « atomique ». Il en va de même pour toutes les catégories rétrospectives : elles ne sont nietzschéennes qu'en apparence. Leur véritable contenu est « l'interprétation technique de la

---

154 Heidegger se saisit de la déconstruction phénoménologique des époques, telle que Nietzsche l'a entreprise le premier (quoique sous d'autres titres), pour ensuite étiqueter Nietzsche comme dernier métaphysicien. Il semble qu'aujourd'hui Jacques Derrida s'engage dans un jeu semblable à l'égard de Heidegger.
155 VA 22–26 / EC 20–25.
156 La technologie des machines n'est pas une simple application des sciences à la *praxis* (Hw 69 / Chm 69).
157 VA 63 sq. / EC 70 sq.

pensée. De celle-ci, les commencements remontent jusqu'à Platon et Aristote [158] ».

L'analytique « destinale » trace donc « la métaphysique de Nietzsche à rebours, suivant les voies simples de la métaphysique moderne [159] », qui est, à son tour, « portée historiquement par la métaphysique platonicienne-aristotélicienne et se meut, malgré le nouveau début, dans la même question : "Qu'est-ce que l'étant ?" [160] » Ainsi, d'un bout à l'autre de l'âge métaphysique, cette analytique dégage-t-elle les voies *(Bahnen)* stratégiques selon lesquelles se déplient les époques. Les voies qu'accuse le regard rétrospectif ne diffèrent pas essentiellement de celles découvertes par l'analyse prospective. De même qu'aucune imagination ni aucune prophétie n'aurait pu présager, avant le revers subi par Cuzco, que le principe inca virerait vers le principe colonial, encore que rétrospectivement la continuité schématique saute aux yeux, de même, à y regarder rétrospectivement, il y a des persistances à travers les enchaînements. Pour ne parler que des deux catégories directrices, Heidegger met en rapport bipolaire, d'une part, l'*eon* et la « volonté de puissance », d'autre part, le *logos* et « l'éternel retour du même ». « La volonté de puissance est le caractère fondamental de l'étant comme tel », elle est « l'"être" de l'étant » pour l'âge de la clôture [161] ; et « l'éternel retour est ce qui stabilise l'instable avec le plus de stabilité », fonction assignée au *logos* depuis Aristote [162]. La volonté de puissance répond donc à la question rétrospective : qu'est-ce qui est ? et l'éternel retour, à la question : de quelle façon cela est-il [163] ? Qu'est-ce qui est ? Réponse rétrospective : les forces sous la loi du « toujours plus ». Comment cela est-il ? Réponse rétrospective : constamment présent sous la loi du cercle. Cette analytique régressive montre que la volonté du « toujours plus » était à l'œuvre dans la pensée occidentale depuis Platon. Seulement, cette détermination de la métaphysique dans son ensemble ne devient pensable

---

158 Wm 146 / Q III 75.

159 VA 82 / EC 94.

160 Hw 91 / Chm 89.

161 N II 264 et 232 / N ii 212 et 185.

162 N II 287 / N ii 231. « Le *logos* marque l'essence du suppôt » comme « stabilité ». Avec cette marque, *Gepräge,* « débute la métaphysique proprement dite » (N II 431 et 403 / N ii 345 et 324). Voir dans le même sens GA 55 223.

163 N II 287 / N ii 230.

La déduction historique des catégories de la présence

que dans sa phase terminale, quand elle a atteint au développement planétaire. Pareillement, l'entreprise de stabilisation de la présence apparaît, elle aussi, ancienne : au regard remontant les époques, elle est au cœur de la pensée platonicienne quand celle-ci se fixe sur le « Bien » qui se tient au-dessus du changement, et de la pensée aristotélicienne quand elle fixe le « suppôt » qui se maintient en-dessous de tout changement. Mieux aurait sans doute valu choisir un vocabulaire plus directement technologique. Mais à la façon dont Heidegger use de la volonté de puissance et de l'éternel retour, ces termes rendent explicites des traits de l'« onto-logie » depuis Platon.

Heidegger donne deux listes des « mots fondamentaux » chez Nietzsche ainsi applicables régressivement : « nihilisme, transmutation de toutes les valeurs reçues, volonté de puissance, éternel retour du même, surhomme [164] », et : « La "volonté de puissance" dénomme l'être de l'étant comme tel, l'*essentia* de l'étant. "Nihilisme" est le nom pour l'histoire de la vérité de l'étant ainsi déterminé. L'"éternel retour du même" exprime la manière dont l'étant est dans sa totalité : l'*existentia* de l'étant. Le "surhomme" désigne l'humanité qui est requise par cette totalité. "Justice" est l'essence de la vérité de l'étant en tant que volonté de puissance [165]. » Où la première de ces listes porte « transmutation de toutes les valeurs reçues », la seconde dit « justice ». À quoi il faut ajouter une autre parole de Nietzsche « qui a toujours été dite dans l'histoire occidentale sans jamais avoir été prononcée [166] » : « Dieu est mort. » On reconnaît aisément ici les deux acceptions du *hen* qui ont prédominé après l'oubli de l'Un différentiel : l'Un économique devient « toutes les valeurs reçues », et l'Un divin, « Dieu ». Leur destin, à l'époque de la clôture de la

---

164 N II 40 / N ii 38.

165 N II 260 / N ii 209 (cf. N II 329 / N ii 262). Je ne poursuivrai pas le rapprochement difficile que Heidegger opère entre la volonté de puissance et le concept métaphysique d'essence ainsi qu'entre l'éternel retour du même et celui d'existence. L'intelligence de ces rapprochements n'est pas facilitée quand Heidegger dit ailleurs que, « dans la métaphysique de Nietzsche, la différence entre *essentia* et *existentia* disparaît » (N II 476 / N ii 383, voir ci-dessous, § 31). Aussi ne sait-on pas toujours si c'est la volonté de puissance qui correspond au *ti, was*, et l'éternel retour au *hoti, daß*, ou si c'est l'inverse (cf. encore N I 425 et 463 sq. / N i 329 et 359 sq. ; N II 14–17, 345 / N ii 15–17, 276 sq.).

166 Hw 196 / Chm 176.

métaphysique, est la « transmutation » et la « mort ». Quant à la « justice », elle est l'essence de la vérité ; elle appartient à l'*alétheia*. Le « nihilisme » signifie que « tout étant, *dans sa totalité*, doit être posé autrement [167] », que sa « nature » doit changer. Le nihilisme, comme catégorie, entre donc dans la lignée de la *physis*. Le « surhomme », enfin, entre dans celle du *noûs* qui fut la seule catégorie prospective s'adressant directement à l'homme. Ces rapprochements sommaires montrent, au moins d'une façon extérieure, le bien-fondé du nombre des six catégories rétrospectives, ainsi que la place que nous leur avons assignée dans la table. Leurs significations et leurs sites par rapport aux catégories grecques devront être établis pour chacune d'entre elles séparément.

Pour le projet d'une analytique historiale, il est capital de ne pas confondre (comme je l'ai déjà indiqué à propos du *logos*) l'application d'une catégorie avec cette catégorie elle-même. Autrement dit, volonté de puissance, nihilisme, justice, éternel retour, transmutation et surhomme ne désignent pas les *incidences* des catégories *eon, physis, alétheia, logos, hen, noûs* sur l'économie époquale contemporaine. Au contraire, sur chacune des époques – le Moyen Âge, par exemple – les catégories rétrospectives ont des incidences au même titre que les catégories prospectives. Ainsi, s'il est admis que l'*eon*, pour les médiévaux, c'est la différence entre *ens* et *esse*, dits l'un et l'autre du Dieu chrétien, et que le *logos* est l'ordre que celui-ci impose comme Créateur (*logos* cosmique) et comme Sauveur (*logos* filial), on a là des applications ou des incidences de deux catégories grecques (encore que cette compréhension de l'être n'atteigne plus jamais à l'*eon* [168], ni cette compréhension du Verbe de Dieu au *logos*). Mais la même époque, le Moyen Âge chrétien, doit encore être lue suivant les catégories technologiques : alors, la « volonté de puissance » apparaît comme « assurance du salut », ce qui préfigure le tournant par lequel « la volonté s'émancipe dans la vérité en tant que certitude [169] », et l'« éternel retour du même » apparaît comme la temporalité

---

167 N II 277 / N ii 223.
168 Cf. N II 459 / N ii 370.
169 N II 132 et 467 / N ii 108 et 377. Ailleurs (par exemple Hw 226 / Chm 201), cette recherche de la certitude du salut est plutôt décrite comme un trait de la modernité, commençant avec Luther.

du Garant de ce salut, comme le *nunc stans,* la permanence, la solidité, la stabilité, qui préfigurent l'identification moderne entre la raison et les fondements [170]. Pour le dire autrement, dans une lecture prospective, la compréhension médiévale de l'être s'avère reproduire une version appauvrie de l'*eon,* et la compréhension du Fils-Verbe, une version également plus pauvre du *logos* ; mais rétrospectivement, « être », au Moyen Âge, signifie « être sûr de son salut », et alors l'être médiéval est une incidence de la volonté de puissance ; « *logos* », au Moyen Âge, signifie la fixité de l'étant suprême grâce à laquelle il est digne de foi, et alors le Verbe est une incidence de l'éternel retour [171]. L'« ontologie » médiévale n'est pas la même selon que la lecture en est prospective ou rétrospective ; voilà qui illustre au moins le fait que les mots fondamentaux empruntés à Nietzsche sont des catégories, et non des applications de catégories. Ces mots sont donc à distinguer soigneusement de ce que Heidegger appelle la « superposition d'un nouveau commencement de la pensée métaphysique à la précédente [172] ». Une telle superposition se produit notamment avec Descartes où « tout étant est vu à partir du Créateur et de la créature ; et la nouvelle détermination de l'homme par le *cogito sum* n'est, pour ainsi dire, qu'inscrite dans le vieux cadre [173] ». Les mots fondamentaux de la scolastique et du cartésianisme sont seulement des *applications* des deux ensembles catégoriels, prospectif et rétrospectif. En revanche, les mots fondamentaux technologiques, parce que prélevés de la clôture, constituent un ensemble catégoriel *déterminant.* Par eux, l'histoire de la pensée métaphysique est comme contre-investie par des significations qui ne deviennent manifestes qu'au moment ultime.

Le contre-investissement des époques par les catégories technologiques a le statut assez curieux d'un *a priori* qui opère régressivement ;

---

170 Sur cette séquence *logos – ratio – Grund – Vernunft,* cf. par exemple SvG 177 sq. / PR 230 sq.

171 Sur cette fixité du *nunc stans* comme incidence catégorielle de l'éternel retour, cf. N I 28 / N i 26.

172 N II 163 / N ii 132.

173 *Ibid.* Ces lignes indiquent qu'il faut entendre la distinction entre application, *Anwendung,* et détermination, *Bestimmung,* au sens fort, kantien : Heidegger appelle « superposition » l'application simultanée de deux classes de catégories, la classe étant le mode de détermination.

a priori qui, pour apparaître à un moment précis de l'histoire, ne cesse pas d'être une détermination transcendantale, « traversière » des époques ; *a priori* qui requiert une constellation époquale donnée, la nôtre, pour être pensable. Avec cette dépendance de la phénoménologie de la présence à l'égard de deux économies, de deux données ontiques – l'économie originelle et l'économie de clôture –, l'entreprise heideggérienne ne dissocie pas le transcendantal de l'*a priori,* mais elle redéfinit le rapport que le transcendantal et l'*a priori* entretiennent avec l'empirique. L'époque inaugurale de la pensée et l'époque terminale de la métaphysique révèlent les éléments structurants qui transcendent chacune d'elles, et qui articulent les époques intermédiaires. La déduction des catégories rétrospectives a toute l'apparence d'un cercle : elles sont des catégories, et non pas des incidences catégorielles, parce que recueillies de la technologie, économie finale de la métaphysique ; en même temps, la technologie est l'époque finale de la métaphysique parce qu'en elle deviennent explicites et triomphent les catégories régressivement déterminantes. Mais ce cercle apparent dans l'argument montre seulement que la déduction des catégories, aussi bien que la construction de la clôture, dépendent l'une et l'autre d'un projet plus fondamental. Celui-ci est la répétition de la question de la présence, rendue possible et nécessaire, comme le dit la première phrase d'*Être et Temps*, par l'observation que « la question de l'être est aujourd'hui tombée dans l'oubli ». Déduction et construction dépendent de la destruction comme méthode de la répétition. Les deux ensembles catégoriels, prospectif et rétrospectif, apparaissent quand la répétition de la question de l'être prend comme point de départ le *fait* du virage technologique en tant que pendant au *fait* du virage socratique. Il n'y a possibilité de déduction que quand à ce double fait on pose cette unique question. La déduction « saisit, à partir de la question fondamentale de la philosophie, le commencement et la fin de la métaphysique occidentale dans leur unité historiale antinomique *(gegenwendig)* [174] ». Voilà notre histoire tout entière traversée d'ambiguïté.

---

174 N I 633 / N i 491.

§ 28. *La volonté de puissance*

La volonté de puissance dit « le caractère fondamental de l'étant », « la réalité du réel », c'est-à-dire « l'être de l'étant [175] ». Pour autant que ces équations parlent de l'époque technologique, elles signifient d'abord qu'avec la volonté, la subjectivité s'installe, incontestée, comme principe métaphysique. Triomphe de l'« humanisme » totalitaire sur l'auto-manifestation de la présence. Ces équations signifient en outre que le sujet technologique veut quelque chose ; il veut le pouvoir. Triomphe de la téléologie, donc, sur le « jeu sans pourquoi » de la présence. Elles signifient enfin que ce que la volonté veut, c'est « toujours plus » d'elle-même ; elle est « volonté de la volonté ». Triomphe de la réduplication sur la différence contenue dans la présence comme *eon*.

Comprendre le concept *heideggérien* de volonté de puissance, c'est voir dans ce triple triomphe technologique – du sujet, du but, de la réduplication – l'aboutissement de l'orientation prise par la métaphysique depuis sa naissance. Le triomphe de la subjectivité réside en ce que la volonté de puissance pose ses propres conditions, appelées valeurs. « La valeur semble exprimer que dans le rapport qu'on établit à elle, on accomplit soi-même ce qu'il y a de plus valable [176]. » La volonté de puissance pose des valeurs afin de se surpasser sans cesse. Cette nécessité, dans chaque existant, de constamment aller au-delà de lui-même, n'est pas une simple conséquence de l'être compris comme volonté de puissance, elle en est l'essence même. La puissance n'est puissance que si elle poursuit « toujours plus » de puissance, que si elle « pose » les conditions de sa propre préservation *en tant que* conditions de son rehaussement. « L'augmentation de la puissance est donc en elle-même simultanément préservation de puissance [177]. » La présence s'en étant remise au vouloir – non seulement en ses configurations, mais en ses conditions de possibilité –, la volonté, « posée sur elle-même, reposant en-dessous de tout [178] », est

---

175   N I 26 / N i 25 et Hw 223 / Chm 199.
176   Hw 94 / Chm 91. « La volonté de puissance est à son plus haut point dans la *position* des conditions d'elle-même » (N II 324 / N ii 259, souligné par moi).
177   N II 268 / N ii 215.
178   N II 272 / N ii 219.

proprement le *subiectum* de toutes choses. On voit aisément la portée rétrospective de cette catégorie ainsi comprise : le projet technologique de ne tolérer comme étant que ce qui est posé par la volonté et la rehausse, permet de lire les métaphysiques du passé d'un regard oblique et d'y voir à l'œuvre une contrefaçon : « Comprises à partir de la volonté de puissance, les idées doivent être pensées comme valeurs » ; lues prospectivement, en revanche, « les idées de Platon ne sont pas des valeurs [179] ». De même pour Aristote : lu rétrospectivement, le *hypokeimenon* est une position qui anticipe l'auto-position du *subiectum* au sens du sujet qui veut [180]. Appeler « volonté de puissance » le fondement de la métaphysique en sa dernière phase, c'est donc dire que l'auto-position de la « subjectité [181] » a des racines profondes. Celles-ci se nourrissent d'un intérêt qui est à l'œuvre dans la métaphysique dès sa naissance, à savoir que la réalité du réel soit *posée* par l'ego voulant.

La volonté veut la puissance, elle a donc un but. Par là, la téléocratie, introduite dans la philosophie avec la *Physique* d'Aristote, atteint l'être même de l'étant. Cette téléocratie ne signifie pas quelque processus ontique d'accumulation illimitée, mais la structure même d'accumulation qui fait la technologie. L'économie de la clôture métaphysique est entièrement traversée d'une loi d'auto-dépassement vers ce que le sujet a posé comme objet. En ce sens, on peut parler sans contradiction et d'un triomphe de la « subjectité » et d'une réification, triomphe de l'objectivation, « car l'essence du subjectivisme est l'objectivisme dans la mesure où pour le sujet tout devient objet [182] ». La volonté de puissance sera téléocratique dans les limites suivantes : elle se pose comme sa propre condition en posant toutes choses comme des valeurs, c'est-à-dire comme ses propres objets ; elle se veut donc comme sa propre condition en voulant que tout devienne son objet ; elle veut la totalité des objets possibles comme son but, elle veut « la maîtrise de la terre ». Mais, voulant tout, elle se dissout en tant que téléocratique, si bien qu'« au sein de cette

---

179   N II 273 / N ii 219 sq.
180   N II 141 et 435 / N ii 115 et 349 (cf. Hw 98 / Chm 95).
181   Le terme *Subjektität* (par exemple Hw 236 / Chm 210) signifie la subjectivité pour autant qu'à l'âge moderne elle est « l'être de l'étant ».
182   N II 297 / N ii 238.

totalité [elle] est sans but, et ainsi volonté de puissance [183] ». Le but de la volonté de puissance, c'est la totalité comme posée par elle. Un tel but, puisqu'il est illimité, requiert en même temps le dépassement de tout but. Chaque *telos* de la volonté de puissance devient donc son obstacle : érigé par elle-même, mais afin qu'elle grandisse et le surpasse. À l'arrière-plan de cette téléocratie de la volonté de puissance, du mécanisme d'ériger et d'abolir des buts, se tient le spectacle de la soumission du globe à la culture européenne. Celle-ci s'implante partout, et pour *demeurer,* elle doit se *surpasser* sans trêve et sans merci. Cette deuxième fonction aussi se laisse donc retracer jusqu'aux aurores de notre culture – non seulement jusqu'au *cogito* cartésien entendu comme *co-agitatio* et comme « réification qui maîtrise [184] », mais encore jusqu'au *kratein* aristotélicien [185].

Triomphe, enfin, de la réduplication sur la différence. L'*eon* parlait de la présence en sa différence d'avec le présent. La catégorie rétrospective qui lui fait face ne préserve cette dualité que sous la forme d'une réduplication : ce que veut la volonté de puissance, c'est – comme sa condition et comme son objet – toujours elle-même. « La volonté de puissance ne compte que sur elle-même. » On doit donc dire qu'elle est « volonté de la volonté [186] ». Quand on passe de la différence entre l'étant (nominal) et l'être (verbal) à la réduplication de la volonté, la connotation « verbale » disparaît de la présence : la volonté est l'auto-affirmation de l'étant présent en son étance *(Seiendheit),* qui recouvre de l'occultation la plus épaisse l'auto-manifestation de la présence. L'étant n'est pas seulement ce qui est voulu, il se veut, se veut présent. Le nom grec pour semblable auto-imposition est « *hybris* [187] ». Ce double « je – je » de l'étant présent – « je » comme étant et « je » comme étance – simule la différence ontologique. Je suis ce qui est voulu, et je suis cela qui veut. La réification et l'objectivation par lesquelles Heidegger caractérise si

---

183 N II 303 / N ii 243.

184 Hw 100 / Chm 97.

185 « L'intellect doit être libre de tout mélange afin de pouvoir *dominer,* c'est-à-dire savoir » (Aristote, *De l'âme,* III, 4 ; 429 a 19).

186 N II 272 / N ii 219 et Hw 258 / Chm 228.

187 L'*hybris,* « *Vermessenheit* », consiste pour l'homme à « prendre la mesure *(Mass)* pour sa pensée et son agir à partir des étants qui s'imposent plutôt qu'à partir de l'être » (GA 55 326).

souvent la stratégie des catégories rétrospectives [188] sont à comprendre moins à partir du mécanisme de la représentation que par celui de la réduplication. Ou plutôt, la représentation sujet-objet est la phase pénultième, cartésienne, avant que la loi qui articule du dedans la différence métaphysique depuis Platon se fasse connaître comme la réduplication volonté-volonté.

Mon propos n'était ici ni d'expliquer le concept nietzschéen de volonté de puissance, ni d'en critiquer l'interprétation heideggérienne, ni même de montrer comment Heidegger l'applique à la technologie, mais seulement d'indiquer comment ce concept fonctionne comme catégorie rétrospective. On comprend dès lors l'extension qu'il convient d'accorder à une affirmation comme celle-ci : « L'essence de la technologie *ne vient au jour que lentement.* Ce jour est la nuit du monde convertie en jour purement technique. » Lente venue de la nuit, car le moment de clôture est pour chaque économie époquale son suprême danger. « Ce n'est pas d'abord le caractère totalitaire du vouloir qui est le danger, mais le vouloir lui-même pour autant qu'il prend la figure de l'auto-imposition à l'intérieur du monde admis seulement comme volonté [189]. »

§ 29. *Le nihilisme*

Pour établir la signification catégorielle du nihilisme, nous devrons montrer comment la *physis* reçoit une détermination rétrospective de surcroît qui en conditionne l'incidence tout au long de l'histoire occidentale. Ici encore, le début de la métaphysique et tout son parcours s'avèrent animés, d'abord sans ostentation, par une force se faisant ostensible seulement à l'âge de la technologie : « La métaphysique de Platon n'est pas moins nihiliste que la métaphysique de Nietzsche [190]. »

---

188 Par exemple : « Le vouloir dont il est question ici est la pro-duction, et cela dans le sens où l'objectivation s'impose elle-même délibérément » (Hw 266 / Chm 235).
189 Hw 272 / Chm 241 (souligné par moi).
190 N II 343 / N ii 275.

La déduction historique des catégories de la présence

Il y a à cela une première couche d'évidence : si « la métaphysique est, en tant que métaphysique, le nihilisme à proprement parler [191] », c'est qu'elle est restée oublieuse de la *physis*. En ce sens, *nihil* est la négation historique de la *physis*. « Le déploiement du nihilisme est l'histoire au cours de laquelle il n'en est rien de l'être lui-même [192]. » Le *nihil* destinal se déploie, il triomphe avec la technologie, et par ce triomphe il se révèle. C'est donc plus qu'un oubli, c'est une force économiquement organisatrice et dont l'effet est l'occultation de l'être comme *physis*. La présence du présent est « néant » parce que conçue à partir d'autres étants présents – causes, principes, valeurs – et identifiée à eux. Le nihilisme est alors le titre pour la présence telle qu'elle s'est concrètement articulée depuis le virage platonicien [193]. L'essence de la métaphysique est nihiliste, parce que, de par son propre projet, elle est hors de mesure de penser les plis et les replis historiques comme une séquence de modalités du *phyein*. Le *nihil* signifie la dissimulation de la différence *phénoménologique* entre le présent et sa présence.

Il y a une seconde couche d'évidence. Ici, ce n'est pas le *phyein* qui est néant parce qu'époqualement oublié ; le nihilisme est ce *phyein* époqual où la différence *métaphysique* – différence, en dernier ressort, entre ici-bas et au-delà – est chaque fois néant. Heidegger demande : « En quoi l'avènement du nihilisme proprement dit, dont le sens historial nous concerne immédiatement – soit son achèvement – a-t-il son fondement [194] ? » Par quoi, autrement dit, devient-il flagrant au vingtième siècle que la philosophie avec laquelle l'Occident a grandi, s'est épuisée à établir dispositif après dispositif sur tel étant suprême, tel principe, telle valeur, mais n'a pas été en état de penser ces dispositifs eux-mêmes comme autant d'inflexions de la présence ? Plutôt que de répondre à cette question, ainsi que d'autres l'ont fait, en pointant vers le progrès et la rigueur scientifiques et en les opposant au « sommeil dogmatique » de la philosophie traditionnelle, Heidegger

---

191 *Ibid.*

192 N II 338 / N ii 272 (cf. Hw 239 / Chm 213).

193 Par le virage platonicien, la *physis* cesse d'être comprise dans « son essence propre », comme chez Héraclite, et commence à être conçue « en son rapport aux hommes qui la saisissent ou ne la saisissent pas » (GA 55 140).

194 N II 342 / N ii 274.

voit dans ce progrès et cette rigueur au contraire « l'apparition du nihilisme propre », l'effondrement des arrière-mondes. « Apparition » : l'inauguration de la métaphysique chez Platon s'oppose donc à son achèvement, comme le nihilisme caché s'oppose au nihilisme manifeste. De l'ouverture à la clôture de l'âge métaphysique se produit le déploiement *(Wesen)* du nihilisme. « Nihilisme propre » : l'époque de clôture est le site propre du nihilisme, elle est d'essence *(Wesen)* nihiliste, car elle proclame tout haut que seuls valent les étants et les biens, qu'une « différence » avec l'être et le Bien ne vaut rien. Ici le *nihil* est la loi de l'économie technologique selon laquelle il n'y a rien à chercher derrière le visible et le manipulable ; c'est la modalité selon laquelle aujourd'hui les choses viennent à la présence, la détermination époquale selon laquelle le *phyein* est opératoire quand bien même la différence entre le visible et l'invisible s'est éclipsée.

Pour saisir la portée catégorielle du nihilisme, il suffit de tenir ensemble ces deux sens de la différence tels qu'ils apparaissent dans les deux sens du « *Wesen* » : déploiement destinal *(geschicklich* [195]*)* de la différence métaphysique, et essence événementielle *(ereignishaft)* de la différence phénoménologique. La technologie est seulement la « phase finale [196] » du premier parce qu'elle est le site propre de la seconde. La technologie est le « platonisme inversé [197] » parce

---

195 Le nihilisme est le *Grundgeschehen*, ce qui se produit au fond dans l'histoire occidentale (N II 275 sq. / N ii 221 sq., cf. Hw 201 / Chm 180). La métaphysique est d'une essence historique nihiliste – « *dieses nihilistisch-geschichtliche Wesen* » (N II 292 / N ii 235).

196 Hw 193 / Chm 173.

197 Les remarques, fréquentes chez Heidegger, selon lesquelles « la métaphysique de Nietzsche » est « du platonisme inversé », s'expliquent par le jeu de substitution entre la figure de Nietzsche et la figure époquale qu'est la technologie. Dans des textes comme celui-ci, il faut donc lire « technologie » partout où Heidegger dit « Nietzsche » : « L'inversion du platonisme, suivant laquelle le sensible devient pour Nietzsche le monde vrai et le supra-sensible, le monde non-vrai, s'attarde entièrement à l'intérieur de la métaphysique » (VA 79 / EC 91). Il est clair, du moins, que la « position fondamentale » où se joignent, comme en un estuaire, toutes les précédentes, parce qu'elle en exhibe le plus évidemment le « danger » qu'est « l'oubli de l'être », c'est la technologie : « L'essence de l'arraisonnement *(Gestell)* est le danger. En tant que danger, l'être vire vers l'oubli de son essence, se détourne de celle-ci, et ainsi se tourne contre la vérité de son essence » (TK 40 / Q IV 146, cf. Wm 221 / Q I 209).

qu'en son *epoché* elle a congédié « l'autre monde », le déclarant vain comme l'étaient jadis les ombres dans la caverne. Lu diachroniquement, comme « une histoire », le nihilisme est « le trait fondamental de l'histoire occidentale », « sa "logique" [198] ». Mais il peut être lu ainsi parce que, synchroniquement, *il est la* physis *même telle qu'elle s'articule en économie technologique.* L'épellation des dispositifs où il n'en a rien été de la présence devient possible rétrospectivement quand la présence « éclot » comme rien, comme néant d'au-delà, et qu'ainsi « la métaphysique se prive elle-même de sa propre possibilité de déploiement [199] ». *Rétrospectivement,* on peut dire que la métaphysique a parcouru son cycle et s'y est épuisée puisque *synoptiquement* on doit dire que l'homme contemporain, « délogé en son essence, compense pour cela en s'installant dans la conquête de la terre comme d'une planète [200] », conquête unidimensionnelle qui est la manifestation la plus nette du *phyein* technologique.

La catégorie « nihilisme » est donc « un concept d'être » ; elle désigne la propension des époques, en Europe, vers une « position fondamentale » où le néant d'étant qu'est l'être, non seulement « ne *peut* pas être compris dans son essence, mais ne *veut* plus être conçu [201] », ne serait-ce que comme dualité métaphysique. La force qui est à l'œuvre sous le nom de nihilisme n'est donc autre que la volonté de puissance, mais vue ici en tant que son auto-affirmation entraîne la négation d'être, sous le couvert de la négation de la transcendance. Quand cette position est atteinte, la métaphysique est close, et son histoire se laisse épeler suivant cette propension comme un de ses traits fondamentaux.

---

198 N II 278 / N ii 224.
199 Hw 193 / Chm 173.
200 N II 395 / N ii 316. Le texte poursuit en décrivant le nihilisme technologique : « L'absence même du besoin *(Notlosigkeit)* concernant l'être se durcit avec la demande d'étants qui va grandissant. » La technologie apparaît ici comme l'effort de compenser pour le néant de transcendance, par l'accumulation ontique.
201 N II 50 et 54 / N ii 45 et 48.

§ 30. La justice

L'usage catégoriel que Heidegger fait du concept nietzschéen de justice n'est compréhensible qu'à partir de l'«insistance calculatrice» avec laquelle la technologie «objective la nature [202]». Alors la lignée ascendante est – du moins étymologiquement – claire : du *Rechnen* (calcul) technologique, Heidegger remonte à la justice, *Gerechtigkeit,* nietzschéenne, et à la justesse, *Richtigkeit,* logique, de là au *reor, rechtfertigen* et *Rechenschaft* comme actes d'assertion ou de jugement, à la *ratio* qui en est la faculté, puis au verbe *eirô,* parler [203]. Sous les dehors étymologiques se cache une lecture régressive des époques de la présence suivant le fil directeur du «calcul». «L'homme est l'animal calculateur. Tout cela prédomine, sous les modifications les plus diverses et cependant unanimement, à travers toute l'histoire de la pensée occidentale [204]. »

Par son effort d'assurer le stock, le fonds, du disponible, la technologie révèle ainsi un trait qui a été opérant tout au long de l'histoire de la présence. Le concept catégoriel de justice dit comment la vie humaine et la totalité des étants se sont mutuellement ajustés par les procédés techniques. Rendre justice à cette totalité, c'est «y égaliser et y insérer la vie humaine» ; c'est un acte d'adéquation entre l'homme et ce qu'il a su mettre à sa disposition, lui-même inclus. Cette *égalisation universelle* jette une nouvelle lumière sur la compréhension traditionnelle de la vérité comme adéquation : rétrospectivement, «en tant que *homoiosis,* la vérité doit être ce que Nietzsche appelle la "justice"[…]. La "justice" est ici le nom *métaphysique* pour

---

202   Hw 36 / Chm 36.

203   N II 431 / N ii 345, SvG 167 et 193 / PR 217 sq. et 250. Le concept nietzschéen de justice, *Gerechtigkeit,* dit Heidegger, est saisi le plus correctement par une analyse du mot. « *"Recht", rectus,* est ce qui est droit » ; de là « *richten* », donner la direction, et « égaliser » (N I 637 / N i 494).

204   SvG 210 / PR 269. Heidegger refuse expressément de voir le concept de justice chez Nietzsche, comme une appropriation de la *diké* héraclitéenne : ce concept de Nietzsche naît de « la détermination historiale à laquelle se soumet le dernier métaphysicien de l'Occident ». Le concept de justice traduit, pour l'âge de la clôture, la « vérité comme *homoiosis* » (N I 632 sq. / N i 490 sq.).

l'*essence* de la vérité, pour la façon dont doit être comprise, à la fin de la métaphysique occidentale, l'essence de la vérité [205] ».

Comme catégorie, la justice n'a rien à voir avec des considérations juridiques ou morales. Si la « justice » comme égalisation technologique fait apparaître, sur le tard de la métaphysique, l'essence de la vérité, nous possédons un nouvel accès à la théorie de l'adéquation. Suivant le parallélisme structural-historique qui a déjà servi à la déduction des catégories précédentes, on doit dire que l'essence *(Wesen)* structurale de la vérité n'apparaît que quand son déploiement *(Wesen)* époqual touche à sa fin. L'égalisation ou le nivellement technologique dit en quelque sorte la vérité sur la vérité, à savoir que « l'*alétheia* est restée impensée dans son essence » au profit de mécanismes divers d'ajustement ou de conformation. L'ajustement est le patron durable sur lequel se sont modelées les versions de la vérité depuis « l'oubli » de l'*alétheia*. La catégorisation rétrospective révèle alors le « fondement de possibilité » de la notion traditionnelle de vérité [206], puisque, comprise à partir de la technologie, la justice désigne le trait transcendantal qui sous-tend les instances diverses de conformité, au cours de l'histoire. L'homme est l'animal calculateur : c'est dire que les rapports qui lient les étants au sein d'une économie métaphysique – grecque ou technologique – ont été et demeurent, plus que jamais, égalisateurs ; que la justice comme ajustement est « la constitution d'être de ce qui est vivant, c'est-à-dire de l'étant dans sa totalité », qu'elle est « le trait fondamental de la vie [207] ». La vérité a été égalisatrice, tout au long des époques, parce que la correspondance (« prédicamentale » chez Aristote, « eidétique » chez Platon, « transcendantale » chez les médiévaux, « pro-positionnelle » ou « représentative » chez les modernes) restait sa détermination formelle invariable. L'élévation du regard théorique vers le soleil du Bien, l'itinéraire de l'âme vers Dieu, l'« image » du monde dans le *cogito*, la justice faite au chaos, sont autant d'incidences époquales

---

205 N I 636 sq. / N i 494.

206 N I 637 / N i 494. « Retenir l'essence de la vérité comme *homoiosis* et interpréter celle-ci comme justice, c'est, pour la pensée métaphysique qui effectue une telle interprétation, achever la métaphysique » *(ibid.)*.

207 N I 643 et 648 / N i 498 et 502. La « vie » est ici un autre nom pour « l'ensemble des étants ».

du trait catégoriel qui se révèle en toute force seulement dans la standardisation et la normalisation contemporaines.

On voit comment cette catégorie dépend encore de la volonté de puissance : dans la « justice » se produit la transformation *volontaire* en stock, en fonds disponible *(Beständigung).* Cette homogénéisation volontaire fait partie du projet même de « préservation et rehaussement » par lequel se définit la volonté de puissance. La catégorie de justice se révèle quand la volonté de puissance devient « domination illimitée de la terre [208] », c'est-à-dire quand est accompli l'ajustement de l'ensemble des étants à la mainmise de l'homme. Mais cet ajustement universel ne se substitue pas à l'ancienne « assimilation » – *homoiosis* comme *theôsis,* déification, *henôsis,* unification, *haplôsis,* simplification : ce n'est qu'un contre-mouvement sur l'ancienne table qui en laisse les cases intactes.

Le rapport de la catégorie rétrospective de justice à la catégorie prospective d'*alétheia* est vécu, à l'âge technologique, comme un reniement : l'ajustement et, auparavant déjà, l'adéquation et l'assimilation semblent y renier leur origine sise dans le dévoilement. « Mais renier est le contraire de surmonter. » En dessous de la catégorie rétrospective, la catégorie prospective continue d'être à l'œuvre, « déjà de toujours *(immer schon)* et toujours encore *(immer noch),* quoique transmutée, pervertie, occultée, et ainsi méconnue ». La justice est non seulement contre-mouvement par rapport à l'assimilation et à l'adéquation métaphysiques, elle est aussi « le déploiement contraire, extrême, de la détermination originelle de la vérité » prémétaphysique [209]. Le trajet bi-millénaire de la recherche de la vérité se montre donc coulé, ici encore, dans deux lits qui ne changent pas : en aval des présocratiques, l'*alétheia,* et en amont de la technologie, la « justice ».

---

208 N II 320 / N ii 256. Voir encore : « La justice est l'acquisition, à partir de l'ascension constructrice jusqu'à la hauteur la plus élevée, de la maîtrise de soi. Voilà l'essence de la volonté de puissance elle-même » (N II 323 / N ii 258). « Cette volonté de puissance suprême, la transformation en stock de l'étant dans sa totalité, dévoile son essence comme justice » (N II 327 / N ii 261).
209 N II 318 sq. / N ii 254 sq. (cf. N II 325 / N ii 259).

§ 31. L'éternel retour du même

Si la volonté de puissance est « l'être de l'étant » pour l'ère de la clôture technologique de la métaphysique, l'éternel retour du même dit « le sens de l'être » pour cette ère. Le « sens », ici, n'est pas la signification, mais ce qu'exprimait le *legein* : la direction de la *Selbstauslegung,* l'auto-interprétation ou l'auto-étalage de la présence. La volonté de puissance s'arrange, s'étale, s'interprète dans le cercle de l'éternel retour. Seule une telle compréhension du sens permet de dire que l'éternel retour est, pour la volonté de puissance, « ce à partir de quoi et en raison de quoi l'être en tant que tel peut seulement devenir manifeste et advenir dans la vérité [210] ». L'éternel retour est l'ordre selon lequel, à l'âge contemporain, toutes choses sont amenées à se présenter. Il est la loi selon laquelle elles entrent dans la rigoureuse géométrie du *Gestell,* l'arraisonnement technologique.

Mais ce « sens » de la présence qu'est l'éternel retour s'est préparé de longue date. L'éternel retour est l'aboutissement de « la pensée qui – proprement motrice, quoique voilée – règne à travers toute la philosophie occidentale ». Par cette configuration ultime, l'effort onto-logique « retourne au commencement de la philosophie occidentale [211] », à ce revers où l'*eon* vire à la différence entre *to estin* et *to ti estin,* et où le *logos* devient la doctrine de cette différence. C'est le premier moment de l'immobilisation du *logos,* sa fixation en discours et en faculté de discourir. Quand « onto-logie » veut dire « éternel retour, sens de la volonté de puissance », se produit le second moment dans cette immobilisation ; le *logos* sort du domaine « logique » et se fixe dans le système de la réglementation technique. Cette stabilisation, la volonté de puissance aussi bien que l'éternel retour l'expriment. Vus à partir du dispositif technologique, où les étants se trouvent être encadrés de façon à être constamment accessibles aux « machinations », l'être (la volonté de puissance) et son sens (l'éternel retour) sont identiques : l'un et l'autre désignent la surface plane,

---

210 N I 26 / N i 25.

211 N I 27 / N i 26. Ce retour-là aux origines, pas plus que tout ce qui est dit ici de l'éternel retour, ne doit évidemment être compris comme un processus cyclique ramenant les mêmes événements et les mêmes êtres au cours de l'histoire du monde.

l'unique dimension où opère l'*animal rationale,* désormais privé de sa propre transcendance qu'étaient la « raison » et le « monde vrai ». Sur cette surface plane se déroulent les manœuvres de l'« animalité » – la « brutalité », dit Heidegger – qui ne sont que l'aboutissement de la rationalité entrant dans le jeu d'échanges systémiques sans profondeur. « La dimension unique est ce qui demeure après la liquidation du monde "vrai" et du monde "apparent", et ce qui apparaît comme identité entre éternel retour et volonté de puissance [212]. »

Voilà donc le critère grâce auquel Heidegger peut dire que l'éternel retour est une catégorie de clôture : c'est qu'avec la réduction de la différence pré-métaphysique *(eon)* et de la transcendance métaphysique (monde sensible – monde supra-sensible) à une dimension plane, la motilité que son sens imprime à l'être est ramenée à zéro. La doctrine de l'éternel retour est « la *dernière* position fondamentale métaphysique dans la pensée occidentale [213] » parce qu'avec cette doctrine, la possibilité non seulement de la différence ontologique et de son « sens », le *logos,* mais encore toute distinction métaphysique entre un phénomène et son fondement, entre l'« apparent » et le « vrai », sont télescopées et rendues *époqualement impossibles.* Or, les « distinctions réelles » étaient le nerf de la métaphysique, tout comme la différence ontologique était le nerf de la pensée prémétaphysique de l'*eon.* On doit donc dire que, dans la métaphysique de la technologie, l'être et l'étant *(eon),* l'être et son événement *(logos),* et l'être et l'essence *(hoti-ti),* c'est tout un.

C'est que l'être et le temps, avec l'éternel retour, sont tout un. Le *legein* accusant l'émergence du présent à partir de l'absence était une catégorie temporelle ; aussi, l'éternel retour, on l'a vu, dit la « direction » temporelle de la volonté de puissance, son accession à la régularité du cercle. L'être et le temps sont le même dans l'éternel retour, parce que la temporalité des étants n'y réside en rien d'autre qu'en leur constante disponibilité même. La constance que leur

---

212 N II 23 / N ii 21 sq. Le rapprochement avec la distinction traditionnelle entre existence et essence (cf. ci-dessus, p. 272, n. 165) conduit ainsi à une identification de l'existence et de l'essence analogue à celle qui servait jadis à spéculer sur la simplicité de la nature divine. Ici, elle sert à décrire la contrefaçon de cette simplicité, l'homogénéisation technologique de la nature terrestre.

213 N I 258 sq. / N i 206.

La déduction historique des catégories de la présence

imprime l'éternel retour est ainsi le mode temporel de la présence, à l'ère où s'effondrent les anciennes dualités. L'éternel retour stabilise le devenir en la permanence géométrique du cercle. Mais plus radicalement – rétrospectivement –, il stabilise la *venue* à la présence et en occulte l'événement sans appel. Penser l'éternel retour, c'est « se tenir essentiellement dans le vrai en tant que ce qui a été fixé et rendu stable : ainsi cette pensée de l'éternel retour du même stabilise le flux éternel [214] ».

Mais si la signification locutrice du *logos* disparaît avec la technologie, le *logos*, quoique appelé autrement, n'en vient-il pas à recouvrer sa signification primitive : l'émergence ordonnée à la présence ? Qu'en est-il alors du prétendu « humanisme » qui triomphe à l'époque de la clôture ? Réponse : l'éternel retour est l'anti-*logos*, son inversion tardive, parce qu'en lui un humanisme plus radical se fait jour que celui qui apparaît avec le virage du *legein* vers le *dialegesthai*. Ce premier virage, d'où est né l'anthropocentrisme métaphysique [215], enferme le *logos* dans la spéculation sur le langage et sur la raison comme différence spécifique de la nature humaine : l'homme est *zôon logon echôn*, un être vivant doué de langage, de raison. Mais l'« humanisme » atteint son apogée quand le *logos* sort de ces recherches pour définir la nature humaine et désigne, non plus seulement la parole ou la raison, mais « la détermination fondamentale de la totalité du monde » comme « humanisation suprême de l'étant et naturalisation extrême de l'homme [216] ». De cette *Vermenschung*, l'éternel retour est le nom spécifique. Cela veut dire que l'homme – un certain type d'homme – est le moyeu autour duquel se fait la disposition circulaire des étants, leur immobilisation. Vue rétrospectivement, l'humanisation dit quelque chose du *logos* que la lecture prospective, à partir du glissement vers les domaines linguistique et logique, n'avait aucun moyen de discerner, à savoir que le type d'homme qui pense l'éternel retour « *se pose* dans cette vérité de l'étant en sa totalité ; aussi,

---

214 N I 407 / N i 317.
215 Pour ce virage d'Héraclite à Platon comme naissance de l'anthropocentrisme, voir le texte cité ci-dessus, p. 280, n. 193.
216 N I 369 et 380 / N i 288 et 297. Cette allusion au jeune Marx, qu'elle soit délibérée ou non, ne doit pas cacher le fait que les notions de « nature », « planète », « globe », retiennent une forte coloration romantique chez Heidegger lui-même.

par le simple fait qu'il y en ait qui pensent de cette manière, l'étant en sa totalité se métamorphose déjà [217] ». *Prospectivement*, du revers platonicien au revers technologique, le *logos* dit l'humanisation de la présence dans et par le discours ; mais *rétrospectivement,* l'« éternel retour » en dit l'humanisation dans et par un projet de volonté, dans et par une position de soi qui met en œuvre toutes les ressources de domination dont l'homme est capable. Pour la nécessité d'une telle lecture à deux voies, on a vu que l'exemple cartésien est frappant : prospectivement, le *cogito* est de descendance « logique », mais rétrospectivement, il est *co-agitatio,* ascendant de l'arraisonnement technologique.

Les deux dernières catégories placent le dispositif technologique sous deux points de vue complémentaires, directement dépendants de l'éternel retour. La première répond à la question : Quelle est la condition de l'*étant* en sa totalité, si le sens du projet technologique est l'éternel retour ? La seconde, à la question : Qui est ce type d'*homme* autour duquel tout se dispose dans la fixité du cercle ? À la première question répond la transmutation de toutes les valeurs ; à la seconde, le surhomme.

§ 32. *La transmutation de toutes les valeurs*

La symétrie rigoureuse entre l'ouverture et la clôture de l'ère métaphysique, selon Heidegger, apparaît au mieux dans la transmutation – il faudrait dire, la permutation – des échelons sur l'ancienne hiérarchie du Bien. Ce renversement va plus loin que la simple identification entre le réel et l'empiriquement vérifiable, opposée en bloc aux idées comme purs concepts « auxquels aucun objet correspondant dans les sens ne peut être donné [218] ». De par l'économie post-moderne où elle

---

217 N I 394 / Ni 307 (souligné par moi). « *Cette* vérité de l'étant » désigne ici toutes choses en tant que stabilisées par la pensée de l'éternel retour : « Qu'est-ce qui est le vrai selon la conception de Nietzsche ? C'est ce qui est *fixé* dans le flux et le changement des choses en devenir » (N I 388 / N i 302). Inutile d'ajouter que cette stabilisation par humanisation est « le danger pour la vérité » comprise comme dévoilement (N I 381 / Ni 297).

218 Kant, *Critique de la raison pure*, B 383.

est sise, la métaphysique technologique « doit se diriger contre les valeurs suprêmes posées dans la philosophie », antique ou moderne. Cette métaphysique apparaît ainsi comme le contre-mouvement visant « la totalité de la philosophie occidentale, dans la mesure où celle-ci demeure le principe formateur dans l'histoire de l'homme occidental [219] ». Transformation *des* valeurs, donc, mais qui n'est que la conséquence éclatante d'une transformation, beaucoup plus ancienne, *en* valeurs. Vus du site ultime, les anciens échelons, les idées, apparaissent non pas comme des concepts purs, mais comme des illusions qui « valent » pour tel ou tel type de vie. Voilà ce que veut dire la transformation en valeurs. Les idées s'avèrent « posées », déjà de toujours, par l'homme. Cette position du supérieur et de l'inférieur commence avec Platon. La transmutation de toutes les valeurs *inverse* le supérieur et l'inférieur du commencement de la métaphysique – et par là lui rend le plus grand hommage, permutant du dedans, de fond en comble, son jeu d'évaluation, mais se logeant ainsi plus décidément que jamais à l'intérieur du tracé platonicien. Le « contre-mouvement contre la métaphysique n'est que le simple retournement *(Umstülpung)* de celle-ci, et donc l'embrouillement *(Verstrickung)* sans issue dans la métaphysique [220] ».

L'inversion signifie d'abord que ce qui était le plus élevé, le *hen* divin, se retrouve au bas de l'échelle, comme estimation serve. Mais du point de vue régressif, la « mort de Dieu » n'est qu'un nom partiel pour le contre-mouvement qu'est la métaphysique technologique en général : la transmutation inverse tout l'ordre du *hen* économique. Elle met cet ordre littéralement sens dessus dessous. La signification catégorielle de la transmutation dépend entièrement du clivage entre un monde sensible et un monde supra-sensible. Avec la « machination » et l'« égalisation » en surface plane, la technologie cantonne l'être véritable dans le sensible, dans ce que peuvent traiter les appareils, réduisant le supra-sensible à une ombre – une « super-structure » où se reflètent les rapports réels, visibles. C'est à partir de cette *per*mutation qui affecte tout l'ordre du *hen* économique, qu'on peut dire : la décision « si Dieu est Dieu, s'accomplit à partir de la

---

219   N I 433 sq. / N i 336.
220   Hw 200 / Chm 179.

constellation de l'être et à l'intérieur d'elle [221] ». Dans l'interprétation de la *trans*mutation des valeurs comme leur *per*mutation à l'intérieur de la même constellation platonicienne, c'est sa portée catégorielle même qui est en cause. La thèse de la permutation est nécessaire pour montrer que la représentation d'une hiérarchie idéale, restée déterminante jusqu'à nos jours, contenait son principe de mort dès sa conception. La parole « Dieu est mort » » « a toujours été dite dans l'histoire occidentale, sans jamais avoir été prononcée [222] ». L'évacuation technologique du supra-sensible s'exprime, ici encore, selon la double entente du mot *Wesen* : l'*essence* de l'ère technologique est que le divin fasse défaut, mais cette exténuation du supra-sensible n'est que l'aboutissement et l'auto-révélation d'un *déploiement* historique. Concentration synchronique qui est la phase finale d'un processus diachronique : « Parce que la position fondamentale métaphysique de Nietzsche est la fin de la métaphysique, s'accomplit en elle la concentration la plus grande et la plus profonde – c'est-à-dire l'achèvement – de toutes les positions essentielles de la philosophie occidentale depuis Platon, et à la lumière du platonisme [223]. » Il faut entendre, sans doute : parce que la position fondamentale technologique concentre et réunit en leur extrême les estimations de toutes les positions fondamentales métaphysiques antérieures, elle est la dernière.

On voit de quelle façon la transmutation est une catégorie : le *chôrismos* entre un monde de l'être et un monde du devenir a introduit, dès le départ, l'estimation dans la spéculation sur l'étant. Dès lors qu'un monde est estimé plus valable que l'autre, l'étant dans sa totalité est placé dans une situation de dette à l'égard de l'homme estimateur [224]. Le germe de mort contenu dans la métaphysique depuis son commencement, c'est cette estimation, la préférence d'une région d'étants sur les autres, l'attribution des rangs. Le *hen* économique comporte ainsi,

---

221 TK 46 / Q IV 154.

222 Cf. ci-dessus, p. 272, n. 166.

223 N I 469 / N i 364.

224 « *Antérieurement* à la transmutation de toutes les valeurs reçues que Nietzsche assume comme sa tâche métaphysique, se situe un revers plus originaire : à savoir que l'*essence* de tout étant est posée de prime abord comme *valeur* » (N I 539 / N i 419).

depuis le revers classique, au plus haut et du plus bas ; il a été un ordre de valeurs pour l'homme. Mais cette dépendance à l'égard de l'homme, cet humanisme évaluateur, apparaît seulement quand l'estimation s'inverse. « Toutes les valeurs », c'est-à-dire le champ économique entier en tant que centré sur l'homme, basculent alors du positif au négatif, et « cette inversion, où s'éteint l'opposition entre l'être et le devenir, en constitue l'achèvement proprement dit [225] ».

On voit aussi de quelle façon la transmutation, comme catégorie, dépend de la catégorie précédente : la stabilisation du devenir qu'« accuse » l'éternel retour s'est faite de longue date par un acte d'estimation. C'est en déclarant des valeurs, quelles qu'elles soient, que l'homme se place au centre du cercle qu'est l'éternel retour. Le dispositif qui réunit l'étant dans sa totalité, *on,* l'étant suprême, *theos,* et la loi de leur stabilisation, *logos,* en un ordre « onto-théologique », est ainsi la plus ancienne incidence de la convertibilité catégorielle entre l'éternel retour et la transmutation.

Avec l'oubli de l'Un différentiel et l'institution de l'homme comme principe de l'Un économique, les étants virent aux valeurs. Aussi, quand une constellation déplace la plus élevée de ces valeurs, l'Un divin, l'*espace* des « convictions communes avec le platonisme », ne change en rien ; seulement, désormais, « le vrai, c'est le sensible [226] ». La « contre-position du platonisme » ne renonce pas à identifier un étant, une région d'étants, comme permanents et suprêmement réels. Le réel est logé dans ce qui est techniquement traitable, mais cela confirme seulement qu'« en son essence, la vérité est une estimation

---

225 N II 18 / N ii 18 (cf. Hw 214 / Chm 191). « L'inversion revient à la transformation du plus bas, du sensible, en la "vie" au sens de la volonté de puissance » ; c'est « la transformation de la métaphysique en sa dernière figure possible » (N II 16 / N ii 16). Les textes heideggériens sur la transmutation comme platonisme inversé sont nombreux (cf. par exemple N I 177, 181, 231, 433, 464–469 / N i 140, 142 sq., 181 sq., 336, 360–364). Dans tous ces passages, il s'agit pour Heidegger d'établir que l'inversion de la « doctrine des deux mondes » est « la conséquence la plus cachée et la plus extrême du premier commencement de la pensée occidentale » (N I 547 / N i 425). « Le vrai monde est le changeant, le monde apparent est le solide et le permanent. Le monde vrai et l'apparent ont échangé leurs lieux, leurs rangs, et leur modalité ; mais dans cet échange et cette inversion la *distinction* entre un monde vrai et un monde apparent demeure précisément maintenue » (N I 617 / N i 479).
226 N I 188 / N i 148.

de valeurs [227] ». La catégorie de la transmutation indique que, d'un extrême à l'autre de cette histoire de perversion progressive du platonisme, c'est l'homme qui a octroyé les titres de réel-irréel, haut-bas, vrai-apparent, valable-invalide, simple-dérivé, immuable-changeant, *ontôs on-mè on*. La catégorie de transmutation dit comment les étants se sont époqualement arrangés autour du « moyeu » qu'est l'homme.

§ 33. *Le surhomme*

Si la transmutation dit comment les étants se sont insérés dans l'économie époquale qui est centrée sur le sujet humain – à savoir qu'ils sont des valeurs –, la catégorie du surhomme dit la modalité d'insertion de l'*homme évaluateur* lui-même dans cette économie. La transmutation est la catégorie qui montre la subjectivisation du monde par l'acte d'estimer ; on ne peut donc éviter de poser la question : « Dans quelle subjectivité se fonde la "subjectivisation" du monde [228] ? » À cette question répond la catégorie du surhomme. On peut y voir l'expression de la « révolution copernicienne » extrême par laquelle le monde se trouve disposé autour de la figure axiale du sujet s'affirmant.

De même que la catégorie du *noûs* reste inintelligible sans la référence au *logos* et à l'*eon*, de même la catégorie du surhomme ne prend son sens que lue conjointement avec la volonté de puissance et l'éternel retour. « Est appelé surhomme cet homme qui, au milieu de l'étant, se rapporte à l'étant qui, *en tant que tel,* est volonté de puissance et, *dans sa totalité,* éternel retour du même. » Aussi, tout comme le *noûs* faisait explicitement entrer l'homme dans la table des catégories, le surhomme indique « l'anthropomorphie, nécessaire pour l'achèvement de la métaphysique [229] ». Anthropomorphie, en effet : l'homme *informe* l'ordre des choses présentes. L'anthropomorphie est nécessaire pour l'achèvement de la métaphysique parce que, quand l'homme ne rencontre plus que lui-même dans les étants, le

---

227 N I 547 / N i 425.
228 N II 305 / N ii 245.
229 N II 291s / N ii 234 (souligné par moi).

« méta- », le renvoi à une réalité différente du réel, s'est abîmé dans la réduplication de la volonté. Non seulement ce triomphe de l'anthropomorphie requiert que la volonté se veuille elle-même, il présuppose aussi que les étants soient stabilisés dans la rigueur immobile de l'éternel retour. L'homme que l'*epoché* occidentale institue comme maître de l'agencement de la présence, est donc celui qui essentiellement se veut lui-même, et qui se veut en figeant la totalité des étants, concentriques autour de lui. Le surhomme est la contre-catégorie par rapport au *noûs* ainsi qu'à son trope métaphysique le plus traditionnel, l'*animal rationale*. Il est cela non pas parce que « surhomme » signifierait quelque projet irrationnel, mais parce qu'il pointe vers cet agent double derrière l'estime dans laquelle l'Occident a tenu la raison : l'agent double qu'est la volonté de puissance en son sens d'éternel retour.

Comme sujet se voulant éperdument *lui-même,* le surhomme légifère qu'il doit légiférer, se commande de commander, se veut voulant : c'est là son « façonnement de soi » *(Selbstprägung* [230]*).* Et comme sujet transmutant les *étants* en retour éternel autour de lui, il « institutionnalise la domination inconditionnelle sur la terre », achevant le « nivellement de toutes choses et des hommes [231] ». Ces deux points de vue montrent comment, à l'ère de la clôture de la métaphysique, l'« être », c'est la subjectivité. Rétrospectivement, le glissement vers la subjectivité s'amorce manifestement chez les modernes – *noein* comme perception et comme « interrogation » devant le tribunal de la raison « qui décide de l'être de l'étant » – et moins manifestement déjà chez les Anciens : « Depuis le début de la métaphysique, la représentation *(noein)* est cette perception qui, loin de recevoir passivement l'étant, laisse le présent se donner en activement élevant le regard [232]. » Mais que cette activité représentatrice culmine en arraisonnement inconditionnel du globe et par là révèle un trait de culture essentiel, voilà ce qu'aucune lecture prospective, à partir du *noein,* ne pouvait déchiffrer. Ici encore, donc, le *Wesen* comme essence ne se montre qu'au terme du *Wesen* comme déploiement historique.

---

230 N II 308 / N ii 247.
231 N II 308 et 166 / N ii 247 et 134 (cf. N II 310 / N ii 248).
232 N II 295 / N ii 237.

La catégorie du surhomme dépend en outre de celle de la transmutation. Le préfixe « sur- » indique le dépassement des types d'hommes d'avant le revers métaphysique ultime. Quel type le surhomme doit-il surpasser pour que l'ensemble des étants lui soit soumis ? Le type qui mésestime. Dans la volonté se voulant elle-même, il ne peut y avoir place pour la mésestime. Qu'est-ce donc que le type d'avant la clôture a appris à mésestimer avant tout ? Pourquoi ne pouvait-il se vouloir lui-même sans hésitations et sans ambages, sans médiation et sans retard ? Ce qui a brisé l'épanouissement de la volonté en volonté de puissance, c'est la mésestime du corps, mésestime qui n'est que l'envers de l'évaluation de l'âme, ou de l'esprit, comme supérieure au corps. Le surhomme apparaît quand la double emprise sur soi (volonté) et sur le monde (la stabilisation en retour éternel) abolit la prééminence de la raison représentatrice sur le corps. Cette abolition est toujours un cas d'inversion : la stratégie économique qui exalte l'esprit, déclare par là que le corps n'est rien ; mais la stratégie qui congédie une telle estimation, qui abolit le supérieur et l'inférieur, déclare par là que l'esprit n'est rien, que je suis corps entièrement. Le surhomme commande par son corps, celui-ci compris comme figure de la volonté de puissance dans la « subjectivité inconditionnée et, parce que inversée, la subjectivité enfin achevée [233] ». L'ère de la métaphysique ne pourra être considérée comme close que s'il peut être montré que la technologie permute l'esprit et le corps, que l'homme technologique « estime » par son corps. Pour cette dernière permutation des termes du platonisme, Heidegger voit un indice dans la violence avec laquelle l'homme technologique se soumet les étants en leur totalité. Rétrospectivement, le virage vers l'*animal rationale* s'avère un virage vers « la fixation métaphysique de l'homme en animal [234] ».

L'homme d'avant la transmutation est « surpassé » vers l'animalité par le dressage d'une race plus forte grâce à l'interversion des pôles métaphysiques : sensible et intelligible. Mais comme cette interversion n'est réelle que si elle supprime la distinction entre les pôles, le dépassement en question s'avance vers l'uniforme et le veut.

---

233 N II 301 / N ii 241.
234 N II 307 / N ii 246.

La déduction historique des catégories de la présence

Surpasser l'homme métaphysique, c'est vouloir la « machinalisation » : « Le dressage consiste à emmagasiner et purifier les forces en vue de l'univocité d'un "automatisme" en tout agir, qui soit rigoureusement maîtrisable [235]. » Le dressage du surhomme n'est ici rien d'autre que le processus d'homogénéisation et d'extension planétaires de la technologie. Le surhomme n'est aucunement un but fixé par les hommes, pour les hommes. C'est une mise en place économique de la présence : « L'homme actuel n'est point encore préparé, dans son essence, à l'être qui dès à présent traverse et régit les étants. La *nécessité* y règne, cependant, que l'homme aille au-delà de cet homme qui a été jusqu'à présent [236]. » Quelle nécessité ? La nécessité économique selon laquelle le cycle humaniste de la métaphysique n'est fermé que quand l'étant, sans résidu, sera « humanisé ». Rétrospectivement, cela n'a rien de neuf. Le dressage du surhomme est aussi vieux que les métaphysiques de l'âme.

4
Au virage de la *Kehre* : les catégories de transition

« Je vois dans la technologie, c'est-à-dire dans son essence, que l'homme se tient sous une puissance qui le sollicite et à l'égard de laquelle il n'est plus libre ; qu'en cela quelque chose s'annonce, à savoir un rapport de l'être à l'homme ; et qu'un jour, ce rapport qui se cache dans l'*essence* de la technologie, viendra peut-être, dévoilé, à la lumière. – Si cela doit se passer ainsi, je ne le sais pas [237] ! »

Pour saisir le phénomène de transition d'un ordre époqual à un autre, les catégories prospectives et rétrospectives ne suffisent pas. Ces deux classes de traits – « directeurs » plutôt que « fondamentaux » –, si elles permettent de saisir le fil des économies successives, restent en deçà de la tâche « critique » de la phénoménologie : décrire les *virages des temps* eux-mêmes. Comment penser ces coupures ? La déconstruction s'acquitte de cette difficulté en réunissant dans la

---

235 N II 309 / N ii 247.
236 Hw 232 sq. / Chm 207 (souligné par moi).
237 MHG 73.

troisième classe de catégories toutes celles qui articulent l'histoire de la présence par des seuils, des catastrophes, des ruptures, des ébranlements. Cette troisième série de traits a donc directement affaire aux phénomènes de passage. Elle s'adresse à cette ambiguïté dans notre temps qui fait de celui-ci à la fois une fin, *eschaton,* et un nouveau commencement, origine originelle : fin de l'économie des époques et de leurs principes, et commencement de l'économie de la présence multiple, marquée par la seule origine originaire. « Sommes-nous peut-être les précurseurs de l'aurore d'un tout autre âge du monde, qui a laissé loin derrière lui les représentations historicistes qu'aujourd'hui nous nous faisons de l'histoire ? » Si oui, la phénoménologie des revers est *eschatologique.* Les époques tendent alors à leur fin et « le destin de l'être, voilé jusqu'à présent, prend congé ». « L'être même, en tant que destinal, est en lui-même eschatologique. » « Un autre destin de l'être » commencerait [238]. Les catégories de transition articulent les crises du *même* et l'apparition de l'*autre.* Ce n'est qu'avec les catégories de transition qu'on tient ensemble tout le système qui organise les concepts d'*arché* et de *principium* ainsi que d'origine originelle et d'origine originaire, d'une part ; et les oppositions métaphysique/non-métaphysique, moderne/post-moderne, subjectivisme/anti-humanisme, faire/laisser, présence constante/ venue à la présence, conscience/lieu *(topos),* etc., d'autre part. Les catégories de transition amènent sous le regard les phénomènes de revers, *Wenden,* et du tournant, *Kehre,* en tant que tels ; ce qui veut dire : non pas les virages concrets tels qu'ils sont survenus, mais leur conformation, leur identité formelle. Les transitions entre économies permettent de saisir le même et l'autre dans l'« histoire de l'être ». En elles sont sises l'identité et la différence qui restent incompréhensibles en dehors d'une déconstruction des virages. Ce n'est qu'en

---

238 Hw 300–302 et 309 / Chm 266 sq. et 273 sq. On peut bien qualifier Heidegger d'« indicateur d'une pensée future », comme le fait Kostas Axelos (*Einführung in ein künftiges Denken,* Tübingen, 1966, p. 3), mais la nouveauté du « destin de l'être » que dessinent les catégories de transition ne peut pas être pensée comme « eschatologique » tant qu'on la récupère selon les schémas dialectiques *(ibid.,* p. 16–35). Et qualifier sa pensée, au contraire, d'« irruption la plus extrême de l'Antiquité dans les temps modernes », d'un « retour utopique » vers les Grecs (Prauss, *Erkennen und Handeln in Heideggers « Sein und Zeit »,* op. cit., p. 103), c'est manquer l'ambiguïté essentielle de l'époque technologique.

recueillant les traits de ces derniers qu'on pourra concevoir un jeu d'identité et de différence qui soit purement catégoriel sans cesser d'être ontologique.

Avec Kant, nous avions appris que le formel (au sens du catégoriel) ne nous met plus en mesure de répondre à l'antique question de savoir *ce qu'est l'être* ; qu'il répond seulement à la question : comment l'*expérience* est-elle possible ? Avec Heidegger, en revanche, le formel ne sert pas à répudier l'ontologique – s'il est entendu, du moins, que « l'être » ne désigne ni un en-soi nouménal ni le donné brut reçu par les sens, mais l'événement de venue à la présence. Il est clair, cependant, que la déduction des catégories de transition n'échappe à la métaphysique que par une pointe. Elle doit pour le reste emprunter ses paramètres à l'histoire des commencements qu'elle déconstruit. Mais cette pointe n'est pas rien. Elle est une pointe assez aiguisée pour énerver le désir archéo-téléologique, le désir d'une origine archéo-téléocratique ; elle est aussi une pointe assez détachée de la gent des philosophes, pour pousser au-delà des « fondements » inébranlables ainsi que de leur mise en chantier, dont l'éternelle reprise constitue leur métier.

Voici comment avance cette pointe : obliquement. Toute l'intelligence des catégories de transition – qui sont ce qu'il y a de plus heideggérien dans Heidegger – dépend de la manière dont elles seront décrochées de l'édifice métaphysique, édifice où elles trouvent leurs prises, mais qu'elles fissurent en même temps, menaçant de disjoindre ses évidences les plus assurées et, par fendage oblique, s'apprêtant déjà à déblayer le terrain [239]. C'est que les catégories de transition ne nous permettent pas de nous soustraire purement et simplement à l'économie onto-théologique. Et cependant, elles fonctionnent au-delà de la clôture onto-théologique. Elles « accusent » les transitions passées *au sein* de cette clôture, mais elles parviennent jusqu'à celles-ci parce que d'abord elles accusent la transition *hors* de la clôture. De là une énorme difficulté que Heidegger n'a peut-être pas résolue :

---

239 Puisque l'expression « pensée future », *künftiges Denken,* est apparemment inspirée, chez Heidegger, de celle de « philosophie à venir » chez Nietzsche, il est sans doute permis de caractériser l'avance déconstructrice vers un terrain non métaphysique de pensée, de *Denkversuch* : comme tentative et peut-être tentation de pensée.

la contiguïté des champs métaphysique et post-métaphysique est-elle même comparable à la contiguïté des champs intra-métaphysiques ? Dit autrement : de l'ère de l'arraisonnement technologique à l'ère post-technologique (quelle que soit la manière dont on osera se prononcer sur celle-ci), les règles de passage sont-elles apparentées à celles qui font virer une ère métaphysique à une autre ère métaphysique ? Le concept de transition est-il le même sur les seuils qui agencent l'*intérieur* de l'enclos métaphysique (par exemple de la mécanisation à l'automatisation) et sur celui qui mène *hors* de cet enclos ? La réponse de Heidegger semble être prudente : oui et non. Les revers et le tournant sont du même *genre*. Mais l'« eschatologie » de la présence, la conviction qu'un destin *spécifique* prend fin avec la technologie, semble requérir quelque chose comme une typologie de ces virages. Je l'ai dit : le virage qui devient manifeste avec l'essor de la Grèce classique ainsi que celui qui devient manifeste avec l'essor de la technologie, sont, l'un et l'autre, plus décisifs – c'est-à-dire « coupants », puisqu'ils ouvrent et ferment le régime des principes époquaux – que ceux qui commencent la civilisation latine ou moderne. Chacune des catégories de transition portera ainsi le visage de Janus : elle regarde en arrière, répétant fidèlement les articulations du champ métaphysique dans sa totalité, et elle regarde en avant, ébauchant *une règle possible d'un jeu non principiel possible de la présence.*

Le fonctionnement *bi-focal* de cette classe catégorielle – récapitulant les traits des transitions passées, traits d'« errance », à l'un des foyers, et anticipant ceux de la transition actuelle, traits de la « demeure », à l'autre [240] – est déclenché par le fonctionnement double de la technologie telle que Heidegger la comprend. Le visage de Janus appartient en propre à la technologie. On sait la prédilection avec laquelle Heidegger cite, chaque fois qu'il développe cette ambivalence de la technologie, comme un refrain, le vers de Hölderlin :

---

240 Les concepts de « demeure » et de « patrie », ou « retour à la patrie », *Heimkunft*, quoique pris de Hölderlin, n'ont pas seulement une signification linguistique et poétique. Cela apparaît par leur opposition à l'« errance » historique, consécutive aux Grecs. L'incidence anticipatrice des catégories de transition reconduit la pensée à son « habitat » pré-classique, pluriforme.

La déduction historique des catégories de la présence

« Mais là où est le péril, grandit
Cela aussi, qui sauve [241]. »

« La technologie est une modalité du dévoilement », écrit-il en guise de commentaire, et en ce sens elle préserve, garde, sauvegarde les hommes et les choses dans leur essence alétheiologique ; mais « le dévoilement qui règne dans la technologie moderne est une provocation », c'est la menace du « suprême danger [242] ». Menace pour l'*alétheia* : la provocation est la négation de la « libre essence », elle-même un autre nom de l'*alétheia* [243]. Dans la mesure où aboutit dans la technologie un développement qui a commencé avec la notion aristotélicienne de *techné*, nous vivrions donc aujourd'hui le comble du danger métaphysique ; mais puisque la technologie, en tant que comble du péril, achève le temps de l'oblitération de l'origine originaire, « ce qui sauve » s'annonce déjà en elle. L'autre face de la technologie, c'est de « délier, délivrer, libérer, épargner, mettre à l'abri, prendre sous sa garde, garder » la présence [244]. Quand le monde est « forcé à la ruine, la terre à la dévastation, et l'homme au pur labeur [245] », la boucle est bouclée, une transition économique s'amorce, et une constellation non principielle de la présence se fait sentir avec la puissance du possible. C'est le moment où un œil n'est pas assez, où il faut y regarder des deux yeux et parler du *seul* phénomène de transition en un vocabulaire *double* : vocabulaire qui s'adresse au dispositif subverti et au dispositif subversif, mais non pas dans les mêmes mots. Les mots ne seront pas les mêmes, puisqu'on ne peut parler d'une situation simple de contiguïté qu'en parlant des champs contigus, qui sont deux. Ainsi faudra-t-il élaborer une liste de termes s'adressant et au péril et au salut, pour saisir l'essence transitive de la technologie. En même temps, la ligne où viennent frapper – leur impact, donc – ces termes légitimés par le péril/salut, est unique :

---

241 TK 41 / Q IV 147 ; VA 36, 43 / EC 38, 47 ; Hw 273 / Chm 241.
242 VA 20, 22, 34 / EC 18, 20, 36.
243 VA 40 / EC 44. La « connexion essentielle entre la vérité et la liberté » avait été établie dès 1930 (Wm 83 / Q I 174).
244 TK 41 / Q IV 148.
245 Texte cité plus haut en exergue au § 18, p. 188.

Au virage de la Kehre : les catégories de transition

c'est la ligne du partage entre la vie sous les principes et la vie dans ce qui sera appelé le quadriparti [246]. *Ianus bifrons.*

Dans cette dernière classe de traits directeurs, il s'agit donc de justifier, à partir du seul phénomène de transition – et non plus à partir du début ou de la fin de l'ère close –, la pointe, la venue poignante, d'un espace de présence dépourvu de principe époqual.

Chaque catégorie de transition a ainsi deux titres : le premier fait d'elle une catégorie de clôture, et le second, une catégorie d'ouverture, de « l'autre commencement ». Chacune d'elles tombe *deux fois*, elle est à double incidence : récapitulatrice et anticipatrice. Les catégories de transition sont celles qui joignent la récapitulation, *Wiederholung*, à l'anticipation, *Vorläufigkeit* [247]. Chacun de ces deux titres limite l'extension de la catégorie en question. Le titre de clôture de la première catégorie – qui s'enchaîne après *eon* et « volonté de puissance » – est « *la différence ontologique* », mais ce titre n'est pas applicable au-delà du seuil post-moderne. Ce seuil trace ainsi le trait final sous les époques qui sont compréhensibles par la différence étant-être. De même, le titre d'ouverture de cette première catégorie, « *le monde et la chose* », en limite-t-il l'extension : ici le seuil post-moderne fonctionne comme trait initial, comme le premier trait dessinant l'économie non principielle. L'articulation en coupures, différences, en nouveautés dans l'histoire, détermine les extensions catégorielles. Soit encore la catégorie de transition qui enchaîne sur le *logos* et l'« éternel retour », la seconde catégorie directrice, donc : le titre de clôture en est l'*epoché,* mais le titre d'ouverture l'« *éclaircie* »,

---

246 Heidegger cherche seulement à « situer » cette ligne, et il laisse au romancier Ernst Jünger le soin de la « transgresser » ; cependant : « Votre bilan de la situation sous le titre *trans lineam* et ma recherche du site sous le titre *de linea* appartiennent l'un à l'autre » (Wm 214 / Q I 200). Et voici comment situation et transgression appartiennent l'une à l'autre : « Où est le péril, en tant que péril, grandit aussi déjà ce qui sauve. Celui-ci ne survient pas par accident. Le péril lui-même est, s'il *est* comme péril, ce qui sauve » (TK 41 / Q IV 147 sq. ; sur l'interprétation heideggérienne de l'essai d'Ernst Jünger, *Über die Linie,* cf. Jean-Michel Palmier, *Les Écrits politiques de Heidegger,* Paris, 1968, p. 169–227). Situer la ligne comme celle du péril / salut, c'est l'avoir déjà transgressée ; c'est avoir « quitté, d'une certaine manière, la métaphysique » (Wm 197 / Q I 25).
247 « *Vorläufig* » au double sens de « provisoire » et « anticipateur » (cf. SD 38 / Q IV 67).

Lichtung. La technologie termine les époques et inaugure les « éclaircies ». Sous le régime des époques, l'origine originaire se réserve ; la venue à la présence y est obstruée par l'hypertrophie d'un Premier qui est archi-présent. Dans le jeu des éclaircies, en revanche, la venue à la présence retrouve sa multiplicité événementielle. La même bifocalité s'applique aux autres catégories.

Sous peine de perdre la différenciation essentielle de ce qui reste identique à travers l'histoire, il importe de lire le titre de clôture et le titre d'ouverture de chaque catégorie, son incidence récapitulatrice et son incidence anticipatrice, comme les deux faces d'un seul et même trait directeur. Le jeu d'identité et de différence catégorielles entame, de ce fait, les frontières entre économies, ou la contiguïté économique. S'il y a une persistance du tissu – c'est-à-dire du « texte » catégoriel par-delà les coupures, il s'ensuit qu'on ne peut tracer une ligne de démarcation nette entre les aires de présence. La ligne se brouille, d'une aire à l'autre il y a continuité *et* contiguïté économiques. Du champ structuré par l'arraisonnement technologique à celui structuré par les titres d'ouverture des catégories de transition, il y a non pas « pure succession », mais aussi « côtoiement et contemporanéité [248] ». C'est la persistance du texte catégoriel à travers les brisures économiques qui nous oblige à parler, à propos de chacun de ces traits, d'identité prédicative et de différence d'extension.

L'exergue ci-dessus donne, une fois de plus, à entendre quelle est la source de légitimation de ces catégories de transition et d'où émanent, par voie de conséquence, les catégories prospectives aussi bien que rétrospectives : ce n'est ni l'expérience solitaire qu'un dénommé Martin Heidegger aurait faite de l'être, ni le simple retour aux expériences présocratiques, mais une phénoménologie du double visage qui est « l'essence de la technologie ». Pour autant que la technologie, dans son essence, « menace » et « sauve » en même temps, elle situe pour notre âge le jeu de l'identité et de la différence catégorielles. Et c'est la violence de la différence dans l'ordre technologique qui fait apparaître un seuil dans le dispositif de la présence.

On s'en doute : tout cet effort pour mettre à jour les catégories historiques de la présence ne sera pas sans conséquence pour

---

248 Cf. le texte cité ci-dessous, p. 305, n. 256.

l'intelligence de la *praxis* politique. Mais ces conséquences jailliront d'un bord tout autre qu'on ne pourrait le soupçonner. En effet, surtout dans le contexte des catégories de transition, on a pu s'imaginer surprendre Heidegger en train de rêver un monde meilleur, à venir, et de se tenir dans l'expectative de celui-ci[249]. C'est confondre le catégoriel et l'empirique. Heidegger ne dessine aucune utopie, mais les traits *formels* qui s'appliquent à tout virage, qu'il conduise au meilleur ou au pire. Rien ne permet d'affirmer que, si « le rapport de l'être à l'homme » « un jour venait, dévoilé, à la lumière », la vie en serait plus vivable. L'« essence salvatrice » de la technologie ne recèle aucun salut pour l'homme. Elle désigne une modification du dévoilement, sa transformation en « événement ». Aussi, dans l'interview citée ci-dessus en exergue, Heidegger poursuit-il : « Je vois dans l'essence de la technologie la première avant-lueur (*Vorschein*) d'un mystère beaucoup plus profond et que je nomme "événement"[250]. »

L'absence d'intérêt à l'égard de notre avenir concret (nous aurons à examiner ceci plus en détail) va assez loin chez Heidegger. Si l'incidence anticipatrice des catégories de transition oblige bien à parler d'une modification dans le dévoilement, modification telle qu'elle entraîne le dépérissement des principes époquaux, on voit mal quelle serait l'autorité qui pourrait prédire si un tel dépérissement serait pour notre avantage ou pour notre perte. Ce serait là pure spéculation, pure « construction dogmatique », ce serait de l'« idéologie

---

249 Pour ne citer à ce propos que deux voix de l'« École de Francfort » : Marcuse écrivit jadis qu'avec SZ « la philosophie est enfin revenue à son urgence première. Il est admirable de voir comment tous les problèmes et solutions philosophiques rigides se trouvent *ramenés au mouvement dialectique* structuré suivant les hommes concrets qui les ont vécus et qui les vivent » (« Beiträge zu einer Phänomenologie des historischen Materialismus » (1928), réimprimé dans *Existenzialistische Marx-Interpretation, op. cit.*, p. 59). D'autre part, Karl-Otto Apel parle d'une « nouvelle version d'une croyance au destin » dans la philosophie de l'histoire selon Heidegger. Cette dernière « voudrait déduire, en fin de compte, sa propre légitimation à partir du *kairos* du destin de l'être s'accomplissant de lui-même » (*Transformation der Philosophie*, t.I, Francfort, 1976, p. 41). – La structure anticipatrice de la technologie, telle que la révèle la déduction historique des catégories de transition, n'autorise pas à parler de dialectique, parce qu'elle n'affecte aucun Sujet de l'histoire ; et elle permet de parler d'un *kairos* seulement si par celui-ci on entend ce que j'ai appelé un « revers » de l'histoire.
250 MHG 73.

La déduction historique des catégories de la présence

allemande [251] ». Du « sujet » transcendantal de l'idéalisme, au *Dasein* de l'Analytique existentiale, puis au « penser » de la Topologie de l'Être, le discours sur l'homme se prive, au fur et à mesure, de la possibilité même d'approuver ou de condamner, et surtout de recommander, des comportements concrets, qu'ils soient individuels ou collectifs. Et si la déconstruction conduit néanmoins à un certain discours sur l'agir, ce sera un discours sans instance normative autre que la « plurification » de la venue à la présence. La tâche que s'assigne la phénoménologie déconstructrice des principes normatifs – tâche dont elle s'acquitte par la déduction historique des trois classes catégorielles – n'est donc pas de prédire quelque réconciliation des antagonismes qui déchirent notre siècle, mais d'examiner *un site économique concret* dans l'histoire (notamment les sites présocratique, platonicien, technologique) pour en recueillir des caractéristiques qui paraissent opératoires à travers l'histoire occidentale « déjà de toujours ». Ainsi les traits de transition ont-ils leur site d'apparition dans la technologie ; mais à partir de là, par incidence récapitulatrice, ils se manifestent dans chaque revers depuis les Grecs. « La pensée qui n'est que préparation ne veut ni ne peut prédire aucun avenir [252]. » Il lui est impossible de décrire, à partir du constat d'un virage technologique, quelles seront les données politiques, économiques, sociales, techniques ou scientifiques parce que « ni les perspectives politiques, ni les perspectives économiques, ni les perspectives sociologiques, techniques ou scientifiques, pas même les perspectives religieuses ou métaphysiques, ne sont de portée suffisante pour penser ce qui advient dans cette ère du monde [253] ».

Ce qui advient en cette ère, c'est qu'un nouvel ensemble catégoriel se laisse penser qui projette une clarté toute formelle et sur le passé et sur l'avenir. Un site – la technologie – d'où se manifeste une classe de catégories, est donc « ekstatique » à sa façon. Les trois modes

---

251 On connaît les dénonciations des constructions spéculatives dès SZ (cf. par exemple SZ 16, 50 n., 302 sq. / ET 33, 71 n.). On ne peut s'empêcher de se rappeler l'épithète « *Musterreiter aller Konstruktoren* », « commis voyageur de tous les constructeurs », dont Marx affublait Schelling (*Die deutsche Ideologie, in Frühe Schriften*, t. II, H.-J. Lieber & P. Furth (éd.), Darmstadt, 1975, p. 146).

252 SD 67 / Q IV 120.

253 Hw 245 / Chm 218.

temporels d'être « hors de soi » qui appartiennent au *Dasein* s'avèrent ainsi dérivés par rapport à « l'essence époquale de l'être [254] ». Il est permis de présumer que la transition de la temporalité de l'être-là à la temporalité de l'être – transition que *Être et Temps* ne parvient pas à penser – consiste principalement en cette transmutation des « ekstases » qui ne sont plus réductibles à un « soi », à une figure de l'homme. Passer outre à la nouveauté catégorielle que recèlent pareil virage dans la présence et pareil site, ce serait perpétrer « le meurtre de l'être de l'étant [255] ». Et pour retenir le virage où se délabrent les principes, il faut trouver des mots qui, à strictement parler, ne soient plus « fondamentaux » mais seulement « directeurs ». Ils dirigent la pensée vers un inventaire des accents possibles d'une économie possible. Tout l'intérêt de ces mots directeurs que sont les catégories de transition, c'est de penser une économie qui fasse suite à l'époque de l'« arraisonnement ». L'économie nouvelle, dont les premiers mots directeurs sont « le monde et la chose », s'annonce dès l'âge technologique, puisque « dans le destin de l'être il n'y a jamais de simple succession : d'abord l'arraisonnement, puis le monde et la chose ; mais ce qui vient tôt et ce qui vient tard sans cesse se côtoient et sont contemporains [256] ».

§ 34. *La différence ontologique / Le monde et la chose*

La première catégorie prospective, l'*eon*, marquait comment est née la problématique de la différence entre la chose présente et sa présence. Dès sa naissance, cette différence fut « ontologique » : les étants présents étaient rapportés à ce qui est autre qu'eux, qui les dépasse, qui est un – « l'être [257] ». Depuis Parménide et jusqu'à *Être*

---

254 « Le caractère ekstatique de l'être-là est, pour nous, la correspondance la plus spontanément éprouvée avec le caractère époqual de l'être. L'essence époquale de l'être s'approprie en un événement (*ereignet*) l'essence ekstatique de l'être-là » (Hw 311 / Chm 275).

255 Hw 246 / Chm 218.

256 VA 183 / EC 221.

257 Il faut lire ensemble les trois fragments de Parménide que voici pour voir comment se prépare, chez lui, l'articulation « transcendantale » (au sens de SZ) de la différence ontologique : « Ainsi faut-il toujours se laisser dire et garder en

et Temps compris, quoique sous des figures multiples, la différence ontologique a été opératoire sous le modèle de la transcendance : « L'être est le *transcendens* par excellence [258]. » « Nous surpassons l'étant pour arriver jusqu'à l'être [259]. »

La première catégorie rétrospective, la volonté de puissance, révélait comment cette essence « transcendantale » de la différence a joué au profit de la connaissance, de l'explication, de la maîtrise des étants, en un mot, au profit de l'homme ; comment un intérêt pour un tout autre surpassement était à l'œuvre derrière la « science de l'être », ou science de la différence métaphysique, à savoir l'intérêt pour l'auto-dépassement de l'homme ; comment, par conséquent, la différence a pu choir dès le tournant socratique en simple réduplication affectant l'homme ; et comment cet oubli de la différence phénoménologique culmine dans la réduplication technologique de la « volonté de la volonté ».

La catégorie de transition qui correspondra à l'*eon* et à la volonté de puissance devra permettre de montrer les multiples façons dont, à chaque revers de l'histoire de la métaphysique, la différence articule la transcendance, s'articule *en* transcendance ; elle devra aussi permettre de montrer une stratégie, aujourd'hui à l'œuvre, par laquelle la loi du dépassement « humaniste » est dénaturée en celle d'un dépassement « économique » : passage, cette fois-ci, au-delà du champ métaphysique dans son ensemble, contravention à son règlement interne, transgression hors de son domaine de compétence. Sous l'hypothèse de la clôture, la « différence ontologique » devient le titre général pour les oppositions, toutes héritées de Parménide, entre l'Un et le multiple, l'Être et les étants, l'être et la pensée. Comme ces oppositions sont autant de figures de la transcendance, une phénoménologie radicale de la simple venue à la présence devra donner

---

pensée que seul l'étant est. En vérité, il est de l'être ; un rien, au contraire, n'est pas » (frgm. 6, 1) ; « le même, en vérité, est à la fois penser et être » (frgm. 3) ; le troisième texte serait tout le fragment 8 sur l'unicité de l'être. Le premier de ces textes peut être lu comme indiquant l'identité à soi de l'être ; le deuxième, la transcendance de la pensée vers l'être ; et le troisième, l'unicité de l'être.

258 SZ 38 / ET 56.
259 GA *24* 23.

Au virage de la Kehre : les catégories de transition

congé à la différence ontologique. Au jeu entre l'être et l'étant, elle substituera celui entre le monde et la chose.

Voici le texte clef sur ce congédiement de la différence ontologique (la catégorie d'événement ici citée sera examinée plus loin) : « À partir de l'événement d'appropriation, il sera nécessaire d'épargner à la pensée la différence ontologique. À partir de l'événement d'appropriation, cette relation se montre désormais comme la relation entre le monde et la chose, relation qui pourrait encore être conçue, d'une certaine façon, comme la relation entre l'être et l'étant ; mais alors, sa caractéristique propre sera perdue [260]. » Pour saisir l'ensemble des bouleversements qu'on a l'habitude d'attribuer au vingtième siècle, il serait donc nécessaire de saisir une transmutation radicale : celle de la différence entre l'être et l'étant, en différence entre le monde et la chose. Si elle est radicale, cette transmutation nous mettra en état, non seulement de déplier les revers métaphysiques, mais surtout de nous affranchir de leur emprise.

Qu'y a-t-il d'innovateur à parler du « monde » en rapport à la « chose » ? Que veulent dire ces mots, si les traités séculaires sur l'*on* et l'*ousia*, l'*ens* et l'*esse*, l'étant et l'« être », nous ont fait « perdre » la caractéristique propre du monde et de la chose ? « Qu'est-ce donc que la chose en tant que chose pour que jamais encore son être n'ait pu apparaître [261] ? » Question redoutable en ce qu'elle affirme, en ce qu'elle nie, en ce qu'elle demande : elle affirme l'antique *on hè on*, étant en tant qu'étant, mais en lui substituant la tournure « chose en tant que chose » ; elle nie que l'essence de celle-ci ait jamais *pu* apparaître ; et elle demande quelle doit être la chose *pour que* son essence ait dû rester voilée depuis qu'Aristote s'interrogeait sur l'étant en tant qu'étant. Voici où conduit ce triple questionnement : « Si nous

---

260 SD 40 sq. / Q IV 70. Les traducteurs rendent « *erlassen* » incorrectement par « confier ». *Erlassen* peut à la rigueur signifier « déclarer » (*ein Erlass* = un édit), mais ici ce verbe signifie : ne pas imposer, dispenser, exempter, faire grâce, épargner donc.
261 VA 169 / EC 202. Pour l'intelligence de cette première catégorie de transition je me base principalement sur l'essai « La chose ». On en trouvera une analyse plus détaillée, toujours du double point de vue du « premier commencement » et de l'« autre commencement », dans W. Marx (*Heidegger und die Tradition, op. cit., p.* 187–202). Pour une approche à partir de la parole qui « appelle la chose et le monde », voir US 22–32 / AP 24–36.

laissons la chose être en son rassemblement de chose, à partir du monde en son rassemblement de monde, alors nous pensons la chose en tant que chose [262]. » Tour un peu compliqué pour exprimer une situation qui l'est peut-être moins : la question de la présence a été levée originellement comme question d'une différence ; cette différence a tôt fait de virer en transcendance *(on et ousia)* et en réduplication *(on hè on)* ; pour donner congé à ces deux représentations de la différence, il convient de penser la présence originairement comme « venue » ou « rassemblement ». Il faut bien voir que, sous la catégorie « le monde et la chose », l'*en tant que* est transmuté. Tout l'effort de Heidegger consiste à comprendre ce rapport ou ce « rassemblement » de telle sorte que celui-ci ne puisse plus être rendu « banal [263] », ni par le « dogme » de la transcendance, ni par celui de la réduplication. Il y a donc d'abord le désir d'un regard libre de toute buée dogmatique qui lui fait dire : la chose est saisie en ce qu'elle est si nous la pensons comme rassemblant *(dingen)* le monde, et le monde est saisi en ce qu'il est si nous le pensons comme rassemblant *(welten)* la chose. Mais il y a surtout un désir de s'affranchir des anthropocentrismes. Le concept de monde mis ici en œuvre abolit toute structure d'auto-dépassement. Ce concept n'a plus rien à voir avec « l'être-au-monde » comme « constitution nécessaire et *a priori* de l'être-là [264] ». Étant anti-transcendantal en ce sens, il joue sans qu'intervienne une référence à l'homme. L'anti-humanisme de la phénoménologie radicale n'est donc que l'aspect le plus frappant de la négation de tout « *transcendens* par excellence », et cette négation résulte d'une attention simple à « la chose » pour autant qu'elle émerge, vient à la présence, conjointement avec « le monde » qu'elle institue. « Le monde » ne désigne donc plus ici la « mondanité », « elle-même un existential », puisqu'il n'est plus découvert comme « co-originaire » avec soi et avec autrui [265]. La relation de soi au monde est en quelque sorte inversée : le monde n'est plus vu comme l'élément structurant de l'être-là, mais l'homme – « les mortels » – est l'un des éléments constitutifs du « quadriparti » ou du *jeu autonome du monde*. Comment penser ce

---

262 VA 179 / EC 216.
263 « *Trivialisiert* », cf. le premier paragraphe de ET (SZ 2 / SZ 17).
264 SZ 53 / ET 75.
265 SZ 64 et 146 / ET 87 et 182.

Au virage de la Kehre : les catégories de transition

jeu, l'auto-structuration du monde, s'il ne s'agit plus de la transcendance du *kosmos* par rapport aux *onta*, du *mundus* par rapport aux *res*, ou même du « monde » par rapport au *Dasein* ? Le monde continue bien d'être pensé comme jeu *a priori* de structures, et en ce sens comme individuation des choses. L'essence d'une chose, c'est de réunir, de retenir, les « régions » du monde. « Chaque chose retient le quadriparti dans un rassemblement, ayant sa durée, où la simplicité du monde demeure et s'attarde [266]. » En se déployant, le monde – « *das Welten* » – s'individualise en déploiement de la chose, « *das Dingen* ». Mais, d'une part, le monde n'est pas conçu spatialement, comme englobant la chose, la précédant à la manière d'un excès (comme une galaxie précède une étoile en l'excédant et ainsi la fixant en son lieu). Le schéma de pensée est plus temporel que spatial : le double déploiement du monde et de la chose est une entrée en la demeure, un attardement, *Verweilen* [267]. Dans la chose, le monde est là pour un temps. D'autre part, l'auto-structuration du monde ne précède pas la chose comme horizon de transcendance. Comment une chose pourrait-elle se transcender ? Centrer le travail phénoménologique sur « la chose » plutôt que sur l'homme, c'est donc renoncer à toute conception du monde comme horizon, conception qui restait encore opératoire tacitement quand, à propos de l'œuvre d'art, Heidegger disait le monde « plus étant », *seiender*, que les étants [268]. À mesure que Heidegger reformule sa conception du monde – d'abord « le monde et l'être-là », puis « le monde et la terre », enfin « le monde et la chose » –, c'est l'horizon de transcendance qui s'efface. À cet horizon se substituent les « injonctions » économiques [269].

Par là, on voit du moins – pour reprendre les trois observations de départ – comment le passage de « l'être-là » à « la chose » tient ici lieu du passage au-delà de la clôture, comment il est en vérité lui-même un passage économique, affirmant et supprimant, transmutant donc, l'ancien *on hè on*. De la différence entre « l'étant pour lequel l'être

---

266 « *Jedes Ding verweilt das Geviert in ein je Weiliges von Einfalt der Welt* » (VA 179 / EC 215).
267 VA 172 / EC 207.
268 Hw 33 / Chm 34.
269 « *Weisungen* » (VA 184 / EC 222).

309

est toujours en cause » et « l'être lui-même » (différence « transcendantale » au sens d'*Être et Temps)*, seule l'identité de structure est préservée : identité de structure entre le *Dasein* et le monde, avant le passage de la clôture, et entre les modalités de la chose et les « dimensions » du monde, après ce passage. – Par le concept économique d'injonction – « la constellation de l'être s'adresse à nous [270] » –, on voit en outre pourquoi l'essence phénoménologique de la différence ontologique n'a jamais *pu* apparaître tant que l'« être » a continué de fonctionner, ouvertement ou tacitement, comme principe de transcendance : principe d'explication causale, principe de perfectionnement moral, principe, somme toute, d'archi-téléocratie époquale. Au moment de la transition entre l'économie technologique – dernier effet, tout comme *Être et Temps*, de la métaphysique – et l'économie du « quadriparti », la *res,* alors que « son essence n'a jamais encore pu apparaître » auparavant [271], *devient* la chose ; le monde « brusquement *(jäh)* joue le jeu du monde [272] » ; et « les êtres vivants raisonnables doivent encore *devenir* des mortels [273] ». Les « injonctions », en effet, ne sont rien d'autre que des figures de l'étau économique qui résulte de « la manière dont tout se rend présent [274] ». Quand il est demandé à Heidegger de rendre compte de l'« injonction » à laquelle obéit sa pensée, il doit donc se contenter de montrer celle-ci « liée au destin essentiel de l'être », *liée par* « le tournant *(Kehre)*, se dessinant d'avance dans le destin de l'être, de l'oubli de l'être [275] ». – On voit enfin quelle exigence, émanant des choses, a pu être négligée pour que leur essence soit restée voilée : « la chose » doit être telle que, pour la voir, il faut d'abord la *laisser*. Or, un tel délaissement comme attitude proprement phénoménologique est diamétralement opposée à la recherche d'une science, d'un fondement, d'une transcendance. L'*a priori* pratique qui apparaît ainsi (et dont il nous faudra plus loin examiner la nature) se substitue au rapport de transcendance : l'« animal raisonnable » cherche à transcender le donné ; mais les

---

270 TK 46 / Q IV 154.

271 VA 169 / EC 202.

272 VA 180 / EC 217.

273 VA 177 / EC 213.

274 VA 164 / EC 195.

275 VA 183 sq. / EC 220 sq. (cf. TK 40 sq. / Q IV 146 sq.).

« mortels », saisis dans l'économie du « quadriparti », le laissent être.

La différence ontologique, c'est-à-dire l'incidence récapitulatrice de cette première catégorie de transition, est constituée par un dépassement, un « pas en avant », de l'étant, du présent, ou de la chose. En revanche, la différence entre monde et chose, c'est-à-dire l'incidence anticipatrice de cette catégorie, se constitue par un « pas en arrière [276] ». « Dépasser la métaphysique », ce serait donc renoncer au dépassement qui a fait la métaphysique ; transgresser l'enceinte close avec la technologie, ce serait congédier la transcendance et se laisser déterminer (*be-dingen*) par les seules choses et leur venue à la présence. Avec la substitution de l'incidence anticipatrice à l'incidence récapitulatrice de cette catégorie, certains facteurs économiques – et d'abord les principes époquaux vers lesquels l'animal raisonnable transcende le monde – tomberaient dans l'oubli ; d'autres, comme les anciennes preuves d'un être suprême, dans l'indifférence ; et d'autres encore, dans l'impossibilité pure. Parmi ces derniers figurerait assurément la collision entre *principium* et *princeps,* entre un ordre époqual de présence et le pouvoir centralisé. Par cette même substitution, des « choses » nouvelles émergeraient de l'oubli, de l'indifférence, et de l'impossibilité. La double incidence de la première catégorie de transition permet donc de penser les choses non pas selon leurs essences inaltérables, mais selon leur nouveauté possible. L'identité des « dimensions » quadripartites du monde, et la différence dans ce qu'il faudra appeler leurs « éclaircies » économiques, font qu'il peut y avoir du neuf dans l'histoire.

Cette substitution de la différence entre monde et chose à la différence ontologique ne vise évidemment pas à « rejeter le monde vieux et décrépit, le monde chrétien, métaphysique, bourgeois [277] » ;

---

276   VA 180 / EC 217. Selon SD, ce « pas en arrière » ne consiste pas seulement en un recul vers le champ alétheiologique où apparaît l'étant, mais il « rend libres » les phénomènes de se montrer, il « prend ses distances par rapport à ce qui s'apprête à survenir » (SD 32 / Q IV 59).

277   Pöggeler (« *Sein als Ereignis* », *op. cit.,* p. 599) dénonce très à propos l'interprétation de cette substitution, selon laquelle « ce ne serait pas l'être, figé et vidé, qui serait le thème central de Heidegger, mais le "monde" : Heidegger rejetterait le monde vieux et décrépit, le monde chrétien, métaphysique, bourgeois, et attendrait le monde à venir, intact et neuf. » Ailleurs Pöggeler dit justement que

La déduction historique des catégories de la présence

la substitution opère plutôt au niveau de l'*a priori* : « L'*a priori* est le titre de l'essence de la chose. Selon qu'est saisie la "choséité" de la chose et, d'une manière générale, selon qu'est compris l'être de l'étant, de la même manière est aussi interprété l'*a priori* et son apriorité [278]. » Pour penser les choses multiples, la philosophie les a « stabilisées » en dépassant la *res,* l'*ens,* l'objet, vers la réalité, l'entité, l'objectivité, et en appelant ce qui est ainsi atteint, « l'être de l'étant [279] » ; voilà la différence métaphysique. Chacune de ces formes de dépassement répond à une modalité historique de la présence, si bien qu'une nouvelle différence chaque fois apparaît : celle entre réalité, entité, objectivité, etc., d'une part, et la présence entendue comme « venue », comme émergence, d'autre part ; voilà la différence phénoménologique. Cette dernière joue comme le corrosif qui déboîte les emboîtements par lesquels l'être est conçu comme dépassant et englobant les étants, tel un transcendant qui dépasse et englobe le transcendé. « Arracher » la différence phénoménologique aux surfaces économiques de l'histoire, voilà la méthode qui permet de lever « la question de l'être » *par le biais* de la déconstruction – par luxation (« déplacement de deux surfaces articulaires qui ont perdu leurs rapports naturels », comme écrit un dictionnaire). Il apparaît alors que la différence métaphysique camoufle « la chose », ne prend pas garde à elle, et que dans cette différence « le monde » se refuse tel qu'il vient à la présence dans la chose. Pour penser la présence elle-même, il convient de partir de ce rapport entre monde et chose, rapport qui dit justement l'*émergence en tant que telle.*

« le monde est l'affaire propre vers laquelle se libère la pensée de Heidegger » (*Der Denkweg Martin Heideggers,* Pfullingen, 1963, p. 247).

278   FD 130 / QCh 176.

279   Cf. par exemple VA 176 / EC 211; FD 165–168 / QCh 219–223. Voici une liste impressionnante des versions de la différence métaphysique selon Heidegger, telle que l'a constituée Gethmann, *Verstehen und Auslegung, op. cit.,* p. 42 : « réalité du réel » (Hw 136 / Chm 125) ; « subjectité du sujet » (Hw 122 / Chm 113) ; « l'absoluité de l'absolu » (*ibid.*) ; « vérité du vrai » (Hw 172 / Chm 155) ; « historicité de l'historique » (Hw 141 / Chm 129) ; « effectivité de l'effectif » (Hw 186 / Chm 167) ; « mondanité du monde » (Hw 187 / Chm 167) ; « choséité de la chose » (FD 8 / QCh 23) ; « objectivité de l'objet » (SvG 46 / PR 81) ; « substantialité de la substance » (Wm 291 / Q II 95) ; « égoïté de l'ego » (SvG 132 / PR 176) ; « apparaître de l'apparaissant » (Hw 144 / Chm 132). Dans tous ces cas, il s'agit de la différence entre l'étance (*Seiendheit*) et l'étant (*das Seiende*).

312

Posée ainsi – c'est-à-dire, si « monde et chose » est cette catégorie qui dit explicitement l'origine originaire comme émergence – la question de la présence n'est plus seulement abordée de biais. Par récapitulation, on doit bien dire que « la détermination traditionnelle de la "choséité" de la chose, c'est-à-dire de l'être de l'étant [280] » dissimule les choses sous des considérations touchant leur nature ou leur essence plutôt qu'elle ne les révèle ; que la différence métaphysique ne permet donc pas plus de penser la « "choséité" de la chose » qu'elle ne permet de penser l'être de l'étant [281] ; que les constructions de transcendance « sautent par-dessus les choses qui nous entourent et par-dessus l'interprétation de leur "choséité" [282] » ; et enfin, que la déconstruction de l'ère onto-théologique limite l'incidence de la catégorie de différence ontologique à cette ère. Mais pour qu'elle soit une catégorie de transition, il faut enrichir le titre récapitulateur par un titre anticipateur, et celui-ci sera la différence qui apparaît quand on s'interroge sur l'*oriri* en tant que tel, la différence entre le monde et la chose. Alors, on doit dire de l'ère de clôture, la technologie, que sa « constellation de l'être, en tant que mise hors garde de la chose, est le refus du monde [283] ».

§ 35. « Il y a » / La faveur

Sous l'hypothèse de la clôture métaphysique, la « mise hors garde de la chose » et le « refus du monde » ont eu leur temps, l'ère de la différence comprise comme transcendance. D'autre part, on se souvient que la deuxième catégorie prospective, *physis*, indiquait l'impossibilité d'une manifestation totale de la présence, sans occultation, sans une certaine mise hors garde et un certain refus. La *physis* dit une

---

280 FD 137 / QCh 184 (cf. FD 92 / QCh 128).

281 « Si les choses s'étaient montrées d'emblée *comme* choses dans leur "choséité", la "choséité" des choses serait devenue manifeste. C'est elle qui aurait revendiqué la pensée. Mais en vérité la chose comme chose demeure écartée, nulle, et en ce sens anéantie » (VA 169 / EC 201). On notera qu'ici, comme dans FD, Heidegger parle de *Dingheit* comme équivalent non pas de *Seiendheit,* mais de *Sein.*

282 FD 100 / QCh 139.

283 TK 46 / Q IV 154.

double absence, au cœur et à la périphérie de tout ordre de présence : absence périphérique, ontique, des étants exclus par l'*epoché*, et, au cœur, absence ontologique qui fait de la présence un mouvement, un événement, *phyein* ou *oriri*.

La question est maintenant : la catégorie correspondante de transition indique-t-elle une suppression possible, pensable, de l'occultation, de l'oubli, de tout mouvement de retrait propre à la *physis* ? L'absence périphérique, ontique, des étants dans les modes catégoriels anticipateurs, nous la réexaminerons plus loin à propos du *legein* et de l'« éclaircie ». Ici, il importe de savoir si avec la transgression hors de l'« être » articulé en différence ontologique – différence et métaphysique, et phénoménologique –, le cèlement a, lui aussi, fini de jouer. Que veut dire au juste que « la mise hors garde de la chose » et « le refus du monde » touchent, avec le revers post-technologique, à leur fin ? Le raisonnement suivant paraît en effet inévitable : l'être comme *physis* se retient, se réserve (*epéchein*) dans les figures destinales de la différence ontologique, ces figures destinales étant accusées par la catégorie récapitulatrice *es gibt*, « il y a [284] » ; or, avec la transgression de la clôture métaphysique, « l'être qui tient au destin n'est plus l'affaire propre de la pensée [285] ». Le titre anticipateur correspondant à la *physis* éliminerait-il le trait le plus originaire de celle-ci, à savoir que présence et absence s'y conjuguent en un seul *kategorein* ? Avec le titre anticipateur de cette catégorie de transition, l'expérience présocratique, essentiellement ambiguë, de la présence perdrait-elle son caractère paradigmatique ? Sous l'hypothèse d'un congé donné à la différence ontologique, la présence n'impliquerait-elle plus aucune « mise hors garde » ni aucun « refus » ? De même que pour Platon le bonheur est la *possession* du Bien subsistant, pour Heidegger, « la pensée authentique, à supposer qu'un jour la grâce en soit faite à un humain [286] », consisterait-elle en la *possession* plénière de la présence ? En la saturation où s'éteignent le désir et l'absence ?

---

284 Voir surtout SD 41–43 / Q IV 71–74. Le caractère déconstructeur propre au « donner » – déconstructeur, en l'occurrence, des trois questions traditionnelles de la *metaphysica specialis* – apparaît par exemple en Fw 7 / Q III 15.

285 SD 44 / Q IV 74.

286 GA 55 372.

Cette façon d'envisager la question peut se prévaloir de la catégorie rétrospective correspondant à la *physis :* du moment que la venue à la présence, l'origine originaire, est restée en retrait des étants dévoilés, le nihilisme traverse toute l'aire onto-théologique. Le nihilisme, c'est que la présence ne « vaut rien » pour l'homme.

Mais la clôture de cette aire une fois franchie et la différence onto-logique transmutée en différence entre monde et chose, « l'oubli vire, la garde de l'être advient, et le monde advient [287] ». L'être préservé sous le titre « le monde » et arraché au nihilisme, ne semble donc plus tomber sous l'oubli. C'est une bonne raison, dira-t-on, de donner à cette deuxième catégorie de transition le titre anticipateur de « faveur », *Gunst* [288]. Aussi comprend-on que Heidegger parle de « la faveur, *point encore accordée* », que « le monde advienne comme monde et que la chose advienne comme chose [289] ». La « faveur » est celui des deux visages de la technologie qui regarde vers l'avenir. Voyons d'abord comment s'opposent ici ces deux directions de regard.

La catégorie « il y a » – l'incidence de la technologie sur les époques en arrière de nous – fonctionne comme le levier phénoménologique pour déconstruire ces époques. En ce sens, « il y a », *es gibt,* est une tournure qui parle du destin : les époques « se donnent ». Cela veut dire : elles s'accordent à nous en une constellation chaque fois finie de la présence. Dire « *es gibt Sein* », il y a de l'être, et « *es gibt Zeit* », il y a du temps [290], c'est – et on n'y a pas toujours prêté suffisamment attention – encore parler de l'ère de la différence ontologique. En dehors du tracé de la clôture, on ne peut pas plus dire « *es gibt* » qu'on ne peut parler d'être et de temps. « Alors la tâche de la pensée n'aura-t-elle pas pour titre "Éclaircie et Présence" au lieu d'*Être et Temps ?* [291] »

---

287 TK 42 / Q IV 149.

288 Ce terme apparaît probablement pour la première fois dans l'épilogue à « Qu'est-ce que la métaphysique ? » (Wm 106 / Q I 82).

289 TK 42 / Q IV 149 (souligné par moi).

290 SD 18 et 43 / Q IV 39 et 73.

291 SD 80 / Q IV 139. Il est vrai que ce texte poursuit : « Mais d'où et comment y a-t-il l'éclaircie ? Qu'est-ce qui parle dans cet "il y a" ? ». Mais ce n'est là qu'une preuve de plus du double langage qu'il faut tenir sur le seuil de la clôture. Au moment de la transition, il faut affirmer et « le congé pris de l'être et du temps »,

Lever la question de la présence « sans égard pour une fondation de l'être à partir de l'étant [292] », revient à congédier le « il y a » français et le *es gibt* allemand puisque l'un et l'autre impliquent « le rapport à l'homme [293] ». La « faveur » comme incidence catégorielle anticipatrice est un trait qui n'est « humaniste » d'aucune façon ; qui n'est plus destinal ; qui ne parle d'aucune transcendance ni d'aucune figure de la différence ontologique ; qui est enfin irréductible à la problématique époquale de l'être et du temps. La « *Gunst* » traduit la *philia* d'Héraclite, elle-même un prédicat de la *physis* [294].

La faveur est dite survenir avec ce revers où la préservation (*Wahrheit* au sens de *Wahrnis*, « prise en garde ») de la présence se substitue à l'oubli de celle-ci [295]. Mais ce n'est pas dire qu'avec l'issue hors de l'ère de la différence ontologique et du « destin de l'être », tout refus, tout voilement, soit extirpé. L'issue ne conduit pas vers la pleine possession, le propre et la propriété. Ce n'est pas ainsi qu'il faudra entendre l'*Ereignis,* événement d'appropriation. On se souvient que la *physis* était la catégorie la plus explicitement temporelle. C'est cette temporalité de la catégorie de transition correspondante qui réintroduit « le refus et la rétention » dans la faveur – quoique la rétention ne soit plus un *epéchein,* ni le refus celui du monde. Le mot *Gunst,* faveur, dérive d'un verbe (en allemand moderne, *gönnen)* qui – tout comme *geben,* donner – signifie « accorder, octroyer ». La rupture entre le donner destinal (« il y a », *es gibt*) et le donner événementiel (« faveur », *Gunst),* entre la venue à la présence au sein de la clôture et la venue à la présence hors de la clôture, s'opère par les modalités respectives du temps : « Jusque dans l'événement d'appropriation il peut être question de refus et de rétention, dans la mesure où ceux-ci concernent la manière dont il y a du temps [296]. » La temporalité des champs historiques où s'est articulée la différence ontologique, est *époquale* ; ce mot, on le sait, dit précisément la scansion par revers

---

et l'« il y a » par lequel « ceux-ci demeurent, d'une certaine façon, comme le don de l'événement d'appropriation » (SD 58 / Q IV 93).

292 SD 2 / Q IV 13.
293 SD 42 et 43 / Q IV 72 et 73.
294 GA 55 127–139.
295 TK 42 / Q IV 149.
296 SD 58 / Q IV 93.

successifs de l'être, ainsi que « le refus et la rétention » de l'« être lui-même ». La temporalité anticipée, elle, n'est plus époquale. C'est une temporalité finie qui n'est plus pensée en rapport à quelque transcendance. Elle « est pensée, non plus à partir du rapport à l'in-finitude, mais comme finitude en elle-même : finitude, fin, limite, le propre » – ce dernier terme entendu comme *lieu propre,* établi par l'analyse topologique, *Erörterung* (« situation [297] »).

La problématique de la transition est donc à poursuivre dans deux directions : celle du cacher-montrer qui est à l'œuvre dans ce qui est apparu sous les titres anticipateurs de « monde » et de « faveur », et celle de la modalité de *finitude* qui, sous ces mêmes titres, prend la relève des « époques ». Le cacher-montrer et la finitude anticipés indi-queront comment, après « l'autre commencement », on doit continuer de tenir un discours *économique* sur la présence. Au cacher-montrer et à la finitude s'adressent les deux catégories qui suivent.

§ 36. Le dévoilement / L'événement

La catégorie prospective d'*alétheia* désignait un jeu du cacher-montrer dont les variations font les époques. À chaque revers, ce qui est caché ou voilé et ce qui est montré ou dévoilé s'articule différemment, si bien qu'une crise dans l'histoire apparaît comme une redistribution d'ombre et de lumière, comme un retracement de la « clairière » au sein de laquelle la vie et la pensée sont possibles pour un temps. La catégorie rétrospective correspondante, la justice, « humanisait » le trait de la présence accusé ainsi depuis les Grecs. Les notions d'*omoiosis,* d'*adaequatio,* de « justice », opéraient une exclusion du *léthein,* du voilement, et cantonnaient le dévoilement dans un comportement humain : assimilation au Bien, assertion, et finalement justice faite au chaos.

Sous l'incidence anticipatrice de la catégorie de transition qui correspond à l'*alétheia* et à la justice, le cacher-montrer ne sera ni

---

297 *Ibid.* Aussi quand Heidegger ajoute que « le nouveau concept de finitude » est à entendre « à partir du concept de propriété », *ibid.,* cette remarque ne vise encore que la topologie.

époqual ni humaniste [298]. Quelle est, en effet, la « faveur » qui s'annonce dans le danger de la transition et grâce à laquelle le « monde » peut apparaître comme jeu auto-structurant, comme quadriparti ? « Dans l'essence du danger se déploie et habite une faveur, à savoir la faveur qu'est le virage de l'oubli de l'être vers la préservation de l'être [...] La préservation de l'être, nous l'avons pensée dans l'accomplissement du monde comme le jeu de miroir qu'est le quadriparti du ciel et de la terre, des mortels et des divins. Quand vire l'oubli, quand survient le monde comme préservation de l'essence de l'être, alors s'accomplit proprement (*ereignet*) l'éclat foudroyant du monde [299]. » Et, pour bien marquer le seuil à partir duquel l'*Ereignis,* l'événement d'appropriation, commence à jouer, Heidegger ajoute : « L'éclat foudroyant, c'est que s'accomplisse proprement la constellation du virage dans l'essence de l'être lui-même, et cela à l'époque de l'arraisonnement (*des Gestells*) [300]. »

Ce qui est appelé « événement » ici, est *ébauché* par le virage des temps hors de l'arraisonnement technologique. L'arraisonnement est « l'apparition anticipée de l'événement d'appropriation », ou de l'événement de pure entrée en rapport ; « entre les figures époquales de l'être et la métamorphose de l'être dans l'événement d'appropriation, se tient l'arraisonnement [301] ». La description la plus pertinente que le phénoménologue des revers puisse donner de ce virage, c'est qu'il est « l'entrée dans le séjour de l'événement d'appropriation [302] ». On doit donc comprendre cet événement d'appropriation comme amorcé, abordé, par le virage hors de la technologie [303]. Or, l'événement

---

298 TK 44 / Q IV 151. Cf. encore les textes de MHG 73 cités ci-dessus (p. 296, n. 237, et p. 303, n. 250).

299 La transition dont il est question ici brisera l'enchaînement conceptuel par lequel l'*alétheia* comme « vérité » serait liée à un comportement humain, et celui-ci – en raison de l'errance, *Irre,* époquale – nécessairement exposé à l'erreur. C'est toujours au nom d'un comportement idéalement « vrai » que W. Marx et d'autres se sont inquiétés d'une phrase comme : « Qui pense grandement, il lui faut errer grandement » (EdD 17 / Q III 31).

300 TK 42 sq. / Q IV 149 sq. Pour le sens multiple du mot *Ereignis* chez Heidegger cf. Birault, *Heidegger et l'expérience de la pensée, op. cit.,* p. 41.

301 SD 35 et 56 sq. / Q IV 63 et 91.

302 « *Einkehr in den Aufenthalt im Ereignis* » (SD 57 / Q IV 92).

303 Dans les cours sur Nietzsche, prononcés pendant la guerre, l'événement d'appropriation semble jouer rétrospectivement, comme ce qui a scandé l'histoire

d'appropriation ainsi amorcé est simultanément un événement d'expropriation. Par là se clarifie quelque peu le problème du « refus » ou de la « rétention » dans le jeu d'auto-structuration que désignent les catégories du monde et de la faveur. L'expropriation, *Enteignis*, dit maintenant la modalité de cette rétention, le cacher dans le montrer, le refus dans la faveur. On verra alors qu'il ne s'agit absolument pas pour Heidegger de retourner purement et simplement – à l'instar des Romantiques allemands – à l'expérience grecque pré-classique. Le jeu d'appropriation et d'expropriation dit quelque chose que l'*alétheia* ne peut pas dire. « L'événement d'appropriation est en lui-même un événement d'expropriation ; ce dernier mot reprend, d'une manière événementielle, la *léthé* grecque primitive au sens du voilement [304]. »

L'incidence anticipatrice de cette catégorie de transition, le jeu d'appropriation et d'expropriation, indique une « motilité ». Celle-ci est opposée au « destin de l'être » comme l'incidence anticipatrice à l'incidence reproductrice : « Que l'événement d'appropriation soit sans destin ne signifie donc pas que lui fait défaut toute motilité [305]. » Nous avons vu à propos d'Anaximandre que la compréhension grecque primitive de l'*alétheia* indiquait un mouvement d'arrivée des étants dans la présence, d'attardement, et de retrait. Ce n'est plus ainsi que le cacher-montrer peut être pensé ici. Heidegger indique deux voies vers l'intelligence de l'« expropriation » : l'événement se substitue au dévoilement destinal de telle manière que, d'une part, « il ne peut être fixé ni comme être ni comme temps – il est, pour ainsi dire, un *neutrale tantum*, le neutre "et" dans le titre "Temps et Être" [306] » – et que, d'autre part, la motilité d'appropriation et d'expropriation doit être pensée à partir du quadriparti. Il ne faut cependant pas s'attendre à une réponse satisfaisante à ces deux investigations : le séminaire qui, seul, traite de cette « motilité », coupe court à la question de « l'expropriation qui appartient essentiellement à l'événement d'appropriation. Elle renferme en elle la question :

---

de la métaphysique en époques, cf. le texte cité ci-dessous, p. 363, l'exergue. Ce lien avec le dévoilement époqual est par la suite défait.

304 SD 44 / Q IV 75.
305 *Ibid.*
306 SD 46 sq. / Q IV 79.

Expropriation vers où ? La direction et le sens de cette question ne furent plus discutés [307] ». L'événement d'appropriation-expropriation est ce que la philosophie a jamais pensé de plus ténu, à savoir la simple mise en rapport en tant que singulière et précaire.

Nous pouvons tenter, néanmoins, trois approches : 1. S'il est pensé à partir du neutre « et » ainsi que du « quadriparti », le retrait ou le voilement qui, sous le titre d'expropriation, est opératoire dans l'événement d'appropriation, n'est affaire ni de l'homme, ni des étants époqualement présents ou absents. L'incidence catégorielle du « dévoilement » signifiait une telle arrivée et un tel recul d'étants dans l'arène où l'homme leur est co-présent. Mais ni le « et » ni le « quadriparti » ne font référence aux étants ou à l'homme. Le concept d'événement (si du moins on peut l'appeler un concept) est, en un sens, le plus vide de contenu qu'on puisse concevoir. En effet : 2. Penser l'être et le temps, « c'est penser la pensée la plus difficile de la philosophie, à savoir l'être *en tant que* temps [308] ». Le jeu d'appropriation et d'expropriation semble s'adresser à cet « en tant que » antérieur à, et sans égard pour, l'être et le temps. Dans cette pensée, la plus difficile de la philosophie – puisqu'elle signifie l'adieu à la philosophie – l'être « disparaît [309] ». Aussi cet « en tant que », parce que toujours fini et toujours autre, serait-il traversé d'une motilité propre ; il serait le lieu de la motilité qui cache et qui montre. Nous pouvons voir dans ces allusions seulement une façon de dire que les constellations mouvantes de la présence continuent de jouer au-delà de la clôture métaphysique, mais (comme l'indique la catégorie de transition ci-dessous) non plus d'une façon « époquale ». 3. L'usage du titre « quadriparti » ne signifie ici, en fin de compte, rien d'autre que les constellations, non plus d'étants, ni même de présence et

---

307   SD 46 / Q IV 77.

308   N I 28 / N i 26 (souligné par moi).

309   SD 46 / Q IV 78 (cf. VA 71 / EC 80). La note du traducteur à ce dernier texte, par une série d'appositions (« accepter [...], sauver la métaphysique dans son être, revenir au lieu où elle a son origine »), finit par brouiller le tracé (« *de linea* ») de la clôture tel qu'il est dessiné dans l'essai « Contribution à la question de l'être », alors même que cette note est censée clarifier le terme « *verwinden* », venir à bout. En aucun cas on ne peut traduire « *Verwindung* » par « acceptation » (EC 81), cf. ci-dessus, p. 108, n. 74.

d'absence, mais dans l'*incessante nouveauté* dont « la terre et le ciel, les divins et les mortels » déterminent « la chose », chaque chose. Cette nouveauté semble être pensée comme si radicale qu'on peut se demander s'il reste encore possible de parler de genres et d'espèces à propos des choses. Le mouvement d'expropriation « accuserait » ainsi la finitude extrême ; ce serait l'effort extrême pour penser la chose singulière dans sa singularité – ce qui est, comme on sait, le mur infranchissable pour toute pensée métaphysique. Tandis que l'incidence récapitulatrice de cette troisième catégorie, le « dévoilement », indique les distributions générales de la présence dotées d'une certaine durée, son incidence anticipatrice, l'« événement », indiquerait l'éparpillement du général, la fragmentation de toute temporalité autre que la venue à la présence de chaque chose, une multiplication impossible à transcender, pensable seulement en son mouvement de « levée » ou d'éclaircie.

§ 37. L'*époque* / L'*éclaircie*

Le *legein*, on s'en souvient, fut la seconde catégorie directrice parmi les catégories prospectives, et l'« éternel retour », la seconde parmi les catégories rétrospectives. L'une et l'autre disaient l'auto-structuration, la *Selbstauslegung*, d'un champ de présence ; elles disaient comment la présence « s'interprète elle-même », s'explicite, se déploie elle-même. Du point de vue de la transition, il faut maintenir qu'à l'intérieur du champ clos de l'onto-théologie seulement, la présence s'articule en « époques ». *Epéchein*, on s'en souvient aussi, signifiait la rétention de la présence elle-même au cours des âges de la métaphysique, « l'oubli de l'être ». Le péril qui va grandissant à mesure que la métaphysique resserre son étau sous la forme de la technologie, ce n'est rien d'autre que cet *epéchein*. « Le péril, c'est l'époque de l'être [310]. » Mais puisque les catégories du « monde » et de la « chose », ainsi que les deux autres qui en dépendent – la « faveur » et l'« événement » – ont pour tâche de relever les traits

---

310 TK 42 / Q IV 148.

de la présence indépendamment de son fondement dans les étants présents, il ne peut plus être question de l'*epoché* sous l'hypothèse de la clôture métaphysique. Des expressions telles que « époque où l'être comme tel se dérobe », « époque du retrait [311] » ont donc quelque chose de pléonastique. À l'époque se substitue la *Selbstlichtung,* l'auto-éclaircie [312].

Au dépérissement des époques, on pourrait objecter : ne s'est-il pas avéré que les catégories de transition n'anticipent nullement une donation totale de la présence, sa réception sans ombre, sa possession sans expropriation ? Elles ne fraient aucun accès, en effet, à une présence plénière. Le monde, la faveur, l'événement restent traversés « de refus et de rétention ». Ils restent *finis.* Ces titres indiquent même l'aboutissement extrême du concept moderne de finitude. La seconde catégorie directrice met précisément en relief la modalité de cette finitude. Pour tenir ensemble le dépérissement des époques et l'impossibilité d'un dévoilement sans voilement, il importe de saisir que, la clôture transgressée, la présence n'est pas « finie » de la même manière que les époques furent « finies ». Si le *legein* rassemble l'être et l'étant diversement selon les époques, alors « époque » veut dire : irruption d'une constellation nouvelle de la différence ontologique dans l'ensemble des étants, mais de telle façon que l'*eon* lui-même n'apparaît pas. Penser l'*eon* – non pas en sa constellation grecque, mais post-technologique, non pas comme *eon,* donc –, ce serait penser un double *legesthai,* double comme le visage de Janus. Ce serait penser deux « lieux » de rassemblement, séparés par la clôture. D'une part, regardant en arrière, on verrait les époques de la philosophie se propager jusqu'à ce « lieu où la totalité de son histoire se *rassemble* dans sa possibilité la plus extrême [313] ». Ce premier lieu, la fine pointe de l'histoire de la métaphysique, est la technologie. D'autre part, « *un jour,* la pensée devrait ne pas reculer devant la question : l'éclaircie, la libre ouverture, ne serait-elle pas ce lieu en quoi l'espace pur et le temps extatique, ainsi que tout ce qui en eux se présente et s'absente, se *rassemblent* et s'abritent [314] ? »

---

311 SvG 97 et 99 / PR 136 et 139.
312 Her 189.
313 SD 63 / Q IV 114 (souligné par moi).
314 SD 72 sq. / Q IV 128 (souligné par moi).

Ce second lieu, la fine pointe des vieux problèmes du temps et de l'espace, ainsi que des étants se présentant en eux, est ce vers quoi on tente de transgresser le seuil technologique.

Dans le rassemblement au premier sens, dans la technologie, la philosophie « prend fin ». Il s'ensuit que le rassemblement au second sens, appelé « éclaircie » (*Lichtung* au sens actif) dans ce texte, opère au-delà du tracé qui encercle ce qu'on appelle la philosophie : « De l'éclaircie, la philosophie ne sait rien [315]. »

L'éclaircie reste apparentée à l'*epoché* – dont elle prend la relève – du fait qu'en elle aussi la présence se dévoile soudainement, comme par de brusques éclairs. La métaphore d'éclaircie doit ainsi évoquer, non pas tant un espace de lumière – qu'il soit conçu comme *lumen naturale* [316] ou comme « scène de théâtre, le rideau constamment levé [317] » –, mais une fulguration ; non pas un champ ouvert, mais l'ouverture d'un champ ; non pas la clairière, mais (pour poursuivre la métaphore sylvicole) la coupe même dans la futaie… Événement d'instauration, mais non pas dispositif instauré. Événement de *sortie* du voilement (*herausstehen*), mais non pas le contraire du voilement. L'événement d'éclaircie, ainsi compris, joint donc explicitement le processus de s'absenter au processus de se présenter. Il joint aussi l'absence ontique, périphérique, de certains étants, à la présence des étants donnés par l'éclaircie. Ce titre anticipateur dit simultanément le « coup » (*keraunos*) qui rassemble les étants présents, et le coup d'exclusion de ceux qui restent absents [318]. Mais, à la différence de l'*epoché,* le concept d'éclaircie accuse explicitement l'absence dans la présence. Dans la venue au jour, dans l'aurore, il salue et la nuit qui

---

315 SD 73 / Q IV 129.

316 SD 73 / Q IV 129 (cf. SZ 133 / ET 166).

317 Hw 42 / Chm 42.

318 Dans ce même passage de Hw, l'exclusion ou le voilement, *Verbergung,* est opposé à la *Lichtung* de deux façons, qu'on pourrait dire ontologique et ontique : comme refus, *Versagen,* et comme dissimulation, *Verstellen.* Le « refus » indique l'« absenter » dans le « présenter », et cela sous le mode de la sortie (*herausstehen*) à partir du voilement, comme levée ou « commencement de l'éclaircie » (Hw 42 / Chm 41). C'est le mouvement ténu, difficile à saisir, par lequel l'étant se montre, sort du caché. – La « dissimulation » désigne simplement le camouflage d'un étant par d'autres, leur superposition.

« retient » la clarté naissante, et le jour qui la lui arrache. Le concept d'éclaircie nie la négation époquale de l'absence dans la présence. Penser la présence comme événement d'éclaircie, c'est la penser en elle-même et de telle façon que l'absence soit « reprise » en elle : la présence littéralement impartit, donne en partage, leur place aux étants présents et leur place aux étants absents.

La catégorie prospective de *logos* fonctionnait déjà comme assignation d'une place ou d'un site, comme situation. Le *logos* départageait l'ensemble des étants époqualement présents et époqualement absents ; il disait l'adduction des étants à la présence et accusait donc, lui aussi, le chemin qui conduit de l'absence à la présence. Le *logos* pouvait ainsi fonctionner comme facteur de différentiation des revers dans l'histoire destinale – il était ce qui permet de penser l'être en tant que temps destinal. Mais pour cette raison même, le *logos* ne suffit pas à penser la fin des « marques de l'être [319] », ni « la *possibilité* du chemin vers la présence [320] ». Cette question de la possibilité d'arracher les étants à l'absence, pointe au-delà des époques. C'est l'événement d'éclaircie qui répond à cette question. Sous le nom d'« éclaircie », la mise en ordre ontique et descriptible est explicitement pensée comme fonction de la mise en présence ontologique et transcendantale. Quant à la catégorie rétrospective d'éternel retour, celle-ci était inapte même à suggérer seulement pareille condition de possibilité, tant était exclusive la référence à l'homme autour duquel la technologie arrange toutes choses comme en un cercle de disponibilité. La figure de ce cercle rend impensable, non seulement le voilement en général, mais encore le fait que des étants puissent rester exclus d'un champ de présence, absents. La prétention à la présence totale avance ainsi sous les dehors de l'éternel retour, et non pas de l'éclaircie [321]. Si « éclaircie » est le mot par lequel Heidegger cherche à penser la présence indépendamment de ses scansions époquales, cette catégorie met justement l'accent sur l'absence dans la présence,

---

319 SD 44 / Q IV 74.
320 SD 75 / Q IV 132.
321 On voit par là comment est injustifiée l'inclusion de Heidegger, par Derrida, dans l'ère du logocentrisme et de la présence comme donation totale (cf. Derrida, *Grammatologie, op. cit.*, p. 21 sq., 206 et ailleurs).

sur le mouvement de ressac, sur le temps, donc. « Le temps [...] est l'éclaircie de l'être lui-même [322]. » L'ironie, c'est qu'une telle transgression du régime époqual en général soit rendue possible seulement par un virage époqual très précis, le « danger » ou le « péril » technologique : « L'essence du péril recèle ainsi la possibilité d'un tournant dans lequel vire l'oubli de l'essence de l'être, et cela de telle manière que, avec *ce* tournant-*là*, la vérité de l'essence de l'être s'établisse proprement dans l'étant [323]. » Quand, avec la technologie, la pensée de l'événement d'appropriation et de l'éclaircie devient *époqualement possible, les époques dépérissent.* Ce dépérissement propose à la pensée ce qui sera désormais son affaire propre : « au lieu de "Être et Temps" », « éclaircie et présence ». « La tâche de la pensée serait dès lors d'abandonner la pensée reçue à la détermination de ce qui est l'affaire de la pensée [324]. » Sous le règne des principes époquaux, l'absence qui caractérise l'événement reste impensable. Abandonner la philosophie née sous l'égide des principes, remettre l'*epoché* à l'« éclaircie », c'est substituer le précaire au principiel, la surface phénoménale aux fondements inébranlables, c'est rendre la présence perméable et toute traversée d'absence.

§ 38. La proximité / Le quadriparti

La catégorie prospective du *hen* était le nom, d'une part, de l'être suprême, l'Un divin, et, d'autre part, de l'unité d'un champ économique, l'Un économique. Aucune de ces deux notions de l'Un n'en épuisait cependant la portée catégorielle : celle-ci résultait de la conjonction du *hen* avec le *logos* et l'*alétheia*. Comme catégorie prospective, à proprement parler, apparut ainsi l'Un différentiel.

---

322 Heidegger appelle l'éclaircie la quatrième dimension du temps. « Le temps authentique est quadridimensionnel » (SD 16 / Q IV 34). Aux trois extases, ou aux trois dimensions de l'*epéchein*, s'ajoute : « 4. Le temps comme prénom du domaine du projet de la vérité de l'être. Le "temps" est l'entre-deux extatique (temps-espace), non pas le réceptacle de l'étant, mais l'éclaircie de l'être lui-même » (SAF 229, cf. Birault, *Heidegger et l'expérience de la pensée, op. cit.*, p. 34, 419, 485, 490, 536).
323 TK 40 / Q IV 146 sq.
324 SD 80 / Q IV 139.

La déduction historique des catégories de la présence

L'incidence récapitulatrice de la catégorie de transition qui correspond au *hen* devra indiquer la *fluctuation* entre les étants qui entrent dans un champ historique de présence et ceux qui en sont époqualement exclus – entre les étants proches et les étants lointains dans le monde historial-destinal. La venue à la présence, c'est alors le jeu de la proximité et du lointain, le « jeu du monde [325] ». Ce jeu répète, récapitule, les trois sens du *hen* : au seuil de la clôture métaphysique, l'Un divin est proche et lointain à la fois [326] ; l'Un économique, ce qui est « disposé en proximité » (*das Naheliegende*), est d'un accès d'autant plus ardu que nous sommes insérés dans sa constellation [327] ; et l'Un différentiel – qui nous est le plus proche parce que depuis toujours il est « l'affaire propre de la pensée » – ne fait au moment de la clôture même plus question et est donc le plus lointain [328]. Mais si, au

---

325 À la fin de l'essai « La chose », le « jeu du monde » est décrit à la fois comme jeu d'expropriation-appropriation, jeu de proximité et de distance, et jeu du quadriparti (VA 178–181 / EC 214–218). Dans SZ, le couple « proche-lointain » restait cantonné dans l'analytique du *Dasein*. Ce n'était pas un trait de l'« être » : « *L'étant que nous sommes toujours nous-mêmes est ontologiquement le plus lointain*. La raison en réside dans le souci lui-même. L'être déchéant auprès des affaires préoccupantes du "monde" les plus proches, guide l'interprétation quotidienne du *Dasein* » (SZ 311, cf. SZ 15 sq. / ET 30 sq.). La proximité y apparaît comme une « tendance essentielle » dans le *Dasein* : « L'être-là est essentiellement é-loignement, il est cet étant qui, en tant que tel, permet à l'étant d'être rencontré dans la proximité » ; l'é-loignement, *Entfernung*, « dans sa signification active et transitive », réunit le proche et le lointain (SZ 105 / ET 133 sq.). Le couple « proche-lointain » révèle alors la spatialité de l'être-au-monde (il intervient encore dans l'analyse de la conscience, SZ 271), mais dans SZ il ne s'adresse pas à la différence ontologique. Dans SD 32 / Q IV 59, l'« é-loignement » signifie le pas en arrière, condition nécessaire pour penser le proche en tant que « trop proche », « *das Zu-nahe* ». Cf. Wm 71 / Q I 158.

326 Höl 27 et 53 / AH 34 et 71.

327 SvG 16 / PR 47. Ce qui est, du point de vue des économies, disposé au plus près de nous, c'est le principe époqual. Soit le principe de raison, qui marque l'époque de la modernité : c'est sa proximité destinale qui nous le rend le plus lointain et le plus difficile d'accès (cf. SvG 144 et 160 / PR 190 et 209).

328 Dans les écrits postérieurs à SZ, l'« é-loignement » et le couple « proche-lointain » servent principalement à expliciter comment « partout et en tout temps nous trouvons, dans l'affaire de la pensée, ce qui est appelé "différence"» (ID 61 / Q I 297). Celle-ci est proche parce qu'elle module les époques, et lointaine parce qu'« oubliée » : cf., à propos de la différence entre « le monde et la terre », Hw 61 / Chm 58, ou encore la remarque selon laquelle négliger « ce qui est le plus proche »

326

seuil de la post-modernité, la différence ontologique doit être abandonnée au profit d'une différence qui *joue autrement* – par exemple, entre « la chose » et « le monde » –, alors ces faisceaux de proximité changent aussi de stratégie : le « proche-et-lointain » du Dieu, des principes époquaux, et de l'être, doit céder devant un jeu modifié de déterminations qui lui donne congé, qu'on appelle ce jeu nouveau « quadriparti [329] » ou autrement. Avec la transition hors de la clôture métaphysique, la proximité modelée sur le *hen* présocratique a fini de jouer [330].

Cette nécessité d'une substitution catégorielle apparaît encore plus clairement dans la catégorie rétrospective, « la transmutation de toutes les valeurs » et « la mort de Dieu ». Sous ces titres nietzschéens, Heidegger souligne l'anthropocentrisme extrême auquel a viré le *hen*. Mais dans « le monde et la chose », « la faveur », « l'événement », et « l'éclaircie », il n'a guère été question de l'homme.

Dans chaque économie, les mots, les choses et les actions sont « proches » les uns des autres selon une constellation donnée. À l'ère métaphysique, leur proximité est gérée par un principe. À l'ère moderne, la technologie les dispose comme proches de l'homme. À l'ère anticipée par les catégories de transition, ils ne sont « proches », ni *selon* un principe, ni *de* l'homme, mais *grundlos,* sans fondement, sans pourquoi, sans *arché* ni *telos,* et non plus selon une relation *pros hen.*

---

revient à « tuer l'être de l'étant » (Hw 246 / Chm 218). Ailleurs, « ce qui est le plus proche » désigne « la vérité de l'être » (Wm 163 / Q III 104) ou simplement « l'être » (Wm 150 / Q III 83, cf. Wm 334 / Q II 215 et GA 55 61).

329   Voir les remarques sur le mot « *Geviert* » ci-dessus, p. 210, n. 291.

330   La catégorie de proximité, parce qu'elle fonctionne comme récapitulation, désigne la clôture : « Quand *est* le danger », dans la technologie, « ce qui a tôt été pensé » chez les Grecs, entre « dans la proximité » (Hw 343 / Chm 303 sq.). Cette proximité des expériences grecques – par exemple de celle que reflète le *chréôn* – à l'âge technologique, s'effectue doublement, en accord avec le statut bi-focal des catégories de transition : le *chréôn* détermine « une histoire qui maintenant se précipite vers sa fin », mais en lui se cache aussi « une proximité historiale de son non-dit, et qui se porte au-devant d'un avènement futur » (Hw 300 / Chm 265). Seulement, ce qu'accuse ainsi le *chréôn* au-delà de la clôture, *commence* avec la technologie ; pour saisir cette incidence anticipatrice, on ne peut donc plus se contenter d'un simple retour aux catégories présocratiques.

La déduction historique des catégories de la présence

De là des expressions telles que « jeu », « miroir », « anneau », « la ronde [331] », pour décrire l'interaction de la terre et du ciel, des divins et des mortels. Ces éléments constitutifs du « quadriparti » recueillis dans Hölderlin, importent moins quant à leur contenu que par la manière dont les quatre dimensions peuvent être dites unes – héritières, donc, du *hen*. Leur unité (*Einfalt*) réside dans l'unicité du « pli » (*Falte*) qu'elles déterminent. Le quadriparti est la loi économique selon laquelle la présence se « déploie » hors de la clôture métaphysique. Comment doit-on penser ce dépli ? Comme « flexible, malléable, souple, docile, léger [332] ». Pensée difficile. Ce qui est clair, en tout cas, c'est que Heidegger cherche à disjoindre l'Un économique de l'Un divin (c'est-à-dire du fondement, du principe, de tout l'arsenal des représentations archi-téléocratiques), en transmutant l'Un différentiel. Quand la différence est saisie comme un *échange joueur entre le monde et la chose,* et non plus comme transcendance [333], c'en est fait de la possibilité même d'une collision entre les économies et les principes. Avec le « quadriparti », les économies perdent leur affinité avec les époques et avec les principes qui les gèrent. L'incidence anticipatrice de cette catégorie de transition rend donc impossibles les ordonnancements que son incidence récapitulatrice non seulement n'excluait pas, mais qu'elle n'avait cessé d'appeler concrètement depuis Héraclite jusqu'à la technologie [334]. Du point

---

331 *Spiel, Spiegel-Spiel, Ring* (à quoi il faut ajouter *das Gering*), *Reigen* (VA 179 / EC 215).

332 *Ibid.*

333 On pourrait appeler « allusion » cet échange joueur : *ad-ludere,* jouer en direction de… Le monde et la chose jouent l'un vers l'autre.

334 Il ne faut pas croire que cette finitude radicale qui s'exprime sous le titre de *Geviert* soit une découverte tardive chez Heidegger. SZ déjà radicalise le concept de finitude et ainsi achève – dans les deux sens de mener au comble et de terminer – la philosophie de la subjectivité. Le sujet humain était « dé-substantialisé » déjà par Hegel ; mais ce sujet en tant que *Vollzug* ne devient fini que chez Schelling et Kierkegaard. Tandis que chez ces deux derniers, le processus fini qu'est l'homme s'oppose encore à un processus infini, la *Geworfenheit* devient totale avec SZ. Ici, plus de devenir absolu sur le fond duquel l'homme se projette, plus de sujet infini qui le « jette » dans le fini. « Être jeté » et « projeter » sont désormais de simples éléments structuraux de l'être-là. Des premiers aux derniers écrits, la notion de finitude se radicalise en se déplaçant : du monde de l'homme à celui de l'histoire et à celui de la « chose ».

de vue des textes, le « quadriparti » transmute la « proximité » plutôt qu'il ne se substitue à elle [335]. Il joint, ou rend proches, les deux catégories anticipatrices qui répondent à l'*eon* et au *logos* : le ciel et la terre disent la façon dont la catégorie du « monde et de la chose » entre dans ce jeu d'approximation, et les divins et les mortels disent l'entrée de la « clairière » dans ce jeu. Voici comment s'effectue cette quadruple mise en proximité :

Dans le commentaire sur le poème de Hölderlin, « *Souvenir* », le poète – herméneute ou demi-dieu – est appelé l'incomparable. Messager entre le ciel et la terre, son dire n'est ni céleste, ni terrien. Il est « l'inégal, tendu vers le ciel et vers la terre [...]. Ici, équilibre ne signifie pas égalisation dans l'indifférence ; il consiste plutôt à *laisser également régner les différents dans leur différence* [336] ». Ce que dit le poète provient de l'entre-deux. Il laisse régner « la différence en tant que différence » – sans retourner à l'*eon* et au site grec qui est perdu, et sans soumettre la différence au propos d'explication métaphysique qui situe la « différence ontologique ». À partir de l'entre-deux se laisse donc penser « l'accomplissement (*Walten*) de la différence [...]. Ce que nous appelons ainsi renvoie la pensée à une région où n'atteignent pas les termes recteurs de la métaphysique : être et étant [337]. » Les termes « monde et chose », en revanche, atteignent à cette région, pour autant qu'ils disent la perpétuelle nouveauté de la différence. Structurellement, les termes « ciel et terre » expriment, eux aussi, la « différence en tant que telle », mais cette fois-ci du point de vue du jeu d'échange qu'elle engage avec l'« éclaircie », figure anticipatrice héritée du *legein*.

La seconde catégorie directrice, le *legein*, en effet – transmutée en « éclaircie » – renvoie à la différence en tant que telle, dans la mesure où cette catégorie entre dans le jeu d'échanges multiples qu'est le

---

335 Dans les essais « La chose » (VA 163–185 / EC 194–223), « Le tournant » (TK 37–47 / Q IV 140–155), et « Bâtir habiter penser » (VA 145–162 / EC 170–193), le mouvement d'accomplissement (*wesen*) de l'essence de la chose et du monde est appelé « approche » ou « approximation », *Näherung*. Aussi, si « la proximité pure [est] la distance », « *die reine Nähe – d.h. die Ferne* » (GA 55 18), alors l'approche ne peut pas signifier l'annulation de la distance. Elle ne peut donc plus être construite comme passage vers la pleine présence à soi.

336 Höl 99 sq. / AH 134 (souligné par moi).

337 ID 69 sq. / Q I 305 sq.

La déduction historique des catégories de la présence

quadriparti. L'«éclaircie» y entre sous la figure de «divins et mortels». On se souvient que l'éclaircie désigne non seulement l'émergence à la présence, mais encore le jeu d'assignation, de situation des étants : à la présence, elle joint l'absence, et aux choses présentes ou absentes, elle attribue leur site. Dire «les dieux», c'est évoquer le mouvement d'émergence, et dire «les mortels», la variation de la situation. Selon le langage de Hölderlin, l'*émergence* à la présence est l'activité des «messagers» qui «rassérènent» et «saluent» les mortels. Ces dieux sont donc plutôt des anges : «Par ce nom "anges" est dit plus purement l'être de ceux qui, ailleurs, sont appelés "dieux". Les dieux, en effet, sont ceux qui rassérènent [...]. Ce qui est propre aux dieux, c'est qu'ils soient ceux qui saluent en portant le salut de la sérénité [338]» «Rasséréner», *aufheitern*, ou «alléger», n'est qu'une autre manière de nommer la brusque irruption d'une constellation de présence-absence. Quant à la *situation*, la mort indique l'impossibilité que tout soit dévoilé, elle est l'unité du «présenter» et de l'«absenter». Les «mortels» sont donc les hommes pour autant que des étants leur sont appropriés et expropriés [339]. Le concept même de «mortels» indique que les étants, dévoilés pour nous, situés près de nous, sont comme sélectionnés ; que la présence totale est hors de portée ; que la finitude brise l'immédiateté ou le face à face avec l'originaire. Les mortels» sont appelés ainsi parce qu'ils «rassemblent», c'est-à-dire «appartiennent et n'appartiennent pas» à ce qui est présent. Être mortel, c'est percevoir, *legein* [340], le présent d'une certaine manière : recevoir l'absence dans sa présence. Tâche impossible

---

338 Höl 19 / AH 25.

339 Demske (*Sein, Mensch und Tod, op. cit.*, p. 171) cite les deux textes que voici : « Dans la mort se rassemble le *voilement* suprême de l'être » (US 23 / AP 25) ; la mort, « parce qu'elle est la possibilité suprême de l'existence, a le pouvoir d'éclaircie le plus élevé dans l'être et sa vérité » (SvG 186 sq. / PR 241). D'après ces textes, les mortels sont donc appelés tels parce que pour eux seuls, parmi tous les étants, le voilement se joint à l'éclaircie, ou l'expropriation à l'appropriation.

340 Percevoir ce qui est présent, « c'est, en un sens, la même chose que le *logos* » (VA 215 et 217 / EC 259 et 262). Dans ce même essai, *Logos,* le lien entre les « mortels » et la catégorie prospective correspondant au quadriparti, le *hen,* est appelé une « mesure » : « Bien-disposés sont les mortels [...] quand ils mesurent le *logos* en tant que *hen panta* et que, prenant sur lui mesure, ils s'y conforment » (VA 226 / EC 274).

tant que l'« animal raisonnable » ne *devient* pas mortel [341]. Cela n'est qu'une autre façon pour dire : la pensée technologique, braquée sur les stocks disponibles, doit se *souvenir* de l'absence.

Le quadriparti indique comment l'*eon*, présence-absence, et le *logos*, rassemblement – l'« onto-logie », donc – se transmutent à la fin de la métaphysique : le rassemblement ou l'auto-éclaircie de la présence-absence joue les humains, non plus comme constructeurs et maîtres du présent, mais comme porteurs d'absence. La clôture qu'est la technologie sera franchie seulement quand nous aurons ainsi appris à être mortels.

§ 39. Le correspondre / Le penser

À partir du sens principiel de la « proximité » et du sens anti-principiel du « quadriparti » se laisse cerner la dernière des catégories de transition.

Les principes époquaux ont toujours exigé d'être suivis immédiatement, tant est proche leur *Anspruch,* parole adressée ou revendication. Du fait de la proximité destinale de tout Premier époqual, notre *Entsprechen,* réponse ou correspondance à son diktat, est toujours urgent : ce que les hommes peuvent faire et se dire à une époque « repose dans le destin de l'être » (qui ainsi « nous est le plus proche »). En ce sens, nous n'avons guère le choix, guère de distance à l'égard de ses dictées. Sans intermédiaires intentionnels, culturels, sensibles ou rationnels, les revendications époquales nous remplissent les oreilles et les yeux : « La réception et l'acceptation ont maintenant le sens d'une correspondance qui écoute et qui voit [342]. » Il ne faut pas s'étonner que les exigences principielles apparaissent comme essentiellement linguistiques ; c'est que, phénoménalement, l'écoute ne requiert pas la distance que demande la vue. Ce qui est trop proche, nous ne le voyons pas. Mais plus un son est proche, mieux nous l'entendons. En raison de cette immédiateté de l'histoire destinale, elle nous réclame tout entiers, comme une parole

---

341 Voir ci-dessus, p. 310, n. 273.
342 Toutes ces citations sont prises de SvG 144 sq. / PR 189 sq.

La déduction historique des catégories de la présence

d'autorité. La dernière des catégories de transition récapitule l'histoire des revers du point de vue de ces injonctions incontournables qui, sans médiation aucune, font un âge et qui ne constituent que la modalité linguistique de l'*epoché*.

Cette incidence récapitulatrice est, du reste, en parfait accord avec la dernière catégorie prospective, le *noûs*, ainsi qu'avec la dernière catégorie rétrospective, le « surhomme ». *Noein* signifie « recevoir », *vernehmen* : non pas percevoir par des actes noétiques, mais « accepter quelque chose en tant que présent [343] ». Or, la catégorie de « correspondance » s'adresse à la réception et à l'acceptation, par les hommes, des ordres époquaux au sein desquels ils vivent. Leurs principes ne tolèrent pas d'être soumis à la question, ni leurs revendications à l'évaluation pour que la compétence de celles-ci soit éventuellement reconnue légitime ou rejetée. On ne statue pas sur leur validité. On n'en parle même pas. Ce sont eux qui parlent. Mais cette vérité époquale du *noein* ne devient pensable qu'à partir du site où se clôt l'histoire principielle, la technologie. Là, on peut dire : dans leurs mots, leurs actions, leurs choses, les hommes n'ont cessé de répondre et de correspondre aux économies de la présence qu'ils ont reçues et aux principes qui les gouvernent. – La technologie permet également de situer le « surhomme » dans la stratégie récapitulatrice du *Entsprechen*, correspondre. La « subjectivisation du monde » qu'exprime le surhomme s'accomplit par une inversion du *noein* qui est aussi ancienne que la métaphysique : ce n'est pas l'homme qui répond et correspond aux économies, mais celles-ci se trouvent représentées par le sujet, mises en ordre par le *noûs* – qui devient « raison » –, de telle sorte qu'elles doivent répondre du sujet rationnel, correspondre à lui. La « correspondance » n'est alors apparemment plus une affaire d'injonction époquale, mais de jugement rationnel. Le *cogito*, le « tribunal de la raison » kantien, puis le surhomme, rendent explicite la dictée que l'*homme* fait entendre sur l'ensemble des étants : que ceux-ci se conforment aux lois pures émanant du sujet. Suivant la lecture récapitulatrice, seul ce qui est rationnel, *vernünftig*, est réel...

---

343 Cf. ci-dessus, p. 264 sq.

Le paradoxe que nous révèle cette phénoménologie des économies, c'est que l'homme peut ainsi apparaître législateur pour les étants, époqualement seulement. Il est époqualement sommé de les sommer pour qu'ils se conforment à sa raison. Ce faisant, il « préserve » une constellation alétheiologique. *L'homme répond* aux injonctions destinales en réclamant que *les étants répondent* de lui. Véritable altercation d'injonctions, donc, mais où les sommations échangées entre le sujet et un ordre époqual des choses ne procèdent pas au même niveau. Que l'homme métaphysique, et à plus forte raison l'homme technologique, s'érige en « maître de la terre », n'est toujours que sa réponse, *Entsprechen*, à l'exigence destinale, *Anspruch* qui régit la culture occidentale dans sa quasi-totalité [344]. Avec la « fin du destin de l'être », apparaît une tout autre figure de réponse humaine aux économies : répondre à l'économie post-métaphysique, post-destinale, voilà ce qui est désormais « penser ».

Dans les écrits de Heidegger qui succèdent à l'Analytique existentiale, « le penser » prend la relève du *Dasein* [345]. C'est la pensée

---

344 La perspective de la déconstruction jette ainsi une nouvelle lumière sur les approches linguistiques de la différence ontologique : quand Heidegger dit (ou fait dire à un Japonais) que « l'homme est essentiellement homme dans la mesure où il répond et correspond *(entspricht)* à la parole que lui adresse la Dualité » *(Zuspruch der Zwiefalt*, US 122 / AP 115), on peut voir là une indication que le langage est, lui aussi, époqual. La différence ontologique, ou la Dualité, est ce qui « scande » l'histoire ; et de telles scansions institueraient un langage qui, chaque fois, aurait son temps (cf. SD *55* / Q IV 89).

345 Dû à la prééminence du « comprendre », dans SZ, le penser y apparaît comme un dérivé : « "l'intuition sensible" et la "pensée" sont déjà, l'une et l'autre, des dérivés lointains de la compréhension » (SZ 147 / ET 183). L'usage du mot « penser » est délibérément évité dans SZ. C'est avec EiM et plus encore avec les publications sur Hölderlin qu'une nouvelle entente du « penser » fait surface, celle qui le situe dans le voisinage de la poésie. Cette nouvelle notion de *Denken* est explicitement récapitulatrice (« *Andenken* ») et anticipatrice (« *Vordenken* ») : « Il faut d'abord qu'il y ait des penseurs afin que puisse être reçue la parole du poète [...]. Dans le mémorial (*Andenken*) commence leur première parenté, et cela veut dire, pour un long temps encore, leur parenté avant-courrière (*weitläufig*), avec le poète qui revient » (Höl 29 / AH 36 sq.). L'*Andenken*, est anticipateur *parce qu*'il retourne à « ce qui, depuis longtemps, n'a cessé de se rendre présent ». L'« autre commencement », celui de Hölderlin, répète donc le premier commencement, celui des Grecs pré-classiques. « "Penser à" ce qui vient ne peut être que "penser à" ce qui a été » (Höl 80 / AH 107). Ce double commencement,

La déduction historique des catégories de la présence

maintenant qui peut être inauthentique ou authentique. Des qualificatifs tels que « authentique », « originaire », « essentiel [346] » visent non seulement à opposer la pensée aux sciences, à la métaphysique, à la philosophie tout entière, au rationalisme aussi bien qu'à l'irrationalisme, mais ils indiquent encore une transmutation dans ce qui est apparu comme réponse et correspondance : « La pensée essentielle est un événement de l'être » qui « revendique l'homme pour la sauvegarde de l'être [347] ». Même structure responsorielle, donc : penser, c'est « l'écho à la faveur de l'être » ; c'est « la réponse humaine à la parole de la voix silencieuse de l'être » ; « cette pensée répond à la revendication (*Anspruch*) de l'être [348] ». Seulement, la structure responsorielle est elle-même transmutée. La réponse n'est plus comprise comme préservation d'un ordre époqual, mais comme « garde » de la présence ainsi que de l'absence qui la traverse. Cette transmutation du « correspondre » est radicale, même si au seuil de la clôture, elle apparaît seulement comme une possibilité, inéluctable mais incalculable : « la pensée qui obéit à la voix de l'être » « reste attentive aux signes lents de ce qui est incalculable, et elle reconnaît en cet incalculable la venue, impossible à penser d'avance, de

---

dans « l'ambiguïté de l'*Andenken* » (*ibid.*) est « le retour chez soi de la pensée », le retour à l'originaire. L'incidence anticipatrice de cette catégorie – « penser à » ce qui pourra être présent – est donc la même que son incidence originelle : « penser à » l'originaire, « *Denken an den Ursprung* » (Höl 124 / AH 168). Cette structure du *Denken* restera la même jusqu'aux dernières publications de Heidegger, même si « le voisinage de la pensée et de la poésie » (US 173 / AP 157) n'est plus poursuivi. L'affaire de la pensée est l'origine originaire ; mais celle-ci ne se laisse recueillir que par un retour à l'origine originelle grecque – comme la *mnéme* plotinienne et la *memoria* augustinienne, le « mémorial » heideggerien lie le retour à ce qui fut, au retour à ce qui est toujours. Seulement, dire « penser » au lieu de *Dasein*, c'est congédier toute référence à la conscience, à la subjectivité, à l'existence, à « celui » qui pense. L'affaire propre de la pensée, le retour à l'originel, et l'anti-humanisme : ces trois traits du *Denken* restent les mêmes de EiM 88–149 / IM 124–199 jusqu'à SD 61 / Q IV 109. Le titre « La fin de la philosophie et la tâche de la pensée » résume à lui seul ces trois traits (cf. VA 83 / EC 96).

346 « *Eigentlich* » (WhD 4 / QP 25), « *echt und ursprünglich* » (EiM 93 / IM 131), « *wesentlich* » (Wm 105 / Q I 81).

347 Wm 103 et 106 / Q I 79 et 82.

348 Wm 105 / Q I 81.

l'inéluctable [349] ». Penser, c'est répondre et correspondre aux signes avant-coureurs d'une économie marquée seulement par la faveur, l'événement, l'éclaircie. Mais n'est-ce pas dire que « la pensée » elle-même reste encore à venir ?

En effet, et parce que « nous ne pensons pas encore [350] », l'expression « pensée à venir » a quelque chose d'aussi pléonastique que celle d'« époque du retrait ». À la fin de toutes ces déterminations catégorielles, et notamment de la liste des titres anticipateurs, se lève donc la question : « Quelle tâche, à la fin de la philosophie, reste encore réservée à la pensée [351] ? » La réponse à cette question serait plus claire si l'affaire de la pensée était quelque chose de nouménal, car alors il suffirait de construire des lois dialectiques de l'histoire, et la pensée pourrait prédire, peut-être, le devenir d'un Sujet. Elle serait plus simple aussi si l'affaire de la pensée était purement empirique : sa tâche, en ce cas, serait d'attendre que les événements se produisent et de les enregistrer. Mais puisque l'affaire de la pensée est d'ordre catégoriel, la réponse ne peut guère être plus qu'une série de négations : la pensée, telle qu'elle résulte du jeu des catégories de transition, ne sera « ni métaphysique, ni science » ; la pensée anticipatrice est « bien moindre que la philosophie » ; « sa tâche n'a que le caractère d'une préparation, et nullement d'une fondation ». « Elle se contente de susciter l'éveil d'une disponibilité de l'homme pour une possibilité dont le contour demeure obscur, et l'avènement incertain [352]. » La question de savoir quelle sera la tâche de la philosophie, posée en la « fin » d'une ère, concerne la pensée en son fonctionnement de passage, fonctionnement préparateur et anticipateur.

---

349   Wm 106 / Q I 82 sq. Comme la pensée est, *économiquement,* réponse plus que questionnement, son « geste propre » est en quelque sorte passif, une écoute (US 175 / AP 159). La pensée doit « se tenir disponible » pour recevoir les déterminations à venir (SD 38 / Q IV 67).
350   « Ce qui donne le plus à penser, dans notre temps digne de méditation, est que nous ne pensons pas encore » (WhD 3 / QP 24). « Aucun de nous n'ira s'arroger le pouvoir d'accomplir une telle pensée, fût-ce même de très loin, ni seulement celui d'y préluder. Ce que dans le meilleur des cas nous pouvons atteindre, n'est encore que la préparation d'un tel prélude » (WhD 159 / QP 240).
351   SD 66 / Q IV 118.
352   SD 66 / Q IV 118 sq.

La déduction historique des catégories de la présence

Les catégories de *noûs* et de « surhomme » étaient celles qui comportaient la référence la plus explicite à l'homme. La catégorie de « pensée », parce qu'elle *situe* l'homme (au sein, au seuil, ou hors de la clôture métaphysique), permet de parler de *types* de penser. Le site détermine le type. Au seuil de la clôture, la pensée est de type « anticipateur » ; hors de la clôture, elle est de type « anticipé ». Mais due à la situation qui nous est faite, la pensée anticipée n'est qu'une « possibilité dont le contour demeure obscur ». Toute l'entreprise de déconstruction est anticipatrice dans sa propension. La phénoménologie radicale se « prépare » en vue d'une autre économie, possible, de la présence. La plupart des déterminations que Heidegger donne de la pensée à venir, s'appliquent en fait à cette pensée anticipante et non pas à la pensée anticipée. Voici les plus remarquables : la pensée recherchée serait « préparatoire », « méditante » au lieu de « calculante [353] » ; par elle, « nous laissons entrer les objets techniques dans notre monde quotidien et en même temps les laissons dehors [354] » ; nous passons « près des sciences sans les mépriser [355] ». Quelle sera « l'autre pensée », celle que la phénoménologie de la technologie comme ère de clôture ne fait que suggérer ? C'est beaucoup plus difficile à décrire. Elle aurait laissé derrière elle le seuil de cette clôture. Aussi est-ce justement pour pouvoir décrire cette pensée future que Heidegger, pendant quelques années, se tourna vers Hölderlin. Penser, disait-il alors, ce serait « habiter en poète [356] ». Ce qui est certain, c'est que Heidegger réclame la pensée anticipatrice pour son propre compte, mais il est aussi certain qu'il ne réclame pas pour lui la pensée anticipée. Pour cela, la phénoménologie déconstructrice est trop solidaire des traditions universitaires, pas encore assez simple, *schlicht* [357].

---

353 Gel 15 / Q III 166.
354 Gel 25 / Q III 177.
355 Hw 195 / Chm 175. « La science ne pense pas » (WhD 4 / QP 26 et VA 133 / EC 157).
356 VA 187 / EC 224.
357 « La pensée à venir ne sera plus philosophie. La pensée redescendra dans la pauvreté de son essence provisoire. Elle rassemblera le langage en vue du dire simple. Ainsi, le langage sera le langage de l'être, comme les nuages sont les nuages du ciel » (Wm 194 / Q III 154). La pensée simple, que Heidegger évoque ainsi en termes anticipateurs, n'est pas la sienne.

Outre cette dépendance de l'homme – du « penser » – à l'égard du site économique, c'est-à-dire de la clôture et de son visage de Janus, se vérifie ici l'indigence de toutes les dernières catégories de la table : comme celles du *noûs* et du « surhomme », celle du « correspondre » et du « penser » a besoin des catégories précédentes pour être pleinement opératoire. La pensée anticipante reste au ras des « choses » qui émergent dans le « monde ». Son affaire propre n'est plus la différence ontologique, mais les choses multiples en tant que multiples. Elle répond à la « faveur » qui fait venir à la présence les constellations économiques, sans principes. Elle recueille « l'événement » et s'approprie ces constellations telles qu'elles s'arrangent et se ré-arrangent, toujours provisoires. Elle est sans cesse sur le point d'une levée, épousant « l'éclaircie » perpétuellement neuve. Enfin, elle se découvre mortelle, appelée au flux du « quadriparti » où elle joue un rôle qu'elle n'a ni créé ni distribué, et où elle n'est pas première. La pensée anticipée ne peut qu'aller très loin dans la dispersion qui caractérise déjà la pensée anticipante : la nouveauté que lui enjoignent toutes les autres catégories réunies, la rendra multiple, *plurielle,* d'une dispersion irréductible de significations[358]. Si « l'affaire de la pensée », ce sont désormais les économies *dépourvues de principes,* la pensée accusera une unité purement catégorielle dans la multiplicité économique ; elle sera plurielle envers et contre tous les *archai* et *principia* réunis : « Seule une pensée pluriforme parvient à une parole qui puisse répondre et correspondre à une affaire d'une telle teneur », affaire elle-même « intrinsèquement pluriforme[359] ».

---

358 « Car tout ce qui est véritablement pensé par une pensée essentielle demeure, et pour des raisons essentielles, multiple de sens *(mehrdeutig)* » (WhD 68 / QP 113).
359 Vw XXIII / Q IV 188.

V

Agir et anarchie

« Plus essentiel que tout établissement de règles est ceci : que l'homme trouve l'accès à la vérité de l'être afin d'y séjourner. Ce séjour seul accorde l'expérience d'un soutien solide. Le repère pour tout comportement est prodigué par la vérité de l'être [1]. »

Par l'analyse des catégories, apparaît de quelle manière il convient d'entendre la « vérité de l'être » : « vérité » non pas comme ce à quoi l'esprit donne son assentiment, accord de la pensée avec la chose, mais plutôt comme aire de constellations variables, ère historique donc; « être » non pas comme étant brut, ni comme en-soi nouménal, mais comme économie de la présence descriptible seulement à l'aide de traits relevés aux revers de l'histoire. On voit comment cette notion de vérité complète et prolonge celle de « sens de l'être » : « sens » non pas comme signification ou comme unité sémantique, mais comme directionnalité temporelle.

D'une telle intelligence du sens et de la vérité résulte, répétons-le, la méthode de la phénoménologie heideggérienne, ainsi que la place centrale qu'y occupe la déconstruction. Sa « méthode » ne peut consister qu'en ceci : suivre le parcours temporel des aires et des ères, suivre le *hodos* des économies [2]. La pensée qui fait cela est inséparablement

---

1 Wm 191 / Q III 148 sq.

2 « Méthode », *meta ton hodon*, doit être compris littéralement chez Heidegger comme la poursuite d'un chemin. D'une façon générale, ce chemin a une triple signification : d'abord, le « chemin de pensée » est celui parcouru par Heidegger lui-même, depuis ses thèses universitaires sur le psychologisme et sur Duns Scot jusqu'à SD (cf. SD 81 / Q IV 161 sq., US 99 et 121 / AP 97 et 114). Puis, le chemin désigne « le parcours de l'histoire de l'être » depuis les présocratiques jusqu'à Heidegger lui-même (Hw 252 / Chm 224). Enfin, il désigne la venue à la présence (US 197 / AP 182), c'est-à-dire l'avenue ouverte par la « différence » (VA 242 / EC 292 sq.). La place à laquelle Heidegger assigne sa propre expérience de pensée n'est pleinement comprise que quand ces trois « méthodes » sont vues comme une seule (cf. EdD 19 / Q III 33). Mais de façon plus spécifique, la « méthode », on le verra, consiste à dire : on pense comme on vit. *Hodos* concret qui désigne

Agir et anarchie

déconstructrice et *besinnlich* – non seulement « méditative », mais collant à l'itinéraire qu'est le *Sinn*. Une telle façon de penser s'efforce d'accompagner la suite des époques passées ; et en cela elle est commémorative. Elle s'efforce aussi d'accompagner l'émergence d'un nouveau revers de l'histoire, le tournant, et en cela elle est préparatrice. La pensée méditante et déconstructrice est nécessairement commémorative et préparatrice. Elle peut être ainsi bifrontale dans la mesure où la phénoménologie se met à l'écoute plutôt qu'à la vision, et renonce au statut scientifique.

Or, de même que la pensée, *Denken,* doit être résolument pensée accompagnante, *Mitdenken,* de même l'agir doit résolument devenir agir accompagnant, agir obéissant (*hörig*) aux constellations et à leur suite. Résolument : en pensant et en agissant, nous avons appartenu (*gehören*) déjà de toujours à l'ordre alétheiologique de l'époque. Mais à l'âge de la clôture et grâce au tournant, l'appartenance implicite peut et doit devenir explicite. La surdétermination des injonctions économiques par l'intuition eidétique – plus anciennement, par la vision intellectuelle du Bien à faire – peut être résolue. C'est une surdétermination qui s'estompe devant l'écoute (*hören*) des économies auxquelles céder. L'écoute, je l'ai dit, est la faculté accordée au temps. Peu de choses à faire, beaucoup à laisser ; peu de règles archi-présentes à observer, beaucoup à écouter s'assourdir ; peu d'idéaux à contempler, beaucoup d'injonctions nouvelles à entendre. Injonctions ni visibles ni invisibles, mais audibles pour une oreille encore à sensibiliser [3]. Avec plus ou moins de surdité, plus ou moins

---

la naissance de la pensée à partir de la pratique. *Praxis* anti-principielle, dans la priorité de laquelle on ne s'efforcera pas de lire quelque résurgence marxiste.

3 « Le sens de l'"être", nous ne pouvons nous le figurer par nous-mêmes à volonté, ni l'établir par décret. Le sens de l'"être" demeure celé dans l'injonction à nous adressée à partir des mots directeurs de la pensée grecque. Ce que commande cette injonction, nous ne pouvons jamais le prouver scientifiquement, ni même songer à le prouver. Nous pouvons ou non l'entendre. Nous pouvons préparer cette entente ou manquer d'égards pour cette préparation » (SvG 121 / PR 163). Pour la topologie, entendre ou écouter, c'est recevoir un double écho : celui des Grecs d'avant Socrate et celui de la technique contemporaine (VS 132 / Q IV 333). Dans SZ déjà, l'écoute était cette modalité de la compréhension par laquelle l'être-là reçoit ses possibilités. Par l'ouïe, il comprend ce qu'il peut être. Ce lien entre l'écoute et le potentiel s'accentue d'un texte à l'autre. La déconstruction des possibilités époquales est affaire d'écoute. Chaque ère de civilisation

340

résolument, nous leur avons toujours prêté allégeance. Injonctions imprévisibles, donc, mais non pas exactement inouïes. Ce sont elles qui introduisent l'anarchie dans l'agir. Cela résulte de deux types de déplacement opérés par la phénoménologie des économies de la présence. D'une part, elle inverse le rapport traditionnel entre penser et agir pour faire de l'agir – d'un certain agir – la condition transcendantale de la pensée. D'autre part, elle entraîne quelques négations et transmutations concrètes, qui me semblent des conséquences inévitables de la déconstruction. La pensée qui est l'agir au sens large – apparaît ainsi flanquée de l'agir au sens étroit comme sa condition et sa conséquence.

1
L'agir, condition de la pensée

« C'est seulement pour autant que l'homme existant dans la vérité de l'être appartient à celui-ci, que de l'être lui-même peut venir l'assignation de ces injonctions qui doivent devenir pour l'homme lois et règles. Enjoindre se dit en grec *nemein*. Le *nomos* n'est pas seulement la loi, mais plus originairement l'injonction contenue dans le décret de l'être [4]. »

Le *nomos,* l'injonction, toujours et partout, détermine l'*oikos,* la demeure de l'homme. L'éco-nomie de la présence, toujours et partout, nous a déjà situés. L'effort de Heidegger consiste à nous faire appartenir expressément aux constellations alétheiologiques qui « déjà de toujours », *immer schon,* nous enserrent. Appartenance expresse dont les lumières chasseraient les dernières ténèbres époquales.

---

lui apparaît comme la découverte d'un potentiel qui s'annonce, survient et, après avoir fait de nous son écho pour quelque temps, se referme sur sa clôture. L'ordre temporairement déployé est replié. Désormais il sera présent seulement à la mémoire – présent en tant qu'absent. C'est ainsi qu'un son s'attarde et, en s'attardant, provoque la concentration de l'attention par laquelle l'oreille le retient tout en le laissant partir. Chez Heidegger, l'écoute est « le geste premier de la pensée », plus primitif même que le questionnement ; cf. Birault, *Heidegger et l'expérience de la pensée, op. cit.*, p. 396–398.
4   Wm 191 / Q III 148.

Co-appartenance de l'homme et de la présence. Co-appartenance qui est affaire de la pensée mais qui, pour devenir notre affaire propre, requiert un certain agir. Si l'appartenance aux économies répète et transforme la *Geworfenheit*, l'être-jeté, *de Être et Temps*, l'agir comme *a priori* de la pensée économique répète et transforme l'*Entwurf*, le projet. Jeté dans les économies, l'homme, selon Heidegger, peut reprendre celles-ci par la pensée. Mais cette reprise s'accompagne d'une condition pratique. Que les injonctions nous parviennent « seulement pour autant » que nous « appartenons » à l'être, à la présence, qu'est-ce à dire ?

C'est dire que la pensée ne se lève pas sans préparation. Sur ce point crucial – plus encore que sur la *Gelassenheit*, le délaissement, et sur la compréhension « verbale » de l'*Anwesen*, la venue à la présence –, Heidegger appartient à la tradition de Maître Eckhart. Au début d'un de ses sermons sur la pauvreté, Maître Eckhart dit : « Si vous n'êtes pas conformes à cette vérité dont nous voulons maintenant parler, vous ne pouvez pas me comprendre. » Et à la fin de ce même sermon : « Que celui qui ne comprend pas ce discours ne s'en afflige pas dans son cœur. Tout le temps que l'homme n'est pas semblable à cette vérité, il ne peut pas comprendre ce discours [5]. » À la fin d'un autre sermon, sur le détachement : « Beaucoup de gens ne comprennent pas cela. Je n'en suis pas surpris, car l'homme qui doit le comprendre doit être très détaché et élevé au-dessus de toutes choses [6]. »

Pour comprendre la pauvreté, il faut être pauvre. Pour comprendre le détachement, il faut être détaché. Chez Heidegger : pour comprendre le tournant, il faut faire soi-même demi-tour. Pour comprendre le saut primitif qu'est l'originaire, il faut faire un bond. Pour comprendre la temporalité authentique, il faut exister authentiquement. Pour comprendre la directionnalité, *Sinn,* de l'être, il faut devenir *besinnlich,* recueilli. Pour comprendre le jeu sans pourquoi du quadriparti,

---

5   Sermon « Beati pauperes spiritu », Meister Eckhart, *Die deutschen Werke*, t. II, Stuttgart, 1971, p. 487 et 506 ; Maître Eckhart, *Sermons*, t. II, traduit par Jeanne Ancelet-Hustache, Paris, 1978, p. 144 et 149.
6   Sermon « Praedica verbum », *Die deutschen Werke, op. cit.*, t. II, p. 108 sq. ; *Sermons, op. cit.*, t. I, Paris, 1974, p. 247.

L'agir, condition de la pensée

il faut vivre sans pourquoi. Pour comprendre le délaissement, il faut être délaissé.

§ 40. *L'a priori pratique*

« Un saut est donc nécessaire pour éprouver en propre la co-appartenance de l'homme et de l'être. Pareil saut est la soudaineté de l'entrée, dépourvue de pont, dans cette appartenance qui, seule, dépense un rapport mutuel de l'homme et de l'être, c'est-à-dire leur constellation réciproque [7]. »

Heidegger explique ainsi ces lignes : nous devons accomplir un saut hors de la recherche des fondements *(vom Grund abspringen)*, « laisser » *(loslassen)* ceux-ci. Voilà l'impératif pratique pour comprendre cet autre délaissement, non humain celui-là, par lequel la présence dépense ses économies. Par *notre* délaissement, nous sommes « laissés à » *(eingelassen)* l'autre délaissement, qui lui est identique et différent, et qui est la présence elle-même en sa venue. À la seule condition d'un tel *a priori* pratique, il sera possible de rendre explicite la présence en son advenir *(an-wesen)* [8].

Comparé aux premiers écrits, rien de nouveau dans ce rapport entre compréhension implicite et compréhension explicite. Dans *Qu'est-ce que la métaphysique ?*, Heidegger disait qu'en son essence, le *Dasein* toujours est « métaphysique ». Il l'est de par le processus fondamental, implicite, de transcendance. C'est celle-ci qu'il s'agit de rendre explicite : « Le dépassement de l'étant s'accomplit dans l'essence de l'être-là. Or, ce dépassement est la métaphysique elle-même [...]. La métaphysique est le processus fondamental dans l'être-là. Elle est l'être-là lui-même [9]. » Notion pré-économique, pour ainsi dire, de la

---

7 ID 24 / Q I 266.

8 Pour tous ces termes, voir *ibid.*

9 Wm 18 / Q I 70. Comme l'indique Friedrich Wilhelm von Herrmann, *Die Selbstinterpretation Martin Heideggers*, Meisenheim am Glan, 1964, p. 242 sq., le terme « métaphysique » est ici à entendre littéralement : « Parce que dans la préoccupation (*Besorgen*) et l'assistance (*Fürsorge*) l'homme transcende (*meta*) l'étant (*physika*), il est, en tant qu'être-là, toujours déjà implicitement métaphysicien. »

métaphysique, qui est ici le nom même du mouvement par lequel l'être-là se dépasse vers le monde. Donc : implicitement, déjà de toujours, l'être-là se transcende, l'être-là est métaphysicien. Mais ce mouvement qui « appartient à la "nature de l'homme" », la phénoménologie doit encore l'arracher à l'occultation. – À mesure que se développera l'anti-humanisme heideggérien, le programme d'explicitation changera de contenu. Après la *Kehre*, ce qui est à retenir expressément, ce sont les constellations de la « co-appartenance de l'homme et de l'être ». Mais c'est toujours une explicitation.

D'autre part, quand on le compare aux premiers écrits, rien de nouveau non plus dans l'*a priori* pratique. Dans *Être et Temps*, à quelle condition l'explicitation peut-elle réussir ? Que l'homme s'arrache d'abord lui-même à ce qui occulte sa « nature ». Et qu'est-ce qui occulte la transcendance qu'est le *Dasein* ? Une certaine façon de se comporter, une certaine manière pratique d'être au monde – l'inauthenticité. L'*a priori* pratique requis pour la phénoménologie n'est nullement une découverte tardive chez Heidegger. Après la *Kehre*, cet *a priori* porte plusieurs noms, dont le délaissement n'est que le plus insigne. Toujours un mode de penser est rendu dépendant d'un mode de vivre.

La priorité méthodique du comportement et la détermination que celui-ci impose à la pensée, apparaissent clairement, à travers le verdict que Heidegger porte sur l'ensemble de ses prédécesseurs depuis Aristote. Selon *Être et Temps,* les ontologies classiques – dont les réussites comme les échecs n'ont fait qu'épaissir l'occultation de la transcendance finie – sont nées précisément de l'existence inauthentique. Charge hardie, peut-être, de la part du jeune Heidegger, mais sur la portée de laquelle il ne faut pas se méprendre : elle indique d'abord qu'il ne sera possible de proprement répéter la question de l'être qu'à la condition d'exister authentiquement. Elle est moins une condamnation prononcée sur les Anciens qu'une déclaration de méthode qui n'a guère d'exemple chez les philosophes – mis à part sans doute Maître Eckhart et Plotin.

Et Socrate. J'ai dit que la citation du *Sophiste* qui ouvre *Être et Temps* parle, sans le nommer, du *thaumazein,* de l'étonnement ou de la perplexité. Reprenons les deux questions que Heidegger pose dans cette page d'exorde : « Avons-nous aujourd'hui une réponse à la question qui s'enquiert de ce que nous entendons par le mot "étant" ?

L'agir, condition de la pensée

En aucune façon.» Question de savoir, de penser, de philosophie, qui débouche sur une ignorance. Puis : «Est-ce que nous ressentons aujourd'hui l'embarras de ne pas comprendre le mot "être" ? En aucune façon [10].» La question n'est plus de savoir, elle n'est même plus philosophique. S'y indique ce qui doit précéder la question de ce que nous entendons par le mot «étant». Réveiller l'embarras pré-philosophique d'abord (*vordem*), poser la question du sens de l'être ensuite, voilà la stratégie de Heidegger dès l'ouverture de *Être et Temps*. Modification pratique de l'existence d'abord, intelligence «philosophique» ensuite. Appropriation de possibilités existentielles d'abord, ontologie existentiale ensuite. Dans cet ordre de préséance, il y va d'autre chose que d'une priorité de convenance. Il y va d'une priorité méthodique. Chacun des termes authentique et inauthentique, *eigentlich* et *uneigentlich*, doit être compris «dans le sens strictement terminologique du mot [11]». Authenticité veut dire alors : me comporter à l'égard de mon être de telle sorte que celui-ci me soit propre (*eigen*) ; saisir mon être explicitement. Inauthenticité veut dire : me comporter à l'égard de mon être de sorte que celui-ci ne me soit pas propre ; qu'il reste celui de tout le monde [12]. De droit, ces deux modifications possibles de l'être-là déterminent tous les existentiaux. En ce sens, leur distinction est présente tout au long de l'analytique fondamentale (première partie de *Être et Temps*). Mais la distinction entre authentique et inauthentique ne devient compréhensible comme telle qu'avec la répétition qu'opère la seconde partie, «Être-là et temporalité». Authenticité et inauthenticité sont des modifications de la temporalité. Dans leur opposition, ces termes «désignent le rapport "extatique", caché jusqu'ici à la philosophie, de l'essence de l'homme à la vérité de l'être [13]». Exister temporellement «en propre» ou «proprement», c'est faire sienne la possibilité temporelle appelée résolution anticipatrice (*vorlaufende Entschlossenheit*). Ne pas exister ainsi, c'est fixer le passé dans l'oubli, le présent dans la présentation rétentionnelle, et l'avenir dans l'expectative.

---

10 SZ 1 / ET 13, cf. ci-dessus, p. 190.
11 SZ 43 / ET 63.
12 Cf. SZ 129 / ET 162.
13 Wm l 63 / Q III 104.

Pourquoi appeler l'*a priori* pratique une condition « méthodique » ? Je ne veux pas dire par là que le caractère temporel des modifications existentielles que sont l'authenticité et l'inauthenticité, indique des étapes dans la réflexion. Ce serait trop peu dire. Le *hodos* de la « méthode » est celui qui mène de la façon de vivre à la façon de penser. Si l'existence inauthentique produit des ontologies oublieuses de l'être, une ontologie qui pose la question du sens de l'être ne pourra provenir que d'une existence authentique. Cela montre, du reste, qu'il ne suffit pas d'écrire des livres sur l'Être pour satisfaire à l'*a priori* pratique. Aussi ne pourra-t-on y satisfaire individuellement. Si de presque chaque auteur dans l'histoire de la métaphysique, lu individuellement, Heidegger peut dégager une ébauche de la question de l'être, la charge contre la *civilisation* reste intacte : les philosophes ont « perdu de vue » *(übersprungen)* le problème de l'inauthenticité [14] rien d'étonnant à ce que la question de l'être soit tombée dans l'oubli. Le chemin de l'histoire a été une errance, errance « méthodique » qui n'épargne personne. Mais cette errance résulte d'une erreur dans une tout autre voie, celle qui mène de la vie à la pensée : l'erreur que Nietzsche appelait « la surestimation insensée de la conscience [15] », le retranchement *méthodique* de la vie, ou de la praxis, pour que l'esprit parle purement à l'esprit.

Après le tournant, plutôt que de s'estomper, le *requisit* d'authenticité se dépouille de tout soupçon existentialiste. Il se renforce, trouve sa place dans la phénoménologie des économies [16]. Il se modifie doublement : d'une part, le mode de vivre requis pour la « pensée de l'être » est de plus en plus clairement lié au dépérissement des principes ; d'autre part, l'*a priori* pratique perd ce qu'il a pu avoir d'individualiste avant le tournant. Pour ces deux raisons, « les termes "authenticité" et "inauthenticité", utilisés à simple titre de prélude, ne

---

14 SZ 43 / ET 64.

15 Nietzsche, *Werke, op. cit.*, t. III, p. 733 (= WzM, n° 529).

16 Il est donc difficile de suivre Hans Georg Gadamer quand il déclare que « parler de la *Kehre*, c'est éliminer toute signification existentielle du discours sur l'authenticité de l'être-là et, de ce fait, éliminer le concept même d'authenticité », *in Heidegger*, O. Pöggeler (éd.), *op. cit.*, p. 175. Si par « existentiel » on entend l'ensemble des modifications possibles du *Dasein*, alors la *Gelassenheit* est bel et bien d'ordre existentiel.

signifient aucune différence morale et existentielle [17] ». Mais pour ces deux raisons aussi, l'*Ereignis*, descendant de l'*Eigentlichkeit*, adjoint à la pensée un certain agir comme sa condition de possibilité. La pratique requise pour penser la présence est dictée par le dépérissement des principes époquaux. Le délaissement comporte un impératif. « Nous pouvons dire "oui" à l'emploi inévitable des objets techniques et nous pouvons en même temps dire "non", c'est-à-dire refuser qu'ils nous accaparent exclusivement et ainsi tordent, brouillent et finalement dessèchent notre être *(Wesen)* [18]. » Dans cette description de l'*a priori* pratique, on notera d'abord que l'impératif naît face aux objets *techniques*. Le délaissement a son heure dans l'histoire. Cette heure, c'est le moment de la plus grande emprise exercée par les « objets », le moment où leur présence constante devient accaparante, exclusive. On notera aussi que la menace d'accaparement se dirige contre le *Wesen* (« déploiement essentiel ») – autre mot pour l'originaire, chez Heidegger. La disponibilité constante dans laquelle la technique maintient toutes choses, surdétermine le déploiement, l'événement, la venue à la présence. Les objets sont contraints à la présence constante face au sujet. De ce face à face, de cette cassure du monde en deux, la technique est la figure guerrière. Elle tord, brouille et dessèche l'unique processus appelé *wesen*. Dire oui et non à la technique, c'est donc retourner à la racine commune des choses devenues objets techniques et des hommes devenus sujets techniciens. Dans ce retour au *Wesen*, « notre rapport au monde technique devient merveilleusement simple et en repos », et les choses en viennent à « reposer en elles-mêmes [19] ». Double repos dans l'unique présence. Cela n'a rien à voir avec une prétendue réconciliation de l'homme et de la nature, mais beaucoup avec une réconciliation de l'agir avec les fluctuations chaotiques de la présence. Un tel repos est pensable seulement quand la présence constante, quand les principes de constance, perdent leur pouvoir de support. Repos, donc, où les étants ne sont posés sur rien. Repos qui est loin de l'immobilité et de l'inaction ; et qui n'est peut-être pas de tout repos.

---

17 Wm 163 / Q III 104.
18 Gel 24 sq. / Q III 177.
19 *Ibid.*

La pratique requise pour penser la présence est, en outre, non individuelle. J'ai dit que le terme *Dasein*, dans les écrits de Heidegger d'après le tournant, désigne un peuple ou une communauté plutôt que le soi. J'ai dit aussi que le domaine politique se constitue par l'interaction publique des mots, des choses et des actions. Or, l'être-là historique – grec, latin, médiéval, moderne, « atomique » – doit *apprendre* la pratique à lui destinée. Il correspondra expressément à son destin sous la condition d'un tel apprentissage collectif seulement. Heidegger est très clair sur cette dimension publique de l'*a priori* pratique. Il l'épelle pour chacun des trois facteurs : mots, choses, et actions.

Des *mots* qui correspondent au pli destinal qui est le nôtre, il nous faut encore apprendre la syntaxe. Le langage par lequel nous serions entièrement les habitants d'une ère de transition, Heidegger en parle dans l'interrogative : « Nos langues occidentales, chacune à sa façon, sont des langues de la pensée métaphysique. L'essence des langues occidentales est-elle, en elle-même, purement métaphysique et par conséquent définitivement marquée par l'onto-théo-logique ? Ou bien ces langues recèlent-elles d'autres possibilités de parler [...] ? Ces questions ne peuvent qu'être posées [20]. » Une langue qui s'émanciperait de l'onto-théo-logie, on peut conjecturer qu'elle aurait à se défaire de la grammaire dictée par la métaphysique. La langue à apprendre serait alors libérée de ce *pros hen* fondamental qu'est l'attribution d'un prédicat à un sujet. Si nous savions parler en correspondance avec l'économie de Janus, un dérèglement s'introduirait dans les mots, qui serait aussi troublant que le dépérissement des principes époquaux ; qui donnerait à ce dépérissement son extension et sa compréhension véritables. Apprentissage nécessairement collectif. Apprentissage qui inaugurerait un « rapport libre » à l'égard de la technique. Répondre et correspondre à l'essence de celle-ci ne peut être une affaire individuelle. Comment une langue serait-elle privée ? Si, par son essence, la technique est principielle encore mais déjà anarchique en germe, comment les mots pourraient-ils s'affranchir de leur ordre métaphysique sans que bascule le parler de la civilisation entière qui s'affranchit de l'onto-théologie ? Et si, pour éprouver les

---

20 ID 72 / Q I 307 sq.

« limites » de la technique, notre être-là doit s'ouvrir à cette essence, comment le *Dasein* pourrait-il désigner de quelque façon le sujet individuel [21] ? Qu'il nous soit encore impossible de mettre des mots bout à bout dans un ordre autre que le *pros hen,* cela devrait nous instruire sur le temps qu'il faudra pour affranchir l'économie post-moderne de tout relent principiel, sur le temps qu'il faut pour préparer l'économie libre… Bien plus, on peut se demander si nous sommes seulement en mesure d'apprendre le langage de notre propre temps, langage double comme l'est le principe d'anarchie. Selon Heidegger, une translation, un transfert, une traduction sont nécessaires même pour nous faire entrer dans la constellation de notre propre âge. Nous devons *über-setzen* vers l'économie du vingtième siècle, comme on passe d'une rive à l'autre [22]. D'une façon générale, « à une époque donnée du destin de l'être, une traduction essentielle correspond chaque fois à la manière dont une langue nous parle en ce destin [23] ». Ou bien nous apprenons à parler comme nous parle aujourd'hui l'économie de la présence, ou bien ce qu'il y a de prometteur dans la technique sera perdu. Pour le dire négativement : ou bien nous désapprenons la grammaire du *pros hen,* ou bien le carcan technique nous sera fatal. Ou bien nous « entendons » comment nous parle aujourd'hui le mot directeur de la pensée occidentale, *eon,* ou bien l'accumulation des *onta* consolidera leur assaut *(Andrang).* « Si, par-delà les discours sur la technique, nous pouvons enfin correspondre à son essence ou non, il se pourrait bien que cela dépende de ce "ou bien – ou bien". En effet, il nous faut *d'abord* simplement correspondre à l'essence de la technique pour demander *ensuite* si et comment l'homme maîtrisera

---

21 « Nous soulevons la question de la *technique,* et par là nous souhaitons préparer un rapport libre à son égard. Ce rapport est libre quand il ouvre notre être-là *(Dasein)* à l'essence de la technique. Si nous correspondons *(entsprechen)* à cette essence, nous serons en mesure d'éprouver le domaine technique dans ses limites » (VA 13 / EC 9).
22 Dans un contexte moins étranger à celui-ci qu'il n'y peut paraître, Heidegger dit par exemple que pour entendre et traduire Parménide, nous devons d'abord nous transférer près de lui (WhD 137 / QP 209). L'édition française rend très bien « *über-setzen* » par « tra-duire jusqu'au rivage ».
23 SvG 164 / PR 214. Le fait est que, d'après Heidegger, nous ne parlons pas encore notre langue destinale.

la technique ou ne la maîtrisera pas [24]. » Le ou bien – ou bien est ici affaire d'entendre et de parler : entendre les injonctions de l'âge de la clôture, ou ne pas les entendre ; désapprendre la grammaire du *pros hen* ou ne pas la désapprendre. Affaire de syntaxe. Rien de privé en cela.

Heidegger développe les conditions pour l'entrée dans la langue destinale surtout à propos du poème. Par le « projet poématique de la vérité », une société *(Menschentum)* historiquement donnée répond à ce qui est « jeté en direction » d'elle [25]. Son projet, *Entwurf,* correspond au « jet advenant », *Zuwurf,* économique. Dans les écrits sur le langage tout comme dans ceux sur la déconstruction, « l'être-jeté » l'emporte sur le « projet ». Témoin : « Pour suivre le déploiement essentiel du langage, pour dire après lui ce qui est le sien, il faut un changement *(Wandel)* dans le langage que nous ne pouvons ni obtenir par force ni même inventer. » C'est que nous sommes jetés dans une langue, et plus généralement un langage, qui « se détermine selon le destin », historiquement. Mesuré à cette *Geworfenheit,* tout *Entwurf* est peu de chose : « Tout au plus pouvons-nous quelque peu préparer le changement dans notre rapport au langage [26]. » Ce qui compte, c'est que l'essence double de la technique dicte la possibilité d'un parler double, dont éventuellement naîtra un parler plus simple, affranchi de la grammaire qui a fait l'Occident. Mais ces transitions seront publiques ou elles ne seront pas du tout.

Les *choses* déployées par le pli destinal qui est le nôtre, exigent, elles aussi, d'être libérées – libérées du règne principiel qui les rend objets. On l'a vu : les objets doivent devenir des choses [27]. À quelle condition ? Que nous les « laissions être », assurément. Mais cela est-il, cela peut-il être, une affaire individuelle, privée, « subjective » ? Comment leur libération serait-elle subjective si elle consiste précisément à défaire le clivage sujet-objet ? Et comment le délaissement serait-il une tâche purement individuelle si, au seuil de la clôture métaphysique, il signifie essentiellement la lutte contre les principes époquaux ? Une fois ceux-ci reconnus comme obstacles à la liberté alétheiologique,

---

24 WhD 142 / QP 216.
25 Hw 62 / Chm 59.
26 US 267 / AP 256.
27 Voir ci-dessus, § 34.

on voit mieux de quelle manière se conjuguent libération et délaissement : pour que les objets « deviennent » choses, un relâchement de la mainmise est nécessaire, qui soit d'envergure économique ; qui soit de même extension que la communauté concrète placée sous le principe d'objectivité. Libérer la présence ne peut en aucun cas se résumer à quelque attitude intérieure. En ce sens, le délaissement n'a rien d'« existentiel ». Ce terme, comme celui d'authenticité qui lui est corrélatif, est « désuet [28] » dans le dernier Heidegger, parce que l'un et l'autre ne peuvent dire l'essentiel : à savoir que les choses ne seront affranchies du principe d'objectivation – qui n'est autre que le principe de représentation, le principe d'*adaequatio* entendue comme assujettissement, comme mainmise – que les choses ne seront affranchies qu'à la seule condition d'un revirement dans la vie publique, politique. Revirement anti-principiel sans quoi jamais le tournant économique de notre siècle ne sera rendu explicite, recouvré comme tel. *A priori* politique qui détermine la pensée. Praxis anarchique qui restitue la chose sous l'objet, la présence sous les principes, et la vérité comme liberté sous la vérité comme mainmise.

Les *actions* constituent le troisième facteur de la région phénoménale qu'est le politique. J'ai distingué entre l'agir au sens étroit, *praxis* (incluant la *poiesis*), opposée à la *theoria,* et l'agir au sens large. Ce dernier est de même essence que la pensée – la pensée qui est « autre » que la théorie. L'« autre » politique qui lui correspondrait, serait faite d'une syntaxe qui brise le prestige du *pros hen* dans l'agencement des mots ; de choses présentes d'elles-mêmes et non pas représentées ; et d'actions recevant leur seule mesure des injonctions économiques. Priorité, certes, de la pensée sur l'agir : c'est la pensée qui reçoit, entend, lit, recueille, explicite les injonctions et notamment le dépérissement des principes. Mais priorité, d'un autre côté, de l'agir sur la pensée. L'apprentissage d'actions (au sens étroit) anti-principielles, puis a-principielles, est le préalable de la pensée comme « agir suprême ». Impossible de recevoir, d'entendre, de lire, de recueillir, d'expliciter l'économie anarchique tant que les actions ne précèdent pas la pensée en devenant comme l'économie : à savoir, jeu sans fond et sans pourquoi.

---

28 Birault, *Heidegger et l'expérience de la pensée, op. cit.*, p. 41.

À un âge donné, chacun a un savoir préliminaire de ce qu'il est économiquement possible de faire. Qualité pratique de la précompréhension, que Heidegger a découverte avant sa qualité historique. Ce savoir nous vient, pour ainsi dire, de nos mains : par exemple des outils époqualement à notre disposition. À l'âge de la pierre, on ne rêve pas d'une hache en inoxydable, ni, inversement, à l'âge de l'agriculture mécanisée, d'une charrue de bois. De ce que nous faisons, naît la compréhension implicite de l'économie. L'effort philosophique d'explicitation resterait paralysé, sans une modification poiético-politico-pratique qui le précède. L'explicitation ne peut être un pur acte de la conscience. Cela ne revient pas à dire, à la Sartre : « l'homme est ce qu'il fait », mais : l'homme pense comme il agit (et non pas, suivant l'ancienne raison législatrice : que l'homme agisse comme il pense). Dans *Être et Temps,* Heidegger avait déclaré : « Sans une compréhension existentielle, toute analyse de l'existentialité restera dans le vide *(bodenlos)* [29]. » Version encore hésitante de l'*a priori* pratique, puisque l'« existentiel » est affaire de compréhension. De même, sans compréhension pratique, *sans pratique,* toute analyse des économies reste dans le vide. Version non plus hésitante : sans praxis an-archique, le dépérissement des principes n'est que théorie.

Si, dans *Être et Temps,* l'authenticité comme condition existentielle de pensée pouvait admettre des sous-entendus individualistes, il n'en va plus de même dans les écrits ultérieurs. Le délaissement, concept clef de la deuxième période à cet égard, dissipe de tels sous-entendus. Il est opposé à la technique. Celle-ci marque tout l'âge atomique. Or, si pour lutter contre le principe technique, il nous faut « dire "oui" à l'emploi inévitable des objets techniques et en même temps dire "non" », le délaissement ne peut déjà plus être une attitude choisie isolément, héroïquement. Ce doit être l'attitude d'un âge. Autrement, la lutte anti-principielle à laquelle convie Heidegger,

---

29 SZ 312. Si Heidegger procédait simplement selon le modèle quasi-homilétique de l'exhortation, on pourrait *comprendre* d'abord (la temporalité extatique, le délaissement ontologique, l'économie anarchique), *agir* ensuite (résolution anticipatrice, délaissement pratique, abolition des principes). Modèle essentiellement moral selon lequel l'agir se conforme à un type idéal. Mais si, en revanche, l'existentiel est le sol, *Boden,* de l'existential, on ne comprendra justement pas tant qu'on n'agira pas. La « compréhension existentielle » de SZ est pratique comme l'est la compréhension d'un outil, qui nous vient par le maniement.

serait don-quichottesque. Enfin, le dépassement de l'individualisme subjectiviste devient patent à la troisième période. De là, il peut être lu à rebours. Pour que cèdent les principes et que s'accomplisse l'entrée dans l'événement, la praxis a-principielle gagnera tous ceux qui vivent dans l'économie de transition, ou elle ne sera rien du tout. Une contestation par actions individuelles, marginales, des principes, ne peut, de droit, nous « traduire » dans l'économie de l'*Ereignis*. Il suffit de se souvenir du caractère englobant d'une « marque » destinale ou historiale de la présence pour ne pas se tromper sur la portée sociale de l'impératif qui nous demande de « nous ouvrir nous-mêmes à l'injonction [30] ». Ces marques situent tout le monde, sans exception possible. Par elles sont mis à leur place même ceux qui se déguisent pour faire survivre un âge révolu. Impossible de simplement dire non à la technique. La simple négation d'une position fondamentale « ne fait qu'éliminer les négateurs [31] ». Au mieux, nous pouvons dire « oui et non ». De même pour la praxis qui rend explicite le dépérissement de ces marques : tôt ou tard, elle doit devenir la praxis de tous. Ce que Heidegger dit de la nouveauté de l'œuvre d'art – à savoir qu'elle nous re-situe, nous déplace, et ainsi suspend désormais toutes actions courantes – convient éminemment à la nouveauté économique : « Suivre ce déplacement signifie : transformer nos rapports ordinaires au monde et à la terre et suspendre désormais toutes les actions courantes [32]. »

À chaque étape, les écrits de Heidegger contiennent ainsi des allusions à l'*a priori* pratique pour la pensée, sans que celles-ci soient jamais développées pour elles-mêmes. Peut-être doit-on lire dans « l'enfant qui joue » d'Héraclite [33], dans la « vie sans pourquoi » de Maître Eckhart [34], dans « l'éternel retour » qui « éternise l'absence du

---

30 « Nous devons nous placer expressément sous l'injonction qui nous dicte de penser conformément au *logos*. Aussi longtemps que nous ne nous mettrons pas nous-mêmes en marche, c'est-à-dire aussi longtemps que nous ne nous ouvrirons pas nous-mêmes à cette injonction, que nous ne nous mettrons pas, posant ainsi la question, en chemin vers lui, aussi longtemps nous resterons aveugles au destin qui déploie notre essence » (WhD 103 / QP 162).

31 Hw 89 / Chm 87.

32 Hw 54 / Chm 52.

33 SvG 188 / PR 243.

34 SvG 71 sq. / PR 106–108, voir ci-dessus, p. 19 sq.

353

Agir et anarchie

but final » de Nietzsche [35] autant de transformations du « sol existentiel » requis pour la pensée. Surtout, on aimerait en savoir un peu plus long sur les actions précises qui doivent précéder l'entrée dans l'événement. Inutile, cependant, d'ausculter les textes de Heidegger à la recherche du moindre indice. D'*Être et Temps* encore, un interprète comme Marcuse pouvait dire que « cette philosophie atteint son sens suprême en tant qu'authentique science pratique [36] ». Mais confronté aux écrits ultérieurs, le même Marcuse en viendra à accuser l'air « artificiellement concret » de toute l'entreprise heideggérienne [37]. Autre chose est de montrer le dépérissement des fondations pour toute philosophie pratique ainsi que les conditions qu'il fait à la vie, autre chose de dresser un programme d'action, ou d'actions. Depuis la « destruction des ontologies » jusqu'à « l'entrée dans l'événement », en passant par l'« eschatologie de l'être [38] », Heidegger s'est attelé à la première tâche, laissant la seconde à d'autres.

L'*a priori* pratique pour penser ce dépérissement inverse le statut transcendantal assigné traditionnellement à la pensée et à l'agir respectivement. De conséquence pratique de critères établis pour lui spéculativement, l'agir tourne à une condition de possibilité pour la pensée préparée ainsi pratiquement. Inversion transcendantale qui ne diminue en rien l'anti-humanisme. Les économies de la présence se déplient sans beaucoup de contrôle humain. La pensée peut choisir de rester impliquée dans leur pli, sans question. Elle ne peut pas choisir de s'en désimpliquer. Mais elle peut sortir du repliement muet ou dogmatique. Elle peut commencer à questionner. Chez Heidegger, les conditions d'une telle sortie du sommeil dogmatique de la philosophie sont : que l'agir se dirige expressément contre toutes survivances principielles pour les subvertir, et que cette subversion soit collective.

---

35 N I 437 / N i 339.

36 Herbert Marcuse, « Beiträge zu einer Phänomenologie des historischen Materialismus » (1928), réimprimé dans H. Marcuse et A. Schmidt, *Existenzialistische Marx-Interpretation*, Francfort, 1973, p. 60.

37 Herbert Marcuse, « Heidegger's Politics: An Interview », *Graduate Faculty Philosophy Journal*, VI (1977), p. 29 sq.

38 SZ 39 / ET 58, SD 44 / Q IV 74, Hw 301 sq. / Chm 267.

§ 41. *Le problème de la volonté*

« Nous ne pensons pas de façon assez *décisive* encore l'essence de l'agir [39]. »

Sur le problème de la volonté chez Heidegger, il y a une thèse commune qui se résume à peu près comme ceci. Pour *Être et Temps,* la volonté s'enracine phénoménalement dans le souci, donc dans l'ouverture existentiale de l'être-là. Le volontaire et l'involontaire s'opposent alors comme l'authentique et l'inauthentique [40], ce qui ramène le phénomène de la volonté à celui de la résolution. L'être-là résolu, authentique, c'est l'être-là voulant. Voulant quoi ? Ses possibilités propres, *eigen,* que dans l'*Eigentlichkeit,* l'authenticité, il fait résolument siennes. Ainsi la volonté est-elle non pas une faculté, mais un phénomène concomittant des modifications par lesquelles j'atteins ma vérité la plus propre, la plus originaire. Mais d'autre part toujours selon l'*opinio communis* –, Heidegger déconstruit les notions de la vérité qui, seules, auraient pu servir d'idée régulatrice pour la résolution, à savoir les notions normatives. La vérité déconstruite, le dévoilement, ne fournit aucun guide aux élans possibles de la volonté. Celle-ci s'élance comme dans le noir. D'où un certain décisionnisme [41] sous-jacent chez le jeune Heidegger. Après la *Kehre,* en revanche, ce décisionnisme culbuterait dans son contraire, le « laisser-être ». Il s'agirait alors non plus de vouloir résolument pour exister authentiquement, mais de « vouloir ne pas vouloir » afin

---

39 Wm 145 / Q III 73 (souligné par moi).

40 « L'être-là pourra se comporter à l'égard de ses possibilités de façon involontaire *(unwillentlich),* il pourra être in-authentique, et c'est de fait selon ce mode qu'il est de prime abord et le plus souvent » (SZ 193 / ET 236).

41 Le « décisionnisme » s'oppose au « normativisme » en philosophie légale et morale. En ce sens, et quoique le concept date du vingtième siècle, le principe de Thomas Hobbes « *Autoritas, non veritas facit legem* », est la formulation la plus succincte de cette doctrine. Karl Löwith, ici encore le champion de la lecture « existentialiste » de Heidegger, a qualifié de décisionnisme ce qu'il appelle « la philosophie de l'existence résolue » de Heidegger. Selon lui, le décisionnisme est cette doctrine qui « détruit » les systèmes normatifs transmis pour exalter « le pathos de la décision au nom de la pure résolution », Karl Löwith, *Gesammelte Abhandlungen*, Stuttgart, 1960, p. 93 sq.

de désapprendre l'objectivation, la représentation, la mainmise, tout le mécanisme de la pensée essentiellement technique. La transition du décisionnisme au délaissement ne se serait pas faite, du reste, sans difficulté : dans l'essai « L'origine de l'œuvre d'art » (1935), les deux thèmes, volontariste et anti-volontariste, co-existeraient curieusement, si bien que plus de vingt ans plus tard, Heidegger se serait vu obligé d'ajouter un supplément à cet essai. Il s'y efforcerait, un peu tortueusement, de réconcilier l'opposition entre « vouloir » et « laisser », en ramenant l'un et l'autre à l'« engagement ek-statique de l'homme existant dans le dévoilement de l'être [42] ». Qu'il prenne la peine de déclarer à plusieurs reprises que « la résolution, dans *Être et Temps,* n'est pas l'action décidée [43] », indiquerait précisément combien est artificielle l'harmonisation rétrospective de ces deux positions, combien elle lui faisait problème. Bref, « le tournant » s'accompagnerait d'une « abdication de la volonté comme affirmation de soi face à l'être [44] ».

---

42 Rc 97 / Chm 66.

43 Hw 55 / Chm 53. En d'autres mots, il dit que la *thesis – setzen* ou *feststellen,* poser ou établir – est à comprendre comme « laisser s'étendre en son rayonnement et sa présence », et non pas comme fixation (Rc 96 / Chm 66, cf. Wm 159 / Q III 96 et Gel 61 / Q III 213).

44 Jarava L. Mehta, *Martin Heidegger : The Way and the Vision,* Honolulu, 1976, p. 337 ; cf. *ibid.,* p. 33,74 et 352. Hannah Arendt, dans son chapitre « Heidegger's Will-not-to-will », *The Life of the Mind,* t. II, New York, 1978, p. 172–194, s'appuie largement sur Mehta, surtout quand elle décrit le « laisser-être » comme une « alternative » opposée aux desseins que se fixe la volonté, p. 178. L'une des thèses fondamentales de ses deux volumes – intitulés respectivement *Thinking* et *Willing* – est justement que penser et vouloir sont « des opposés », p. 179. Herbert Marcuse résume cette opinion commune sur le décisionnisme heideggérien : « Chez Heidegger, le contexte social, empirique de la décision, aussi bien que de ses conséquences, est mis entre parenthèses. La chose principale, c'est de décider et d'agir conformément à votre décision. Qu'en elle-même et dans ses fins la décision soit moralement et humainement positive ou non, peu importe », « Heidegger's Politics: An Interview », *in Graduate Faculty Philosophy Journal,* VI (1977), p. 35.

À toutes ces interprétations de la résolution, de la décision et de la volonté, s'oppose celle que donne Birault : « Ce laisser-être est ce que *Sein und Zeit* appelait die *Entschlossenheit* et ce que les écrits plus récents appellent *Gelassenheit* […]. La "décision résolue" de *Sein und Zeit* n'a pas la signification "héroïque" qu'on croyait pouvoir lui prêter, ni la *Gelassenheit* la signification "quiétiste" qu'on voudrait lui conférer […]. Il ne faut pas penser l'*Entschlossenheit* à partir des formes

Tout cela est plausible. Mais ce que cette opinion commune ne dit pas est plus instructif sur l'agir comme condition de la pensée que ce qu'elle dit.

D'abord, et pour commencer par le plus simple, elle ne dit rien du mot *Entscheidung*, décision, lui-même. L'allemand, comme le français, dérive d'un verbe qui signifie « séparer », « trancher ». Séparer et trancher quoi ? « La pensée ne s'est pas encore levée à partir de la séparation *(Scheidung)* de la question métaphysique de l'être concernant l'être de l'étant, d'avec la question qui s'interroge plus originellement, c'est-à-dire sur la vérité de l'être [45] ». Séparation de deux types de question. La première est « métaphysique », la seconde ne l'est plus. Séparation entre deux ères, donc. Ces lignes disent assez clairement que les questions inventées par l'homme ne décident de rien d'essentiel du tout ; que la séparation de deux questions historiales survient avant même qu'il puisse intervenir ; que la décision au sens de séparation et de coupure est, en d'autres termes, économique : elle met à part un âge, elle met à part un ordre historique de la présence, un monde. « Le monde est cette ouverture qui ouvre les amples voies des décisions simples et essentielles dans le destin d'un peuple historial [46]. » Une décision, donc, est affaire de destin collectif. C'est la disjonction entre deux ères économiques.

Toute décision essentielle est non seulement économique, mais encore alétheiologique : « Le monde, c'est l'éclaircie des orbites des injonctions essentielles, orbites dans lesquelles toute décision s'ordonne. Mais toute décision se fonde sur quelque chose de non-maîtrisé, de caché et d'égarant ; autrement elle ne serait jamais décision [47]. » Une décision économique est dite essentielle parce qu'elle arrache l'éclaircie au caché, le « monde » à la « terre », l'*alétheia* à la *léthé*. Une constellation de vérité détermine donc les orbites – les voies ou les canaux qui ont cause liée avec les « marques » d'un âge – par où nous parviennent les injonctions économiques. Concrètement, par

---

traditionnelles du vouloir, il faut au contraire penser ces formes elles-mêmes à partir de l'*Entschlossenheit* afin d'élaborer une *théorie non volontariste de la volonté* », *op. cit.*, p. 519 sq.

45 N II 293 / N ii 235.

46 Hw 37 / Chm 37.

47 Hw 43 sq. / Chm 43.

exemple, la décision ou disjonction d'où est né l'âge post-moderne (éprouvé par Marx en 1845, par Nietzsche en 1881, par Heidegger en 1930) établit les avances techniques, l'idée même de progrès, comme le truchement pour notre âge de ce qui est vrai et faux, à faire et à ne pas faire [48]. On pourrait dire que ces injonctions ne sont rien d'autre que l'ordre concret et structure du présent-absent, l'ordre alétheiologique qui prédomine à un âge. Cet ordre, Heidegger le désigne ici comme l'ensemble des « orbites » selon lesquelles une décision historique arrange une économie donnée. Le concept d'orbite ajoute un élément de structuration à celui d'*alétheia*.

Économique et alétheiologique, toute décision essentielle est encore non humaine. Voici quelques exemples de ce que Heidegger appelle « décisif » historiquement : ce sont les « mots fondamentaux » tels que « vérité, beauté, être, art, connaissance, histoire, liberté [49] », « une position fondamentale transformée [50] », « la pensée constructrice [51] », « la pensée de l'éternel retour [52] ». Toujours une décision disjonctive précède les décisions volitives. Soit Marx : « Que, pour Marx, l'homme et uniquement l'homme (et rien d'autre) soit ce dont il s'agit, cela est *décidé d'avance*. D'où cela est-il décidé ? Comment ? De quel droit ? Par quelle autorité ? – On ne peut répondre à ces questions qu'en retournant à l'histoire de la métaphysique [53]. » Ainsi,

---

48 Dans l'essai sur « L'origine de l'œuvre d'art », où se trouvent tous ces passages, Heidegger peut ainsi demander : « L'art est-il encore, ou n'est-il plus, une manière essentielle et nécessaire d'avènement de la vérité qui *décide* de notre être-là historial ?» (Hw 67 / Chm 63). L'art n'est peut-être plus une « orbite » principale qui trace les chemins pour notre existence. La religion aussi, après avoir servi de truchement pour les injonctions essentielles pendant des siècles, a maintenant perdu cette fonction : « c'est l'état d'indécision par rapport au Dieu et aux dieux » (Hw 70 / Chm 70). En effet, « que le Dieu vive ou reste mort, cela ne se *décide* pas par la religiosité des hommes [...]. Que Dieu soit Dieu, cela advient à partir de la constellation de l'Être et à l'intérieur de celle-ci » (TK 46 / Q IV 154, souligné par moi).

49 N I 168 sq. / N i 133 sq.

50 FD 38 / QCh 60.

51 Cette pensée « dé-cide constamment des mesures et des hauteurs [en les projetant] et par conséquent élimine [donc rejette] [...]. La construction passe par des décisions » (N I 641 / N i 497, parenthèses du traducteur français).

52 De cette pensée, « des possibilités de *décision* et de *séparation* s'ensuivent eu égard à l'être-là de l'homme en général » (N I 393 / N i 307, souligné par moi).

53 VS 132 / Q IV 332 sq.

l'humanisme philosophique est-il, lui aussi, le produit d'une décision économique, non humaine.

Les décisions disjonctives – économiques, alétheiologiques, anti-humanistes – restreignent l'espace des décisions volitives possibles. Elles en constituent la limite, mais aussi la bonne fortune. Que dans leur essence les décisions volitives soient structurées par les décisions disjonctives, voilà ce qui est indiqué dans la première ligne de la *Lettre sur l'humanisme* citée ci-dessus en exergue : « Nous ne pensons pas de façon assez *décisive* encore l'essence de l'agir. » C'est que l'agir volitif peut être essentiel comme les décisions disjonctives. Quel est l'agir essentiel, possible après la disjonction entre modernité et postmodernité ? C'est, je l'ai dit, l'agir qui renonce aux principes et qui adhère aux transmutations économiques. Cet agir-là, devenu possible à l'âge de la clôture et grâce au tournant, serait originaire. « Sommes-nous, dans notre être-là, historialement près de l'origine originaire ? »

Question de « comportement », ajoute Heidegger, d'un « "ou bien – ou bien" et de sa décision [54] ». La distinction est claire : une décision essentielle, disjonctive, historiale-destinale, économique, alétheiologique, non humaine, précède, comme leur condition de possibilité, toutes décisions humaines ou volitives, tout comportement, comme l'être-jeté précède tout projet. Le premier type de décision, Heidegger l'appelle aussi une crise. « La pensée [de l'éternel retour], encore qu'elle doive se penser dans l'instant créateur de la décision individuelle, appartient à la vie même : elle constitue une *décision historiale* – une *crise* [55]. » Les décisions « critiques » font les conditions historiques de la vie même. Elles se distinguent des décisions « créatrices » comme la vie se distingue de l'instant. Tous ces termes sont évidemment, chez Nietzsche, fortement surdéterminés. Aussi ne dira-t-on pas que Heidegger paraphrase ici Nietzsche. Les autres textes que j'ai produits montrent suffisamment que les décisions humaines peuvent épouser ou ne pas épouser les décisions économiques qui les précèdent et les *situent*. Le concept de décision chez Heidegger, est

---

54 Hw 65 / Chm 62.
55 N I 415 / N i 323.

Agir et anarchie

topologique d'abord. Voilà qui rend un prétendu « décisionnisme » difficile à soutenir.

La volonté peut suivre le flux économique ou ne pas le suivre. On se souvient que le dernier principe époqual, celui dont l'efficace culmine dans la technique, est l'être comme volonté. C'est surtout sur cette figure métaphysique ultime qu'insiste Heidegger. Or, à l'âge de la clôture, suivre les modifications économiques, c'est « volontairement renoncer au vouloir », volontairement congédier la volonté comme dernière marque métaphysique, comme être de l'étant, comme marque de notre âge. Pour que, dans notre être-là, nous soyons « historialement près de l'origine originaire », la condition est de dire : « Je veux le non-vouloir [56]. » Une fois de plus, l'agir révocatoire des principes est la condition de la pensée.

Mais quelle serait la portée de l'agir contraire, qui vise à consolider les principes ? Que signifie *ne pas* épouser les décisions historiales comme notre condition ? Hannah Arendt n'a pas tort, sans doute, quand elle évoque à ce propos l'*adikia* d'Anaximandre. Heidegger comprend la *diké* comme accord dans la présence, accord entre venue et retrait. L'*adikia,* c'est le désaccord. « Le désaccord consiste en ceci que ce qui, chaque fois, séjourne pour un temps, cherche à se raidir sur le séjour, au sens de la pure persistance dans la durée. » Dans l'étant « injuste », « le séjour ne veut pas démordre de son jour [57] ». La présence s'étale, se consolide, s'obstine contre l'absence. Permanence et persistance qui sont à l'opposé de l'émergence originaire, incessamment neuve et « ajustée » à l'absence. Volonté qui est à l'opposé de la pensée. Qu'à l'âge terminal de la philosophie, la volonté humaine puisse devenir absolue – ne voulant rien qu'elle-même –, la révèle comme lieu d'une insurrection possible : elle est cette force qui cherche à ériger le soi en soi permanent et le temps, en présence constante [58]. Si la « justice » consiste, pour chaque chose,

---

56 Gel 32 / Q III 184.
57 Hw 328 / Chm 290. À propos du « quadriparti », Heidegger dit qu'au contraire « aucun des quatre ne cherche à persister » (VA 178 / EC 214) ; cf. Arendt, *The Life of the Mind, op. cit.*, t. II, p. 193s.
58 On peut présumer que l'interprétation de l'*adikia* a son point de départ dans celle de la technique moderne : c'est l'homme contemporain qui « s'étale et se pose en seigneur de la terre » (VA 34 / EC 36).

360

à venir et à repartir au gré des économies, la volonté est le nom de la rébellion contre cette justice. La présence événementielle sera ainsi affaire de penser, et la présence constante, affaire de vouloir. Penser et vouloir compris, non pas comme facultés de l'âme, mais comme modalités d'ouverture au monde. L'agir principiel est *hybris*.

Pour cette volonté insurrectionnelle, absolue, Heidegger cherche une contre-volonté. La simple possibilité de « vouloir ne pas vouloir » place l'agir devant l'alternative : ou bien se laisser emporter par les économies, ou bien se rebeller contre elles, immobiliser la présence sur un support fictif. Entre l'emportement et le support, Heidegger choisit le premier. Les décisions volitives ou bien s'abandonnent aux décisions disjonctives qui font époque, ou bien se durcissent contre celles-ci. Grandeur de Hölderlin et de Nietzsche : l'un et l'autre ont osé s'adonner au glissement par lequel prend fin l'âge moderne, et peut-être l'âge métaphysique. Le métier de poète rend cependant plus lucide que le métier de penseur. À la différence de Hölderlin, Nietzsche « n'était pas capable de discerner l'enracinement historial de la question métaphysique de la vérité en général, ni de ses propres décisions en particulier [59] ». Ses propres décisions s'inscrivent entièrement dans l'autre décision, la « décision qui n'est pas arrêtée par nous, mais qui, en tant qu'histoire de l'être, est prononcée par l'être pour notre propre histoire ». Avec Nietzsche, la métaphysique « prit une tournure décisive pour l'achèvement de sa propre essence [60] ». Pauvreté des penseurs de transition : Nietzsche restait dans l'ignorance nécessaire du virage qui s'opérait à travers lui. Mais son *Mitdenken,* pensée accompagnant ce virage, est instructif. Il montre que les décisions pratiques peuvent approcher la décision historiale comme ses asymptotes. Bonne fortune des âges de transition, quand le délaissement pratique, l'abandon de soi aux variations, devient une possibilité concrète ; quand il est possible de vouloir le non-vouloir.

Le concept de la décision chez Heidegger nous oblige à donner plusieurs réponses au problème de la volonté. 1. Au sens premier, essentiel, une décision est la séparation ou disjonction historiale entre

---

59 NI 633 sq. / N i 491.

60 N II 98 / N ii 81.

deux économies de la présence, leur mise à part. Les revers de l'histoire métaphysique, aussi bien que le tournant hors de la métaphysique, sont de telles décisions non humaines, alétheiologiques. 2. La disjonction contemporaine place en contiguïté l'économie du dernier principe métaphysique, la volonté de la volonté, et une économie possible, dépourvue de principe. Économiquement parlant, le tournant est cette décision par laquelle est congédiée la volonté comme marque de plus en plus exclusive de la civilisation occidentale. 3. Les décisions individuelles et collectives, nos actes volontaires, s'inscrivent toujours dans l'horizon des décisions économiques. L'homme est « usé », « utilisé » pour et par ces incursions tranchantes. 4. À l'intérieur de l'horizon ainsi découpé, l'agir est placé devant un « ou bien – ou bien » : les actes volontaires se mettent explicitement à la merci du devenir ou non ; en termes temporels : la présence est vécue comme événementielle ou comme constante. 5. De cet « ou bien – ou bien » naît, soit « la philosophie », soit « la pensée ». La recherche volontaire de la présence constante est donc à congédier si la pensée est appelée à se faire pensée de la présence événementielle. Vouloir le non-vouloir est la condition pratique pour la « pensée de l'être ».

La pensée naît de deux parents, de deux types de conditions. On pourrait opposer sa condition économique à sa condition pratique comme le conditionnement à l'*a priori*. La condition comme conditionnement, Heidegger la décrit comme ordonnancement d'un monde. « Là où surviennent les décisions essentielles de notre histoire – par nous recueillies ou abandonnées, méconnues ou à nouveau mises en question – là s'ordonne un monde [61] ». Ordonnancement qui est la condition *économique* au sein de laquelle nous pouvons éventuellement recueillir ou abandonner, méconnaître ou mettre en question les décisions qui ont fait histoire – au sein de laquelle peut naître une pensée, si le temps est mûr, comme on dit, qui brise ce conditionnement. La condition *pratique* de cette même naissance d'une pensée autre, est énoncée au mieux par la transmutation de l'*a priori* qu'est le « vouloir » en l'*a priori* qu'est le « laisser ». Transmutation d'un vouloir dans l'autre, du vouloir absolu parce que se voulant lui-même, en « ce vouloir qui, renonçant au vouloir, s'est

---

61 Hw 33 / Chm 34.

laissé introduire *(eingelassen)* dans ce qui n'est pas une volonté [62] ».

L'agir qui brise le conditionnement métaphysique nous introduirait pleinement dans ce que Heidegger appelle ici *die Gegnet,* la « libre étendue », qui n'est autre que l'économie affranchie des principes. « Quand nous nous laissons introduire au délaissement tourné vers la libre étendue, nous voulons le non-vouloir [63]. »

À la question « Que faire ? », Heidegger a donc bel et bien une réponse. Il ne convie pas à la décision pour la décision. Il ne prêche pas non plus l'amour pour combattre la haine, ni l'expropriation des expropriateurs pour combattre l'injustice. Mais il invite au renversement exprès des principes époquaux qui économiquement basculent déjà. Ce qui peut faire difficulté, c'est que ce renversement, nous avons du mal à le concevoir autrement que comme entreprise volontaire, « décidée », « résolue », « énergique » *(tatkräftig).* Pour Heidegger, en revanche, le non-vouloir et le délaissement sont plus subversifs et contestataires que tout projet de volonté qui « veut agir et veut l'effectivité comme son élément [64] ».

2
Des déplacements anarchiques

« L'événement accorde, chaque fois, le délai dans lequel l'histoire saisit la caution d'une époque. Ce délai, pendant lequel l'être se livre dans le champ qu'il s'est ouvert, ne s'obtient cependant jamais à partir du temps calculé historiquement ni à l'aune de celui-ci. Le délai accordé ne se révèle qu'à un examen qui d'ores et déjà sache pressentir l'histoire de l'être, cette méditation ne dût-elle réussir que sous la forme d'une détresse essentielle qui, sans bruit ni suite, bouleverse tout ce qui est vrai et réel [65]. »

---

62 Gel 66 / Q III 219.
63 Gel 59 / Q III 211.
64 Gel 60 / Q III 212 sq.
65 N II 490 / N ii 398 sq. Le mot « *Epoche* » à la fin de la première phrase est un ajout postérieur, par lequel Heidegger a remplacé « *Zeit* », cf. Martin Heidegger, *The End of Philosophy*, traduit par Joan Stambaugh, New York, 1973, p. 83, la note de la traductrice.

Ces lignes, sur lesquelles se termine l'ouvrage en deux volumes de Heidegger sur Nietzsche, parlent des époques qui articulent l'histoire. Puis d'un bouleversement silencieux où se prépare une transition. Voyons d'abord quelle est l'intelligence du temps qui, selon ce texte, autorise à parler d'une telle transition ; ensuite, quels sont les déplacements qu'elle entraîne.

Le temps est un temps de « délais ». Ce mot *(Frist)* fournit le concept générique qui coiffe, d'une part, le temps époqual et, d'autre part, le temps qui n'est plus époqual. Qu'une certaine histoire tende à sa fin ne signifie donc pas que le temps doive désormais être compris comme homogène, rectiligne. Il ne s'articule plus en époques, c'est-à-dire en instaurations subites des ères où l'être se réserve – en instauration subite des économies où la présence est régie par un archi-présent. Néanmoins, après la transition silencieuse, il continue de s'articuler. Comment ?

Les délais temporels proviennent de « l'événement », c'est-à-dire de l'entrée en rapports mutuels de tout ce qui est présent à un âge. Cette entrée en présence « accorde les délais », qui restent incalculables. En les méditant, nous sommes saisis d'une « détresse essentielle » : refus, de la part de Heidegger, d'une histoire et de transitions historiques où règnent des lois qui aient quelque affinité avec l'entendement. Les délais ne se mesurent ni à l'aune historiste, ni à celle de la Providence, fût-elle sécularisée en rationalité spéculative. L'événement donne plutôt lieu à une histoire qui peut seulement se « pressentir », *ahnen*. Mot polémiquement anti-rationaliste. Si les temps propres aux dispositifs de la présence proviennent de l'événement, l'histoire est non seulement discontinue, mais précisément étrangère à la raison. On ne peut plus dire qu'en tout temps de la civilisation, la raison règne sur le monde, encore moins que la raison vient à elle-même dans et par l'histoire, que la raison retrouve dans l'histoire sa propre aspiration à la pleine possession d'elle-même. On ne peut plus soutenir ces articles d'un rationalisme triomphaliste du moment que la méthode est phénoménologique, au sens où la présence ne se livre que dans le champ fini qu'elle s'est ouvert en arrêtant les constellations alétheiologiques sur telle ou telle configuration, toujours à terme. Dire que les délais temporels proviennent de l'événement, c'est dire que le temps n'est pas continu. Les passages d'une constellation à l'autre font la détresse de la raison.

Les délais provenant de l'événement ne sont pas, en outre, des laps de temps. Ils « accordent » ceux-ci. Autrement dit, ces délais ne sont pas les périodes historiques. Le schéma de pensée reste ici transcendantal. Heidegger recherche des conditions de possibilité : les *délais* survenant subitement sont les conditions qui rendent possibles les *périodes* dans l'histoire, tout comme l'*événement,* à son tour, rend possibles ces délais. Plus haut nous avons vu la version non encore temporalisée de cette différence triadique : l'étance *(die Anwesenheit, die Seiendheit)* rend possible l'étant *(das Anwesende, das Seiende)* (différence métaphysique), et elle est elle-même rendue possible par l'être *(das Anwesen, das Sein)* (différence phénoménologique). Les délais ne sont cependant pas strictement comparables à l'étance dans leur fonction transcendantale, puisqu'ils apparaissent à un regard qui « sache pressentir l'histoire de l'être ». Parler de « délai », c'est parler d'« époque » en tant qu'affranchie de ce qui est justement essentiel à l'*epéchein,* à savoir le mouvement d'occultation où la présence se refuse, se cache derrière le présent. L'étance désigne ce que la métaphysique tend à hypostasier comme « l'être même », a-temporel. Les délais, eux, désignent le mouvement de temporalisation historique de l'événement – dans les termes d'*Être et Temps,* la traduction de la *Temporalität* en *Geschichtlichkeit* [66]. Temporalisation où l'histoire « saisit la caution » d'un âge. Temporalisation qui scande l'histoire et qui, du fait de cette priorité, ne peut se mesurer « à partir du temps calculé historiquement ». On le voit, si par la temporalisation la présence se livre au champ historique qu'elle s'est elle-même ouvert, ces délais incomparables sont la traduction de l'événement en histoire. Ils fournissent le moyen terme pour traduire l'originaire en l'originel.

Or, aujourd'hui, les délais qui proviennent de l'événement et qui accordent les âges de l'histoire, ouvrent sur quelque chose qui « d'ores et déjà » est nôtre, qui d'ores et déjà est possible. La première moitié de la citation – qui parle du temps articulé en délais, de leur provenance de l'événement, et de leur fonction transcendantale médiane – s'applique à tous les revers de l'histoire. La seconde, en revanche, parle du seul tournant qu'est l'âge technologique. C'est au

---

66 Heidegger appelle « *Temporalität* » « la détermination du sens de l'être à partir du temps », et « *Zeitlichkeit* » « la constitution de l'être du *Dasein* » (GA *24* 22, cf. SZ 39 / ET 58).

moment de la clôture métaphysique que se bouleverse, « sans bruit ni suite, tout ce qui est vrai et réel ». Moment de détresse absolue. Aux revers de l'histoire époquale, la détresse est relative – relative au principe dont la force organisatrice s'estompe. Exemple : quand le champ médiéval de tension Créateur-créature bascule et cède au champ de tension cartésien sujet-objet, la détresse est grande. Pour mesurer le vrai, plus de recours à un Dieu qui dit « Je suis la Vérité », mais seulement à l'homme qui dit « je pense » ; pour garantir le réel, non plus une hiérarchie de participation, mais seulement un acte de perception. Bouleversement, certes, de tout ce qui est vrai et réel, mais bouleversement relatif aux principes époquaux qui changent. Le ministère principiel passe de Dieu à l'homme. Au tournant *hors* de l'histoire époquale, en revanche, la détresse est absolue, « essentielle ». Le dépérissement des principes signifie qu'avec la technologie, le cycle des étants suprêmement vrais et suprêmement réels – Monde, Dieu, Homme – s'est épuisé. Dépérissement sans bruit, mais aussi « sans suite », puisque rien n'est là pour prendre la relève. Où chercher désormais la mesure du vrai et le garant du réel ? Voilà la détresse essentielle, dont la crise de la raison n'est qu'un contrecoup. D'une époque métaphysique à une autre, les déplacements sont principiels. Mais si la métaphysique est l'ensemble des économies gouvernées par une figure de l'*arché*, alors, de l'ère métaphysique à l'ère post-métapysique, les déplacements sont anarchiques.

Du point de vue des fondements de la philosophie pratique, ces déplacements affectent les notions clefs par lesquelles les philosophes ont tenté de comprendre l'agir. Je relève cinq de ces notions : finalité, responsabilité, fonction, destin, violence. Leur choix, manifestement arbitraire, résulte du rang qu'elles tiennent soit dans une approche traditionnelle de l'agir et de la *praxis*, soit chez Heidegger. D'autres concepts mériteraient d'être soumis au test du déplacement économique. J'y ai déjà soumis plus haut des concepts pratiques traditionnels aussi fondamentaux que liberté et volonté ou décision. Il s'est avéré alors que, de concepts pratiques, ils virent au topologique. Des cinq notions indiquées, je veux montrer seulement ce qu'il en advient quand on cesse de comprendre le champ ouvert de la présence comme occupé, comme obsédé, par un Premier qui, d'une manière ou d'une autre, est législateur ; ce qu'il advient quand la présence est désobsédée.

Qu'il soit entendu, enfin, qu'avant tout il s'agit là d'un test. Comme Kant [67] et Nietzsche [68], Heidegger fait un essai de pensée, *Denkversuch*. Le modèle à « tester » dans ses conséquences pratiques est ce que j'ai appelé l'hypothèse de la clôture, l'hypothèse qu'avec le tournant technique les principes époquaux dépérissent.

§ 42. La négation pratique de la finalité

« Dans la forêt sont des chemins qui, le plus souvent recouverts d'herbes, se perdent soudain dans un fourré impénétrable.

On les appelle *Holzwege*.

Chacun suit son propre tracé, mais dans la même forêt. Souvent il semble que l'un ressemble à l'autre. Mais ce n'est qu'une apparence.

Bûcherons et gardes s'y connaissent en chemins.

Ils savent ce que veut dire être engagé sur un *Holzweg* [69]. »

Pour comprendre la portée de la métaphore des « chemins qui ne mènent nulle part » chez Heidegger, il faut l'opposer à une déclaration de foi en la téléologie telle que celle d'Aristote, déjà citée, aux premières lignes de l'*Éthique à Nicomaque* : « Tout art et toute investigation, et pareillement toute action et tout choix tendent vers quelque bien [70] ». Sous le concept de *Holzwege*, Heidegger tâche de penser une certaine abolition de la finalité dans l'agir.

L'observation que toutes nos activités tendent vers quelque bien, sert, chez Aristote, de point de départ pour établir quelle est la science « architectonique », ou science première. Celle-ci commanderait le savoir, tout comme ce dont elle est la science commanderait toute action et tout choix. La science suprême serait science de la fin suprême. Elle ordonnerait les sciences multiples comme la fin unique ordonnerait la poursuite pratique de nos fins multiples.

---

67 C'est surtout dans la préface à la seconde édition de la *Critique de la raison pure* que Kant en souligne le caractère expérimental (B XI, XVI, XVIII, XX, XXII, XXXVI, XXXVIII) : la « révolution copernicienne » est un *Versuch*.

68 *Werke, op. cit.*, t. I, p. 441 ; t. II, p. 406 et 605.

69 Hw 3 / Chm 7.

70 Voir ci-dessus, p. 112, n. 80.

Pour comprendre pareille prétention totalitaire du concept de fin, peu importe que la science directrice soit, en fin de compte, la sagesse ou la politique [71]. Chez les aristotéliciens médiévaux, la science qui traite de la « fin ultime » sera la théologie. Elle aussi naîtra d'une déclaration de foi sans bornes dans la finalité : « N'importe quelle chose, par son opération, tend vers la fin ultime [72]. » Ce qui nous importe, c'est que, dans de telles perspectives téléocratiques, aucune poursuite jamais ne « se perd soudain dans un fourré impénétrable » ; que, de droit, tous les chemins, pratiques aussi bien que théoriques, mènent quelque part, encore que souvent tortueusement, à savoir au bonheur. L'idée d'une science première suppose d'abord que, dans toutes nos activités, il y ait une fin à atteindre. Elle suppose ensuite que le règne de la finalité transcende la distinction entre théorie et pratique. Elle suppose enfin l'unicité de la fin ultime.

Dans l'édifice aristotélicien, entièrement gouverné par l'idée de fin, Heidegger commence par déplacer les fondations. On l'a vu : d'après son interprétation phénoménologique d'Aristote, *theoria* et *praxis* s'enracinent, l'une et l'autre, dans la *poiesis*. La science directrice *de fait*, qui conduit aux déclarations de foi dans la finalité, n'est ni la sagesse, ni la politique, mais le savoir-faire, la *techné*. La finalité est opératoire au premier chef dans la production. Son contexte propre est celui de la substance sensible et des causes, étudiées dans la *Physique*. La représentation des fins, la causalité finale, est directrice pour la philosophie en général dès lors que l'expérience clef d'où naît la métaphysique est la fabrication. Les trois autres causes n'entrent en jeu qu'une fois la fin donnée. Une fois qu'il y a quelque chose à fabriquer, cette fin conçue d'avance et établie comme repère, « meut » l'agent efficace, la forme, la matière. Sans but à atteindre, sans statue à modeler, inutile de se mettre à la recherche d'un sculpteur, d'une forme, d'un matériau. Pour Heidegger, la prééminence

---

71 Selon la *Métaphysique*, A, 2 ; 982 b 2–7, cette science architectonique est la science des principes et des causes, appelée sagesse. Selon l'*Éthique à Nicomaque*, I, 1 ; 1094 a 27, c'est la politique.
72 Thomas d'Aquin, *Somme théologique*, Iᵃ Pars, q. 62, art. 3, ad 4. Thomas d'Aquin dit d'ailleurs que, dans le processus où une chose en cause une autre, la fin « meut » les trois autres causes. Elle est première dans le processus de causer, sinon dans l'effet produit, *ibid.*, q. 5, art. 4.

de la finalité en philosophie résulte de l'accession de la substance sensible, chez Aristote, au rang de l'être par excellence. Le prestige de la finalité « dans tout art et toute investigation, et pareillement dans toute action et tout choix », repose sur l'identification de l'*ousia* à la substance sensible, que celle-ci soit produite par l'homme ou par la nature.

Avant de relever un second déplacement opéré par Heidegger, qui a affaire à la notion d'*ousia,* retenons déjà le défi que, sous la métaphore de *Holzwege,* il lance aux déclarations de foi illimitée dans la finalité. Ce défi ne consiste évidemment pas à vouloir annuler la pensée téléologique purement et simplement. Il consiste à la limiter : à annuler, au moment de « la fin de la métaphysique », la *métabasis eis allô genos,* la transposition de la finalité architectonique hors du domaine de la fabrication, dans celui de l'agir et de la pensée en général. Au seuil des temps, la pensée n'est donc pas seule, selon Heidegger, à rester sans but, « sans bruit ni suite », sans propos conçu d'avance et exécuté selon un parcours délibéré, sans discours. L'agir, lui aussi, doit se soustraire à l'emprise de la finalité qui n'est qu'une catégorie s'appliquant à la fabrication. Double appauvrissement, dans la pensée et dans l'agir, au seuil de la clôture. Double appauvrissement qui n'est qu'un seul désapprentissage des fins. C'est ainsi du moins qu'Hannah Arendt comprend la métaphore des *Holzwege* quand elle écrit : « De cette pensée [...] on ne peut pas dire qu'elle ait un but [...], une fin conçue d'avance et établie comme repère [...]. La métaphore des "chemins qui ne mènent nulle part" est pertinente. » Hannah Arendt ajoute que la pensée ainsi décrite « ne peut pas plus avoir une fin ultime – connaissances ou savoir – que la vie elle-même [73] ».

Le premier déplacement opéré par Heidegger dans le commencement de la métaphysique a pour résultat de restreindre le sens de la finalité : elle n'est directrice que dans le contexte de la fabrication. Le second déplacement consiste au contraire en un élargissement de sens. Il affecte la notion d'*ousia.* Le sens pré-métaphysique de ce nom dépasse la substance. Heidegger soutient qu'avec Aristote, la

---

73 Arendt, « Martin Heidegger ist achtzig Jahre alt », *in Merkur* XXIII / 258 (1969), p. 895 sq. Cf. Arendt, *The Life of the Mind, op. cit.,* t. I, p. 197.

métaphysique s'est rendue d'emblée, originellement, ousiologie et l'ousiologie, téléologie. « Ce mot *ousia* n'a été façonné comme "terme technique" qu'avec Aristote. Cette façon consiste en ceci qu'Aristote prélève sur la teneur de ce mot quelque chose de décisif qu'il retient dans sa signification unique [74]. » Quel est le sens univoque prélevé par Aristote sur une plus grande richesse primitive ? Ce ne peut être que celui qui prédomine dans le « livre de fond » qu'est la *Physique*, et qui en est l'enjeu. Le sens univoque d'*ousia* ne peut naître que de « l'interprétation aristotélicienne de la mobilité, l'affaire qui a été la plus difficile à penser dans toute l'histoire de la métaphysique occidentale ». Aristote relève le mot *ousia* et en prélève ce qui a trait au mouvement et à sa fin. Le mouvement de production se termine dans la substance. Si, avec elle, l'acheminement vers la fin est complet, alors la substance est « ultime » dans l'ordre des fondements comme elle l'est dans celui des changements. Son titre de suprématie lui vient de ce qu'elle, et elle seule, contient sa fin en soi. Avoir sa fin en soi, c'est ce que veut dire le mot *entelécheia*. « Ce nom forgé par Aristote lui-même est le mot fondamental de sa pensée [...]. Quand quelque chose est sur le mode de l'*entelécheia,* alors seulement nous l'appelons véritablement étant [75]. » Le mot *enérgeia* ne veut rien dire d'autre : la substance est pleinement « en œuvre », elle est l'œuvre, *ergon,* achevée. Qu'elle soit par nature, *physei on,* ou artefact, *technê on,* c'est à la substance qu'aboutit le changement. Avoir sa fin en soi, voilà le plus haut sens de l'être tel qu'il se maintient tout au long de l'époque métaphysique. Mais pourquoi convient-il, aux yeux de Heidegger, d'élargir le sens d'*ousia* au-delà de ce qui possède sa fin en soi ?

C'est qu'en prélevant sur la teneur du mot *ousia* la « possession de la fin », l'entéléchie comme sens suprême de l'être, Aristote laisse échapper quelque chose de cette teneur, il la rétrécit. « L'autre moment essentiel de l'*ousia* est perdu : l'entrée en présence. Or c'est elle qui, pour la notion grecque de l'être, constitue le point décisif [76]. » Tout l'effort de Heidegger consiste à récupérer, par-delà l'époque métaphysique, ce sens de l'être qu'est l'entrée en présence.

---

74 Wm 330 / Q II 209, cf. GA 55, 56 et 73.
75 Wm 352 sq. / Q II 243–245, cf. N II 404 sq. / N ii 325 sq.
76 Wm 342 / Q II 227.

Dès *Être et Temps,* il comprend l'*ousia* comme présence [77]. Plus tard, quand est acquis le concept de la différence ontologique à trois termes *(Seiendes – Seiendheit – Sein),* l'*ousia* désigne l'être de l'étant tel que le conçoit la métaphysique, donc l'étance, et la *parousia,* cet excédent qu'Aristote a laissé échapper, l'être en tant que venue à la présence. De là la triade *on – ousia – parousia,* mise en parallèle par Heidegger avec la triade « étant présent » *(das Anwesende)* – « modalité de la présence » ou « étance » *(die Anwesenheit)* – « venue à la présence [78] » *(das Anwesen).*

Le départage entre l'*ousia* telle que prélevée par Aristote, et son excédent, montre que le prestige de la cause finale en philosophie résulte du prestige systématique du livre de la *Physique* ou, en termes d'ontologie régionale, du prestige de la seule région du « faire » et du faisable. L'action et la pensée sont englouties dans le schéma finaliste par un rétrécissement de perspective qui a fait époque : rétrécissement du regard qui, de la *parousia,* ne voit plus que l'*ousia* ; qui, de la venue à la présence ne voit plus que la substance. Les lignes de l'*Éthique à Nicomaque* citées plus haut illustrent le contrecoup, dans la théorie de l'agir, du prélèvement aristotélicien par lequel la présence est désormais sujette à la représentation d'une fin. Heidegger doit restreindre la portée de la finalité au seul domaine de la fabrication *parce qu'*il étend la portée de l'*ousia* (comme *parousia*) au-delà du domaine de la substance sensible.

C'est la sujétion de la pensée et de l'agir à la représentation d'une fin, que Heidegger vient lever sous la métaphore des *Holzwege,* des chemins qui ne mènent nulle part.

Levée du règne de la finalité, dans la pensée d'abord. C'est ce qu'indique l'opposition entre connaître et penser : la connaissance cherche la certitude comme sa fin. La pensée, elle, n'a pas, à proprement parler, de sujet à poursuivre. « Trois dangers menacent la pensée », dit Heidegger. Le « mauvais danger », le pire est la poursuite philosophique, notamment de la Vérité. Pas de but externe à la pensée, donc. « Le danger qui a le plus de malignité », corrosif mais non pas fatal, est la pensée elle-même. Malignité de croire que la pensée

---

77 SZ 25 sq. / ET 42.
78 Hw 122 / Chm 113.

Agir et anarchie

trouve en elle-même de quoi se satisfaire, par exemple des idées innées. C'est pourquoi elle doit « penser contre elle-même », c'est-à-dire contre la vieille conviction qu'elle se fournit à elle-même sa matière, qu'elle possède sa propre fin en soi. Pas de but interne à la pensée, donc. « Le bon et salutaire danger est le voisinage du poète qui chante [79]. » Le poète, en effet, « chante » pour rien, il chante pour ne rien chanter. – Mais Heidegger n'insiste-t-il pas inlassablement sur « l'affaire », *die Sache*, de la pensée ? Elle semble bien en cela avoir une fin : la pleine possession de cette « affaire même ».

L'affaire même de la pensée est la présence. Et si Heidegger peut s'efforcer de lever le règne de la finalité dans la pensée, c'est qu'il l'a d'abord levé dans la présence. La *physis* au sens métaphysique cherche l'*enérgeia*, l'*entelécheia*, comme sa fin. Une rose qui ne fleurit pas, un adolescent qui refuse de devenir adulte, une maison qui reste en chantier : autant d'échecs dans la poursuite d'un but naturel ou poïétique. La *physis* originaire, en revanche, « ce qui sans cesse émerge, soit en grec *to aei phyon* [80] », émerge sans but, pour rien. La finalité fait toute la différence entre la *physis* d'Anaximandre et la *physis* d'Aristote ; entre la *parousia* et l'*ousia* ; entre l'être et l'étance ; entre les chemins, précisément, et les méthodes. « Pour comprendre cela, nous devons apprendre à distinguer entre *chemin* et *méthode*, Dans la philosophie, il n'y a que des chemins ; dans les sciences, au contraire, seulement des méthodes, c'est-à-dire des procédés [81]. » Les

---

79 EdD 15 / Q III 29. En termes kantiens, le mauvais danger serait de concevoir la pensée comme synthétique, comme l'acte d'ajouter un prédicat à un sujet. Le danger « qui a le plus de malignité » serait de la concevoir comme analytique, comme l'acte d'extraire un prédicat d'un sujet. Le danger salutaire, enfin, serait de ne pas concevoir la pensée du tout selon la forme du jugement – ou, faute de mieux, d'un jugement dont le prédicat répète exactement le sujet. « La pensée qui est ici demandée, je l'appelle tautologique. C'est le sens originaire de la phénoménologie » (VS 137 / Q IV 338). La tâche de la phénoménologie est « la répétition expresse de la question de l'être » (SZ 2 / ET 17). Heidegger ne croyait pas si bien dire, en 1927. Répétition expresse qui ne permet à la phénoménologie d'observer guère plus que « *das Wesen west* », « l'essence se déploie » (TK 42 / Q IV 149). Voir aussi les autres tautologies, également intraduisibles, telles que « *das Ding dingt* », « la chose advient comme chose », et « *die Welt weltet* », « le monde advient comme monde » *(ibid.)*.
80 VA 267 / EC 323 sq.
81 VS 137 / Q IV 338.

372

chemins de pensée ne conduisent nulle part, du moment que toute chose vient à la présence pour nulle raison. Identité essentielle de la pensée et de la présence : leur essence est d'être « sans pourquoi ». Levée du règne de la finalité, dans l'agir enfin. Cela résulte de son statut apriorique. En effet, si pouvoir penser le *phyein* originaire requiert de nous un mode d'existence, alors la métaphore des *Holzwege* s'applique en fin de compte, et surtout, à cette condition pratique. Les chemins sur lesquels l'existence doit s'engager pour penser la présence, « se perdent soudain dans un fourré impénétrable ». Il leur manque une fin, une destination. L'existence qui s'y engage est déjà méjugée quand on lui demande de produire des raisons de son comportement. S'il était possible de démonter la machine du comportement, d'actions en vue d'une fin, d'évaluation des motivations intérieures et des déterminismes extérieurs ; si, de l'agir, nous pouvions parler autrement que sur le modèle des stratégies : alors la vie se déplacerait vers cette économie non principielle où le virage technique nous situe déjà, à savoir dans l'éclaircie post-moderne où chaque parcours « suit son propre tracé, mais dans la même forêt. Souvent, il semble que l'un ressemble à l'autre. Mais ce n'est qu'une apparence.» Pour vraiment clore l'histoire époquale, le virage technique et la déconstruction phénoménologique doivent s'accompagner d'un agir qui affranchisse « tout art et toute investigation, et pareillement toute action et tout choix » du règne du *telos*. C'est le dernier type de déplacement opéré par Heidegger : le déplacement a-téléocratique, anarchique.

Le concept normatif de finalité sert traditionnellement à régulariser, et éventuellement à légitimer, la praxis. Il fait qu'un comportement acceptable dépend de l'établissement des fins considérées comme bonnes ou désirables. Mais les aspirations, l'efficacité, le rendement caractérisent l'existence seulement pour autant que, avant même toute théorie pratique, l'être a été fixé, « arraisonné », dans le schéma causal, schéma où règne la cause finale. L'agir montre une inclination naturelle vers les fins, seulement à la condition d'une précompréhension calculatrice de l'être comme calculable. On peut se demander si la description du « souci » dans *Être et Temps* [82] ainsi que

---

82 Le souci est «être-en-avant-de-soi-même – être-déjà-à [...] – être-auprès-de [...]. » (SZ 196 / ET 240).

l'insistance sur le projet et « ce en vue de quoi » l'être-là se projette [83] sont déjà entièrement dégagées du cadre téléocratique. Plus tard, ce dégagement est explicite. Il suffit pour s'en convaincre de noter comment Heidegger s'approprie, tout en le restreignant, le principe de raison tel que formulé par Leibniz. « Une chose, telle que la rose, n'est pas sans raison, et pourtant elle est sans pourquoi [84]. » Comme la métaphore des *Holzwege*, le « sans pourquoi » réduit le champ d'application de la causalité finale. Je l'ai dit : la négation pratique de la finalité, au seuil d'une économie non-principielle, ne signifie pas l'abolition pure et simple de toute représentation de fin, mais sa restriction au seul domaine de la production – ici, la production « naturelle » qu'est la croissance végétale. Certes, du point de vue botanique, une rose atteint sans doute sa fin, l'entéléchie, quand elle est en pleine floraison. Mais du point de vue de la simple présence, elle fleurit pour rien, « elle fleurit parce qu'elle fleurit [85] ».

Le propos anti-téléocratique se glisse, plus ou moins subrepticement, dans l'interprétation que Heidegger donne d'Aristote, de Leibniz et d'Angelus Silesius. Mais il se glisse surtout dans celle de Nietzsche. Heidegger cite de Nietzsche cette déclaration de foi qui contredit de front les déclarations aristotéliciennes : « "L'absence de but en soi" est notre principe de foi [86]. » Le but en soi, ajoute Heidegger, signifie le « sens » qui, à son tour, est compris par Nietzsche comme « valeur ». Donc : déclaration de foi nihiliste, qui vise à affirmer, à vouloir, que le monde n'ait ni sens ni valeur. Puis Heidegger enchaîne : « Cependant, nous ne pensons plus le nihilisme de façon "nihiliste",

---

83 « En projetant son être vers ce en vue de quoi il est (*auf das Worumwillen*) ainsi que vers la signifiance (du monde), l'être-là révèle l'être en général » (SZ 147 / ET 183). Le *Worumwillen* intrinsèque rend possible toute finalité extrinsèque, mais comme structure « il concerne toujours l'être de l'être-là, pour qui, dans son être, il y va essentiellement de son être » (SZ 84 / ET 111).

84 SvG 73 / PR 109.

85 Heidegger cite ce vers d'Angelus Silesius :
« *Die Ros' ist ohn' warum ; sie blühet, weil sie blühet,*
Sie acht' nicht ihrer selbst, fragt nicht, ob man sie siehet. »
« La rose est sans pourquoi, elle fleurit parce qu'elle fleurit,
N'a souci d'elle-même, ne demande à être vue. » (SvG 69 / PR 104).

86 Nietzsche, *Werke, op. cit.*, t. III, p. 530 (= WzM n° 25), cité N II 283 / N ii 227. Sur l'absence de but, la *Ziellosigkeit*, chez Nietzsche, cf. *Humain, trop humain*, I, 33 et 638 ; *Werke*, t. I, p. 472 et 730.

en tant que décadence et dissolution dans le vain néant. Le défaut de valeur et de but ne saurait désormais non plus signifier un manque, la vacuité et l'absence pures et simples. Ces caractérisations nihilistes de l'étant dans sa totalité veulent dire quelque chose d'affirmatif, un mode de déploiement essentiel, à savoir la manière dont l'étant dans sa totalité se rend présent. Le mot métaphysique en est : éternel retour du même [87]. » L'interprétation « métaphysique » de l'éternel retour par Heidegger, comme celle de la volonté de puissance, est trouée par ces passages où le déplacement anarchique devient soudain patent. L'absence de but désigne « un mode de déploiement essentiel », une « manière dont l'étant dans sa totalité se rend présent » – une économie de la présence, en d'autres mots. Anticipant un tel ordre où ne règne aucun « but en soi », aucun sens suprême, aucune valeur première, établissant l'égalité des forces, des buts, des sens, des valeurs, et par là abolissant ceux-ci en tant que forces, buts, sens, valeurs, l'éternel retour traduit déjà la négation *économique* de la finalité en sa négation *pratique*. « Métaphysique » de l'éternel retour ? Certes non. Phénoménologie des économies de la présence et de l'*a priori* pratique requis pour suivre leur virage. Vue depuis l'économie principielle à outrance qu'est la technologie, la négation pratique de la finalité ne peut apparaître que comme « épanouissement d'un délire [88] ». Et pourtant, ce qu'Angelus Silesius dit de la rose – « elle fleurit parce qu'elle fleurit » –, Maître Eckhart l'avait déjà dit de l'agir : « À celui qui demanderait à un homme véritable, qui agit à partir de son propre fond : "Pourquoi opères-tu tes œuvres ?", pour répondre justement, celui-ci ne devrait pas répondre autre chose que : "Je les fais parce que je les fais" [89]. »

---

87 N II 283 / N ii 227 sq.

88 Pierre Klossowski, « Circulus vitiosus », *in Nietzsche aujourd'hui ?*, Paris, 1973, t. I, p. 101.

89 Meister Eckhart, *Die deutschen Werke*, J. Quint (éd.), t. I, Stuttgart, 1958, p. 92, 1. 3–6 ; Maître Eckhart, *Sermons*, t. I, traduit par Jeanne Ancelet-Hustache, Paris, 1974, p. 78.

Agir et anarchie

§ 43. La transmutation de la responsabilité

« Il peut arriver que subitement la pensée se trouve interpellée en vue
de la question : [...]. Pour vous, qu'en est-il de la différence [90] ? »

Aussi complexes que soient les problèmes liés au concept de responsabilité (son rôle en philosophie légale et morale, le concept de liberté
qui en commande la portée, l'identification fréquente entre responsabilité et imputabilité [91], etc.), ces problèmes reposent, d'une façon
ou d'une autre, sur la reconnaissance d'un engagement réciproque

---

90 ID 61 / Q I 298. Cf. GA 55 82.

91 Pour toutes ces questions sur le concept de responsabilité, et bien d'autres
encore, on consultera la véritable Somme de Hans Jonas, *Das Prinzip Verantwortung*, 426 p., Francfort, 1979. Le point de départ de Jonas est le constat que les
prémisses de l'éthique traditionnelle – 1. l'immutabilité de la nature humaine, 2.
l'évidence de ce qui est le bien pour l'homme et 3. la circonscription intime de
l'agir, cantonné dans la sphère du « prochain » – ne sont plus valides (p. 15 sq.
et 215–233). Elles sont périmées par la technologie qui 1. nous rend capables de
façonner l'homme génétiquement, 2. nous plonge dans une certaine ignorance
sur le bien et le mal et 3. porte ses effets surtout à très longue échéance et à une
dimension planétaire. Voilà donc une incidence du « tournant » technologique sur
le discours philosophique telle que ce dernier s'en trouve désarticulé. Le virage
hors des morales métaphysiques s'est d'ailleurs imposé comme un fait à Hans
Jonas à partir de ses travaux sur la biologie et les possibilités de mutations arti-
ficielles. Il observe très à propos qu'avec ce virage, la philosophie pratique reste
privée désormais des critères que lui fournissait la philosophie première : « Par
une complémentarité quasi-automatique, le développement du savoir moderne
sous la forme des sciences naturelles a évacué les fondements dont on pouvait
dériver des normes, il a détruit jusqu'à l'idée même de norme » (p. 57). De ce
dépérissement des fondements, c'est-à-dire du « vacuum éthique » contemporain,
Jonas décrit de nombreuses conséquences théoriques, et d'abord l'anti-humanisme : « Le potentiel apocalyptique contenu dans la technologie moderne nous a
appris que l'exclusivité anthropocentrique pourrait bien être un préjugé et qu'elle
demande à être ré-examinée » (p. 95). Autre conséquence : la responsabilité ne
se laisse plus concevoir sur le schéma du calcul. Avec le virage technologique,
en effet, et puisque c'est l'avenir même de l'humanité qui est en jeu, l'éthique ne
peut plus se concevoir suivant « l'idée reçue des droits et des devoirs » (p. 84). Il
ne peut y avoir de réciprocité d'obligation à l'égard d'êtres humains qui ne sont
pas encore nés. La technologie triomphe du calcul s'il en est, élimine donc celui-ci
paradoxalement du domaine éthique. Dernière conséquence, la transmutation
de l'appel : « L'appel immanent » a changé de modalité, si bien qu'aujourd'hui il
s'agit avant tout de préparer « l'*ouverture* disponible (*Offenheit)* pour l'*injonction*

376

Des déplacements anarchiques

entre deux parties. En latin, *spondere* (du grec *spondé*, « libation » ou « vœu ») veut dire « promettre », « s'engager », et *respondere*, « s'engager en retour ». Être responsable, c'est être prêt à rendre compte de ses faits et gestes devant une instance à l'égard de laquelle – implicitement ou explicitement, moralement ou légalement, par « nature » ou par « contrat » – on se trouve ou on s'est lié. On est toujours responsable devant une autorité, qu'elle soit intérieure, telle la conscience, ou extérieure, tel le pouvoir. Une personne responsable, est prête à rendre des comptes et à légitimer par là sa conduite. Être responsable, c'est répondre *de* ses actes *devant* une instance normative et justificatrice. D'une telle instance, nos actes nous reviennent. Elle les mesure, c'est pourquoi elle les transcende nécessairement. Nous faisons preuve de responsabilité si nous assumons et revendiquons pareille mesure. Cet effet de retour est le fondement de l'imputation. Par celle-ci, nos actes sont portés à notre compte. *Rechenschaft ablegen*, « demander, faire, rendre raison de quelque chose », *rationem reddere* – dans les principales langues occidentales, la responsabilité est liée au fait de rendre des comptes [92]. Le retour compté des actes sur l'agent, ainsi que l'instance normative, sont les deux traits principaux qui caractérisent le phénomène de responsabilité.

Sur ces deux points repose tout au moins la reprise heideggérienne du concept traditionnel de responsabilité. Reprise qui n'y abolit ni les comptes à rendre, ni l'instance normative devant laquelle ils sont rendus. Mais Heidegger déplace ces deux traits. D'humaniste, corollaire des dispositions de la liberté « morale », la responsabilité tourne à l'économique, corollaire des dispositifs de la présence « ontologique ». Le double déplacement opéré porte une double atteinte à la

---

(Anspruch), toujours monstrueuse et incitant à l'humilité, qui s'adresse » à nous (p. 153 et 393).

Il faut ajouter cependant que dans toutes ces descriptions, qui concordent pour une large part avec les miennes, le but de Hans Jonas est tout autre : c'est de restaurer au contraire les bases métaphysiques de la philosophie pratique. Sa propre « théorie de la responsabilité » s'appuie entièrement sur une « axiologie immanente à l'ontologie » (p. 153), si bien qu'en fin de compte ce livre ré-édite bel et bien le projet des anciennes Sommes : dériver les devoirs moraux à partir d'une doctrine de l'être. C'est même une belle illustration de ma thèse qu'une « morale normative » ne peut se passer d'une philosophie première, métaphysique.

92 Cf. SvG 168 / PR 219.

liberté. D'une part, le lieu du *compte* cesse d'être la liberté entendue comme faculté des choix ; rendre compte ne veut plus dire revendiquer les conséquences de ses choix. D'autre part, le lieu de l'*instance normative* cesse d'être transcendant par rapport aux actes ; la responsabilité ne conduit plus devant quelque autorité qui limite la liberté entendue comme absence de contrainte.

Au regard de la déconstruction des économies, l'idée de comptes à présenter naît du premier grand virage des temps, qui inaugure la métaphysique, c'est-à-dire de la réduction progressive du *legein* au calcul. Le compte des droits et des devoirs, la comptabilité du bien et des torts constituent la conséquence la plus flagrante de la mutation du *logos* en *ratio,* ou de l'auto-déploiement en raison calculante. Ce mot latin provient d'ailleurs de la langue des commerçants romains [93]. Pour Heidegger, l'essence de la raison consiste à « énoncer, tenir pour [...], justifier [94] ». Toute l'histoire *époquale* de la présence « s'accompagne de cette marque destinale qu'est le fondement, la *ratio,* le calcul, le compte rendu ». La marque calculatrice imposée originellement à la présence, va s'accentuant. Aux temps modernes, la raison « exige que compte soit rendu de la possibilité même d'un compte général [95] », autrement dit, qu'une instance soit produite envers laquelle soit rendu compte de la comptabilité en tant que telle et de ses conditions. Au cœur du concept métaphysique de responsabilité, on trouve la comptabilité. L'apogée et le comble de cette comptabilité, en philosophie morale, est sans doute ce qu'on appelle l'utilitarisme. Karl Marx déjà s'était moqué de Jérémie Bentham, ce Grand Comptable [96]. Si pour Heidegger, la morale est essentiellement une entreprise de comptabilité, les raisons sont

---

93 SvG 210 / PR 269.

94 Le *logos* « parvient dans la sphère d'interprétation du terme de traduction *ratio* (*rheô, rhésis* = discours, *ratio* ; *reor* = énoncer, tenir pour [...], justifier) » (N II 431 / N ii 345). Cela n'est certes pas dire que le sens de *logos* comme « calcul » n'apparaisse qu'avec ce « revers de la métaphysique naissante » qu'est la traduction des mots fondamentaux grecs en termes latins. Sur le *logizesthai* comme « calculer », cf. Boeder, « Der frühgriechische Wortgebrauch... », *loc. cit.*, p. 108 sq.

95 SvG 169 / PR 219 sq., cf. N II 319 / N ii 255.

96 K. Marx, « Die deutsche Ideologie », *in Frühe Schriften, op. cit.*, t. II, p. 306, où il parle de la « *Benthamschen Buchführung* ».

Des déplacements anarchiques

celles-là mêmes pour lesquelles la science est essentiellement technique et la métaphysique, rationaliste. Ce ne sont là que trois figures d'une seule et même *epoché*. Proposer à la recherche des savants un thème tel que « "physique et responsabilité", [...] c'est tenir une double comptabilité [97] ».

Quant à l'autre trait du concept métaphysique de responsabilité, l'instance normative et justificatrice, je l'ai exposé plus haut en établissant la généalogie des principes époquaux.

Que serait maintenant un concept non-métaphysique, non-calculateur de la responsabilité ? Ce doit être un concept où soient déconstruites la dette des comptes et l'instance envers laquelle s'en acquitter. La déconstruction de l'instance justificatrice est la destitution des principes époquaux. La déconstruction de l'essence calculatrice, Heidegger l'esquisse à l'aide de quelques étymologies. Le verbe latin *reor* a donné le verbe allemand *rechnen*. Ce mot, Heidegger ne le comprend pas au sens ordinaire de « compter », « calculer » : « Or, "orienter quelque chose sur quelque chose d'autre", voilà le sens de notre verbe *rechnen* [98]. » *Rechnen,* c'est *richten, ausrichten,* « diriger ». Du calcul, ces considérations permettent de passer à la directionnalité. Les actes responsables sont alors ceux qui s'inscrivent dans la direction, dans la trame d'une économie donnée. Directionnalité que souligne le mot « sens » : les actes responsables sont ceux qui épousent le sens où vont les choses en une ère donnée, qui s'alignent sur l'orientation des choses telles qu'elles entrent dans leur monde.

Le lieu de la responsabilité déconstruite n'est plus la liberté morale mais l'économie de la présence. Avec ce déplacement, être responsable ne signifie plus répondre *de* ses actions *devant* une instance, mais répondre *à* : répondre aux constellations alétheiologiques où sont situés nos actes. Responsabilité – responsivité peut-être ?, ou répondance ? – dont la pensée elle-même ne peut plus répondre ; dont elle ne peut être sommée de fournir les raisons, car alors le

---

97 « *Eine doppelte Buchführung* » (US 210 / AP 195). O. Pöggeler remarque très à propos : « Ce qui est précisément en question, c'est de savoir si la charge de responsabilité n'a pas été comprise, elle aussi, et depuis longtemps, dans un sens purement technologique et tactique », « Hermeneutische und mantische Phänomenologie », *in Heidegger,* O. Pöggeler (éd.), *op. cit.,* p. 333.
98 SvG 167 / PR 218.

déplacement anti-humaniste serait nul et non avenu. La responsabilité, déplacée vers les économies, signifie réponse. Réponse à quoi ? À « l'appel de la différence » qui est « la différence entre monde et chose [99] ». Réponse à la modalité toujours neuve selon laquelle le monde déploie les choses et selon laquelle les choses donnent configuration *(gebärden)* au monde. « Les choses : portée du monde. Le monde : faveur des choses. » Réponse à leur « intimité », à « l'entre-deux où monde et chose diffèrent », à l'événement de leur constellation mutuelle. Réponse à l'*Ereignis*, donc, dont on a vu la structure d'appel. L'essence responsorielle de la responsabilité ôte celle-ci du domaine moral pour l'implanter dans celui du langage : réponse à « l'injonction en laquelle la différence appelle monde et choses ». Réponse à l'événement d'appropriation qui s'articule en silence et qui n'est « rien d'humain ». « Une telle appropriation se produit dans la mesure où le déploiement essentiel du langage, recueil du silence, use du parler des mortels [100]. » Cette réimplantation topologique ne fait pas pour autant de la responsabilité un phénomène linguistique : appel et réponse se conjuguent en une manière d'être. L'« acheminement vers la parole » désigne un *Unterwegs* qui ne se limite ni à l'intelligence (ce n'est pas un *itinerarium mentis*), ni à l'individu (ce n'est pas une *conversio*). L'événement qu'est l'entrée en présence « use » des hommes, il les situe de telle sorte que tout ce qu'ils entreprennent ne sera que réponse à l'économie qui les enserre.

De ce déplacement, hors de la morale et vers l'économie, on se gardera de conclure à une simple absorption de tout projet dans la *Geworfenheit*, l'être-jeté. On se gardera aussi d'en conclure à un automatisme sans faille de la réponse économique, à l'impossibilité, donc, de l'irresponsabilité. Pour Heidegger, irresponsabilité signifie désormais la même chose qu'*adikia* [101]. Le concept de responsabilité se trouve ainsi délogé de son contexte de charges et de décharges. Le regard phénoménologique perçoit que l'étant premier qui, sous les noms divers de loi, conscience, coutume, pouvoir, père, autrui, Dieu, peuple, raison, progrès, société sans classes, etc., somme un autre étant, l'acteur, de rendre compte de ses actions – que cet étant

---

99   US 30 / AP 33 sq.
100   US 24 sq. et 30 / AP 27 et 34.
101   Voir ci-dessus, p. 360 sq.

premier, donc, fonctionne comme principe d'ordre dans un système de comptes et de décomptes. Dans un tel dispositif, l'irresponsabilité est l'infraction au principe d'ordre. L'irresponsabilité est la dérogation à une constellation de voilement et de dévoilement. *L'irresponsabilité est toujours la contravention à la venue qu'est la présence.* Mais cette venue peut être époquale ou non.

Or, avec la fin de l'histoire époquale, être irresponsable ne signifie plus, ne peut plus signifier : contrevenir à un ordonnancement de la présence. À l'âge de la clôture, être irresponsable, c'est contrevenir à la venue multiple qu'est la présence déconstruite. Et qu'est-ce donc qui contrevient à une telle venue multiple, au *phyein, à l'Ereignis* ? C'est tout étant et tout acte qui « cherche à persister », qui « cherche à se raidir sur le séjour », qui « ne veut pas démordre de son jour [102] ». C'est tout ce qui ressemble de près ou de loin à la *hybris* d'un principe époqual. En effet, le temps est durée, sous et par le règne de ces principes seulement. Avec la découverte d'un temps autre, serait irresponsable tout *a priori* pratique qui s'obstinerait contre le flux et qui prêterait survie à l'économie principielle.

La rupture qu'est la fin (possible) de la métaphysique, dissout dans l'instable ce *pour* quoi, ce *dont* on peut être tenu comptable. Ainsi le tournant permet-il de penser un déplacement non seulement économique de la responsabilité, mais encore anarchique. Cet ultime déplacement enlève la responsabilité à la régence d'une instance première, et la situe en un autre lieu, qui est celui de la venue à la présence. Du même coup, il situe l'existence en son lieu originaire, où elle s'accomplit au gré de l'événement d'appropriation mutuelle et de ses modalités. Le déplacement anarchique de la responsabilité est la condition pratique pour penser la différence entre monde et chose. Dans une économie dépourvue de principe époqual, l'existence responsorielle – l'agir responsable – ce sera de répondre aux modes toujours neufs dont les choses s'unissent en un monde et en diffèrent ; ce sera inscrire ses actes dans le jeu d'identité et de différence entre chose et monde. Quelles que soient donc les difficultés que pose la déconstruction de la responsabilité chez Heidegger, ce ne sera

---

102 Voir ci-dessus, p. 360, n. 57.

toujours que d'une manière pratique qu'on pourra répondre à la question : « Pour vous, qu'en est-il de la différence ? »

§ 44. *La contestation des « affaires »*

« Les affaires, c'est l'entreprise d'installer dans l'étant le projet du secteur d'objectivité [103]. »

Les déplacements anarchiques que sont la négation pratique de la finalité et la transmutation de la responsabilité, nuisent au bon fonctionnement de ce que Heidegger appelle les « affaires » *(der Betrieb)*. Comment, doit-on se demander, une société pourrait-elle *fonctionner* s'il était permis au « sans pourquoi » eckhartien, à « l'éternel retour du même » nietzschéen, à « l'appel de la différence » heideggérien de subvertir le projet d'objectivation ? De ce projet, légitime en tant que sectoriel (et légitimé par l'Analytique existentiale), le mot « affaires » veut indiquer que la technologie l'installe dans la totalité de l'étant. L'agir auquel Heidegger convie comme condition pratique en vue de la question de l'être, entraîne une certaine désarticulation du projet qui a fait, qui fait, l'univers technocratique. Si l'économie technique est effectivement – actuellement et efficacement – bi-frontale, si elle est une économie de seuil, sa simple situation révoque en doute la portée radicale de la question aristotélicienne : Quelle est la *fonction* de l'homme ? C'est par son *topos* que la technologie à la fois pousse l'ordonnancement à l'extrême, et qu'elle nuit à celui-ci ; qu'elle subvertit l'intérêt pour le fonctionnement ordonné des collectivités, intérêt qui est peut-être la chose du monde la mieux partagée. Située au seuil de la clôture, la technique produit et transgresse en même temps un fonctionnement pourtant imperturbable, inquiétant [104].

Le concept du *Betrieb,* des affaires, désigne d'abord chez Heidegger la décontextualisation des œuvres d'art : même « si nous allons voir sur place le temple de Paestum et la cathédrale de Bamberg, le monde

---

103 Hw 77 / Chm 77.
104 « Tout fonctionne. Voilà qui est précisément inquiétant *(unheimlich),* que cela fonctionne et que le fonctionnement pousse sans cesse plus loin vers plus de fonctionnement encore » (Sp 206 / RQ 45).

des œuvres, [désormais] objectivement présentes, s'est écroulé ». Que leur monde n'est plus, et que dans l'ère contemporaine elles sont rendues présentes objectivement, revient à dire deux fois la même chose. Heidegger oppose ainsi l'objet à l'œuvre. « L'être-objet n'est pas l'être-œuvre. » Quel est le critère de cette disjonction ? L'œuvre institue un monde qui est le sien, tandis que l'objet, constitué par le projet mathématique, le projet de calculabilité et de comptabilité généralisées, est dépourvu d'un monde propre. L'œuvre projette un monde, tandis que l'objet naît d'un tout autre projet : celui de placer toutes choses à la disposition du sujet. L'œuvre qui devient objet est par là arrachée à son contexte, elle devient un facteur parmi d'autres dans l'univers homogène du calcul. « Les affaires » sont la conséquence du projet d'objectivation, et l'affairement *(der Umtrieb)*, le symptôme le plus voyant de cette transformation en affaires. Des phénomènes tels que le marché de l'art ou l'industrie de l'art, Heidegger les situe donc par rapport à la *mathesis universalis* : « Toute industrie de l'art *(Kunstbetrieb)*, si poussée et désintéressée qu'elle soit, n'atteint jamais les œuvres que dans leur être-objet [105]. » Le phénomène de la transformation en affaires déborde cependant le domaine des œuvres d'art. Il affecte, telle est ici la charge critique lancée par Heidegger, tout ce qui est présent dans l'économie moderne et contemporaine.

Les affaires, c'est ce projet de transformation par lequel les « choses » perdent leur « monde » en devenant des « objets ». C'est le projet d'imposer, de fixer pareil changement d'être dans les étants eux-mêmes ; d'étendre à toutes choses la représentation, c'est-à-dire le mode d'être des étants « objectivement présents » *(vorhanden)*. Violence implacable. « Les affaires, c'est l'entreprise d'installer dans l'étant le projet du secteur d'objectivité. » Le secteur d'objectivité est celui où seul est présent ce qui est vérifiable empiriquement. La vérification par l'expérience est la méthode des sciences modernes. L'*et caetera* sans fin des hypothèses et de leur vérification, produisant de nouvelles hypothèses, voilà ce que Heidegger appelle les affaires. Sous ce concept, il expose donc l'un des traits fondamentaux de la science, celui grâce auquel les résultats de recherche antérieurs prescrivent

---

105 Toutes ces citations sont prises de Hw 30 / Chm 31. Cf. Hw 56 / Chm 54.

les voies et les moyens à suivre dans les recherches nouvelles. « Cette obligation de se réorganiser à partir de ses propres résultats, en tant que voies et moyens pour avancer dans les procédés, fait que les affaires constituent le caractère essentiel de la recherche. » Les affaires désignent le processus par lequel les sciences expérimentales se nourrissent et se perpétuent à partir de leurs propres produits. Mais les sciences expérimentales sont au service de la technique, et non pas inversement. La technique – dont l'essence est « identique à l'essence de la métaphysique moderne [106] » – ne progresse et même ne se maintient qu'à condition de manger, comme Kronos, ses propres enfants. « Priorité du procédé sur l'étant (Nature et Histoire) », qui fait que « la science comme recherche a, en elle-même, le caractère des affaires [107] ». Dans l'affairement de la recherche scientifique se manifeste l'essence omnivore de la technique qui, à son tour, manifeste la violence inhérente à la position fondamentale de l'époque-limite de la métaphysique.

La figure ultime et totalitaire de l'objectivation que sont les « affaires », Heidegger la conteste en demandant simplement quelle en est l'essence. Comme chez Socrate, soulever la question de l'essence, c'est déjà mettre en question, et c'est protester (à cette différence près que le Sénat d'Athènes percevait mieux le danger d'un tel questionnement de l'essence que les chancelleries allemandes après 1935). À la différence de Socrate, cependant, Heidegger pose la question de l'essence en termes historiques. L'essence est un mode de dévoilement. C'est pourquoi on l'atteint, non pas par une intuition, mais en déconstruisant les économies dont est née cette « entreprise d'installer dans l'étant le projet du secteur d'objectivité ». Déconstruire les positions fondamentales pour saisir la vérité de l'essence, ce n'est ni condamner, ni endosser ces positions. Pas plus que la technologie en général, les affaires ne font l'objet d'une condamnation par Heidegger. Aussi la suite des économies qui a produit leur emprise n'a-t-elle rien de fatal : « Je ne vois pas la situation de l'homme dans le monde de la technique planétaire comme une fatalité [108]. » Mais si le questionnement essentiel des affaires est – comme « la pensée »

---

106 Hw 77 et 69 / Chm 76 et 69.
107 Hw 77 sq. / Chm 76 sq., cf. Hw 90 / Chm 87 sq.
108 Sp 214 / RQ 61.

en général – un agir, il revient bel et bien à ceci : leur opposer une certaine pratique, impossible à récupérer.

D'abord, la pensée propre aux affaires, pensée qui pose et qui dispose, a son corollaire pratique. C'est l'imposition du projet d'objectivation à l'étant dans son ensemble. « L'autre pensée », la pensée questionnante, a aussi son corollaire pratique. C'est le détachement, *Abgeschiedenheit.* Une telle attitude seule, dit Heidegger, nous rend disponibles pour un nouveau pli dans l'histoire des économies. Il suit Georg Trakl dans l'attente d'une « empreinte point encore parvenue à terme, qui marque la génération à venir. Ce qui rassemble, dans le détachement, préserve [l'empreinte] qui n'est pas encore né[e] par-delà ce qui est déjà décidé, en vue d'une résurrection future du genre humain à partir de son aube [109].» Façon un peu contorsionnée de lier, dans la déconstruction, la venue d'un âge qui porte la marque de la levée originaire, à un certain retour à l'aube originelle ; façon de lier aussi, dans la transgression époquale, l'empreinte (l'économie, la position fondamentale) nouvelle au détachement (*a priori* pratique). La protestation qui hâte cette transgression n'agit pas par stratégies, mais par l'apprentissage du détachement. Transgression d'une certaine limite, tracée depuis Parménide. Infraction à une certaine entente du « il est », *es ist.* Congédiement de la différence ontologique [110]. Prendre congé, *Abschied nehmen,* voilà ce que les détachés font toujours, ils sont *abgeschieden.* Le détachement est la protestation pratique dont il est possible qu'elle produise à terme une race détachée de la différence ontologique, une race détachée des principes époquaux qui ont géré l'âge de la différence étant-être. Comment, dès lors, soulever la question des « affaires » et de leur essence, si ce n'est en se détachant des principes ? L'*Abgeschiedenheit* conteste l'entreprise technologique planétaire comme « l'autre pensée » conteste le projet d'objectivation totale : l'une et l'autre dénaturent déjà l'époque du calcul et, du même coup, dénaturalisent déjà ceux qui habitent cette époque.

---

109   US 66 sq. / AP 69.
110   US 154 / AP 139. L'allusion est au fragment 2 (Diels) de Parménide et à la « première voie de recherche » : « celle de "il est" et "il est impossible qu'il ne soit pas" ».

Plusieurs commentateurs ont relevé le procès de l'objectivation et de la pensée calculante, comme l'un des rares « éléments politiques » chez Heidegger. Encore faut-il s'entendre sur les conditions auxquelles peut être intenté ce procès. Heidegger ne dénonce pas l'aliénation. Il ne vient pas à la rescousse de l'homme total. S'il incrimine, les conditions sur lesquelles il s'appuie lui sont fournies par l'économie de la présence. Pas de dénonciation polémique sans déplacement économique préalable. Bien plus, l'économie contemporaine de la présence est elle-même le lieu de la « polémique », du *polemos*. Elle *est* l'affrontement de la constellation principielle et de la constellation anarchique. La pensée méditante ne s'en prend pas à la pensée calculante – ni le détachement, aux affaires – comme Don Quichotte s'en prend aux moulins à vent. Soulever la question de la présence, ce n'est pas « attaquer » la technologie et le projet d'objectivation dont elle est la figure extrême. Heidegger n'attaque pas, mais il demande d'où vient ce type de déploiement auquel il donne le nom d'« affaires ». C'est pourquoi, d'ailleurs, il n'y a pas chez lui la moindre trace d'idéologie (et pourquoi aussi ses textes résistent à toute lecture partisane). Sa contestation est une mise en question, mais non pas une prise de position. « La pensée » n'est pas une position qu'on occupe et d'où on fait des sorties contre les sciences et la technique. Que « les sciences ne pensent pas » ne revient donc pas à opposer la pensée à la science comme la négation à une position. Aucune dialectique ne joint la pensée et la science. Si l'appel à la pensée signifiait chez Heidegger, comme on l'a souvent prétendu, une échappée à l'âge technique et un retour au modèle grec, alors l'appel serait idéologique. Mais : « Jamais je n'ai parlé contre la technique, pas plus que contre ce qu'il y a de soi-disant démoniaque dans la technique. J'essaie plutôt de comprendre *l'essence* de la technique [111]. » On sait quelle idéologie s'exprime aujourd'hui, et sans doute non pas par hasard, dans le slogan du retour à la Grèce. Mais nous sommes sans modèles, dit Heidegger. « Le renoncement aux modèles fabriqués historiquement – âges, styles, tendances, situations, idéaux – est le signe de la détresse extrême que nous avons à endurer. » Pas question, donc, de « "renouveler" la pensée originelle, ni même de

---

111 MHG 73.

la prendre pour "modèle" [112] ». Ces lignes devraient mettre fin, une fois pour toutes, aux lectures « conservatrices » de Heidegger selon lesquelles il s'agirait pour lui de préserver du nivellement par les affaires « le tout petit nombre de choses authentiques » léguées par nos ancêtres [113]. Chercher à comprendre l'essence de la technique n'a rien de conservateur ni de progressiste, c'est chercher les catégories selon lesquelles la présence s'est agencée depuis les Grecs. C'est bien autre chose qu'un retour aux Grecs, qu'une idéologie.

Le détachement par rapport aux affaires n'est pas une option placée devant le libre arbitre. C'est plutôt une simple possibilité économique. En tant que tel, il est le potentiel de l'ère actuelle, le pouvoir d'« amener une chose à la place qui est la sienne et de l'y laisser désormais [114] ». Quelle chose ? Celle qui, au moment de la transgression économique, donne le plus à penser, *das Bedenklichste,* et qui est le plus digne de question, *das Fragwürdigste.* Toute chose, donc, telle qu'elle apparaît au regard de l'incidence anticipatrice des catégories de transition. Toute « chose » en son rapport au « monde ». La pensée capable d'un tel détachement, il nous reste tout juste à la préparer. Le détachement est ce rapport possible aux choses par lequel elles sont « laissées » à leur monde. Il est clair que le détachement, tout autant que la pensée, désigne un agir. La pensée essentielle et l'agir détaché ensemble font la condition *pratique* qui s'allie au dépérissement des principes comme condition *économique* dans la transition vers l'anarchie *ontologique.*

Ainsi se déplace la protestation. Heidegger ne proteste pas *contre* la technologie et l'âge atomique, mais il proteste *de* l'économie qui les a produits, il s'en fait le témoin. Par là il proteste la possibilité pour la pensée de devenir essentielle et pour l'agir, détaché. La « protestation » recouvre son sens premier, qui est d'attester une vérité. La contestation des affaires, c'est la protestation du détachement. Celui-ci, à son tour, est l'attestation d'une économie sans principe, d'une entrée dans la présence essentiellement anarchique.

Après la négation pratique de la finalité et la transmutation de la responsabilité, le détachement se propose comme critère clef pour vérifier

---

112 GA 55 68.
113 Voir ci-dessus les citations de W. Marx, p. 229, n. 19.
114 WhD 159 / QP 239 sq.

quel chemin est aberrant et lequel est viable dans l'ordre bi-frontal contemporain. Le point d'impact de la contestation heideggérienne ne se situe ni en arrière ni en avant de nous, c'est l'aujourd'hui en tant qu'affecté d'une dérive possible, aléatoire. Même la pensée pré-paratrice – préparatrice de « l'autre pensée », dont Heidegger espère tout de même qu'elle devienne « efficace » peut-être d'ici trois cents ans [115] – constitue d'abord un défi à l'emprise, ici et maintenant, des affaires. Il faut être détaché pour que se lève un mode d'interdépendance des choses, détaché des principes. Il faut affirmer les mises en présence contingentes pour que naisse une constellation alétheiologique entièrement contingente. Il faut se délier des affaires pour conduire à terme une génération sevrée des fondements ultimes.

§ 45. La transmutation du « destin »

« Par le mot "destin" on entend habituellement ce qui est déterminé et arrêté par le sort : un destin triste, ou funeste, ou heureux. Cette signification-là est dérivée. "Destiner" veut dire originairement : préparer, ordonner, assigner à toute chose sa place [116]. »

Ces lignes décrivent la transmutation que Heidegger fait subir à la notion de destin : d'humaniste ou existentialiste, elle tourne à l'économique et au topologique.

Se faire une destinée ou la subir, la commencer, la prendre en main et l'achever, tel n'est pas l'horizon où ces lignes inscrivent le *Geschick*. Du moment que l'enjeu de la phénoménologie consiste dans les modalités de la présence, le destin ne peut se résumer en la destinée. L'enjeu, ce sont ces modalités telles qu'elles s'adressent à nous. Adresser, destiner une fonction à une personne, par exemple, ou destiner à quelqu'un une invective, la lui « envoyer », c'est trouver à cette fonction, à cette invective la place où la diriger. Destiner veut dire envoyer, mettre à sa place, « assigner à toute chose sa place ». Notion qui a trait à des « lieux », et dont il faut bien voir

---

115 Sp 212 / RQ 57.
116 SvG 108 / PR 149.

deux conséquences qui font que le destin des hommes cesse de retenir l'attention la plus vive de Heidegger. La première n'est pas nouvelle : la destination étant comprise, non plus comme vocation de l'homme, mais comme remise de toute chose en son lieu ou en son site, comme *situation*, donc, il s'ensuit l'anti-humanisme méthodique qui caractérise cette phénoménologie dans son ensemble. La seconde est plus incisive. Elle résulte du tournant vers l'économie anarchique. Ce qui nous est adressé ou « envoyé » avec ce tournant, nous situe autrement. Au moment de la clôture métaphysique, la destination est à entendre comme changement de lieu, comme *déplacement*. À l'âge de la métaphysique finissante, les modalités de la présence – le destin – nous placent ailleurs. La notion généralement anti-humaniste du destin, chez Heidegger, se précise et se concrétise alors en notion anti-principielle.

La signification économique de la *situation* apparaît seulement dans les écrits d'après *Être et Temps*. Dans *Être et Temps,* Heidegger écrit en effet : « par "destin" *(Geschick),* nous entendons l'accomplissement *(Geschehen)* de l'être-là dans l'être-avec les autres. » Le destin est compris comme processus collectif. Il est compris en outre comme exhibant le sens de l'être, sa triple directionnalité extatique : le destin se fonde dans « l'acte anticipateur de se traduire dans le là de l'instant [117] ». Nous sommes porteurs de destin dans la mesure où l'avenir, le passé et le présent sont réunis, non pas dans le *Dasein* individuel, mais dans « l'accomplissement de la communauté, du peuple ». Le destin engage l'être-là « extatiquement », « dans et avec sa "génération" [118] ». Il nous lie à notre héritage, et il devient explicitement nôtre quand nous « répétons » celui-ci en vue de possibilités nouvelles en avant de nous. Dans *Être et Temps,* le destin désigne bien la destinée humaine : le passé de l'homme, son lien aux ancêtres et aux contemporains, sa possibilité de faire sienne la tradition dans laquelle il est né et d'en puiser des chances pour l'avenir.

Avec la découverte de l'essence éperque des situations qui font notre héritage, le « destin » vire. Cette découverte – à savoir que la présence elle-même a une histoire, et concrètement, l'histoire qu'est

---

117 SZ 386.
118 SZ 384 sq.

la métaphysique – oblige à abandonner le vocabulaire du sens et à parler plutôt de « la vérité, *alétheia,* de l'être ». La vérité ainsi comprise « est historiale dans son essence, non point parce que l'être humain s'écoule dans la succession temporelle, mais parce que la communauté reste placée ("destinée") dans la métaphysique et que cette dernière est seule capable de fonder une époque ». Avoir un destin, pour nous Occidentaux, signifie : être placé dans une histoire d'oubli, dans « le destin du défaut de l'être en sa vérité [119] ». Paradoxalement, la déshumanisation du destin va ainsi de pair, chez Heidegger, avec une insistance nouvelle sur l'histoire. Histoire, cependant, dont l'homme n'est pas l'agent. Si Heidegger, dans cette deuxième période, fait encore preuve d'une certaine préoccupation de l'avenir qui sera le nôtre, avec cet héritage de voilement derrière nous, il ne peut nous conseiller guère plus que de nous tenir dans l'expectative : « C'est l'être qui tantôt laisse surgir des puissances, tantôt les laisse sombrer avec leurs impuissances dans l'inessentiel [120]. » Façon de parler qui n'a rien de mythique, car elle n'implique pas que l'être lui-même soit quelque sur-puissance. Il ne « fait » pas les puissances. Personne ni rien – ni l'homme, ni l'être – n'a pouvoir sur l'histoire. Le « destin de l'être » n'est pas quelque force qui agirait derrière le dos des humains. C'est au contraire le phénomène le plus ordinaire, que tout le monde connaît quand on dit : « les choses ne sont plus comme avant », « ça va changer », « le moment n'est pas bon », etc. Le destin est l'ordre toujours mouvant de présence et d'absence, la constellation alétheiologique telle qu'elle situe toutes choses dans le temps.

Temps époqual qui s'altère en temps événementiel, avec le *déplacement* qu'est le tournant économique, à l'âge technologique. Alors un site peut se préparer, s'ordonner, s'assigner à toutes choses, qui soit radicalement nouveau. Un autre site et un site autre. Sa nouveauté lui vient du dépérissement des principes époquaux. Parler de la fin de l'histoire époquale et parler de l'entrée dans l'événement, c'est rigoureusement parler deux fois de la même chose – du seuil de transition où expire une économie et où en commence une autre, où se déplace

---

119 N II 257 et 397 / N ii 207 et 318.
120 N II 482 / N ii 392.

toute une culture et où « se déclenche un autre destin de l'être [121] », « un destin autre, encore voilé [122] ». La culture occidentale prend alors la figure d'un héritage légué sans mode d'emploi, sans testament, comme dit René Char [123]. Le déplacement de culture que tant de nos contemporains ressentent aujourd'hui et qui est la seconde conséquence de la compréhension topologique du destin chez Heidegger, a peut-être été exprimé au mieux par le mot de Nietzsche : « Dieu est mort. » Pour la déconstruction, « Dieu » tient lieu du principe ontique suprême en métaphysique. Aussi Heidegger étend-il l'impact de ce mot de Nietzsche à toute l'histoire des économies époquales et principielles dans son ensemble : « Ce mot de Nietzsche nomme le destin de vingt siècles d'histoire occidentale [124]. »

Le destin de la métaphysique est ainsi dans son essence le destin où dépérissent les principes. Ce destin-là s'épuise avec la technologie, « la dernière époque de la métaphysique [125] ». N'est-ce pas annoncer que l'homme sera restauré en son autonomie, libéré des représentations d'étants premiers qui l'ont dominé ? Que l'homme enfin fera siens les biens trop longtemps aliénés dans le ciel ? Le déplacement hors du destin époqual n'est-il pas une pensée hautement intéressante, intéressant l'homme au premier chef ? La pensée de Heidegger n'est-elle pas, par conséquent, on ne peut plus soucieuse d'un avenir meilleur pour l'homme ? Et ne va-t-il pas jusqu'à comparer le dépassement de la métaphysique à « ce qui se passe quand on surmonte une douleur [126] » ? Les textes proclamant une ère nouvelle – et le rôle de Heidegger dans sa venue – n'abondent-ils pas ? Mais quel est le statut de ces textes ? Quand il indique une mutation possible dans le destin, Heidegger parle-t-il, comme Nietzsche, en médecin de la culture ? Comme pour Nietzsche, l'avenir est-il pour lui un art curatif, médicinal [127] ? Rien de tel. L'art de relever les contours de

---

121 Hw 309 / Chm 273 sq.
122 TK 37 / Q IV 143.
123 « Notre héritage n'est précédé d'aucun testament », Char, *Fureur et Mystère*, *op. cit.*, p. 106.
124 Hw 196 sq. / Chm 176.
125 Hw 234 / Chm 208.
126 TK 38 / Q IV 144.
127 Nietzsche, *Die Unschuld des Werdens*, A. Baeumler (éd.), Stuttgart, 1978, t. II, p. 308 (n° 880).

Agir et anarchie

la clôture n'a rien de l'art thérapeutique d'endiguer un mal pour en sortir : « C'est encore demeurer dans l'attitude de la représentation technique et calculatrice que d'engager la chasse à l'avenir afin d'en chiffrer le contour en prolongeant, dans un futur encore voilé, le présent qu'on a à peine pensé [128]. » Vouloir fermer la métaphysique pour en sortir, vouloir la déconstruire pour construire l'avenir, cela reviendrait à s'implanter de plus belle dans l'attitude qui compte et qui escompte, qui tient compte plutôt que de laisser être. Le déplacement ne peut être « ni fabriqué ni forcé [129] ». Les constructions de l'Histoire manquent donc du tout au tout l'*a priori* pratique qui est requis pour le déplacement anarchique dans le destin.

Un certain désintérêt envers l'avenir de l'homme est patent encore dans la compréhension du temps demandée pour penser le déplacement comme anarchique. L'économie anarchique est celle où la pensée et l'agir épousent les fluctuations dans les modalités de la mise en présence, où ils ont pour seule mesure l'événement d'appropriation mutuelle entre les étants. Il s'ensuit que la temporalité de l'événement n'est plus à comprendre – ne peut plus être comprise – à partir de l'homme. L'*Ereignis,* comme temps, est irréductible à la temporalité extatique (première période) comme à l'histoire alétheiologique (deuxième période). Si « destin » veut dire la seule détermination époquale, par catégories rétrospectives – si le destin, autrement dit, est eschatologique [130] –, alors l'événement, lui, n'a ni histoire ni destin. Il est « *ungeschichtlich,* mieux : *geschicklos* [131] ». Non pas que l'événement soit intemporel. Sa temporalité est l'entrée en échange. Dans cette entrée, la prééminence de l'avenir qui caractérise le temps extatique aussi bien que le temps alétheiologique-historial, est préservée (événement est avènement). Mais on voit bien que l'entrée *originaire* en présence s'oppose à l'entrée *originelle* dans un âge, comme un jeu sans suite s'oppose au geste inaugural, fondateur. La possibilité qu'envisage Heidegger, c'est une économie post-moderne

---

128   TK 45 / Q IV 153.
129   « Ce qu'il faut pour se tenir dans ce revers peut seulement être préparé historiquement, mais cela ne peut être ni fabriqué, ni surtout forcé » (GA 55 103).
130   « L'être lui-même, en tant que destinal, est eschatologique » (Hw 302 / Chm 267).
131   SD 44 / Q IV 74.

392

dont la seule « marque » soit l'originaire. Le revers qu'il tente de penser n'est donc pas fondateur. Revers disséminateur, plutôt. En ce sens, la temporalité de l'événement d'appropriation met fin à l'effort de savoir et de décider quel doit être le monde à venir de l'homme sur la terre.

De l'un au multiple, dans l'économie, la transmutation ne peut se faire qu'en un « bond ». D'un destin à l'autre, aucune progression ; aucune évolution. L'été ne « devient » pas l'automne. Soudain, c'est l'automne, ce sont les années quatre-vingt, c'est la vieillesse. Soudain, une autre pensée (« Dès l'instant où on demande : "Qu'est-ce que la métaphysique ?", c'est déjà à partir d'un autre domaine de question qu'on interroge [132] »). Soudain, l'économie anarchique. « Le tournant du péril advient brusquement. *Die Kehre der Gefahr ereignet sich jäh* [133]. » On voit que le saut dont Heidegger dit qu'il sépare la pensée, *Denken,* de l'entendement, *Verstand* [134], n'a trait aux activités mentales que secondairement. Le saut se produit d'abord comme rupture dans l'économie de la présence. Ces ruptures économiques n'ont rien de spectaculaire. Elles passent longtemps inaperçues. Elles sont néanmoins de brusques inflexions dans la disposition fondamentale de la présence. Pour devenir pensables, elles demandent de nous un bond également *décisif.* L'histoire occidentale apparaît comme un destin clos dès que la pensée court le risque de se situer hors des principes dont la technologie entame la ruine. « Ce que nous appelons le destin de l'être caractérise l'histoire jusqu'à présent de la pensée occidentale, dès lors que, nous retournant vers elle, nous la considérons à partir du saut [135]. » Destin clos qui engendre une pensée close, « la métaphysique ». Pour se risquer hors de son enceinte, le courage n'est pas suffisant. Deux conditions doivent être remplies, dont chacune, de son angle de transgression, a priorité sur l'autre. Priorité de la rupture économique sur le saut de pensée, mais priorité, aussi, du saut de pensée sur la rupture économique. Pour le dire autrement : le virage vers un mode de présence essentiellement neuf – « le revers dans notre position fondamentale à l'égard

---

132 GA 55 98.
133 TK 43 / Q IV 149.
134 GA 55 119.
135 SvG 108 / PR 148.

de l'être » – est l'*a priori économique* pour le virage vers une pensée neuve, vers « la pensée essentielle, essentiellement autre [136] » ; mais inversement, cette autre pensée est l'*a priori pratique* pour conduire à terme la position fondamentale autre, déjà autour de nous, en nous. Le saut gèle l'entendement pour dégeler la pensée [137]. Il « part du principe de raison en tant que proposition applicable à l'étant, et il aboutit au dire concernant l'être en tant qu'être [138] ». C'est d'abord la modalité de la présence qui s'affranchit des principes époquaux, et c'est ensuite la pensée et « le dire » qui peuvent s'affranchir de la proposition « rien n'est sans raison ». Inversement, si nous sommes déjà pris dans un autre destin, ce sont d'abord la pensée et l'agir qui doivent devenir « sans raison » pour que notre monde s'affranchisse des survivances principielles, des idoles, et que nous passions de l'ère de Janus à l'ère de Protée.

Au terme du « sommeil de l'être [139] », l'*epéchein* – c'est-à-dire le destin où la présence s'accorde seulement en se dérobant – peut toucher à sa fin. Le nouveau destin rend possible et exige une autre façon de penser et de dire. Il rend possible et exige une autre façon d'agir. Si Heidegger ne développe guère cet « autre agir » conforme à « l'autre pensée » et à « l'autre destin », c'est que ces trois approches sont en vérité indissociables. Cela, il le répète sans ambages. L'agir au gré des constellations de la présence et une grande fluidité dans le domaine public, voilà la pratique qui correspond à « l'autre pensée » et à « l'autre destin ». Mais sous le principe d'anarchie, au seuil de la clôture, la pensée ne peut encore être que préparatrice. De même, il faut distinguer entre agir préparateur et « l'autre agir ». L'agir préparateur d'une économie sans principes est l'agir qui s'en prend aux vestiges des principes époquaux pour leur assigner leur site : survivances d'un destin clos. Impossible de ranimer celles-ci dans l'état final du destin époqual, état final qui est le nôtre. Rien n'y pourra,

---

136 GA 55 103 et 119.
137 « C'est seulement quand l'entendement "normal" s'arrête que l'autre pensée, essentielle, pourra peut-être se mettre en marche » (GA 55 116).
138 Le jeu de mots sur « *Satz* », « proposition » mais aussi « bond », est intraduisible : « *Der Sprung ist der Satz aus dem Grundsatz vom Grund als einem Satz vom Seienden in das Sagen des Seins als Sein* » (SvG 108 / PR 148).
139 SvG 97 / PR 136.

« ni quelque rapiéçage de positions métaphysiques fondamentales passées, ni quelque fuite dans quelque christianisme réchauffé [140] ». Et que serait, plus précisément, « l'autre agir » ? Autant demander : que serait l'absence de violence ?

§ 47. *De la violence à l'anarchie*

« Le concept courant de "chose"[...] dans sa captation, ne saisit pas la chose telle qu'elle déploie son essence ; il l'assaille. – Pareil assaut peut-il être évité, et comment ? Nous n'y arriverons qu'en laissant en quelque sorte le champ libre aux choses. Toute conception et tout énoncé qui font écran entre la chose et nous doivent d'abord être écartés [141]. »

Ces lignes suggèrent quelques traits de l'autre agir, qui ne ferait qu'un avec « l'autre pensée » et « l'autre destin ». Elles permettent de dire ce qu'il n'est pas, mais aussi ce qu'il est. L'autre agir n'est pas « captation », « assaut ». Il est : « laisser le champ libre aux choses ». D'où la tâche pratique pour notre âge : écarter tout ce qui fait écran à l'autre agir.

Dans la tradition philosophique, le concept de « chose » est coextensif au concept d'« étant » : *res,* pour les scolastiques, est l'une des cinq perfections transcendantales convertibles avec l'être [142]. Or, réplique Heidegger, cette façon courante de penser, « dans sa captation, ne saisit pas la chose telle qu'elle déploie son essence ». Pourquoi ? Pour la nature conceptuelle même d'une telle façon de penser. *Begriff*, concept, vient de *greifen, capere*, saisir. Concevoir, c'est capter. Par vocation et par dessein, le langage conceptuel se place dans une position d'attaque. Cette essence agressive du langage résulte d'un rapport complexe de fondements : notre « rapport à la parole, depuis plus de vingt siècles, est déterminé par la

---

140 GA 55 84.
141 Hw 14 sq. / Chm 18.
142 Ces cinq perfections, telles que Thomas d'Aquin les énumère, sont *res,* chose, *unum,* l'un, *aliquid,* quelque chose, *bonum,* le bon, *verum,* le vrai, *Questions disputées de la vérité,* q. I, art. 1.

"grammaire" ; la grammaire, à son tour, se fonde dans ce qu'on appelle habituellement la "logique" ; la logique enfin n'est qu'une interprétation parmi d'autres du penser et du dire, à savoir l'interprétation de l'essence de la pensée, propre à la métaphysique [143] ». Par ces rapports de fondement entre parole, grammaire, logique et métaphysique, peut s'expliquer l'ancienne confiance dans la convergence entre modes de prédication et modes d'être, entre la relation sujet-prédicat et la relation substance-accident. La convergence entre langage et être est une imposition, simple corollaire de la position de l'homme au centre du connaissable. Elle est l'acte violent par excellence d'où est née la civilisation occidentale, l'indice infaillible de l'économie métaphysique. L'imposition des formes de la grammaire à ce que Heidegger appelle « l'étant dans son ensemble » est patent chez Aristote : celui-ci recherche les multiples façons dont l'être *se dit*, et il en apprend les multiples façons dont les étants se rapportent à la substance. Chez Kant encore, les catégories sont déduites des structures du jugement sans que pareille subsomption de l'être sous la grammaire soit justifiée ou même reconnue (si l'on admet du moins avec Heidegger que les catégories kantiennes sont des « prédicats ontologiques [144] »). « Jusqu'à présent, pour saisir – ne fût-ce qu'extérieurement – la parole dans son essence de parole, nous ne connaissons pas d'autre voie que celle de la grammaire. » Il n'est pas difficile de voir où conduit l'attitude qui force les étants à converger avec les mots : « Le mot est un instrument de la chasse et de la prise, à savoir dans le "procédé" et dans le "travail" de l'objectivation de tout, sûre de son tir. La mitrailleuse, l'appareil photo, le "mot", l'affiche ont tous la même fonction fondamentale de mettre les objets en sûreté [145]. » Violence du concept qui s'est accentuée de façon décisive

---

143 GA *55* 70.
144 GA *25* 167, 261, 291, 295 sq. ; KPM 52–54 / Kpm 114–116 ; FD 137 sq. et 144 / QCh 184 sq. et 193 ; Wm 287 sq. / Q II 89 sq.
145 GA *55* 70 sq. Tout comme la distinction entre substance et accident, celle entre forme et matière apparaît comme une stratégie de la raison en vue de la préhension. La distinction forme-matière, dit Heidegger, s'applique en propre à la seule région des produits, *Zeug*. Un produit est fabriqué par l'impression d'une forme sur un matériau, et cela en vue d'un usage. Étendre plus loin l'application de cette distinction, par exemple à une théorie « hylémorphique », c'est encore perpétrer « un assaut contre l'être-chose des choses » (Hw 19 / Chm 22).

Des déplacements anarchiques

avec Descartes. Depuis le début de la modernité, l'étant « est ce qui est posé en face, est opposé, est ob-stant comme objet ». L'étant est *gestellt,* comme on dit à la chasse qu'un gibier « fait tête » aux chiens. « La représentation rabat tout à l'unité de ce qui est ainsi objectif. La représentation est *co-agitatio* [146]. » Les métaphores cynégétiques indiquent la violence du *cogito* : en tant que conception, *Begreifen,* la représentation est déjà attaque, *Angreifen.*

La technologie est, ici encore, révélatrice d'un développement qui ne se manifeste qu'à une lecture rétrospective. La technologie atteste qu'en son commencement et son essence, la violence n'est nullement une simple affaire de concept, de théorie. L'emprise apparemment inéluctable de la technique, ne laissant pas d'abri possible, est le résultat tardif et extrême de décisions et d'orientations prises depuis la Grèce classique. Même si c'est la logique, héritage grec par excellence, qui a rendu la pensée captatrice, ces décisions sont « théoriques » et « pratiques » indissociablement, donc ni l'un ni l'autre. L'assaut comme mode de présence est le rejeton de la logique, elle-même rejeton de la métaphysique [147]. Celle-ci est née de décisions affectant les positions fondamentales. Renforcées à chaque étape ultérieure, elles conduisent à une violence généralisée, plus destructrice que les guerres : « Nous n'avons même pas besoin de bombes atomiques, le déracinement de l'homme est déjà là [...]. Ce déracinement est la fin, à moins que pensée et poésie n'atteignent de nouveau à un pouvoir non violent [148]. » Devant la menace de la fin, préparée de longue date, Heidegger demande donc : « Un tel assaut peut-il être évité, et comment ? »

On voit tout de suite qu'à la violence institutionnalisée, il n'oppose pas une contre-violence, ou du moins pas une violence de même type. Il n'appelle pas à quelque contre-attaque. Il ne cherche pas la confrontation, n'en attend rien. Au contraire, la confrontation ne saurait que renforcer la violence qui est au cœur de notre position historique fondamentale. Monter un front de plus ne peut que durcir l'assaut généralisé. Heidegger n'incite pas non plus à abandonner le domaine public. On l'a vu, le concept même d'économie de

---

146 Hw 100 / Chm 97.
147 GA 55 113 sq. et 199.
148 Sp 206–209 / RQ 45 sq.

la présence abolit les oppositions entre public et privé, dehors et dedans, vie active et vie contemplative.

L'« assaut » dont Heidegger demande s'il peut être évité est ambigu comme l'est la technique. La violence de notre position extrême est la force qui clôt la métaphysique et qui rend possible le tournant. Non pas que la violence provoque sa propre négation. Il n'y a rien de dialectique dans l'hypothèse de la clôture, seulement une position fondamentale à double face. L'« assaut » nous constitue autochtones et limitrophes en même temps au sol métaphysique. En amplifiant sans bornes le jeu de l'offensive, il engage aussi un nouveau jeu possible, celui de la vérité de la présence. « Pour que le vrai puisse véritablement venir, comme le seul destin, à la rencontre de nous et de nos descendants, tout doit rester provisoire et anticipateur [...]. Nous ne pouvons calculer quand et où et sous quelle forme cela se produira [149]. » Comment anticipe-t-on une économie où le vrai puisse véritablement venir à notre rencontre ? Heidegger répond clairement : « Tout ce qui fait écran entre la chose et nous doit être écarté. »

Mais que peut signifier un tel écart qui évite l'assaut ? Le mode d'interdépendance entre les mots, les choses et les actions qui est né de la logique et qui nous domine à l'aide du principe époqual le plus asservissant que notre histoire ait connu – comment pourrait-il être évité ? L'écart ne peut être un projet calculé pour neutraliser l'offensive de la volonté. L'action d'écarter les survivances principielles doit nous placer plutôt hors de son offensive. Pour Heidegger, une seule attitude est à notre portée pour anticiper le franchissement de la clôture et pour soustraire les échanges publics à l'offensive de la volonté : « Le délaissement n'entre pas dans le domaine de la volonté [150]. » Le délaissement est le jeu préparatoire du vrai. Littéralement, il prélude à la transgression. La violence que Heidegger adopte devant l'assaut institutionnalisé est la non-violence de la pensée. De celle-ci, quel est « le pouvoir non violent » ? C'est de faire ce que fait la présence : laisser être. Heidegger oppose donc le *lassen*, « laisser », au *überfallen*, « assaillir [151] », comme il oppose l'action d'écarter, à « ce qui fait écran » ou qui fait main basse. Le

---

149 GA 55 190.
150 Gel 35 / Q III 187.
151 Par exemple en GA 55 123, cf. 126.

délaissement n'est pas une attitude bénigne, ni un réconfort spirituel. C'est la seule issue viable hors du champ d'attaque aménagé par la raison calculatrice. « Laisser être » est la seule issue parce que 1. il déplace le conflit, 2. il est essentiellement a-téléocratique, 3. il est préparateur d'une économie anarchique. Le premier de ces points inscrit le délaissement dans l'originaire, le deuxième, dans l'*a priori* pratique et le troisième, dans le passage vers une autre économie. Pour ces trois raisons – qu'il faut regarder une à une – Heidegger peut enchaîner dans l'exergue ci-dessus : « Un tel assaut peut-il être évité, et comment ? Nous n'y arriverons qu'en *laissant* en quelque sorte le champ libre aux choses. »

Laisser le champ libre aux choses revient d'abord à déplacer le conflit. Aucun Grand Refus dialectique n'est opposé par Heidegger à la violence. La dialectique n'est encore que « la puissance la plus forte jusqu'ici de la logique », et philosopher contre la technique équivaut à « une simple ré-action contre elle, c'est-à-dire à la même chose [152] ». Heidegger ne *nie* pas la technique : « Jamais je n'ai parlé *contre* la technique [...]. J'essaie plutôt de comprendre l'*essence* de la technique [153]. » Il ne la nie pas, mais il rétrogresse vers les conditions qui rendent la technique possible comme violence ordonnée. Ce pas en arrière vers l'essence, vers les modes d'interdépendance entre les mots, les choses et les actions, déplace le conflit, car au lieu de demander : comment faire face ?, Heidegger demande ce qu'il en est de la présence. Le « champ libre » vers lequel rétrogresse sa critique est ce champ d'interdépendance, dont la technique est *une* des modalités possibles. L'ouverture transcendantale est plus vaste et plus ténue que telle ou telle constellation historique à laquelle elle donne figure originelle. Déplacement de la question, donc, vers l'originaire. Posée à partir de ce nouveau lieu, elle va plus sûrement au cœur de la technique que ne va la question des alternatives à la standardisation et à la mécanisation. C'est mal saisir sa critique de la violence que de vouloir récupérer Heidegger pour la cause écologiste ou quelque autre alternative à la technocratie. Parodie de la dialectique où se perd le changement du lieu de la question ; où se perd le

---

152 GA 55 158 et 203.
153 Voir ci-dessus, p. 386, n. 111.

déplacement du propos technologique vers son essence. À suivre ce déplacement, qu'est-ce qui apparaît comme « laissant le champ libre aux choses », c'est-à-dire comme les laissant se rendre présentes de telle ou telle manière ? « Cela se produit tout le temps. » C'est l'événement d'appropriation qui, déjà de toujours, laisse ainsi venir les choses à notre rencontre *(begegnenlassen)*. Il s'ensuit que l'*a priori* pratique qui subvertit la violence consistera à « nous abandonner *(überlassen)* à la présence sans qu'elle soit occluse [154] ». Il consistera à laisser les choses se mettre en présence, dans des constellations essentiellement rebelles à l'ordonnancement. L'agir multiple, au gré de l'événement fini : voilà la praxis qui « laisse le champ libre aux choses ». Elle devient pensable grâce au déplacement de la question concernant la violence. Heidegger ne la soulève pas en termes de violence et de contre-violence, comme le fit Marx par exemple (« La violence matérielle doit être renversée par une violence matérielle [155] »). Il ne la soulève pas non plus en termes humanistes, comme le fit Merleau-Ponty (« La violence [...] est-elle capable de créer entre les hommes des rapports humains [156] ? ») Heidegger demande quelle est la constellation de présence-absence qui fait que la technique est une position historique fondamentale essentiellement violente. Le délaissement comme praxis possible naît de ce pas en arrière vers l'essence.

D'autre part, « laisser le champ libre aux choses », c'est affranchir la pensée des représentations de fin. Si elle n'est ni le renfort, ni la négation de la technique, la pensée n'a pas de but. Elle n'est pas dominée par la recherche d'une conformité entre énoncé et objet. Par essence et par vocation, elle est libre de l'emprise téléocratique. La tâche dont elle se charge est beaucoup trop modeste, trop *insignifiante,* pour faire le poids face à la technique : penser, c'est suivre les choses dans leur émergence à partir de l'absence. Sa pauvreté est néanmoins instructive. Elle nous instruit sur une origine sans *telos ;* une origine qui est toujours autre et toujours neuve ; sur laquelle on ne peut pas compter, et qui par là défie le complexe

---

154 Hw 15 / Chm 18.
155 K. Marx, « Zur Kritik der Hegelschen Rechtsphilosophie », *in Frühe Schriften, op. cit.,* t. I, p. 497.
156 Maurice Merleau-Ponty, *Humanisme et Terreur,* Paris, 1947, p. XIII.

technico-scientifique. Le conseil heideggérien de laisser le champ libre aux choses contient donc aussi un impératif. Les « choses » en leur venue au « monde », se distinguent des produits en ce que ces derniers servent à un emploi. La fin utile constitue l'être même du *Zeug*, des outils. Parler de « choses » au lieu d'étants disponibles et d'étants subsistants, c'est désimpliquer l'étant de la finalité, de la téléocratie. Comment cette désimplication procède-t-elle ? Par cet impératif : « Sommes-nous dans notre existence historialement près de l'origine [157] ? » Être près de l'origine, ce serait suivre dans la pensée et dans l'agir l'émergence « sans pourquoi » des phénomènes. À propos du « libre champ », de l'« éclaircie », Heidegger cite Goethe : « Qu'on n'aille rien chercher derrière les phénomènes : ils sont eux-mêmes la doctrine [158]. » Derrière les phénomènes il y aurait les noumènes, dont seule l'intelligence divine connaîtrait le rôle qu'elle leur a assigné parmi les merveilles de la création. Dans une conversation, Heidegger citait aussi René Char : « Ne regardez qu'une fois la vague jeter l'ancre dans la mer. » « La poésie est de toutes les eaux claires celle qui s'attarde le moins aux reflets de ses ponts [159]. » La pensée et la poésie entament la téléocratie comme la rouille entame le fer. C'est encore Maître Eckhart qui a osé traduire cette entame dans l'action : « Le juste ne cherche rien dans ses œuvres. Ce sont des serfs et des mercenaires, ceux qui cherchent quelque chose dans leurs œuvres et qui agissent en vue de quelque "pourquoi" [160]. »

Du point de vue des économies, enfin, « laisser le champ libre aux choses », c'est s'engager dans un passage, celui de la violence à l'anarchie. Passage d'un lieu où les étants sont contraints sous un principe époqual, à un lieu où leur contingence radicale est restaurée. Passage des « substances » déterminées par une *arché* et un *telos* immuables, aux « choses » émergeant avec précarité dans leur monde

---

157 Hw 65 / Chm 62.

158 Cité SD 72 / Q IV 128.

159 Char, *La Parole en archipel*, Paris, 1962, p. 152, et *Poèmes et Proses choisis*, Paris, 1957, p. 94.

160 Meister Eckhart, *Die deutschen Werke, op. cit.*, t. II, p. 253, 1. 4 sq. ; traduction, *Sermons, op. cit.*, t. II, p. 57. Chez Maître Eckhart, comme chez Nietzsche et Heidegger, l'atteinte à la téléocratie n'est sans doute possible que parce que chacun de ces auteurs est situé économiquement à la fin d'une époque : fin du Moyen Âge scolastique, de l'idéalisme allemand, de la métaphysique.

lui-même précaire. Cette innocence retrouvée du multiple, Heidegger la suggère surtout dans les textes sur l'œuvre d'art, qui paraissent dès lors en une autre lumière. L'œuvre d'art institue un réseau de références autour d'elle et par là produit la vérité comme une sphère contingente d'interdépendance. Pour Heidegger, l'œuvre d'art est le paradigme non pas du « geste fondateur [161] », mais de la façon non-principielle dont une chose vient au monde, et dont le monde vient à la chose. Seulement, pour qu'une économie puisse ainsi rendre toutes choses à leurs mondes – pour que l'anarchie économique prenne la relève des principes –, la condition pratique est la chute des dernières figures téléocratiques de la présence. À la question : « Que faire ? », il faut donc répondre : déloger ces vestiges d'une économie téléocratique de leur retraite, et ainsi libérer les choses de leur « captation » sous les principes époquaux. Voilà comment, dans la situation ambiguë de transition, la phénoménologie peut répondre à « l'assaut » technologique. Du moment que les revers de l'histoire imposent des conditions pratiques à la pensée et à l'agir, cette phénoménologie ne peut se contenter d'une notion d'anarchie simplement descriptive. En insistant sur l'*Anruf,* l'appel, l'*Anspruch,* l'exigence, etc., Heidegger lie l'apparition d'une constellation nouvelle à un préalable pratique. Et si la constellation rendue possible par la technologie est essentiellement a-téléocratique, alors la praxis requise consiste à épouser la discontinuité de l'événement d'appropriation. Heidegger répond à la violence en montrant la fissure que le délaissement introduit dans les constellations sociales fixes. Il exprime cette fissuration parfois, on l'a vu, en regrettant qu'il ne nous soit point possible de sortir de la structure métaphysique des propositions : l'obstacle par excellence qui fait écran à l'événement d'appropriation vient des « fondements métaphysiques grecs [...] de la phrase comme rapport du sujet au prédicat ». Il faudrait pouvoir dire : « Il y a de l'être » et « Il y a du temps », et entendre cela autrement que comme des propositions [162]. Aussi Heidegger désigne-t-il directement l'ambiguïté du site économique contemporain – l'ambiguïté du « principe d'anarchie » – quand

---

161 Voir ci-dessus, p. 48 n. 11.
162 SD 43 / Q IV 74, cf. ci-dessus, p. 348 sq.

il regrette que la conférence « Temps et Être » ait encore pu « parler seulement en énonçant des propositions [163] ».

Quelque allusives que soient les remarques de Heidegger sur les implications pratiques de sa pensée – et quelque obstiné son refus d'en voir aucune –, il ne fait pas de doute que (au niveau du langage) son atteinte à la proposition et (au niveau de l'être) le dépassement de la différence « ontologique » vers la différence « chose et monde », exigent qu'une fluidité radicale soit introduite aussi bien dans les institutions sociales que dans la pratique en général. Avec l'essence bi-frontale de la technique, légitimer la pratique ne peut plus vouloir dire : référer ce qui est faisable à une instance première, à quelque raison ultime, ni à une fin dernière, à quelque but. Renversement, donc, du principe de raison : ce ne sont pas les étants présents (et les actes, encore des étants) qui appellent un fondement, *Grund*, mais c'est la présence sans fond, *abgründig*, qui interpelle l'existence et réclame un agir également sans fond. Ainsi se comprend le lien complexe établi dans la dernière phrase de l'exergue ci-dessus entre grammaire de la proposition, différence « chose et monde », et écartement des obstacles en tant que préalable à l'événement d'appropriation : « Toute conception et tout énoncé qui font écran entre la chose et nous doivent d'abord être écartés. »

---

163 SD 25 / Q IV 48.

Conclusion

§ 47. *De la régulation économique et de ses lieux*

« La multiplicité de sens […] repose sur un jeu qui reste *lié par une règle cachée*, et cela d'autant plus strictement qu'il se déploie plus richement. Cette règle garde le jeu de multiplicité dans une balance dont nous n'éprouvons que rarement les variations [1]. »

L'argument que j'ai essayé de développer peut se comprendre à partir de la distinction entre *règle* et *principe*. Toute économie de la présence se règle elle-même ; de là l'anti-humanisme heideggérien. Mais toute économie de la présence ne se règle pas moyennant un étant tenu pour régulateur ultime, moyennant un principe ; de là l'anarchisme heideggérien.

Il y a, dans Heidegger, une étrange fascination pour le « fonctionnement », la « cybernétique ». D'un côté, il déplore que « tout fonctionne : voilà qui est précisément inquiétant [2] ». Même il déclare qu'aujourd'hui la cybernétique a remplacé la philosophie [3]. Mais d'un autre côté, il dit que les époques s'instaurent d'elles-mêmes, que penser, c'est correspondre à une vérité « déjà accomplie » d'avance [4] par l'auto-interprétation *(Selbstauslegung)* de l'être, et que les économies s'agencent, liées « par une règle cachée ». Sans un tel autoréglage, il semble en effet difficile de parler d'identité et de différence dans l'histoire, c'est-à-dire de penser le changement. Pareille fascination me paraît même inévitable dès l'instant qu'on admet le dépérissement des principes et qu'on se garde cependant de plaider la cause de l'anarchie au sens ordinaire d'un désordre pur et simple.

Quitte à répéter ici en conclusion quelques points déjà acquis, je voudrais indiquer comment l'auto-réglage économique travaille concrètement dans ses deux lieux que sont la pensée et la *praxis*.

---

1   Wm 251 / Q I 249 (souligné par moi).
2   Cf. ci-dessus, p. 382, n. 104, et les textes cités p. 259, n. 107.
3   Sp 212 / RQ 54.
4   Cf. ci-dessus, p. 83, l'exergue.

Conclusion

I. Règles pour la conduite de « la pensée »

Ce qu'est le jeu de la régulation interne selon Heidegger, apparaît le mieux dans ce qu'il dit de l'histoire et des modalités de présence qui s'y articulent. Mais ces règles originelles renvoient à des règles plus originaires, celles de l'être en tant que temps, ou de l'*événement*. « L'être en tant qu'être », entendu comme un processus temporel, se règle du dedans. Cette auto-régulation-là est moins apparente – « cachée », dit Heidegger – mais elle constitue en même temps « l'affaire même » de la phénoménologie. Nous savons quelles sont les règles auxquelles se conforme l'être tel que Heidegger en vient à le comprendre dans ses derniers écrits : c'est le jeu de la différence entre l'étant présent, la modalité de sa présence aux cours de la geste historique, et la présence même en tant qu'événement.

Voyons comment ce jeu de la différence (temporelle) règle la pensée en la soumettant à 1. l'histoire époquale, et plus spécifiquement à 2. la technologie, ainsi que – essentiellement – à 3. l'événement.

Première règle : La compréhension de l'être en tant que temps ne peut se passer de la déconstruction des époques.

La question soulevée par Heidegger est une : celle du rapport entre être et temps. « Aller vers une étoile, rien d'autre [5]. » Mais les réponses qu'il y a apportées sont plusieurs : 1° Le temps est le sens de l'être, dit-il d'abord, et cela nécessitait un inventaire des traits propres à cet étant que nous sommes nous-mêmes. 2° Le temps est la vérité de l'être, dit-il ensuite, ce qui nécessitait un inventaire des traits fondamentaux de notre histoire depuis les Grecs. 3° L'être est événement, dit-il enfin, réponse qui, seule, permet de comprendre l'être en tant que temps. La temporalité événementielle était reconnue de façon oblique déjà dans les deux premières réponses, comme « extase » et comme « *epoché* ». L'événement d'appropriation est donc la condition de la temporalité historiale ou destinale, comme elle l'est déjà de la temporalité existentiale. Bien plus, l'*Ereignis* désigne la condition phénoménologique qui a rendu possible, déjà de toujours, toutes les notions transmises du temps, qu'elles soient physicistes, comme celle

---

5 EdD 7 / Q III 21

d'Aristote, ou mentalistes, comme celle d'Augustin. L'événement d'appropriation, c'est l'être en tant que temps originaire.

Or, cette trajectoire à laquelle la *Seinsfrage* a donné lieu, il importe de la retenir, intégralement. La découverte de la temporalité événementielle ne rend pas périmée la temporalité époquale, pas plus que celle-ci ne rend périmée la temporalité extatique. Cependant, si la réorientation décisive, dans Heidegger, – « le tournant » – résulte de ce que l'être-au-monde s'est avéré avoir une histoire, une affinité particulièrement étroite lie la troisième réponse à la deuxième.

L'événement d'appropriation présuppose le labeur sur l'histoire et ne peut s'en passer. À ce propos, Heidegger parle même d'*aufheben* [6] – c'est la seule fois dans ses écrits, que je sache. Le temps comme événement préserve, en l'annulant et le surélevant, le temps comme *epoché*. En d'autres mots, l'accès au temps originaire passe par la déconstruction des ordres historiques de la présence et de leurs mises en place originelles.

La déconstruction a directement affaire à l'auto-réglage des économies. Elle est la méthode pour arracher aux configurations manifestes passées des phénomènes l'événement même du *phainesthai*, l'événement de manifestation. Elle est la méthode, pourrait-on dire, pour recueillir des champs de présence et de leurs virages diachroniques, la présence comme venue, ou comme advenir, synchronique. Dans les mots de Heidegger, la déconstruction est la méthode pour passer des modalités historiques de la présence *(Anwesenheit)* à l'être même comme événement *(Anwesen)*. Pareil passage, cette méthode le permet grâce aux règles qu'elle aide à mettre au jour dans l'histoire. Toute méthode de lecture organise le texte qu'elle aide à lire ; la déconstruction restant la méthode clef chez Heidegger, la geste de l'être est, dans cette phénoménologie, le domaine le plus patent de régulation interne.

Quand Heidegger parle de « traits », c'est-à-dire de règles dans le texte de notre histoire, il entend par là des traces sans traceur qui en *relient* les dispositifs. Ce sont des règles de conservation autant que de transformation. Si toute économie de la présence se règle elle-même, les ruptures dans l'histoire ne sont jamais totales. Ni les

---

6   Cf. ci-dessus, p. 213 sq.

époques *au sein* de la métaphysique, ni le tournant *hors* de la métaphysique, ne font du neuf sans que subsiste de l'ancien. Que ces règles « traversent [7] » l'histoire signifie que les traits originaires de l'être apparaissent au cours de l'effort pour se dégager de la métaphysique. De là l'importance d'une déduction historique des catégories de la présence. Elle montre que dans les ruptures époquales, telles que l'arrivée de la modernité, il s'agit d'un jeu de différences qui viennent déterminer autrement quelque chose qui reste le même à travers les âges. Mais ce qui reste ainsi le même n'est qu'un tissu de catégories. Voilà qui exclut d'emblée tout relent d'un en-soi qui transcenderait le devenir. La déduction historique des catégories de la présence est capitale non seulement pour établir que « la pensée de l'être » ne peut se passer de la déconstruction de l'histoire, mais encore pour s'assurer que « l'être » heideggérien n'est rien de nouménal, de quasi-divin ; qu'il n'est « un » que formellement, comme loi du fonctionnement économique. La première *règle* pour comprendre « l'être », c'est d'arracher à l'histoire les traits de l'*auto-réglage époqual*.

Deuxième règle : La différence à trois termes apparaît à propos de la modalité contemporaine de présence, la technologie.

Le donné que la phénoménologie heideggérienne « déconstruit », ce sont les agencements entre étants tels qu'ils ont eu cours en Occident – les économies de la présence. Or, parmi ces économies il y en a une qui guide toute l'entreprise de déconstruction : la technologie. Les interprétations des auteurs présocratiques comme celles des métaphysiciens, chez Heidegger, ont pour but d'éclairer ce *topos* qui est le nôtre. Ces interprétations n'ont nullement pour dessein de nous ramener à quelqu'âge d'or grec par-delà un prétendu interlude métaphysique. Ainsi la phénoménologie des revers de l'histoire procède-t-elle rétrospectivement : les modalités de présence sont dépliées, par Heidegger, à partir du pli où nous sommes logés, nous, hommes du vingtième siècle.

De même que la critique transcendantale, chez Kant, part d'un fait, le fait de l'expérience, et le place sous une question, celle des

---

7 Cf. ci-dessus, p. 223, n. 5.

conditions *a priori*, de même la critique historiale de Heidegger. Le fait de départ est ici l'ordre phénoménal contemporain, la technologie en tant qu'âge sans au-delà. La question que Heidegger adresse à ce donné est non pas : Qu'est-ce que l'homme ?, mais : Qu'est-ce que l'être ? Il n'examine pas le site contemporain et sa genèse afin d'en apprendre plus long sur l'homme. S'il demande : Comment en sommes-nous venus là ?, ce n'est pas en médecin de la culture. C'est plutôt pour élucider la structure complexe de la question de l'être elle-même. Elle est complexe, car une économie de la présence – par exemple, la technologie – n'est pas une donnée immédiate. Elle est l'*Anwesenheit* de ce qui est *anwesend*, la modalité de présence de ce qui est présent. La phénoménologie transcendantale radicalisée consiste à reculer de cette modalité de présence vers l'*Anwesen* lui-même, vers l'événement. Une deuxième *règle* pour la pensée résulte de cet *auto-réglage différentiel* par lequel s'agencent le présent, la modalité historique de sa présence, et l'événement.

S'il est admis que le point de départ de la déconstruction est l'une des économies, il apparaît clairement que la différence temporelle réunit les trois termes que je viens de dire, et non pas deux. Le terme moyen est cet ordre que, après Heidegger, d'autres auteurs ont situé dans le discours et ont appelé *epistémé*, ou régularité discursive. Chez Heidegger, la différence à trois étages est surtout décrite comme celle entre l'étant, l'étance, et l'être. Cette façon de la formuler passe cependant sous silence le facteur décisif, le temps. C'est pourquoi, dans les derniers écrits, l'étance et l'être sont ramenés à deux moments du « laisser », comme « laisser-*être-présent* » et comme « *laisser-être*-présent [8] ». Le temps originaire a pour essence de « laisser ».

Le jeu d'auto-régulation à trois termes est la condition indépassable pour tout ce qui peut devenir phénomène. Voilà une condition qui est *ultime sans être fondatrice*. Heidegger conserve du transcendantalisme la recherche d'un *a priori*, mais il le dissocie de toute problématique de fondement. L'essence temporelle de l'événement comme *a priori* rend cette problématique impossible. Entièrement disjoint du moi, cet *a priori* fonctionne par une régulation sans référent principiel. Car rien n'est plus ténu que ce « laisser », ou que le *phyein*,

---

8   Cf. ci-dessus, p. 202, n. 262.

Conclusion

la venue à la présence. La finitude – autre découverte du transcendantalisme – est ainsi poussée à l'extrême. Ce n'est pas seulement le *Dasein* qui est fini, mais l'être lui-même en tant que temps.

Troisième règle : Penser, c'est suivre l'événement de venue à la présence, sans principe. La charge la plus noble incombant traditionnellement au philosophe, sa seule véritable mission, consistait à assurer les principes. Qu'il analysât la substance et ses attributs ou la conscience et ses actes intentionnels, il restait l'expert en ancrage profond : ancrage qui garantissait le sens du discours, la droiture de la raison, l'objectivité du savoir, la valeur de la vie, sinon le rachat possible des infractions. Est-ce surestimer l'ère technologique contemporaine que d'y lire l'expiration de ce mandat ?, de soupçonner que *ce jeu principiel s'y dérègle* ? Quand Heidegger parle de « la fin de la philosophie [9] », c'est de cette expiration par suite d'un dérèglement économique qu'il s'agit.

La fin de la philosophie comme recherche d'une instance suprême entraîne une tâche pour la pensée. Elle doit désapprendre son vieux réflexe : chercher des étalons invariables. Et elle doit apprendre la motilité. De ce désapprentissage elle s'acquitte en questionnant les référents parmi lesquels l'a entraînée son errance depuis les Grecs. Dans cet apprentissage elle entre en suivant les mutations économiques auxquelles l'événement donne lieu.

Les lieux où la pensée se trouve assignée quand elle renonce aux étalons, sont toujours neufs et toujours autres. Une troisième *règle* pour la pensée est ainsi de se soumettre à la *régulation topologique*. Tâche moins grandiose que l'ancienne mission de garantir des raisons. Tâche difficile, cependant. Elle va à l'encontre du réflexe élémentaire occidental de toujours chercher ce qui est premier dans l'ordre des fondements : « la cause », « le père », etc. La déconstruction est là pour décontenancer ce réflexe principiel, et la topologie, pour nous rendre une contenance réglée sur les lieux de dévoilement.

---

9   SD 61 / Q IV 109.

II. Incidences pour la conduite de la vie
Ces prémisses entraînent quelques conséquences pour la praxis dont
je me contente d'indiquer les points d'incidence.

1. *Priorité heuristique et priorité conditionnante de la praxis*
Si le point de départ de Heidegger, dans les derniers écrits, est une
certaine économie, la nôtre, dans *Être et Temps*, c'est une certaine
praxis, à savoir les activités quotidiennes. Ce point de départ a, entre
autres, une fonction heuristique. Il permet de découvrir l'accès à
l'ontologie fondamentale. Heidegger ne s'intéresse donc justement
pas à la praxis pour y trouver les sujets des disciplines traditionnelles
que sont l'éthique et la politique. Dans le contexte d'*Être et Temps*,
poser la question : « Que faire ? », c'est confondre l'ontique et l'ontologique. La confusion par excellence, ce serait de demander au
Seinsdenken, à la pensée de l'être, des principes pour l'agir comme
les aristotéliciens cherchaient à dériver les principes pour une théorie
des mœurs et des institutions à partir d'une philosophie première, ou
comme plus tard on cherchait à diviser la métaphysique générale en
métaphysiques spéciales.

Pour Heidegger, la praxis quotidienne sert à « répéter » la question : *ti to on*. Il y avait donc méprise sur la signification de son point
de départ quand, peu après la publication d'*Être et Temps*, on lui
demanda : « Quand écrirez-vous une éthique [10] ? » Il y avait méprise
parce que pareille suggestion supposait que les *traits* phénoménologiques de la praxis puissent être convertis en *normes* ; ou le
descriptif, en prescriptif.

Mais il y a une autre priorité de la praxis chez Heidegger, qui apparaît dès *Être et Temps* et qui se maintient à travers toute son œuvre.
C'est que, pour la pensée de l'être, une certaine façon de vivre est
requise. Pour comprendre la temporalité authentique, il faut exister
authentiquement. Pour penser l'être comme laissant être les étants,
il faut soi-même laisser être toutes choses. Pour suivre le jeu sans
pourquoi de la présence, il faut vivre sans pourquoi. Ici, la priorité
de la praxis n'est plus heuristique. C'est un *a priori* pratique à défaut
duquel la pensée – au sens fort d'obéissance aux lieux mouvants de

---

10   Cf. ci-dessus, p. 22.

la présence – tombe dans l'impossibilité. Selon les anciens, l'agir suit l'être ; pour Heidegger, au contraire, un certain agir est la condition pour penser l'être. Cet agir, selon les écrits postérieurs à *Être et Temps*, est nécessairement de nature politique.

2. *Le caractère politique des économies de la présence*

On a vu que l'être est compréhensible en tant que temps, seulement par une *Aufhebung* de l'histoire. Avec ce recours aux époques, la phénoménologie heideggérienne perd son allure de poème spéculatif sur l'être, et son « affaire » devient politique en un sens large. Une économie de la présence est la façon dont, pour un âge donné, la totalité de ce qui devient phénomène s'agence dans des rapports mutuels. Toute économie est donc nécessairement publique.

Mais une économie est politique dans un sens plus strict encore. Cela apparaît au mieux par la lecture rétrospective des époques, à partir de la technologie comme dernière « marque » du destin occidental. L'arraisonnement *(Gestell)*, dit Heidegger, est la détermination inéluctable de notre ère. Il ne suffit donc pas de décrire la technologie comme trait public de la présence. Elle est en outre une force qui pousse à la domination du globe. Rétrospectivement, cette logique de la maîtrise peut se lire dès le revers de l'histoire qui a institué la métaphysique, avec Platon et Aristote. Elle va en se renforçant avec le *cogito* cartésien, entendu comme *co-agitatio*. Elle triomphe avec la volonté de puissance nietzschéenne telle que l'entend Heidegger, comme essence de l'« âge atomique ». Toujours les philosophes répondent à l'arrangement économique des phénomènes qui les enserre et les situe. Ainsi la notion du politique couvre-t-elle plus que le simple caractère public d'une marque époquale ; mais elle couvre moins que les notions reçues du politique qui dénotent la sphère de la cité (opposée à celle de la maisonnée), ou la société civile, ou encore la collectivité basée sur le contrat social. Les marques époquales ont été politiques parce que, à chaque étape avec plus d'évidence, elles ont forcé l'ensemble des choses, paroles et actions d'un âge sous la logique de la domination.

Or, c'est dans cet ensemble des choses, paroles et actions que la pensée « agit » et qu'elle prépare une économie post-technologique possible.

3. Le dépérissement des principes époquaux

L'*a priori* pratique pour venir à bout de la domination et de la maîtrise généralisées, dit Heidegger, consiste à « laisser être » la technique. Qu'est-ce à dire ? Du point de vue de la praxis, la métaphysique apparaît comme une entreprise de légitimation. Elle rapporte la question : Que faire ? à un discours premier, que celui-ci concerne l'être, la nature, Dieu, ou un jugement premier de la raison. Cette recherche d'un fondement justificateur fait de la métaphysique un système. Les représentations fondatrices se sont succédées au cours des âges. Heidegger énumère celles-ci : « La métaphysique est cet espace historique dans lequel le Monde supra-sensible, les Idées, Dieu, la Loi morale, l'autorité de la Raison, le Progrès, le Bonheur du plus grand nombre, la Culture, la Civilisation perdent leur force constructrice et deviennent néant [11]. » Ces référents qui ont successivement servi à légitimer les disciplines pratiques, je les ai appelés les principes époquaux.

Le point d'ancrage qui, à l'ère technique, pourrait légitimer le discours pratique, c'est l'arraisonnement. Il devrait être ajouté à cette liste d'instances ultimes. Que se passe-t-il alors ? Comme l'arraisonnement est la figure de la domination à son apogée, globale, la domination n'a qu'elle-même pour se justifier ; la cybernétique, seulement la cybernétique ; la volonté et la machinalisation, seulement la volonté et la machinalisation. Avec cet effondrement d'un référent ordonnateur – ou de la relation *pros hen* –, la métaphysique se clôt. L'hypothèse de la clôture résulte de la *réduplication* « volonté de la volonté » se substituant à la *différence* entre « l'être et l'étant ». La mécanisation et l'administration totalitaires ne sont que les figures les plus frappantes de cette réduplication, de cette perte d'un principe époqual ; perte qui, comme le suggère Heidegger, s'accomplit sous nos yeux.

Laisser être la technique, c'est donc suivre un potentiel contenu dans la technique elle-même en tant que point culminant de la logique de domination. Sous l'hypothèse de la clôture métaphysique, la technique apparaît comme essentiellement bi-frontale. Son *actualité*, son visage de Janus tourné vers le passé, est l'emprise principielle

---

11 Cf. ci-dessus, p. 119.

la plus violente qui ait jamais existé. Mais parce qu'elle constitue la rationalité de contrôle enfin pleinement déployée, elle recèle aussi la *possibilité* d'un tournant vers un mode non principiel de présence. « Au-dessus de l'actualité, il y a la possibilité. » C'est ce tournant possible que prépare le laisser-être.

4. *Poiein kata physin*

L'hypothèse de la clôture nous oblige à comprendre le tournant (*die Kehre*) comme un événement survenant d'abord dans la modalité de la présence, au vingtième siècle. Le tournant dans la pensée de Heidegger n'est alors que la réponse au tournant dans l'agencement contemporain des phénomènes. Or, si ce tournant, devenu possible aujourd'hui, achève un mouvement commencé il y a vingt-cinq siècles, il affecte le domaine du faisable tout autant que celui du pensable. Et si ce tournant consiste en une émancipation par rapport aux principes époquaux, nous n'aurons plus besoin d'investir certains parmi nous d'une mission spéciale, celle d'établir des points de repère pour la praxis. Il n'y aurait plus de « philosophes », mais il y aurait peut-être des « penseurs ».

La philosophie, et la raison en général, ont partie liée avec les principes époquaux. La raison empreint, impose, informe. La pensée, elle, est tout entière obéissance au flux des mises en présence qui se font et se défont. Penser, c'est suivre l'événement, c'est suivre le *phyein*. Il n'y a donc, en fin d'analyse, qu'une seule règle pour la conduite de la pensée : la *physis* entendue comme émergence, à partir de l'absence, dans la présence.

Quel serait l'agir qui préparerait une économie affranchie des principes ordonnateurs ? Ce serait l'agir qui suit cette même règle et que Héraclite décrit comme *poiein kata physin*[12]. Ainsi, puisqu'un principe époqual commence et commande, qu'il est l'*arché* d'une époque, l'agir préparatoire d'une économie post-moderne serait littéralement an-archique.

---

12 Cf. les lignes citées ci-dessus en exergue au § 12, p. 118.

§ 48. Objections et réponses

1. *Le tournant technologique peut être compris comme potentiel de transition vers une économie anarchique de la présence, soit. Mais on doit se demander si pareil virage ne revient pas au contraire à préparer le terrain pour un régime plus brutalement « archique » que jamais. Empiriquement déjà, ce danger devrait être évident : rien ne produit plus sûrement son contraire que les grandes idées sur les rapports sociaux enfin affranchis de toute coercition. Surtout quand le seul fil d'Ariane vers la liberté est « le penser ». Plus fondamentalement, le danger ne nous guette-t-il pas au cœur même de toute cette interprétation ? L'anarchie elle-même n'est pas si difficile à tourner en apologie du totalitarisme. Comment ne pas reconnaître que le dépérissement des canons pratiques conduit sans faute à l'anarchie du pouvoir ?*

— Anarchie économique n'est pas anarchie du pouvoir. Ce que j'ai appelé l'hypothèse de la clôture ne permet plus de concevoir les affaires publiques selon le modèle de la référence à l'un, modèle principiel qui fonde la délégation des fonctions et la remise du pouvoir en un lieu ou à un titulaire ad hoc. L'anarchie économique s'oppose à l'anarchie du pouvoir comme la légalité à l'anomie, comme la pensée à l'irrationnel, et comme la liberté à l'oppression.

La légalité contre l'anomie, d'abord. Une éco-*nomie* n'est que cela : un ensemble ordonné, synchroniquement clos, de facteurs en relation mutuelle. Aussi peut-on soutenir sans doute que la loi positive des peuples a toujours reflété assez fidèlement la loi d'économie qui fut celle de la présence. Qu'anarchie ne veut pas dire anomie, l'exemple des réalisations communales suffirait déjà pour le montrer. Seulement, dans ces rares intervalles, tout comme avec « le tournant », les lois perdent leur permanence. L'idéal du temps qui dure soutient les législations depuis la république platonicienne jusqu'à la « société mathématisable » de Condorcet et même à l'« autorité charismatique » de Max Weber. Or, ce qui est en cause dans la problématique heideggérienne est une nouvelle intelligence du temps. Il s'agit donc de dépasser (*verwinden* au sens de *durcharbeiten*) les représentations de la présence constante qui fait la loi. C'est une seule et même déconstruction qui démantèle les références à l'un et qui délustre le prestige de la constance. Sous l'hypothèse de la clôture, la légalité ne peut plus se dériver d'une instance constamment présente. À plus

Conclusion

forte raison, parce qu'il ne s'agit plus de spéculativement tromper le temps, ne proviendra-t-elle pas du chef. Une fois compris que le temps durable est le nerf de tout rapport au chef, et le rapport *pros hen*, le muscle du bras par lequel il gouverne, on n'aura aucune chance de récupérer le concept d'économie anarchique pour les régimes « métaphysiques » à outrance. Ce qui fait alors la loi, c'est le *phyein*, la venue instable à la présence.

La pensée contre l'irrationnel, ensuite. Le tournant hors des époques principielles (si on tolère ce pléonasme) est, Heidegger le répète souvent, entièrement affaire du « penser ». Aussi cet éloge du *Denken* est-il chez lui l'un des éléments les plus nettement kantiens. La charge que « les sciences ne pensent pas [13] » est une façon un peu plus tranchante de réitérer la disjonction entre connaître et penser. De même, la pensée reste chez Heidegger l'agent de l'*Aufklärung*, des « Lumières » telles que les comprend Kant : « Penser par soi-même, c'est chercher en soi-même la suprême pierre de touche pour la vérité (c'est-à-dire dans sa propre raison) ; la maxime de toujours penser par soi-même, voilà l'*Aufklärung* [14]. » À quelle condition, donc, les principes économiques périront-ils ? À la condition d'apprendre à penser par soi [15]. Les formules de Heidegger sont plus tranchantes parce que, pour lui, « penser par soi » désigne quelque chose de plus radical que la délibération et la vérification dans la raison subjective : suivre expressément l'événement de mise en présence qui sans cesse fait du neuf autour de nous.

Liberté contre oppression, enfin. L'impossibilité de cette dernière est tout le contenu de la thèse du dépérissement des principes épo-

---

13 Voir ci-dessus, p. 333–337.

14 Kant, *Was heisst: sich im Denken orientieren?*, A 330. Dans ce texte, Kant oppose l'*Aufklärung* aux « connaissances comme ailleurs il oppose la raison, *Vernunft*, à l'entendement, *Verstand*. – Sur la pensée comme critère et agent du « tournant », voir aussi les textes de Heidegger et de Arendt cités ci-dessus, p. 81, n. 86.

15 Aussi Kant conclut-il ce même texte sur une note peu optimiste : « Il est ainsi passablement facile d'établir, grâce à l'éducation, l'*Aufklärung* dans des sujets individuels ; il suffit pour cela de commencer tôt à habituer ces jeunes têtes à cette réflexion. Il est autrement plus long et pénible, en revanche, d'éclairer (*aufklären*) toute une génération ; car on se heurte alors à de nombreux obstacles extérieurs qui soit interdisent cette façon d'éduquer, soit l'alourdissent », *ibid*.

quaux, si du moins il est admis que la domination de l'homme par l'homme résulte de la domination du *phyein* par les *principia*. Et la possibilité de la première réside dans la conjonction des lois épousant l'événement et du « penser par soi ».

On peut, et à mon avis on doit, critiquer Heidegger pour avoir traité si allusivement des problèmes de philosophie pratique au point qu'à la première lecture, on a l'impression d'avancer dans une nuit où tous les chats sont gris, tant les distinctions élémentaires semblent faire défaut. Mais une fois qu'à la deuxième lecture on a compris que ces problèmes trouvent leur début de solution dans une analytique des économies de la présence (avec la déduction historique des catégories qui en est la pièce clef), il n'est plus possible de soutenir que Heidegger se fait l'apologiste de la référence au chef, référence dont cette analytique montre précisément la date d'expiration : l'ère technologique. L'idée d'une inégalité naturelle des hommes – l'apologie théorique de l'individu, sur fond de croyance en « l'Homme », en la nature humaine – l'idée d'une élite naturelle qui incarne au mieux cette nature – le culte de certains individus, « archontes » ou lieutenants des principes époquaux : de tous ces rejetons de la métaphysique des degrés d'être, on ne soutiendra plus que Heidegger leur fait passer la douane critique en fraude, sans les déclarer. Il les déclare, au contraire ; il les appelle par leur nom générique, « *Prägung* » ou « *Gepräge* » époqual, et il les enferme sous l'hypothèse de la clôture.

Les critères qui servent à légitimer l'anarchie économique n'ont ainsi rien en commun avec ceux invoqués par l'anarchisme du pouvoir, tout comme la déconstruction n'a rien en commun avec les hiérarchies métaphysiques qu'elle déboîte. Ces critères n'ont rien en commun non plus avec ceux invoqués par Proudhon (substitution de la Science à la domination de l'homme par l'homme [16]) ou de Bakounine (la « vie spontanée », la « passion », la « révolte de la vie contre la science [17] »). Ce qui légitime le concept d'anarchie économique, c'est la technologie et son essence bi-frontale. C'est donc un concept d'ontologie phénoménologique. Il n'a rien à voir avec le

---

16 Pierre-Joseph Proudhon, *Qu'est-ce que la propriété ?*, E. James (éd.), Paris, 1966, p. 295 et 299 sq.

17 M. Bakounine, *Gesammelte Werke*, M. Nettlau (éd.), t. III, Berlin, 1924, p. 127–131.

vieux débat concernant la meilleure forme de gouvernement ; rien, plus précisément, avec les trois formes traditionnellement jugées bonnes que sont la monarchie, l'aristocratie, la démocratie, et leurs perversions respectives que sont la tyrannie, l'oligarchie et l'anarchie. Confondre l'amalgame de ces trois perversions – l'anarchie du pouvoir – avec l'anarchie économique, c'est se tromper du tout au tout sur le type d'intelligibilité que cherche la phénoménologie des revers de la présence.

2. Attribuer une importance telle à l'âge technique qu'il en vient à clore une culture, n'est-ce pas exagérer la portée de ce « virage » ? Disons plutôt que depuis un siècle les intellectuels en Occident ont épuisé leur élan et que de prescriptive qu'elle était, la philosophie doit se contenter désormais d'être modestement descriptive. Ce n'est pas là de quoi conclure à un changement dramatique dans l'histoire du monde, et encore moins à quelque bouleversement politique. Si réellement Heidegger gonfle à ce point la Kehre, *alors il finit par demander un changement total, ce qui revient à rendre tout changement impossible.*

— Il est vrai que le virage technique est pour Heidegger le plus décisif depuis plus de deux millénaires. On n'en décrit donc pas tout le potentiel quand on y voit la transition vers le capitalisme tardif, l'ère post-industrielle, le dispositif gestionnaire plutôt qu'autoritaire du pouvoir, la post-modernité, etc. L'âge sans au-delà qui est le nôtre *appelle, dans son économie de la présence même, de quoi le stabiliser.* Les référents absolus ayant perdu leur crédit, l'office de stabilisation passe à la rationalité instrumentale. C'est cette rationalité qui, avec le virage technique, atteint son acmé. C'est encore la rationalité instrumentale qui, avec le totalitarisme, devient monstrueuse. Il faut voir que pareils délires dans la mise à la raison – les délires d'arraisonnement – sont provoqués par l'anarchisme dans la modalité de la présence. De là un « ou bien – ou bien » qui fait toute l'importance de cette ère d'apogée : ou bien nous verrons de plus en plus de ces délires, et des délires véritablement globaux, ou bien nous apprendrons à *laisser* les faux référents et à *nous laisser* au simple événement de venue à la présence.

Malgré l'enjeu redoutable, la transition hors des époques n'a rien d'extraordinaire. Elle consiste à faire explicitement ce que nous faisons toujours et ne pouvons pas ne pas faire : suivre la mise en présence telle qu'elle se produit, diversement à chaque moment, mais dorénavant sans la fiction d'un fond ultime stabilisateur. Le revers technologique contient ainsi la chance de reconnaître et de retenir ce qui est le plus ordinaire, dans la vie, à savoir que son contexte n'est jamais le même. Lu à travers la question *ti to on*, le fait du virage technologique apparaît alors comme chargé d'un potentiel : menant au comble les modes attributifs de la présence et, par là même, ouvrant la possibilité d'un dépérissement de ces modes. Dépérissement qui permettrait à l'agir de se conformer non plus aux régularités principielles, mais d'épouser la venue à la présence comme telle.

Par là, on voit qu'il est impossible de parler d'« être » sans parler d'« agir » : c'est l'agir (au sens étroit d'intervention dans la vie publique) tout autant que la pensée (au sens étroit de la vie de l'esprit) qui doit devenir docile à l'événement de mise en présence. La question de l'agir, et plus précisément la question politique, entre donc dans cette phénoménologie par un biais tout autre que la dérivation formelle des schèmes de *praxis* à partir des schèmes de *theoria*. Heidegger ne soutient pas que la doctrine pratique suit la doctrine ontolog que. Il inverse, comme je l'ai dit, cette relation de subordination, de légitimation, de condition de possibilité. Et cette inversion du statut transcendantal de l'agir lui permet de suggérer que la *praxis* publique, dans une économie dépourvue de principe époqual, ne peut être qu'anarchique. Il faut exister « sans pourquoi » afin de comprendre la venue à la présence comme elle-même sans *arché* ni *telos*, « sans pourquoi ».

La pratique dépourvue de but est la condition concrète pour penser « l'être même » comme dépourvu de but. La dérivation doctrinale selon laquelle « l'agir suit l'être » n'est pas pertinente ici, elle est mise hors fonctionnement. Il est vrai, cependant, que Heidegger est plus explicite sur cette mise hors fonctionnement des dérivations entre disciplines philosophiques qu'il ne l'est sur l'abolition pratique de la téléologie comme condition de la « pensée de l'être ». La praxis anarchique : voilà le lieu où l'homme Martin Heidegger n'aurait sans doute pas tellement aimé se voir conduit.

3. « *Agir dépourvu de but* » : *vous n'échapperez pas à l'accusation d'abolir toute norme pratique, me dira-t-on encore. À ceux qui considèrent le Heidegger d'*Être et Temps *compatible avec le formalisme*

Conclusion

moral, la lecture « à rebours » n'arrivera jamais qu'à opposer un relativisme sans remède. Dans ces conditions, la déconstruction revient à une simple description de données historiques. Vérité en-deçà des Pyrénées, erreur au-delà... Données indirectes peut-être, puisque cette version du pyrrhonisme semble décrire, non pas les mœurs et les coutumes, mais leurs régularités changeantes. Données empiriques quand même. Aucune transcendance, rien que les faits et leurs enchaînements. Aux revers de l'histoire, le kaléidoscope des choses est secoué, et apparaît alors une nouvelle configuration. On peut douter que Heidegger ait entendu ainsi la question de l'être. Vous le cantonnez, en somme, dans ce que Kant aurait appelé une anthropologie culturelle. Ou plutôt, vu le grand cas que vous faites des modalités d'échanges, dans une systématisation de ce que d'autres appelaient l'ordre des choses et l'archéologie de ses arrangements successifs.

— Il en serait ainsi si la déconstruction exhibait seulement les commencements d'ères économiques, seulement les revers et les époques, les plis historiques et les modes de dépliement ou de déploiement. Or, la démarche ne s'arrête pas là. L'origine originelle – les commencements qui font époques – n'a d'intérêt qu'en vue de l'origine originaire, qui est la venue même à la présence. Il est facile de montrer que l'originaire n'est pas un concept historiste ou positiviste. La phénoménologie du dernier Heidegger est *descriptive* en ce que l'argument recule des données historiques ou des « étants » aux époques initiales, originelles, ou à l'« étance ». Mais sa phénoménologie est *transcendantale* en ce que, de ces ruptures historiques, elle cherche encore la condition et recule jusqu'à l'originaire ou à l'« être ». Le premier pas en arrière (qui montre, par exemple, comment l'Inca est devenu le princeps de l'empire précolombien et le système décimal, son *principium*) n'est que le préalable – là où l'on « va d'abord » – pour le second pas en arrière (qui montre les catégories générales selon lesquelles un principe s'institue et règne). Double *Schritt zurück* qui mène du donné aux modes de donner, puis à l'« il y a » qui donne. Une lecture de Heidegger qui paralyserait ce mouvement en deux temps interromprait à son point crucial la suite dans sa pensée.

Quant aux normes pratiques, celles que les philosophes ont appelées *matérielles* – par exemple, les « devoirs d'état » – ont de toute évidence cause liée avec les principes époquaux. Elles ont leur source dans le commencement d'un âge, dans l'originel (avec la conquête chrétienne du Pérou, les sacrifices de lamas cessent d'être un devoir). Elles se déplacent – en-deçà et au-delà des Pyrénées, en effet – à mesure que montent et périclitent ces principes. Les normes *formelles*, elles ont été tenues pour universelles et nécessaires du fait que l'esprit était censé y adhérer comme à des lois naturelles pour la volonté et l'agir. Que les philosophes aient considéré ces normes comme émanant de l'intellect divin ou de la raison pratique, toujours elles devaient « informer » la conduite, la rendre vertueuse. Si l'on entend par « formel » une telle impression d'une forme spirituelle sur la matière sensible, ces normes dépendent, elles aussi, des principes époquaux.

Si, en revanche, on entend par « formel » l'ensemble des traits selon lesquels les hommes ont agi – traits généralisables au-delà des époques – alors ces traits ont pour source, non pas l'originel, mais l'originaire. Ils naissent alors de la même façon que les catégories de la présence. Comme celles-ci, ce sont des *règles* et non plus des normes.

L'anarchie pratique n'a donc pas besoin d'autre méthode de déduction que celle que j'ai proposée ci-dessus. On se souvient des formules parménidiennes chez Heidegger, selon lesquelles « penser » et « venir à la présence » – *noein* et *phyein* (ou *einai*) – sont un seul et même événement. On se souvient aussi de ce qui a été dit du mal moral : « Si, dans la pensée, il y a quelque chose qui peut empêcher les hommes de commettre le mal, ce doit être une propriété inhérente à cette activité elle-même [18]. » Il s'ensuit que la catégorisation de l'*Ereignis* indique au moins les contours de ce que pourrait être une déduction des règles pour agir. Quel serait le statut de ces catégories pratiques dont je me garderai bien d'en imaginer aucune ? Leur statut serait exactement le même que celui des catégories de la présence : lues phénoménologiquement comme un ensemble de traits régulateurs qui structurent l'histoire occidentale. Cette formalisation-là permet donc d'échapper au relativisme moral sans pour autant tomber dans la fiction d'une nature humaine, d'une raison habitée de lois invariables, d'une « morale irrévocable » s'imposant à tous, disait Saurin après Kant, par la seule logique. Le « destin de la présence » laisse à penser que l'agir

---

18 Cf. le texte cité ci-dessus, p. 81, n. 86.

suit des voies qui sont inséparables des traits fondamentaux relevés plus haut en classes prospectives, rétrospectives, et de transition. Dans cette formalisation, nous restons avec Kant. Aussi l'incidence pratique des catégories – dont Heidegger (contre Kant, cette fois) ne dit rien sous peine de risquer une nouvelle dichotomie entre théorie et pratique – confirme-t-elle qu'anarchie veut dire absence de règne, mais non pas absence de règles.

On ne dira pas que les indications que, par-delà la lettre des textes heideggériens, je viens de donner concernant le formalisme moral retombent dans le schéma des « dérivations » d'une discipline pratique à partir d'une discipline théorique, schéma d'« application » d'une philosophie première ou de *metabasis*. Il n'en est rien. Si la mise au jour des traits qui déterminent l'agir est la même que celle des traits de la présence, c'est que « la pensée », au sens large, inclut l'agir. « La pensée change le monde », « le penser est lui-même un agir [19]. » Heidegger renouvelle la problématique transcendantale non seulement en la dissociant du sujet, mais encore en abolissant la distinction méthodique entre enquête « théorique » et enquête « pratique ». Il doit dissocier la recherche architectonique et la raison subjective, du moment qu'il refuse de dissocier la pensée et l'agir.

Une fois les règles formelles de l'agir placées du côté de la présence et de son événement, les maximes matérielles apparaissent du côté des économies et de leur histoire. Pour le moment de la clôture, on a vu que l'agir au sens étroit tourne en condition pratique de l'issue hors des économies époquales et de la phénoménologie qui en montre la voie. Cette inversion des rôles n'est pas incompatible avec le formalisme en question. La maxime concomitante au « tournant » et susceptible d'application universelle prescrirait alors la lutte contre toute survivance d'un Premier époqual. Maxime matérielle, et comme telle évidemment tout à fait provisoire.

4. *Reste l'objection d'idéalisme. Ces « principes époquaux » ont tout l'air de faire l'histoire, de diriger la vie des hommes comme de derrière leur dos. Bien plus, l'histoire occidentale depuis les Grecs semble s'agencer sous le regard de Heidegger avec une nécessité intrinsèque.*

---

19 Voir les textes cités ci-dessus, p. 111, n. 78 et 196, n. 240.

Ne court-elle pas vers l'âge atomique comme vers son issue inéluctable ? Quoi qu'en dise Heidegger, sommes-nous si loin de la systématisation d'un processus qui reste inintelligible et irréel tant qu'il n'est pas « clos », processus qui se réalise dans le médium de l'histoire selon des lois strictes de progression et qui nous place en un lieu privilégié, panoptique ?

— J'ai dit comment le catégoriel permet d'éviter les deux écueils du relativisme et de l'idéalisme. Le même problème peut encore s'aborder par la relation entre la « venue à la présence » et l'histoire, ou entre *Ereignis* et *Geschehen*. Si l'on spécule que la présence vient à elle-même dans et par l'histoire, alors, oui, les époques et leur fin fournissent le squelette d'un système panoptique agencé par des principes spirituels et plaçant l'âge atomique au terme d'une apothéose rationnelle. Or, on a vu que la venue à la présence échappe au discours diachronique. Les catégories déconstruisent l'accès à l'événement, mais elles ne nomment pas cet événement lui-même. Celui-ci est sans extension temporelle. La déconstruction des ères étendues dans le temps, horizontales, libère la gangue dans laquelle l'événement de la présence se découpe synchroniquement, verticalement. Aussi les revers économiques ne sont-ils pas des moments qui concrétisent la présence comme telle. L'événement – l'entrée en rapports mutuels de tout ce qui est présent à une heure ou à un âge donnés – est *immédiat*. Il est ce qu'il peut y avoir, et ce qu'il y a toujours eu, de plus près de nous. C'est sa reprise, l'effort de l'arracher aux phénomènes et de l'introduire dans le discours, qui est nécessairement *médiate*. Elle passe par la découverte des catégories. À parler strictement, celles-ci sont donc des catégories « de la présence » indirectement seulement. Heidegger cherche à ressaisir la *question* de l'être, mais « l'être même » résiste à la catégorisation et à la saisie plénière (la présence est présence-absence).

Il s'ensuit que la clôture n'a rien d'un absolu. Elle ne désigne pas la certitude qu'aurait la conscience de s'être approprié désormais toute la réalité par le moyen de l'histoire. Les principes époquaux ne sont pas des agents, et leurs revers n'universalisent rien. S'ils dépérissent, ce n'est pas pour conduire l'événement à la pleine possession de soi. On a vu que l'*Ereignis* en tant qu'« appropriation », malgré la maladresse du vocabulaire, échappe à la métaphysique de la présence. À une phénoménologie dont le premier pas est descriptif, les principes apparaissent plutôt comme des centres de gravité autour desquels les phénomènes s'arrangent pour un temps. Cela exclut toute spéculation sur le progrès. Comme le point de départ de cette phénoménologie est un *Geschehen* entièrement contingent, et comme les unités qu'elle découvre ne sont que catégorielles, son point d'arrivée, l'*Ereignis*, n'a rien d'un noumène. Sous le nom d'être, Heidegger cherche à suivre l'entrée de n'importe quel étant dans une économie donnée. Ce nom, qui est un verbe, désigne donc l'auto-manifestation d'un étant à partir de l'absence et contre elle. Ce ne peut être alors le nom d'un universel. Il n'y a d'entrée dans une économie, de manifestation, que de tel ou tel étant (ce qui ne veut pas dire que cette entrée soit aussi pensable seulement à partir de l'étant ; elle l'est au contraire à partir des économies). L'*alétheia* l'emporte sur la *léthé* dans la multitude de ce qui se produit, elle est toujours la présence-absence de tel ou tel étant, de tels ou tels étants. Il n'est que le monde visible, l'ensemble des rapports entre les mots, les choses et les actions – rapports pluriformes selon les plis dépliés par les revers critiques. Ni les économies ni l'événement ne nous permettent de concevoir la présence comme un infini. En elle-même, elle n'est rien. Si les constellations époquales aussi bien que l'auto-manifestation à laquelle elles confèrent leur modalité sont toujours des constellations et la manifestation « d'étants », alors parler de la présence « elle-même », de l'être « en tant que tel », c'est toujours et encore parler du fini.

La présence – « l'être » heideggérien – n'est pas présente. À plus forte raison, elle n'est pas omni-présente. Elle n'est pas non plus puissante, ou toute-puissante. Quoique mystérieuse en vertu du cacher-montrer, elle n'a rien de divin. *Elle ne réalise pas l'idée théologique.* Et quoiqu'elle puisse être recueillie de tout et de n'importe quel étant, de toute région ou économie d'étants, la présence n'est pas non plus le composé total des choses – étendu, avec ou sans limites, dans le temps et dans l'espace – ni la partie infime et simple composant chaque chose, ni la cause selon laquelle toutes choses se produisent dans le monde, ni le principe premier et nécessaire dont elles dépendent. *Elle ne réalise pas les idées cosmologiques.* La problématique du tout et des parties, ainsi que celle des causes et des effets, sont entièrement liées à la question de la constitution – finie ou infinie – du monde représenté comme un étant ; aucune de ces idées antinomiques ne peut donc convenir à la présence. Enfin, quoiqu'il n'y ait de la manifestation que pour l'homme, et quoique le concept de finitude soit d'origine « existentialiste » et donc « humaniste », la présence n'est rien d'humain. Elle n'est affaire ni de la conscience, ni de la volonté, ni de la vie, ni de l'esprit, ni d'aucun attribut par lequel les philosophes ont défini l'être humain. *Elle ne réalise pas l'idée anthropologique.* N'étant réductible, ne serait-ce que sous cape, à aucune des trois idées traditionnelles d'où les métaphysiciens ont construit l'infini, Dieu, le Monde, l'Homme, ni à leur unité dans le concept, la présence ne tombe pas dans l'« ou bien – ou bien » du fini et de l'infini. Avec la représentation de l'infini, son contraire, celle du fini, est mise hors fonctionnement aussi. Il ne faudrait donc pas non plus parler de finitude à propos de la présence, mais déconstruire ce concept et parler plutôt de ce qui arrive – d'événement, précisément.

Ces rappels du statut du catégoriel et de la finitude suffisent pour réfuter l'idéalisme. Mais ils ne suffisent pas pour réfuter la réduction tentante de l'« être » à l'« économie ».

5. *Le double point de départ – dans le fait technologique et dans la* Seinsfrage *– nous instruit peut-être sur notre situation et notre civilisation. Mais à quel prix ! Vous dites bien que la seule problématique que Heidegger ait soulevée est celle de l'être. Or, on ne sent que trop que du mot « être » vous aimeriez mieux vous passer. À sa place, vous parlez d'économie de la présence. À la profondeur heideggérienne, sans doute chargée d'ambiguïtés et d'obscurités, vous préférez ainsi la clarté aléatoire d'un concept à un seul étage. À ce qu'on sache, l'économie de la présence n'a suscité aucune gigantomachie. On voit mal Parménide ou Aristote débattant à son sujet.*

— L'économie de la présence traduit l'*Anwesenheit* heideggérienne, et la présence, l'*Anwesen*, mot qui souligne le caractère événementiel de l'« être ». Le concept d'économie est utile pour retenir cet aspect de l'être par lequel se découvre la clôture époquale. Il accuse certains traits que d'autres mots disent aussi, mais moins bien. Positivement, le concept d'économie permet de parler de l'être comme *différence* et comme *a priori*. Négativement, il en montre le caractère *non-humain* et non-stable, *mobile*.

La différence. L'ordre économique dans lequel s'arrangent toutes choses à tel ou tel moment, est transitoire par définition. Ces ordres viennent et vont. Quelque chose de présent (*das Anwesende*) y entre chaque fois de façon nouvelle, il y fonctionne chaque fois autrement. Exemple : un étant tel que l'institution universitaire est présent dans l'économie d'un âge autrement quand cette institution se situe à l'entrecroisement de la bureaucratie d'État, des groupes de pression politiques et idéologiques, des fonds publics et du prestige national et individuel, autrement, dis-je, que quand un campus américain est composé de bâtiments portant les noms du banquier Mellon et des magnats de l'armement Rockwell, de l'acier Carnegie, et de l'électronique Westinghouse, etc., autrement encore quand, médiévale, l'université est le point d'intersection d'un clergé apatride, de la surpopulation et de la misère rurales, de l'autorité d'un texte et d'une langue morte, de la promotion d'une doctrine unique. Voilà autant d'économies ou de modalités de la présence, abordées par un biais sociologique.

Ces modalités *diffèrent* de l'étant qu'elles situent. Et si tout y est histoire, c'est une histoire de stratégies plutôt que de faits. Les stratégies s'encadrent de dates, de revers critiques qui en ouvrent et ferment les segments. Mais la différence se complique, car les économies ou stratégies sont *de la présence*, les constellations sont alétheiologiques, c'est-à-dire *de la « vérité »*, ou encore, l'étance est *« de l'être »*. Troisième niveau, donc, où le phénomène à retenir n'est ni le simple étant, ni son mode d'être présent, mais l'entrée en présence, entrée toujours neuve, quel que soit le dispositif historique où apparaît le donné. On voit que le concept d'économie de la présence dit non seulement la différence *Anwesenheit des Anwesens*, « modalité de l'événement », mais il met en relief les trois niveaux de cette différence : facticiel, stratégique, événementiel. Ce n'est donc pas un concept à un seul étage, sans profondeur.

Comprendre la différence à partir des économies, ne revient évidemment pas non plus à rééditer la distinction ancienne entre *was* et *daß*, ou entre essence et existence, comme si la modalité de présence répondait à la question : *quid sit* ?, qu'est-ce ?, et la venue ou manifestation, à la question : *an sit* ?, cela est-il ? L'économie n'ajoute pas la quiddité à l'événement. Si l'événement qu'est la *physis* était dépourvu de toute qualité économique, s'il était neutre en ce sens, alors « l'entrée dans l'événement » ne pourrait mettre fin à l'histoire époquale, ni l'agir devenir *kata physin*. Le tournant – la transition vers une économie dont le *nomos* soit le seul *phyein* – tomberait dans l'absurde et l'affranchissement des constellations alétheiologiques, dans l'impossible. Si l'événement désignait le simple fait d'être, c'en serait fait de l'unique découverte de Heidegger, à savoir que l'« essence » de l'être est le temps. Or, après les tentatives d'approche par la temporalité extatique d'abord et le temps historial-destinal ensuite, seul l'événement réussit à fournir une réponse à la question : « Qu'est-ce qui porte à nommer ensemble temps et être [20] ? » C'est l'« il y a » qui laisse à penser que le temps est l'essence de l'être. Il faut donc dire que la temporalité de l'être, l'événement, diffère de la temporalité historiale-destinale comme le simple « il y a » diffère des économies. Mais comme cela a été dit – à propos de Parménide et de la différence nominale-verbale contenue dans le participe, puis à propos de la différence temporelle et enfin, de la différence entre chose et monde – dans chaque cas il s'agit de penser l'identité du non-indentique. À plus forte raison l'événement est-il irréductible à l'économie, mais aussi inséparable d'elle.

L'a priori. Le concept d'économie de la présence répète l'*a priori* tout en le dissociant des problèmes de la connaissance. À ces problèmes il a été lié dès sa double naissance dans l'antiquité et au début de la modernité. Première naissance chez Platon : pour que nous puissions reconnaître deux planches de bois ou deux pierres comme étant pareilles, nous devons posséder un savoir préalable de ce qu'est le pareil et le même. D'où nous vient cette connaissance préalable (*Phaidon*) ? Ou encore : d'où nous vient la connaissance des principes mathématiques et géométriques pour que le simple questionnement maïeutique puisse nous les faire découvrir en nous-mêmes (*Ménon*) ? Platon répond par la double doctrine spéculative des idées et de l'anamnèse. Seconde naissance de l'*a priori*, chez Kant : pour que nous puissions savoir que, par exemple, tout changement s'accomplit selon la loi du lien entre cause et effet, nous devons produire en nous le concept de causalité avant même d'observer tel ou tel changement. Le jugement qui lie un changement à sa cause exprime un savoir complexe, synthétique, qui nécessairement précède l'expérience et qui ne peut être obtenu ni par simple analyse du concept « cause »

---

20   SD 2 / Q IV 14.

Conclusion

ou du concept « changement », ni non plus par expérience réitérée. Un tel jugement n'est pas analytique, et néanmoins il est conceptuel ; et il n'est pas empirique, et néanmoins il augmente, élargit notre connaissance. Construction non pas spéculative, mais critique, d'un appareil de structures et de fonctions dans la subjectivité d'où naît un ensemble de formes et de notions dont la conjonction pure rend possibles de tels jugements. Chez Kant, comme chez Platon, l'*a priori* sert à rendre compte de la possibilité que nous possédons d'obtenir des connaissances nécessaires et universelles. Dans un cas comme dans l'autre, le contexte demeure principalement gnoséologique. Dans les deux cas aussi, l'*a priori* repose sur la distinction entre sensible et intelligible.

Troisième naissance : avant même de manier un outil, d'examiner un composé chimique, de nous adresser à autrui, nous comprenons déjà qu'outils, objets et autrui ne sollicitent pas de nous le même type de comportement, que leur mode d'être n'est pas le même. Précompréhension de l'être de ces étants, dont *Être et Temps* cherche à exposer la structure de possibilité. Précompréhension qui n'est plus d'ordre gnoséologique. Elle est opératoire d'abord et essentiellement dans les gestes quotidiens qu'elle rend possibles et détermine. Ainsi tombe la séparation entre sensible et intelligible, contexte non examiné de toute recherche métaphysique de l'*a priori*. Plus tard, Heidegger découvre que la précompréhension a une histoire, qu'elle s'articule diversement d'un revers à l'autre. En déconstruisant les stratégies d'interaction, c'est-à-dire l'*a priori* époqual qu'est l'économie, on découvre leur condition de possibilité : l'événement de la venue à la présence. Le concept d'économie dissocie donc l'*a priori* de toute construction d'intelligibles, que ceux-ci constituent un monde séparé ou un pouvoir subjectif. Il ne situe l'*a priori* ni au-delà de l'ordre visible, dans des idées subsistantes, ni en-deçà, dans des concepts de l'entendement. Ce qui détermine a priori tout rapport entre étants, c'est l'arrangement tel qu'il résulte d'une crise dans l'histoire, le dispositif de la vérité comme *alétheia*, le mode d'interaction dans une constellation donnée de présence-absence – bref, une économie de la présence. Chez Platon, l'*a priori* est un pouvoir d'anamnèse et sa condition, le *chorismos* entre deux mondes ; chez Kant, il est un pouvoir de synthèse et sa condition, la séparation entre

428

les deux souches de la connaissance. Chez Heidegger, l'*a priori* est économique et sa condition, la différence entre économie et événement.

Il en résulte que l'économie n'est rien en soi. Elle n'est qu'apparence, la texture des relations selon lesquelles les facteurs qui composent une ère phénoménale apparaissent, c'est-à-dire agissent les uns sur les autres. Le concept d'économie est crucial pour exclure sans appel possible non seulement toute compréhension unidimensionnelle, mais encore toute signification nouménale de l'« être » chez Heidegger.

Enfin, une telle approche de la différence par le détour des économies et de leurs catégories ne contredit en rien la tâche que Heidegger s'assigne vers la fin, à savoir de « penser l'être sans égard pour sa fondation dans l'étant [21] ». Comprendre l'être, ou l'événement, ou le *phyein*, ou la présence à partir des traits économiques, ce n'est pas le comprendre à partir de sa fondation dans l'étant, mais à partir de l'« étance » ou des lieux historiques et de leur réseau. Si l'on objecte qu'avec « l'entrée dans l'événement » « l'histoire de l'être touche à sa fin [22] », que, par conséquent, avec la découverte du caractère événementiel de la présence, le détour par les économies historiques n'est plus possible, il faut répondre que c'est l'histoire *époquale* qui touche à sa fin et qu'à partir du tournant technique, la voie pour penser la présence passe par une économie anarchique – ce que je n'ai cessé de soutenir tout au long.

Anti-humanisme. L'équation entre métaphysique et humanisme reste incompréhensible sans le concept d'économie ou quelque équivalent : l'homme est le principe ordonnateur qui régit ces modalités de la présence depuis le tournant socratique. Ordonnancement dont le mécanisme se révèle sur le tard, dans la représentation. La régence par l'homme a pu demeurer cachée sous d'autres figures, notamment celles d'un étant suprême (dans la *paideia* grecque et l'*itinerarium mentis* médiéval), mais elle se démasque avec le *cogito* moderne et triomphe dans la « volonté de la volonté » à l'âge technique. On ne doit donc pas craindre le truisme que l'homme a été le principe

---

21 SD 2 / Q IV 13.
22 SD 44 / Q IV 74.

époqual de la philosophie et de la civilisation occidentales dans leur totalité.

L'anti-humanisme est alors, dans un premier sens, une posture polémique : faire front aux régimes principiels, et ainsi anticiper une économie non-principielle. Non pas que la négation de la position magistrale de l'homme produise avec nécessité un tel affranchissement. Il s'agit seulement d'une pensée possible d'une possibilité. Mais on agit et on pense par des possibilités, et aucun autre concept ne suggère une mutation économique radicale aussi précisément que le concept d'anti-humanisme.

Ce premier sens n'est que la conséquence d'un autre, plus décisif. L'anti-humanisme ne peut être une posture de *pensée* qu'en vertu d'une *économie* dont cette pensée se fait l'écho, ou la réponse. Les contours en ont été tracés par les catégories de transition. Celles-ci ne dessinent pas un nouveau «paradigme» qui préserve enfin tout ce que les hommes ont créé de beau et de grand dans l'histoire, mais la fin des modes de présence centrés sur l'homme. L'ambivalence de la technique – apogée de l'anthropocentrisme et achèvement de celui-ci, son achèvement *parce que* son apogée – annonce donc, du moins au regard de la phénoménologie déconstructrice, la destitution de l'homme législateur sur la présence, c'est-à-dire représentateur. Dire que la métaphysique est humaniste, c'est dire que, de plus en plus franchement au cours des âges, la représentation confère aux choses leur sens, leur site, leur être. Tout ce qui est ou peut être, est là pour l'homme. À cette distribution de main de maître s'oppose le concept non plus polémique, mais économique d'anti-humanisme.

Il s'enracine cependant à son tour dans un anti-humanisme qui est le véritablement premier. C'est que la présence en tant qu'événement, en tant que venue, n'est rien d'humain. Venue à la présence ne veut pas dire que l'homme, par ses initiatives, fait sortir de l'absence des mots, des choses et des actions. Cela ne veut pas dire non plus que l'homme n'est auteur de rien, que ses anciens titres de démiurge par la bonté du Démiurge, de créateur par la grâce du Créateur, sont « faux ». Ce que cherchent à capter les catégories de transition appartient à une autre problématique qui ne rencontre pas celle de la « créativité » humaine, que ce soit pour la soutenir ou la contredire. L'événement est non-humain comme l'est le temps dans le *phyein* présocratique.

Le concept polémique d'anti-humanisme résulte de son concept économique et celui-ci, du concept événementiel. Peut-être faudrait-il réserver le terme « anti-humanisme » au premier de ces trois et parler à propos du deuxième, de négation d'anthropocentrisme et du troisième, d'anhumanisme.

Mobilité. On se souvient que les économies, puisqu'elles assignent à chaque chose son site, peuvent être dites « poétiques », mieux : « poiétiques ». Elles arrangent en un ordre les lieux, les places, où chaque phénomène est ce qu'il est. C'est encore en ce sens topologique qu'il faut comprendre l'agir. Sa condition réside dans les constellations qui se font et se défont. C'est en ce sens enfin qu'il faut entendre la parole de René Char : « Tu es dans ton essence constamment poète. » À l'âge de transition – René Char dirait : du « gué » – ce faire, cette *poiésis* des modes de présence, tourne et devient irréductible à quelque figure archique. Alors se lève la question, décisive pour les fondements de la philosophie pratique : « Pourquoi ce gué de la philosophie serait-il une seule pierre [23] ? » À l'âge de la clôture, le *poiein* économique devient multiple, mouvant. Comme tel, il se porte en avant sur l'agir et le détermine : « La poésie ne rythme plus l'action, elle se porte en avant pour lui indiquer le chemin mobile [24]. »

---

23 Cette question fut adressée à Heidegger par René Char, voir François Vezin, « Heidegger parle en France », *Nouvelle Revue française*, n° 284 (août 1976), p. 85.

24 René Char, *Recherche de la base et du sommet*, Paris, 1971, p. 134.

Sigles utilisés pour les ouvrages de Heidegger

I. Ouvrages allemands

EdD   *Aus der Erfahrung des Denkens*, Pfullingen, 1954, 27 p.

EiM   *Einführung in die Metaphysik*, Tübingen, 1953, 157 p.

FD   *Die Frage nach dem Ding*, Tübingen, 1962, VII, 189 p.

FSch   *Frühe Schriften*, Francfort, 1972, XII, 386 p.

Fw   *Der Feldweg*, Francfort, 1953, 7 p.

Gel   *Gelassenheit*, Pfullingen, 1959, 74 p.

GA 9   *Gesamtausgabe*, t. IX : *Wegmarken*, Francfort, 1976, X, 487 p.

GA 21   *Gesamtausgabe*, t. XXI : *Logik. Die Frage nach der Wahrheit*, Francfort, 1976, VIII, 420 p.

GA 24   *Gesamtausgabe*, t. XXIV : *Die Grundprobleme der Phänomenologie*, Francfort, 1975, X, 473 p.

GA 25   *Gesamtausgabe*, t. XXV : *Phänomenologische Interpretation von Kants Kritik der reinen Vemunft*, Francfort, 1977, XII, 436 p.

GA 26   *Gesamtausgabe*, t. XXVI : *Metaphysische Anfangsgründe der Logik im Ausgang von Leibniz*, Francfort, 1978, VI, 292 p.

GA 55   *Gesamtausgabe*, t. LV : *Heraklit*, Francfort, 1979, XII, 406 p.

GD   « Grundsätze des Denkens », *Jahrbuch für Psychologie und Psychotherapie*, VI (1958), p. 33-41.

Heb   *Hebel der Hausfreund*, Pfullingen, 1957, 39 p.

Her   *Heraklit* (séminaire en collaboration avec Eugen Fink), Francfort, 1970, 261 p.

Höl   *Erläuterungen zu Hölderlins Dichtung*, Francfort, 1951, 144 p.

Hw   *Holzwege*, Francfort, 1950, 345 p.

ID   *Identität und Differenz*, Pfullingen, 1957, 76 p.

KPM   *Kant und das Problem der Metaphysik*, 4ᵉ éd. augmentée, Francfort, 1973, 268 p.

KR   *Die Kunst und der Raum* (édition bilingue), St. Gall, 1969, 26 p.

MHG   *Martin Heidegger im Gespräch* (interview avec Richard Wisser), Fribourg-en-Brisgau, 1970, 77 p.

NI   *Nietzsche*, Pfullingen, 1961, t. I, 662 p.

N II   *Nietzsche*, Pfullingen, 1961, t. II, 493 p.

Sigles utilisés pour les ouvrages de Heidegger

Phän   « Über das Zeitverständnis in der Phänomenologie und im Denken der Seinsfrage », *in Phänomenologie – lebendig oder tot?*, Karlsruhe, 1969, p. 47.

Rc   *Der Ursprung des Kunstwerkes* (éd. Reclam), Stuttgart, 1960, 125 p.

SD   *Zur Sache des Denkens*, Tübingen, 1969, 92 p.

SAF   *Schellings Abhandlung Über das Wesen der menschlichen Freiheit*, Tübingen, 1971, IX, 237 p.

Sp   « Nur noch ein Gott kann uns retten » (interview), *in Der Spiegel*, 31 mai 1976, p. 193-219.

SvG   *Der Satz vom Grund*, Pfullingen, 1957, 211 p.

SZ   *Sein und Zeit*, 8e éd., Tübingen, 1957, XI, 437 p.

TK   *Die Technik und die Kehre*, Pfullingen, 1962, 47 p.

US   *Unterwegs zur Sprache*, Pfullingen, 1959, 270 p.

VA   *Vorträge und Aufsätze*, Pfullingen, 1954, 284 p.

VS   *Vier Seminare*, Francfort, 1977, 151 p.

Vw   « Vorwort » à William Richardson, *Heidegger. Through Phenomenology to Thought*, La Haye, 1963, p. I-XXVIII.

WhD   *Was heisst Denken?*, Tübingen, 1954, 175 p.

Wm   *Wegmarken*, Francfort, 1967, VIII, 398 p.

WP   *Was ist das – die Philosophie?*, Pfullingen, 1956, 31 p.

II. Traductions françaises

AE   *L'Art et l'Espace* (édition bilingue), trad. J. Beaufret & F. Fédier, St. Gallen, 1969, 26 p.

AH   *Approche de Hölderlin*, trad. H. Corbin, M. Deguy, F. Fédier, J. Launay, nouvelle édition augmentée, Paris, 1973, 257 p.

AP   *Acheminement vers la parole*, trad. J. Beaufret, W. Brokmeier, F. Fédier, Paris, 1976, 261 p.

Chm   *Chemins qui ne mènent nulle part*, trad. W. Brokmeier, Paris, 1962, 315 p.

EC   *Essais et conférences*, trad. A. Préau, préface J. Beaufret, Paris, 1958, XV, 351 p.

ET   *L'Être et le Temps*, trad. R. Boehm & A. de Waelhens, Paris, 1964, 324 p.

IM   *Introduction à la métaphysique*, trad. G. Kahn, Paris, 1967, 227 p.

Kpm   *Kant et le problème de la métaphysique*, trad. A. de Waelhens & W. Biemel, Paris, 1953, 308 p.

Sigles utilisés pour les ouvrages de Heidegger

N i   *Nietzsche*, trad. P. Klossowski, Paris, 1971, t. I, 512 p.

N ii   *Nietzsche*, trad. P. Klossowski, Paris, 1971, t. II, 402 p.

PP   « Principes de la pensée », trad. F. Fédier, *Arguments* IV (1960), p. 27–33.

PR   *Le Principe de raison*, trad. A. Préau, préface J. Beaufret, Paris, 271 p.

QP   *Qu'appelle-t-on penser ?*, trad. A. Becker & G. Granel, Paris, 1959, p.

QCh   *Qu'est-ce qu'une chose ?*, trad. J. Reboul & J. Taminiaux, Paris, 1971, 254 p.

Q I   *Questions I*, trad. H. Corbin, R. Munier, A. de Waelhens, W. Biemel, G. Granel, A. Préau, Paris, 1968, 311 p.

Q II   *Questions II*, trad. K. Axelos, J. Beaufret, D. Janicaud, L. Braun, M. Haar, A. Préau, F. Fédier, Paris, 1968, 277 p.

Q III   *Questions III*, trad. A. Préau, R. Munier, J. Hervier, Paris, 1966, 229 p.

Q IV   *Questions IV*, trad. J. Beaufret, F. Fédier, J. Lauxerois, C. Roëls, Paris, 1976, 341 p.

RQ   *Réponses et questions sur l'histoire et la politique*, trad. J. Launay, Paris, 1977, 82 p.

TCS   *Traité des catégories et de la signification chez Duns Scot*, trad. F. Gaboriau, Paris, 1970, 237 p.

Études consultées

La liste ci-dessous indique seulement les travaux consultés. Pour une bibliographie complète de la littérature sur Martin Heidegger on consultera les trois volumes de Hans-Martin Sass, *Heidegger-Bibliographie*, Meisenheim am Glan, 1968 (2 201 titres) ; *Materialien zur Heidegger-Bibliographie 1917–1972*, Meisenheim am Glan, 1975 (1 566 titres) ; *Martin Heidegger: Bibliography and Glossary*, Bowling Green, 1982 (6 350 titres).

Adorno T., *Jargon der Eigentlichkeit*, Francfort, 1965.

Allemann B., *Hölderlin und Heidegger*, Fribourg-en-Brisgau, 1954.

— « Martin Heidegger und die Politik », *in Heidegger, Perspektiven zur Deutung seines Werks*, éd. par O. Pöggeler, Cologne, 1969, p. 246-260.

Althusser L., *Pour Marx*, Paris, 1965.

— *Réponse à John Lewis*, Paris, 1973.

— *Positions*, Paris, 1976.

Apel K.-O., *Transformation der Philosophie*, 2 t., Francfort, 1973.

Arendt H., *Between Past and Future*, New York, 1954.

— *The Origins of Totalitarianism*, New York, 1958.

— *The Human Condition*, Chicago, 1958.

— « Action and the "Pursuit of Happiness" », *in Politische Ordnung und Menschliche Existenz, Festgabe für Eric Voegelin*, Munich, 1962, p. 1-16.

— *Über die Revolution*, Munich, 1963.

— *Crises of the Republic*, New York, 1969.

— *Macht und Gewalt*, Munich, 1969.

— « Martin Heidegger ist achtzig Jahre alt », *in Merkur*, XXIII, 258 (octobre 1969), p. 893-902.

— « The Life of the Mind », t. I, *Thinking* ; t. II, Willing, New York, 1978.

Aubenque P., *Le Problème de l'être chez Aristote*, Paris, 1962.

— *La Prudence chez Aristote*, Paris, 1963.

Axelos K., *Héraclite et la Philosophie*, Paris, 1962.

— *Einführung in ein künftiges Denken*, Tübingen, 1966.

Beaufret J., *Le Poème de Parménide*, Paris, 1955.

Études consultées

— « Dialogue avec Heidegger », t. I, *Philosophie grecque*, Paris, 1973 ; t. II, *Philosophie moderne*, Paris, 1973 ; t. III, *Approche de Heidegger*, Paris, 1974.

Beckmann J.-P., *Die Relationen der Identität und Gleichheit nach J. Duns Scotus*, Bonn, 1967.

Biemel W., « Dichtung und Sprache bei Heidegger », *in Man and World*, II (1969), p. 478-514.

Birault H., *Heidegger et l'Expérience de la pensée*, Paris, 1978.

Boeder H., « Der frühgriechische Wortgebrauch von Logos und Aletheia », *in Archiv für Begriffsgeschichte*, IV (1958), p. 82-112.

Boer W. de, « Heideggers Missverständnis der Metaphysik » *in Zeitschrift für philosophische Forschung*, IX (1955), p. 500-545.

Bourdieu P., « L'ontologie politique de Martin Heidegger », *in Actes de la recherche en sciences sociales*, V-VI (1975), p. 109-156.

Brentano F., *Von der mannigfachen Bedeutung des Seienden nach Aristoteles*, Fribourg-en-Brisgau, 1862 et Darmstadt, 1960.

Bücher A., *Martin Heidegger, Metaphysik als Begriffsproblematik*, Bonn, 1972.

Burnet J., *Early Greek Philosophy*, Londres, 1930.

Coussin P., « L'origine et l'évolution de l'*epoché* », *in Revue des études grecques*, 42 (1929), p. 373-397.

Dauenhauer B., « Renovating the Problem of Politics », *in Review of Metaphysics*, XXIX (1976), p. 626-641.

Declève H., *Heidegger et Kant*, La Haye, 1970.

Deleuze G., & Guattari F., *Rhizome*, Paris, 1976.

Demske J., *Sein, Mensch und Tod*, Munich, 1963.

Derrida J., *De la grammatologie*, Paris, 1967.

Dierse U., art. « Anarchie » *in Historisches Wörterbuch der Philosophie*, éd. par J. Ritter, t. I, Bâle, 1971, p. 267-294.

Fahrenbach H., *Existenzphilosophie und Ethik*, Francfort, 1970.

Fink E., *Spiel als Weltsymbol*, Stuttgart, 1960.

Foucault M., *Histoire de la folie à l'âge classique*, Paris, 1961.

— *Les Mots et les Choses*, Paris, 1966.

— *L'Archéologie du savoir*, Paris, 1969.

Franzen W., *Von der Existenzialontologie zur Seinsgeschichte*, Meisenheim am Glan, 1975.

Friedländer P., *Platon*, 2ᵉ éd., t. I, Berlin, 1954 ; t. II, Berlin, 1957 ; t. III, Berlin, 1960.

Fritz K. von, « Noos and Noein in the Homeric Poems », *in Classical Philology*, XXXVIII (1943), p. 79-93.

— « Nous, Noein and their Derivatives in Pre-Socratic Philosophy (Excluding Anaxagoras)», *in Classical Philology*, XL (1945), p. 223-242, et XLI (1946), p. 12-34.

— « Die Rolle des Nous » *in Um die Begriffswelt der Vorsokratiker*, éd. par G. Gadamer, Darmstadt, 1968, p. 246-362.

Forstenau P., *Heidegger, das Gefüge seines Denkens*, Francfort, 1958.

Gabriel L., « Sein und Geschichte. Martin Heideggers geschichtsontologischer Denkversuch », *in Wissenschaft und Weltbild*, IX (1956), p. 25-32.

Gadamer H. G., *Kleine Schriften*, t. I, Tübingen, 1967.

— *Wahrheit und Methode*, 3e éd., Tübingen, 1972.

Gethmann C. F., *Verstehen und Auslegung. Das Methodenproblem in der Philosophie Martin Heideggers*, Bonn, 1974.

Gilson É., *L'Être et l'Essence*, Paris, 1948.

— *Being and Some Philosophers*, Toronto, 1949.

— *Jean Duns Scot. Introduction à ses positions fondamentales*, Paris, 1952.

Goldmann L., *Lukàcs et Heidegger*, Paris, 1973.

Granel G., « Remarques sur le rapport de "Sein und Zeit" et de la phénoménologie husserlienne » *in Durchblicke. Martin Heidegger zum 80. Geburtstag*, éd. par V. Klostermann, Francfort, 1970, p. 350-368.

Habermas J., *Erkenntnis und Interesse*, Francfort, 1968.

— *Technik und Wissenschaft als Ideologie*, Francfort, 1968.

— *Protestbewegung und Hochschulreform*, Francfort, 1969.

— *Philosophisch-politische Profile*, Francfort, 1971.

— *Kultur und Kritik*, Francfort, 1973.

— *Legitimationsprobleme im Spätkapitalismus*, Francfort, 1973.

— « Hannah Arendt's Communications Concept of Power », *in Social Research*, XLIV, 1 (1977), p. 3-24.

Harries K., « Heidegger as a Political Thinker », *in The Review of Metaphysics*, XXIX, 4 (1976), p. 642-669.

Held K., « Der Logos-Gedanke des Heraklit », *in Durchblicke. Martin Heidegger zum 80. Geburtstag*, éd. par V. Klostermann, Francfort, 1970, p. 162-206.

Henry M., *Marx*, 2 t., Paris, 1976.

Herrmann F.-W. von, *Die Selbstinterpretation Martin Heideggers*, Meisenheim am Glan, 1964.

Études consultées

— *Subjekt und Dasein. Interpretationen zu « Sein und Zeit »*, Francfort, 1974.

Hirzel R., « Über Entelechie und Endelechie », *in Rheinisches Museum, Neue Folge*, 38 (1884), p. 169-208.

Hofstadter A., *Agony and Epitaph*, New York, 1970.

— « Ownness and Identity », *in The Review of Metaphysics*, XXVIII, 4, p. 681-697.

— « Consciousness, Thought, and Enownment », *in Psychiatry and the Humanities*, II (1977), p. 85-109.

— « Enownment », *in Martin Heidegger and the Question of Literature*, éd. par W. Spanos, Bloomington, 1979, p. 17-37.

Hoppe H., « Wandlungen in der Kant-Auffassung Heideggers », *in Durchblicke. Martin Heidegger zum 80. Geburtstag*, éd. par V. Klostermann, Francfort, 1970, p. 284-317.

Huch K. J., *Philosophiegeschichtliche Voraussetzungen der Heideggerschen Ontologie*, Francfort, 1967.

Jaeger W., *À la naissance de la théologie*, Paris, 1966.

Janicaud D., « L'apprentissage de la contiguïté », *in Critique*, 349/350, p. 664-676.

Jaspers K., *Philosophische Autobiographie*, nouvelle éd., Munich, 1977.

— *Notizen zu Martin Heidegger*, Munich, 1978.

Jonas H., *The Phenomenon of Life*, New York, 1966.

— *Das Prinzip Verantwortung*, Francfort, 1979.

Kanthack K., *Das Denken Martin Heideggers*, Berlin, 1959.

Kaulbach F., « Die Kantische Lehre von Ding und Sein in der Interpretation Heideggers », *in Kant-Studien*, 55 (1964), p. 194-220.

Klossowski P., « Circulus vitiosus », in *Nietzsche aujourd'hui ?* éd. par le Centre culturel international de Cerisy-la-Salle, 2 t., Paris, 1973, t. I, p. 91-103.

Krockow C. Graf von, *Die Entscheidung. Eine Untersuchung über Ernst Jünger, Cari Schmitt, Martin Heidegger*, Stuttgart, 1958.

Krüger G., « Martin Heidegger und der Humanismus », *in Studia Philosophica*, IX (1949), p. 93-129.

Kubler G., *The Shape of Time. Remarks on the History of Things*, New Haven, 1962.

Lévinas E., *En découvrant l'existence avec Husserl et Heidegger*, Paris, 1967.

Lévi-Strauss C., *L'Homme nu*, Paris, 1971.

Lohmann J., « Martin Heideggers "Ontologische Differenz" und die Sprache », *in Lexis*, I (1948), p. 49-106.

Études consultées

Lotz J. B., *Das Urteil und das Sein*, Munich, 1957.

— « Denken und Sein nach den jüngsten Veröffentlichungen von M. Heidegger », *in Scholastik*, XXXIII (1958), p. 81-98.

Löwith K., *Heidegger, Denker in dürftiger Zeit*, 2ᵉ éd., Göttingen, 1960.

— *Gesammelte Abhandlungen*, Stuttgart, 1960.

Luhmann N., *Legitimation durch Verfahren*, Francfort, 1969.

Marcel G., « Ma relation avec Heidegger », *in Présence de Gabriel Marcel*, I (1979), p. 25-38.

Marcuse H., « Beiträge zu einer Phänomenologie des Historischen Materialismus », in *Philosophische Hefte*, I (1928), p. 45-68, réimprimé dans *Existenzialistische Marx-Interpretation*, éd. par A. Schmidt, Francfort, p. 41-84.

— *Eros and Civilization*, New York, 1962.

— « Heidegger's Politics: An Interview with Herbert Marcuse by Frederick Olafson », *in Graduate Faculty Philosophy Journal*, VI (1977), p. 28-40.

Marx, W., *Heidegger und die Tradition*, Stuttgart, 1961.

— « Das Denken und seine Sache », *in Heidegger. Freiburger Universitätsvorträge zu seinem Gedenken*, éd. par H. G. Gadamer, W. Marx, C. F. v. Weizsäcker, Fribourg-en-Brisgau, 1977, p. 11-41.

Maurer R., *Revolution und « Kehre »*. *Studien zum Problem gesellschaftlicher Naturbeherrschung*, Francfort, 1975.

Mehta J., *Martin Heidegger: The Way and the Vision*, Honolulu, 1976.

Merleau-Ponty M., *Humanisme et Terreur*, Paris, 1947.

Mongis H., *Heidegger et la critique de la notion de valeur*, La Haye, 1976.

Müller M., *Existenzphilosophie im geistigen Leben der Gegenwart*, 3ᵉ éd., Heidelberg, 1964.

Nicholson G., « Camus and Heidegger: Anarchists », *in University of Toronto Quarterly*, XLI (1971), p. 14-23.

— « The Commune in "Being and Time" », *in Dialogue*, X, 4 (1971), p. 708-726.

Offe, C., *Strukturprobleme des kapitalistischen Staates*, Francfort, 1972.

Palmier J.-M., *Les Écrits politiques de Heidegger*, Paris, 1968.

— *Situation de Georg Trakl*, Paris, 1972.

Pöggeler O., « Sein als Ereignis », *in Zeitschrift für philosophische Forschung*, XIII (1959), p. 597-632.

— *Der Denkweg Martin Heideggers*, Pfullingen, 1963.

— « Einleitung », *in Heidegger. Perspektiven zur Deutung seines Werks*, éd. par O. Pöggeler, Cologne, 1969, p. 11-53.

Études consultées

— *Philosophie und Politik bei Heidegger*, Fribourg-en-Brisgau, 1972.

Prauss G., *Erkennen und Handeln in Heideggers « Sein und Zeit »*, Fribourg-en-Brisgau, 1977.

Pugliese O., *Vermittlung und Kehre. Grundzüge des Geschichtsdenkens bei Martin Heidegger*, Fribourg-en-Brisgau, 1965.

Reinhardt K., *Parmenides und die Geschichte der griechischen Philosophie*, Bonn, 1916.

Richardson W., *Heidegger. Through Phenomenology to Thought*, La Haye, 1963.

Ricœur P., *Le Conflit des interprétations. Essais herméneutiques*, Paris, 1969.

— *La Métaphore vive*, Paris, 1975.

— « Le "Marx" de Michel Henry », *in Esprit*, octobre 1978, p. 124-139.

Riedel M., *Metaphysik und Metapolitik*, Francfort, 1975.

Rohrmoser G., *Das Elend der kritischen Theorie*, Fribourg-en-Brisgau, 1970.

Saurin D., *L'Ordre par l'anarchie*, Paris, 1863.

Schneeberger G., *Nachlese zu Heidegger*, Berne, 1962.

Schöfer E., *Die Sprache Heideggers*, Pfullingen, 1962.

Schulz W., « Über den philosophiegeschichtlichen Ort Martin Heideggers », *in Philosophische Rundschau*, I (1953–1954), p. 65-93 et 211-232, réimprimé dans *Heidegger. Perspektiven zur Deutung seines Werks*, éd. par O. Pöggeler, Cologne, 1969, p. 95-139.

— *Der Gott der neuzeitlichen Metaphysik*, Pfullingen, 1957.

— *Philosophie in der veränderten Welt*, Pfullingen, 1972.

Schwain A., *Politische Philosophie im Denken Martin Heideggers*, Cologne, 1965.

Sheehan T., « Getting to the Topic: The New Edition of "Wegmarken" », *in Research in Phenomenology*, VII (1977), p. 299-316.

Sherover C., *Heidegger, Kant and Time*, Bloomington, 1971.

Siewerth G., *Das Schicksal der Metaphysik von Thomas zu Heidegger*, Einsiedeln, 1959.

Snell B., *Die Entdeckung des Geistes. Studien zur Entstehung des europäischen Denkens bei den Griechen*, 4e éd., Göttingen, 1975.

Staiger E., *Die Kunst der Interpretation*, Munich, 1971.

Taminiaux J., « Le Regard et l'excédent », *in Revue philosophique de Louvain*, 75 (1977), p. 74-100.

Theunissen M., *Der Andere. Studien zur Sozialontologie der Gegenwart*, Berlin, 1965.

Tugendhat E., *Der Wahrheitsbegriff bei Husserl und Heidegger*, Berlin, 1967.

Vezin F., « Heidegger parle en France », *in Nouvelle Revue française*, 284 (août 1976), p. 85-86.

Wahl J., *Sur l'interprétation de l'histoire de la métaphysique d'après Heidegger*, Paris, 1951.

— *Vers la fin de l'ontologie*, Paris, 1956.

Weil E., « Philosophie politique, théorie politique », *in Revue française de science politique*, XI, 2 (1961), p. 267-294.

Wiplinger F., *Wahrheit und Geschichtlichkeit. Eine Untersuchung über die Frage nach dem Wesen der Wahrheit im Denken Martin Heideggers*, Fribourg-en-Brisgau, 1961.

Table

Introduction	9
1. Déconstruire l'agir	10
2. Théorie des textes	22

I Des principes et de leur généalogie

1. Comprendre l'histoire par ses revers	39
3. La ville en forme de puma	40
4. Essor et déclin des principes	45
2. Comprendre la pratique par « le tournant »	48
5. Philosophie pratique et hypothèse de la clôture	48
6. La clôture comme dépérissement de la relation	
pros hen	56
3. Généalogie des principes et anti-humanisme	63
7. Une triple rupture avec l'humanisme	65
8. Une triple rupture avec l'origine principielle	70

**II L' « Affaire même » de la phénoménologie :
les économies de la présence** — 83

1. Métamorphoses du transcendantalisme	
phénoménologique	84
9. De la subjectivité à l'être-là	85
10. Du *Menschentum* à « la pensée »	97
2. Déconstruction du politique	104
11. La déconstruction des schémas substantialistes	110
12. La déconstruction de l'origine ontique	118

III Que l'origine se dit de multiples façons — 131

1. *Arché* : le paradigme cinétique de l'origine	132
13. Le concept causal *d'arché*	134
14. Le concept téléocratique *d'arché*	140
2. *Princeps et principium* : le temps oublié	146
15. Du principe des essences au principe des	
propositions	148
16. Du principe des propositions au principe époqual	158
3. *Anfang* et *Ursprung* : la différence temporelle	169

17. Le vocabulaire	169
18. Les origines originelles, ou comment se fait du neuf dans l'histoire	188
19. L'origine originaire, ou comment se fait la présence	202

IV La déduction historique des catégories de la présence   223
1. La table des catégories de la présence
  20. Le catégoriel, le nouménal et l'empirique   225
  21. Un revers subi par la ville en forme de puma   237
2. Au commencement présocratique : les catégories prospectives   244
  22. *Eon*   246
  23. *Physis*   249
  24. *Alétheia*   252
  25. *Logos*   255
  26. *Hen*   260
  27. *Noûs*   263
3. À la fin technologique : les catégories rétrospectives   267
  28. La volonté de puissance   276
  29. Le nihilisme   279
  30. La justice   283
  31. L'éternel retour du même   286
  32. La transmutation de toutes les valeurs   289
  33. Le surhomme   293
4. Au virage de la *Kehre* : les catégories de transition   296
  34. La différence ontologique / Le monde et la chose   305
  35. « Il y a » / La faveur   313
  36. Le dévoilement / L'événement   317
  37. L'époque / L'éclaircie   321
  38. La proximité / Le quadriparti   325
  39. Le correspondre / Le penser   331

V Agir et anarchie   339
1. L'agir, condition de la pensée   341
  40. L'*a priori* pratique   343
  41. Le problème de la volonté   355
2. Des déplacements anarchiques   363

42. La négation pratique de la finalité	367
43. La transmutation de la responsabilité	376
44. La contestation des « affaires »	382
45. La transmutation du « destin »	388
46. De la violence à l'anarchie	395

Conclusion

| 47. De la régulation économique et de ses lieux | 405 |
| 48. Objections et réponses | 415 |

| Sigles utilisés pour les ouvrages de Heidegger | 433 |
| Études consultées | 437 |

Achevé d'imprimer dans l'Union européenne pour
le compte de diaphanes, Zurich-Berlin-Paris en 2022

ISBN 978-2-88928-092-6